常振國　絳雲　編

先秦漢魏晉南北朝詩

四

作者篇目
索引

中華書局

先秦漢魏晉南北朝詩
作者篇目索引

常振國　絳　雲　編

目　録

作者索引凡例

一、本索引據《先秦漢魏晉南北朝詩》編製，以姓名爲主目，其他
　　稱謂，如字、小名、爵號、綽號、封號、謚號等，附注於後，並出
　　參見條目。如：
　　　　劉邦（漢高祖）
　　　　漢高祖　見劉邦
二、凡有姓無名或逕以職官、身份爲稱者，仍以原書稱謂立目。如：
　　　　朱記室　尚法師　何處士
三、凡有詩題而無作者的，或所收史書、筆記中引用的謠諺、童諺
　　及鬼仙詩作者，概不收錄。
四、由於《先秦漢魏晉南北朝詩》取材來源不一，詩篇所屬時有
　　歧異，輯校者常於該詩篇目下或詩後引用書目中加以注明，
　　對此類情況，均一併收錄。
五、同姓名作者，則注明其朝代或籍貫，以示區別。
六、主目後所列數碼，是本條人名在《先秦漢魏晉南北朝詩》中
　　所見的册數和頁數。如：
　　　　張衡（平子）　一/177
　　斜線前的"一"字是册數，"177"是頁數。
七、本索引分別按拼音、四角號碼順序排列，後附筆畫與四角號
　　碼對照表，以便用不同方法查找。

篇目索引凡例

一、本索引收録《先秦漢魏晉南北朝詩》的篇名，包括該書所收
　　史書、筆記中引用的謠諺。

二、篇名有異稱者，皆附注於後，並出參見條目。如：

　　　　豔歌何嘗行（飛鵠行）

　　　　飛鵠行　　見豔歌何嘗行

三、凡數詩爲一詩題，該詩題後又分別列有各篇題目者，除總詩
　　題標明頁碼外，爲方便讀者計，各單篇題目亦分別立目，並均
　　注明頁碼。

四、詩題中僅以"詩"、"歌"、"吟"單字標目，因有逐句首字索引
　　可查，本索引即不再立目；如有異稱者，則直接將異稱立目，
　　不出參見。

五、凡詩題標以"同前"、"同上"的，如與前首詩題分見於前後兩
　　頁，將分別注明頁碼。

六、篇目後所列數碼，是本篇目在《先秦漢魏晉南北朝詩》中所
　　見的册數和頁數。如：

　　　　春夕詩　　二/1380

　　斜線前的"二"字是册數，"1380"是頁數。

七、本索引分別按拼音、四角號碼順序排列，後附筆畫與四角號
　　碼對照表，以便用不同方法查找。

作者音序索引

A

阿戎　見王思遠

安昌公　見潘尼

安德王　見高延宗

安國鄉侯　見司馬懿

安陸侯　見蕭曄

安仁　見潘岳

安石　見謝安

安鄉侯　見曹植

安陽侯　見石崇

安陽子　見荀勗

安邑侯　見毌丘儉

敖曹　見高昂

B

白狼王　見唐蔑

白馬王　見曹彪

百里奚　一/27

班固（孟堅）　一/168

班婕妤　一/116

包播　二/950

包明月　三/2128

鮑機　見鮑幾

鮑幾（鮑機、景玄）　三/2024

鮑令暉　二/1313

鮑泉（潤岳）　三/2026

鮑照（明遠）　一/693　二/1257
　二/1766　三/1906　三/1967

鮑至（高齋學士）　三/2024

鮑子卿　三/2117

北絳郡公　見姚察

北魏節閔帝　見元恭

北魏孝明帝　見元詡

北魏孝文帝　見元宏

北魏孝莊帝　見元子攸

被衣　一/22

卞彬（士蔚）　二/1323

卞斌　三/2728

卞伯玉　二/1130

卞和　一/312

卞裕　二/950

邴卿　見趙岐

賓卿　見閭丘沖

伯度　見游雅

伯奮　見王秀之

伯恭　見高允

伯喈　見蔡邕

伯鸞　見梁鴻

伯倫　見劉伶、范泰

伯起　見魏收

伯仁　見李尤

伯審　見姚察

伯施　見虞世南

伯通　見殷顗

伯緒　見張纘

伯牙　一/320

伯彥　見潘徽

伯夷　一/6

伯魚　見孔魚

伯玉　見陸瓊

帛道猷　二/1088

不齊　見崔仲方

C

蔡君知　三/2560

蔡凝（子居）　三/2559

蔡琰（文姬）　一/199

蔡陽郡公　見蕭撝

蔡邕（伯喈、高陽侯）　一/192

蔡允恭　三/2719

曹彪（楚王、朱虎、白馬王）　一/465

曹操（魏武帝、孟德）　一/345　二/
　1514

曹華　二/917

曹嘉（高邑公）　一/626

曹景宗（子震）　二/1594

曹髦（高貴鄉公、彥士）　一/467

曹茂之（永世）　二/909

曹丕（魏文帝、子桓）　一/389

曹毗（輔佐）　二/888　二/1070
　二/1074　二/1093

曹叡（魏明帝、元仲）　一/413

曹攄（顏遠）　一/750

曹植（陳思王、子建、平原侯、臨淄
　侯、安鄉侯、鄄城王）　一/266
　一/421

岑德潤　三/2693

岑敬之　三/2549

岑之敬（思禮）　三/2548

昌明　見司馬曜

長樂王　見元子攸

長林　見李顒

常景（永昌）　三/2218

車緤　三/2114

車兒　見劉義隆

陳後主　見陳叔寶

陳琳（孔璋）　一/367

陳留長公主　三/2227

陳明　三/2541

陳少女　三/2611

陳叔寶（元秀、陳後主）　三/2326
　三/2501　三/2717

陳叔逨　三/2608

陳思王　見曹植

陳新塗妻　見李氏

陳暄　三/2542

陳昭(永興侯)　三/2541

陳正　見陳政

陳政(陳正)　三/2731

成公綏(子安)　一/584　一/823

成公智瓊　一/511

成叔　見牽秀

承公　見孫統

承基　見王胄

城陽王　見劉章

程咸(延休)　一/551

程曉(季明)　一/577

重熙　見郗曇

初明　見沈炯

楚霸王　見項羽

楚王　見曹彪、桓玄

褚玠(溫理)　三/2550

褚士達　三/2321

褚緭　三/2219

褚翔(世舉)　三/1858

褚湮　三/2023

褚淵　二/1507

褚雲　三/2023

褚澐(士洋)　三/2023

褚珍　三/2550

處道　見楊素

處默　見吳隱之

次武　見于仲文

崔鴻(彥鸞)　三/2211

崔巨倫(孝宗)　三/2214

崔宸　一/695

崔氏(盧士深妻)　三/2286

崔駰(亭伯)　一/171

崔仲方(不齊、范陽縣侯、固安縣公)　三/2694

D

大義公主(宇文招女)　三/2736

大章　見荀組

戴暠　三/2097

戴嵩　三/2099

到溉(茂灌)　三/1855

到洽(茂沿)　二/1785

道林　見支遁

道民　見劉駿

道生　見劉恢

道翔　見許翽

道言　見薛瑩

道彦　見棗據

道雍　見荀雍

道興　見羊權

道載　見江逌

道子　見鄭鮮之

道璉　見應瑒

道魯　見杜摯

道柔　見王筠

德如　見阮侃

德施　見蕭統

德猷　見阮种

德璋　見孔稚珪

鄧鏗　三/2103

丁六娘　三/2736

定襄侯　見蕭祇

東方朔（曼倩）　一/100

東平公　見劉蒼

東平王　見劉蒼

東園公　一/90

東昭　三/2541

董京（威輦）　一/600

董紹（興遠）　三/2214

洞元　見陸罩

都亭侯　見華茂

豆盧突　見宇文招

闍將　見蕭道成

獨孤嗣宗　三/2604

獨沐子（沐犢子、牧犢子）　一/304

杜篤（季雅）　一/165

杜公瞻　三/2715

杜育（方叔）　一/756

杜摯（德魯）　一/419

秅侯　見商丘成

段承根　三/2199

段君彦　三/2732

E

恩縈　見周興嗣

爾固突　見宇文迪

F

法泰　三/2625

法言　見孔範

樊姬　一/305

繁欽（休伯）　一/384

范廣淵　二/1203

范筠　三/2121

范泰（伯倫）　二/1143

范陽縣侯　見崔仲方

范曄（蔚宗）　二/1202

范雲（彦龍、霄城縣侯、文）　二/
　1543　二/1773　三/2340　三/
　2347

范縝（子真）　二/1678

方叔　見杜育

房篆　三/2114

沸大　三/2777

費昶　三/2081

費褘（文偉）　一/531

馮驩　一/14

馮氏（文明太后）　三/2227

馮淑妃（小憐、續命）　三/2285

馮元興（子盛）　三/2212

佛圖澄　二/1076

伏挺（士操、士標）　三/1856　三/
　1888

伏系之（敬魯）　二/951

伏知道　三/2602

苻朗　二/931

苻融　三/2152

輔伯　見賀若弼

輔佐　見曹毗

阜陵侯　見劉安

傅亮（季友）　二/1138

傅咸（長虞）　一/603

傅玄（休奕）　一/553　一/809
　一/812　一/815　一/826　一/
　836　一/839　三/2115

傅毅（武仲）　一/172

傅縡（宜事）　三/2534

傅昭（茂遠）　二/1789

G

干寶（令升、關内侯）　二/853

幹玉　見陸瑜

高昂（敖曹）　三/2257

高貴鄉公　見曹髦

高麗定法師　三/2625

高琳（季珉）　三/2325

高爽　二/1541　三/2117

高孝緯　三/2224

高延宗（安德王）　三/2274

高陽侯　見蔡邕

高邑公　見曹嘉

高允（伯恭）　三/2201

高允生　三/2113

高齋學士　見徐防、鮑至

葛洪（稚川、關内侯）　二/1091

公輔　見李德林

公幹　見劉楨

公叚　見王錫

公和　見蕭正德

公回　見楊方

公理　見仲長統

公閭　見賈充

公穆　見嵇喜

公叔　見朱穆

公孫嬰齊（聲伯）　一/7

公庭　見張駿

公曾　見荀勗

公真　見顧祕

恭懿　見王肅

恭遠　見周昭

共侯　見韋玄成

固安縣公　見崔仲方

顧恩（顧則心、顧測）　二/1473
　二/1682

顧測　見顧恩

顧歡（景怡）　二/1381

顧愷　三/2120

顧愷之（長康）　二/930

顧祕（公真）　一/694

顧煊　三/2119

顧言　見柳惲

顧野王（希馮）　三/2467

顧則心　見顧愚

關內侯　見王粲、阮籍、荀勖、張華、
　干寶、葛洪

毋丘儉（仲恭、安邑侯）　一/474

灌蔬　見殷芸

廣川王　見劉去

廣陵王　見劉胥

廣微　見束晳

廣武侯　見劉琨

廣武縣侯　見張華

歸命侯　見孫晧

郭璞（景純）　二/862

郭泰機　一/609

郭文（文舉）　二/1095

郭遐叔　一/476

郭遐周　一/475

郭悰　一/775

國禮　見何敬容

H

邯鄲淳（子叔、邯鄲竺）　一/409

邯鄲竺　見邯鄲淳

含度　見劉緩

韓蘭英　二/1479

韓卿　見陸厥

韓延之（顯宗、魯陽侯）　三/2197

漢　見諸葛穎

漢高帝　見劉邦

漢靈帝　見劉宏

漢少帝　見劉辯

漢武帝　見劉徹

漢昭帝　見劉弗陵

何承嘉　二/1210

何承天　二/1204

何處士　三/2599

何楫　三/2605

何瑾（何瑾之）　二/947

何瑾之　見何瑾

何敬容（國禮）　三/1888

何曼才　三/2608

何劭（敬祖）　一/648

何思澄（元靜）　二/1807

何妥（栖鳳）　三/2657

何胥　三/2556

何遜（仲言）　二/1678　三/2093
　三/2657　三/2658

何偃（仲弘）　二/1239

何晏（平叔）　一/467　三/2657

何胤（子季、胤叔）　二/1806

何長瑜　二/1200

何楨（元幹）　一/551

何寘南　二/1714

何子朗（世明）　三/2077　三/2118

河間王　見蕭岑

賀徹　三/2553

賀瓛　三/2722

賀道慶　二/1325

賀力牧　三/2602

賀若弼（輔伯、宋國公）　三/2679

賀文標　三/2124

賀脩　三/2554

賀循　三/2554

弘道　見明克讓

弘度　見李充

弘農王　見劉辯

弘先　見沈慶之

弘執恭　三/2726

宏稱　見蕭洽

洪遠　見殷融

侯夫人　三/2738

侯瑾（子瑜）　一/185

狐援　一/52

胡師耽　三/2730

胡叟（倫許）　三/2222

斛律豐樂　三/2257

扈子　一/29

華覈（永先）　一/536

華茂（都亭侯）　二/909

華陽隱居　見陶弘景

淮南王　見劉安

懷範　見王訓

懷簡　見徐君蒨

懷義公　見蕭岑

桓法闓　三/2192

桓麟（元鳳）　一/183

桓偉　二/910

桓玄（敬道、楚王、南郡公）　二/932

皇甫謐（士安）　一/585

黃公　一/90

黃頭　見游雅

惠化民　三/2286

惠慕道士　三/2190　三/2283

惠彥　見庾友

慧曉　三/2774

霍里子高妻（麗玉）　一/255

霍去病　一/314

J

嵇含（君道）　一/725

嵇康（叔夜）　一/479

嵇紹（延祖）　一/725

嵇喜（公穆）　一/550

箕子　一/6　一/319

吉甫　見應貞

濟北郡侯　見荀勖

濟川侯　見裴秀

濟陰王　見元暉業

幾原　見裴子野

季和　見殷鈞

季倫　見石崇

季珉　見高琳

季明　見程曉

季文　見朱異

季雅　見杜篤

季琰　見王珉

季彦　見裴秀

季陽　見張亢

季鷹　見張翰

季友　見傅亮

季重　見吳質

紀少瑜（幼瑒）　二/1778

祭公謀父　一/64

嘉賓　見郗超

賈充（公閭、魯郡公）　一/586

賈馮吉　三/2608

堅石　見歐陽建

見磧　見張正見

建昌縣公　見謝安

建昌縣侯　見沈約、徐陵

江伯瑤　三/2122

江朝請　見江㷒

江乘縣公　見陸法和

江從簡　三/1889

江革（休映）　二/1715

江洪　三/2072

江㷒（江朝請）　二/1476

江暉　三/2605

江令　三/1934

江禄（彦遐）　三/2076

江偉　一/550

江夏王　見劉義恭

江孝嗣　二/1478

江淹（文通、憲）　二/1069　二/1502　二/1510　二/1555　三/2072

江迿（道載）　二/879

江智淵　二/1243

江總（總持）　二/1321　三/1977　三/2567

焦先（孝然）　一/411

接輿　一/21

介　見顔之推

介子綏　一/310

介子推　一/16　一/17　一/311　一/312

晉安王　見蕭綱

晉熙王　見劉昶

晉孝武帝　見司馬曜

晉宣帝　見司馬懿

荆軻　一/24

景暢　見蕭子顯

景純　見郭璞

景光　見蕭子暉

景倩　見袁粲

景喬　見蕭子雲

景興　見郗超

景玄　見鮑幾、王微

景陽　見張協

景怡　見顧歡

景猷　見庾徽之

景則　見蕭子範

竟陵郡公　見蕭道成

竟陵王　見蕭子良

敬安　見陽固

敬道　見桓玄

敬魯　見伏系之

敬式　見蕭祗

敬文　見薛綜

敬業　見徐悱

敬祖　見何勖

靖節先生　見陶淵明

鳩摩羅什　二/1084

莒國公　見蕭琮

鉅鹿郡公　見裴秀

君道　見嵇含

君祖　見張翼

K

開國公　見劉毅

康樂公　見謝靈運

康孟　三/2411

康僧淵　二/1075

客兒　見謝靈運

孔德紹　三/2720

孔德昭　三/2721　三/2722

孔法生　二/1204

孔範（法言）　三/2610

孔奂（休文）　三/2536

孔甯子　二/1138

孔丘（孔子）　一/7　一/8　一/25

一/26　一/299　一/300　一/301　一/316　一/318

孔融（文舉）　一/196

孔燾　三/2005　三/2007　三/2008　三/2076

孔翁歸　三/2077

孔欣　二/1134

孔魚（伯魚）　三/2536

孔章　見陸山才

孔璋　見陳琳

孔稚圭　見孔稚珪

孔稚珪（德璋、孔稚圭）　二/1408　三/2662

孔仲智　三/2606

孔子　見孔丘

會稽王　見司馬昱

L

剌王　見劉旦

萊民　見張野

樂昌公主　三/2565

樂成侯　見徐廣

李陵（少卿、右校王）　一/109　一/336

李百藥　三/2723

李昶（李那）　三/2324

李充（弘度）　二/856

李德林（公輔）　三/2643　三/2730

李騫（希義）　三/2215

李鏡遠　三/2005　三/2006　三/
　2007　三/2008　三/2117

李巨仁　三/2725

李密〔晉〕（令伯）　一/579

李密〔隋〕（元邃、劉智遠、魏公）
　三/2709

李謐（永和）　三/2205

李那　見李昶

李氏（陳新塗妻）　二/955

李爽　三/2555

李孝勝　三/2123

李孝貞（元操）　三/2652

李諧（虔和、彭城侯）　三/2218

李燮　三/2604

李延年　一/101　一/198

李尤（伯仁）　一/174

李顒（長林）　二/857

李月素　三/2737

里仁　見牛弘

理孫　見蕭詧

禮明　見沈炯

麗玉　見霍里子高妻

酈炎（文勝）　一/182

梁公　見蕭衍、蕭琮

梁鴻（伯鸞）　一/165

梁簡文帝　見蕭綱

梁世宗　三/2053

梁王　見蕭衍、蕭詧

梁武帝　見蕭衍

梁宣帝　見蕭詧

梁元帝　見蕭繹

臨川王　見劉義慶

臨賀王　見蕭正德

臨清縣子　見庾信

臨潁縣公　見荀組

臨淄侯　見曹植

陵系　三/2604

令伯　見李密

令升　見干寶

劉安（淮南王、阜陵侯）　一/98

劉邦（漢高帝）　一/87

劉苞（孝嘗）　二/1671

劉寶　見劉珍

劉辯（漢少帝、弘農王）　一/191

劉斌　三/2723

劉蒼（東平公、東平王）　一/167

劉昶（休道、晉熙王）　三/2204

劉徹（漢武帝）　一/92

劉程之（仲思）　二/937

劉旦（燕王、剌王）　一/108

劉誕（隨王）　二/1348

劉憺　三/2124

劉道民　二/949

劉端　三/2732

劉弗陵（漢昭帝）　一/107

劉溉　三/1856

劉和妻　見王氏

劉宏（解瀆亭侯、漢靈帝）　一/182

劉泓　三/2122

劉緩（含度）　三/1847　三/1848

劉恢（道生）　二/947

劉繪（士章）　二/1467

劉霽（士濟、士烜）　二/1671

劉峻（孝標、玄靜先生）　二/1757

劉駿（宋孝武帝、休龍、道民、武陵
　王）　二/1218　二/1474　三/
　2128

劉琨（越石、廣武侯）　二/849

劉伶（伯倫）　一/552

劉令嫻（劉三娘）　三/2116　三/2130

劉夢予　三/2734

劉邈　三/1889

劉那　三/2548

劉潛　見劉孝儀

劉去（廣川王）　一/110

劉冉　見劉孝綽

劉三娘　見劉令嫻

劉删　三/2546

劉氏（王淑英妻）　三/2129

劉氏（徐悱妻）　三/2131

劉鑠（南平王、休玄）　二/1213
　二/1348

劉綏　三/1848

劉駒騄　一/174

劉逖（子長）　三/2271

劉瑱　三/2049

劉向（子政）　一/115

劉孝綽（孝綽、劉冉）　三/1823
　三/1894　三/1899　三/2530

劉孝勝　三/2063

劉孝威（孝威）　二/1819　三/1865
　三/1895　三/1924　三/2063
　三/2097

劉孝緯　三/1839

劉孝先　三/2065

劉孝儀（子儀、孝儀、劉潛）　三/1882
　三/1892

劉孝義　三/1892

劉胥（廣陵王）　一/111

劉義恭（江夏王）　二/1247

劉義康　二/1347

劉義隆（宋文帝、車兒、彭城縣公、宜
　都王）　二/1135

劉義慶（臨川王）　二/1201　二/
　1347

劉毅（希樂、開國公）　二/936

劉友（趙王）　一/92

劉俁　二/1323

劉彧（宋明帝）　二/1360　二/1368
　二/1369　二/1371

劉瑗　三/1848　三/1849　三/1850

劉章（城陽王）　一/91

劉長卿　三/2681

劉珍（秋孫、寶）　一/173

劉楨〔齊〕（士温）　二/1470

劉楨〔魏〕（公幹）　一/368

劉臻（宣摯） 三/2656 三/2755

劉之遴（思貞） 三/1854

劉智遠 見李密

劉遵（孝陵） 二/1808

柳䚮（顧言） 三/2572 三/2587
　三/2588 三/2593 三/2689

柳顧言 見柳䚮

柳惲（文暢） 二/1672 三/1911

柳鎮（子元） 二/1672

柳莊（思敬） 三/2645

盧諶（子諒） 二/880

盧士深妻 見崔氏

盧蕣 三/1856

盧思道（子行） 三/2627

盧詢 三/2261

盧詢祖 三/2260

盧元明（幼章） 三/2215

魯本 三/2734

魯范 三/2729

魯公 見項羽

魯郡公 見賈充

魯陽侯 見韓延之

甪里先生 一/90

陸玠 三/2466

陸沖 二/948

陸倕（佐公） 二/1774

陸法和（江乘縣公、湘郡公） 三/
　2260

陸慧曉（叔明） 二/1463

陸機（士衡） 一/651 三/1913
　三/2538

陸季覽 三/2734

陸玠（潤玉） 三/2466

陸厥（韓卿） 二/1464

陸凱 二/1204

陸璉 三/2102

陸瓊（伯玉） 三/2537

陸山才（孔章） 三/2460

陸系 三/2604

陸彥聲 二/948

陸卬（雲駒） 三/2303

陸瑜（幹玉） 三/2539

陸雲（士龍） 一/683 一/697

陸雲公（子龍） 三/1852

陸罩（洞元） 二/1777

鹿悆（永吉） 三/2217

倫許 見胡叟

羅愛愛 三/2737

閭丘沖（賓卿） 一/749

呂讓 三/2733

綠珠 一/645

M

麻衣道士 見史宗

馬敞 三/2734

馬岌 二/951

馬元熙（長明） 三/2280

馬援（文淵、新息侯、忠成侯） 一/

163

曼季　見鄭豐

曼倩　見東方朔

毛處約　三/2603

茂灌　見到漑

茂世　見虞世基

茂堂　見王鑒

茂先　見張華

茂沿　見到洽

茂遠　見湯惠休、傅昭

茂祖　見荀昶

枚乘(叔)　一/98

枚叔　見枚乘

梅陶　二/871

美人虞　一/89

孟德　見曹操

孟堅　見班固

孟康　三/2411

孟陽　見張載

孟姚　一/18

麋元　一/412

繆襲　三/526

明克讓(弘道)　三/2645

明少遐　三/2124

明敫　見宗夬

明餘慶　三/2646

明遠　見鮑照

沐犢子　見獨沐子

牧犢子　見獨沐子

穆仲　見王叔之

N

南昌郡公　見王儉

南昌縣公　見沈慶之

南郡公　見桓玄

南郡王　見蕭長懋

南平王　見劉鑠

南鄉侯　見蕭推

甯戚　一/317

寧都郡公　見宇文毓

寧都縣侯　見蕭子顯

牛弘(里仁、奇章公)　三/2692　三/2755

女娟　一/17

O

歐陽建(堅石)　一/646

P

潘徽(伯彥)　三/2563

潘尼(正叔、安昌公)　一/634　一/761

潘岳(安仁)　一/627

裴訥之(士言)　三/2262

裴讓之(士禮、宜都縣男)　三/2261

裴憲伯　三/2114

裴秀(秀彥、濟川侯、鉅鹿郡公)　一/582

裴子野(幾原) 二/1789

彭城侯 見李諧

彭城王 見元勰

彭城縣公 見劉義隆

彭祖 見王浚

鵬舉 見温子昇

平叔 見何晏

平通侯 見楊惲

平原侯 見曹植

平子 見張衡

Q

栖鳳 見何妥

戚夫人 一/91

漆室女 一/306

祁陽縣侯 見蕭子範

奇章公 見牛弘

齊高帝 見蕭道成

齊公 見蕭道成

齊武帝 見蕭賾

齊莊 見孫放

芑梁殖妻 一/312

綺里季夏 一/90

牽秀(成叔) 一/727

虔和 見李諧

乾伯 見宇文贇

欽若 見宗欽

秦嘉(士會) 一/185

秦羅敷 一/259

秦玉鸞 三/2738

清河郡公 見蕭放、楊素

丘遲(希範) 二/1601

丘巨源 二/1406

丘淵之(思玄) 二/1216

秋孫 見劉珍

曲江縣公 見蕭譽

曲巖 三/2293

R

仁謹 見楊侗

仁祖 見蕭愨、謝尚

任昉(彥升) 二/1594 二/1635
　　三/1825

任豫 二/1324

阮籍(嗣宗、關内侯) 一/493

阮侃(德如) 一/477

阮脩(宣子) 一/729

阮研(文機) 三/2101

阮彥 二/1461

阮瑀(元瑜) 一/378

阮种(德猷) 一/582

阮卓 三/2560

潤甫 見鄒湛

潤玉 見陸玢

潤岳 見鮑泉

S

僧法宣 三/2771

僧正惠偘　三/2191

商梁子　一/307

商陵牧子　一/305

商丘成（秺侯）　一/102

上黄侯　見蕭曄

尚法師　三/2435

少明　見夏靖

少卿　見李陵

少文　見宗炳

少翁　見韋玄成

邵陵王　見蕭綸

紹伯　見蕭道成

紹統　見司馬彪

申包胥　一/29

申叔儀　一/23

沈趍（孝鯉）　三/2079

沈后　三/2522

沈烱（初明、禮明）　三/2443

沈君道　三/2733

沈君攸　三/2109

沈滿願　三/2132

沈慶之（弘先、南昌縣公）　二/1246

沈旋（士規）　三/2078

沈繇　二/1715

沈攸之　二/1349

沈約（休文、建昌縣侯、隱）　二/
　　1613　三/1920　三/1987　三/
　　2020　三/2052　三/2163　二/
　　2170　三/2176　三/2178　三/

2185　三/2186　三/2482

昇逸　見周捨

聲伯　見公孫嬰齊

施榮泰　三/2112

師曠　一/65

石勛（子才）　一/175

石崇（季倫、安陽侯）　一/641

石道慧　二/1475

史萬歲　三/2656

史宗（麻衣道士）　二/1087

始安郡公　見温嶠

始昌　見徐孝嗣

始平王　見元勰

士安　見皇甫謐

士標　見伏挺

士操　見伏挺

士高　見荀仲舉

士規　見沈旋

士衡　見陸機

士會　見秦嘉

士簡　見張率

士禮　見裴讓之

士龍　見陸雲

士蔿　一/15

士蔚　見卞彬

士秀　見徐摛

士續　見徐摛

士烜　見劉霽

士遜　見顏竣

士涇　見劉霽

士言　見裴訥之

士彥　見王晏

士洋　見褚雲

士章　見劉繪

士治　見王濬

世誠　見蕭繹

世調　見蕭綸

世將　見王廙

世舉　見褚翔

世明　見何子朗

世謙　見蕭綜

世詢　見蕭紀

世纘　見蕭綱

釋寶月　二/1479

釋寶誌　三/2188

釋道安　二/1084

釋道寶　二/1089

釋法雲　三/2191

釋洪偃　三/2623

釋惠標　三/2544　三/2545　三/2621

釋惠令　三/2190

釋慧净　三/2772

釋慧輪　三/2778

釋慧英　三/2778

釋慧遠　二/1085

釋靈裕　三/2775

釋曇遷　三/2774

釋亡名俗姓宋　三/2433　三/2435

釋玄逵　三/2775

釋智才　三/2777

釋智藏　三/2189

釋智愷　三/2624

釋智命（鄭頲）　三/2776

釋智炫　三/2774

叔達　見蕭衍

叔道　見王歆之

叔虎　見王彪之

叔朗　見王晞

叔明　見陸慧曉

叔平　見王凝之

叔齊　一/6

叔仁　見王蘊之

叔庠　見吳均

叔夜　見嵇康

叔源　見謝混

束晳（廣微）　一/638

司馬彪（紹統）　一/728

司馬相如（長卿）　一/99

司馬曜（晉孝武帝、昌明、會稽王）　二/919

司馬懿（晉宣帝、仲達、安國鄉侯、舞陽侯）　一/549

思方　見周弘直

思光　見張融

思行　見周弘正

思晦　見王暕

思敬　見柳莊

思禮　見岑之敬

思玄　見丘淵之、許穆

思貞　見劉之遴

四山　見張嵊

嗣宗　見阮籍

宋道璵　三/2226

宋國公　見賀若弼

宋明帝　見劉彧

宋文帝　見劉義隆

宋孝武帝　見劉駿

宋子侯　一/198

蘇伯玉妻　一/776

蘇蟬翼　三/2738

蘇若蘭　二/955

蘇彦　二/924

蘇子卿　三/2543　三/2600

隋後主　見楊廣

隋思道　三/2635

隋王　見楊堅

隋文帝　見楊堅

隋煬帝　見楊廣

隨郡王　見蕭子隆

隨王　見劉旦

孫臏（孫子）　一/62

孫楚（子荆）　一/598

孫綽（興公）　二/896

孫放（齊莊）　二/902

孫晧（元宗、歸命侯）　一/537

孫機　一/775

孫嗣　二/907

孫統（承公）　二/907

孫萬壽（仙期）　三/2638

孫抃（顯世）　一/723

孫擢　二/1715

孫子　見孫臏

T

臺卿　見趙岐

臺彦　見棗嵩

太沖　見左思

太真　見溫嶠

談士雲　三/2123

曇延　三/2777

曇瑗　三/2623

檀秀才　二/1476

湯惠休（茂遠）　二/1243

唐山夫人　一/145

唐堯　一/319

唐菆（白狼王）　一/164

桃葉　二/904

陶功曹　二/1476

陶弘景（通明、華陽隱居）　二/1813

陶潛　見陶淵明

陶琬之　二/939

陶嬰　一/9

陶淵明（陶潛、元亮，靖節先生）
　二/967

滕國公　見宇文逌

滕王　見宇文逌

亭伯　見崔駰

通明　見陶弘景

通遠　見謝瞻

屠門高　一/320

W

萬石　見謝萬

王褒（子淵）　三/2329　三/2356
　三/2360

王彪之（叔虎）　二/921

王彬之　二/914

王粲（仲宣、關内侯）　一/357　一/
　524　一/525

王常侍　二/1478

王瑳　三/2610

王磋　三/2611

王德　三/2225

王豐之　二/915

王規（威明）　二/1815

王衡　三/2716

王胡之（脩齡）　二/885

王環　三/2122

王涣之　二/914

王吉　一/163

王楫　見王揖

王籍（文海）　三/1853

王寂（子玄）　二/1460

王濟（武子）　一/597

王嘉（子年）　二/927

王暕（思晦）　二/1593

王儉（仲寶、豫寧縣侯、南昌郡公）
　二/1378　二/1491　二/1507
　二/1510

王鑒（茂堂）　二/854

王金珠　三/2125

王同　三/2091

王筠（元禮、德柔）　三/2009　三/
　2605

王浚（彭祖）　一/774

王康琚　二/952

王珉（季琰）　二/923

王謨　三/2735

王凝之（叔平）　二/911

王齊之　二/938

王喬之　二/938

王銓　一/592

王容　三/2224

王融（元長）　二/1385

王僧達　二/1239

王僧令　二/1462

王僧孺　二/1759

王僧祐（胤宗）　二/1380

王韶之（休泰）　二/1187　二/1355
　二/1362　二/1367

王育（元恭）　三/2692

王升之　二/950

王湜　三/2122

王氏（劉和妻）　二/954

王氏（衛敬瑜妻）　三/2128

王叔之（穆仲）　二/1129

王淑英妻　見劉氏

王樞　三/2118

王思遠（阿戎）　二/1460

王素（休業）　二/1317

王肅（恭懿）　三/2204

王肅之（幼恭）　二/913

王臺卿　三/2005　三/2006　三/
　2007　三/2008　三/2087

王泰（仲通）　三/2069

王通（仲淹、文中子）　三/2655

王微（景玄）　二/1199

王微之（子猷）　二/913

王偉　三/1862

王晞（叔朗）　三/2345

王晞　見竺僧度

王錫（公嘏）　二/1808

王羲之（逸少）　二/895

王獻之（子敬）　二/903

王孝禮　三/2120

王歆之（叔道）　二/1326

王脩己　三/2120

王秀之（伯奮）　二/1477

王玄之　二/911

王珣（元琳）　二/929　二/10/3
　二/1074

王循　三/2113

王訓（懷範）　二/1716

王濬（士治、襄陽縣侯）　一/591

王延（希季）　二/1377

王晏（休默、士彦）　二/1479

王揖（王楫）　二/1541

王廙（世將、武陵縣侯）　二/855

王瑩　三/1856

王由禮　三/2570　三/2728

王顗　三/1856

王蘊　見王蘊之

王蘊之（王蘊、叔仁）　二/915

王讚（正長）　一/760

王昭君　一/315

王仲雄　二/1407

王胄（承基）　三/2277　三/2696

威明　見王規

威輦　見董京

韋誕（仲將）　一/473

韋道遜　三/2265

韋鼎　三/2564

韋孟　一/105

韋玄成（少翁、共侯）　一/113

韋昭　一/543

偉才　見袁豹

偉長　見徐幹

蔚宗　見范曄

衛敬瑜妻　見王氏

魏澹（彦深）　三/2647

魏公　見李密

魏明帝　見曹叡

魏滂　二/915

魏收（伯起）　三/2268

魏文帝　見曹丕

魏武帝　見曹操

溫理　見褚玠

溫嶠（太真、始安郡公）　二/871

溫文　見蕭琮

溫子昇（鵬舉）　三/2220

文　見范雲

文安縣子　見祖瑩

文暢　見柳惲

文奐　見蕭賁

文姬　見蔡琰

文機　見阮研

文舉　見孔融、郭文

文明太后　見馮氏

文容　見蕭瑱

文勝　見酈炎

文通　見江淹

文偉　見費褘

文業　見趙整

文淵　見馬援

文中子　見王通

文忠先生　見朱穆

聞人倩　三/2109

聞喜縣公　見蕭子良

聞喜縣侯　見蕭磧

烏孫公主　見細君

吳均（吳筠、叔庠）　二/1522　二/1719　二/1770　三/1919　三/1984　三/1996　三/2009　三/2022

吳筠　見吳均

吳郡王　見蕭岑

吳邁遠　二/1317

吳尚野　三/2607

吳思玄　三/2607

吳隱之（處默）　二/936

吳質（季重）　一/412

吳孜　三/1859

無名法師　三/2435

伍輯之　二/1129

武昌縣公　見謝晦

武城縣公　見元子攸

武康縣侯　見庾信

武陵郡王　見蕭紀

武陵王　見劉駿

武陵縣侯　見王廙

武仲　見傅毅

武子　見王濟

舞陽侯　見司馬懿

務本　見許善心

X

西豐縣侯　見蕭正德

希範　見丘遲

希樂　見劉毅

希馮　見顧野王

希季　見王延

希逸　見謝莊、蕭放

希義　見李騫

郗超（景興、嘉賓）　二／887

郗曇（重熙）　二／908

息夫躬（子微、宜陵侯）　一／116

僖伯　見鄭道昭

習鑿齒（彥威）　二／922

細君（烏孫公主）　一／111

夏侯沖　一／638

夏侯湛（孝若）　一／593

夏靖（少明）　一／693

仙期　見孫萬壽

顯世　見孫拯

顯宗　見韓延之

憲　見江淹

憲子　見謝莊

湘東王　見蕭繹

湘郡公　見陸法和

湘西伯　見袁喬

襄陽縣侯　見王潛

翔風　見翾風

項籍　見項羽

項羽（楚霸王、項籍、子羽、魯公）
　一／88

霄城縣侯　見范雲

蕭賁（文奐）　三／2556

蕭岑（智遠、河間王、吳郡王、懷義
公）　三／2654

蕭詧（理孫、梁宣帝、曲江縣公、岳陽
郡公、梁王）　三／2104

蕭長懋（雲喬、南郡王）　二／1381

蕭琛（彥瑜）　二／1803

蕭淳　三／2606

蕭琮（溫文、莒國公、梁公）　三／
2691

蕭道成（齊高帝、紹伯、鬭將、竟陵郡
公、齊公）　二／1375

蕭放（希逸、清河郡公）　三／2259

蕭綱（世纘、晉安王、梁簡文帝）
　　二／1658　　二／1725　　二／1733
　　二／1797　　二／1800　　二／1802
　　二／1818　　二／1821　　二／1872
　　三／1900　　三／1901　　三／2005
　　三／2006　　三／2007　　三／2008
　　三／2019　　三／2034　　三／2045
　　三／2596

蕭慤　三／2280

蕭紀（世詢、武陵郡王）　三／1899

蕭璟　二／1326

蕭鈞〔梁〕　二／1591

蕭鈞〔唐〕　二／1591

蕭琳　三／2609

蕭隣　三／2609

蕭驎　三／2609

蕭綸（世調、邵陵王）　三／2028

三／2051

蕭洽（宏稱） 二／1758

蕭詮 三／2552

蕭愨（仁祖） 三／2274 三／2700

蕭若静 三／2124

蕭瑱（文容） 二／1821

蕭統（德施、昭明） 二／1790 三／
1924 三／1925 三／1938 三／
1946 三／1953 三／1954 三／
1964 三／1974 三／1978

蕭推（智進、南鄉侯） 三／1856

蕭撝（智遐、永豐侯、蔡陽郡公）
三／2327

蕭欣 三／2125

蕭巡 二／1804

蕭衍（梁武帝、叔達、梁公、梁王）
二／1513 二／1549 二／1626
三／1910 三／2125 三／2126
三／2127 三／2128 三／2725

蕭曄（安陸侯、上黃侯） 三／2069

蕭繹（世誠、梁元帝、湘東王） 二／
1725 二／1757 三／1916 三／
2028 三／2031

蕭有 三／2606

蕭賾（齊武帝、宣遠、聞喜縣侯）
二／1376

蕭正德（公和、臨賀王、西豐縣侯）
二／2061

蕭祇（敬式、定襄侯） 三／2258

蕭雉 二／1805

蕭子範（景則、祁陽縣侯） 三／1896

蕭子暉（景光） 三／1887

蕭子良（竟陵王、雲英、聞喜縣公）
二／1382

蕭子隆（隨郡王、雲興） 二／1384

蕭子顯（景暢、寧都縣侯） 二／1815
二／1821 三／2036 三／2087

蕭子雲（景喬） 二／1818 三／1885
三／2173 三／2177

蕭綜（世謙、豫章王） 三／2213

小憐 見馮淑妃

孝標 見劉峻

孝嘗 見劉苞

孝綽 見劉孝綽

孝基 見辛德源

孝鯉 見沈趨

孝陵 見劉遵

孝穆 見徐陵

孝然 見焦先

孝若 見夏侯湛

孝通 三／2211

孝威 見劉孝威

孝儀 見劉孝儀

孝徵 見祖珽

孝宗 見崔巨倫

解瀆亭侯 見劉宏

謝安（安石、建昌縣公） 二／905

謝超宗 二／1489 二／1491 二／

1492　二/1494　二/1503

謝道韞　二/912

謝芳姿　二/923

謝晦(宣明、武昌縣公)　二/1140

謝惠連　二/1149　二/1188

謝混(叔源、益壽)　二/934

謝舉(言揚)　三/1856

謝靈運(客兒、康樂公)　二/1147

謝尚(仁祖)　二/878

謝氏　三/2227

謝世基　二/1142

謝瑱　三/2102

謝朓(玄暉)　二/1388　二/1413
　二/1498

謝萬(萬石)　二/906

謝微(謝徵、玄度)　二/1820

謝燮　三/2550

謝檐　見謝瞻

謝繹　二/916

謝瞻(宣遠、謝檐、通遠)　二/1131

謝徵　見謝微

謝莊(希逸、憲子)　二/1250　二/
　1351　二/1357

辛德源(孝基)　三/2648　三/2771

辛曠　一/586

辛蕭　二/954

辛延年　一/198

辛延壽　一/198

新息侯　見馬援

邢邵(子才)　三/2263

興公　見孫綽

興遠　見董紹

熊甫　二/859

休伯　見繁欽

休道　見劉昶

休璉　見應璩

休龍　見劉駿

休默　見王晏

休泰　見王韶之

休文　見沈約、孔奐

休玄　見劉鑠

休業　見王素

休奕　見傅玄

休映　見江革

修仁　見徐勉

脩齡　見王胡之

脩業　見元恭

徐伯陽(隱忍)　三/2469

徐摛(士秀、士續)　三/1891　三/
　2529

徐德言　三/2564

徐防(高齋學士)　三/2005　三/
　2006　三/2007　三/2008　三/
　2067

徐朏　三/2068

徐悱(敬業)　二/1770　三/2131

徐悱妻　見劉氏

徐豐之　二/916

徐幹（偉長） 一／375

徐廣（野民、樂成侯） 二／953

徐君蒨（懷簡） 三／2066

徐陵（孝穆、建昌縣侯） 三／1890
　　三／2486　三／2498　三／2523
　　三／2574　三／2575

徐勉（修仁） 二／1811

徐怦 三／2030

徐謙 三／2411

徐淑 一／188

徐晚 三／2069

徐孝克 三／2562

徐孝嗣（始昌、枝江縣公） 二／1411

徐儀 三／2693

徐爰（徐瑗、長玉） 二／1321

徐瑗 見徐爰

徐湛 三／2607

許翽（道翔、玉斧） 二／1123

許謐 見許穆

許穆（許謐、思玄） 二／1122

許倪 三／2608

許善心（務本） 三／2643　三／2707
　　三／2755

許詢（玄度） 二／894

許瑶之 二／1474

許由 一／307

續伯 見閭讚

續命 見馮淑妃

宣明 見謝晦

宣遠 見謝瞻、蕭賾

宣摯 見劉臻

宣子 見阮脩

翩風（翔風） 一／646

玄度 見許詢、謝微

玄方 見棗腆

玄暉 見謝朓

玄静先生 見劉峻

玄卿 見薛道衡

玄宗 見竺僧度

薛道衡（玄卿） 三／2579　三／2679

薛德音 三／2716

薛昉 三／2732

薛瑩（道言） 一／587

薛綜（敬文） 一／534

荀昶（茂祖） 二／1217

荀濟（子通） 三／2070

荀勖（公曾、關内侯、安陽子、濟北郡
　　侯） 一／591　一／817　一／837

荀雍（道雍） 二／1201

荀仲舉（士高） 三／2267

荀組（大章、陽城縣男、臨潁縣公）
　　二／855

Y

延年 見顔延之

延休 見程咸

延祖 見嵇紹

言揚 見謝舉

閭讚（續伯）　一/626

顔測　二/1242

顔竣（士遜）　二/1241

顔龍　見范雲

顔師伯　二/1246

顔延之（延年）　一/262　一/263
　二/1225　二/1351

顔遠　見曹攄

顔之推（介）　一/692　三/2282

彦伯　見袁宏

彦和　見朱异、元勰

彦鸞　見崔鴻

彦深　見魏澹

彦升　見袁喬、任昉

彦士　見曹髦

彦威　見習鑿齒

彦遐　見江禄

彦瑜　見蕭琛

晏嬰（晏子）　一/11　一/12

晏子　見晏嬰

燕王　見劉旦

羊徽（敬猷）　二/940

羊權（道輿）　二/1095

陽城縣男　見苟組

陽都侯　見諸葛恪

陽固（敬安）　三/2208

陽緝　三/2557

陽慎　三/2559

陽休之（之烈）　三/2278　三/2281

陽源　見袁淑

楊侗（仁謹、越王）　三/2717

楊方（公回）　二/859

楊廣（隋煬帝、隋後主）　三/2661
　三/2699　三/2717

楊堅（隋文帝、隋王）　三/2627

楊暾　三/1858

楊素（處道、清河郡公、鄖陽國公、越
　國公、楚國公）　三/2675

楊茗華　二/1089

楊文佑　三/2343

楊羲（義和）　二/1096

楊訓　三/2266

楊惲（子幼、平通侯）　一/112

楊朱　一/23

楊子華　三/2285

姚察（伯審、北絳郡公）　三/2673
　三/2755

姚翻　三/2116

野民　見徐廣

宜都王　見劉義隆

宜都縣男　見裴讓之

宜陵侯　見息夫躬

宜事　見傅縡

乙支文德　三/2735

益壽　見謝混

逸少　見王羲之

義成縣侯　見庾信

義和　見楊羲

殷淡　二/1358　二/1361

殷均　見殷鈞

殷鈞（殷均、季和）　三/1862

殷謀　三/2608

殷融（洪遠）　二/952

殷顗（伯通）　二/929

殷英童　三/2730

殷芸（灌蔬）　二/1803

殷仲文（仲文）　二/933

陰鏗（子堅）　三/2449　三/2541

尹伯奇　一/303

尹式　三/2659

隱　見沈約

隱忍　見徐伯陽

胤叔　見何胤

胤宗　見王僧祐

應亨　一/581

應季先　一/184

應璩（休璉）　一/468

應瑒（德璉）　一/382

應貞（吉甫）　一/579

永昌　見常景

永豐侯　見蕭撝

永和　見李謐

永吉　見鹿悆

永世　見曹茂之

永先　見華覈

永興侯　見陳昭

優孟　一/20

優施　一/15

游雅（伯度、黃頭）　三/2199

右校王　見李陵

幼恭　見王肅之

幼瑒　見紀少瑜

幼章　見盧元明

于仲文（次武）　三/2696

虞綽（士裕）　三/2705

虞穌　二/1369　二/1371

虞騫　二/1610　三/2078

虞茂　三/2711　三/2713　三/2714　三/2715

虞世基（茂世）　三/2710　三/2718　三/2755

虞世南（伯施）　三/2717

虞舜　一/2　一/3　一/309　一/319

虞通之　二/1471

虞羲（子陽）　二/1605

虞炎　二/1459

虞説（虞悦）　二/916

虞悦　見虞説

宇文逌（爾固突、滕國公、滕王）　三/2345

宇文毓（周明帝、寧都郡公）　三/2323

宇文贇（乾伯、周宣帝）　三/2344

宇文招（豆盧突、趙國公、趙王）　三/2344

袁粲（景倩） 二/1322

袁浮丘 二/1462

袁光 二/947

袁宏（袁虎、彦伯） 二/919

袁虎 見袁宏

袁喬（彦升、湘西伯） 二/877

袁嶠之 二/910

袁慶 三/2692

袁山松 二/930

袁奭（元明） 三/2267

袁淑（陽源） 二/1211

袁彖（偉才） 二/1470

袁曜 三/2226

原壤 一/8

岳陽郡王 見蕭詧

越國公 見楊素

越石 見劉琨

越王 見楊侗

越王夫人 一/29

雲駒 見陸印

雲喬 見蕭長懋

雲興 見蕭子隆

雲英 見蕭子良

鄖陽國公 見楊素

Z

臧質 二/1346

棗據（道彦） 一/588

棗嵩（臺彦） 一/772

棗腆（玄方） 一/771

曾子 一/313

湛方生 二/943

湛茂之 二/1325

張碧蘭 三/2738

張純（元基） 一/534

張斐裳 三/2226

張公庭 二/1327

張翰（季鷹） 一/736

張衡（平子） 一/177

張華（茂先、關内侯、廣武縣侯、壯武郡公） 一/610 一/820 一/825 一/835 一/838 二/1269 二/1297

張騫 三/2123

張駿（公庭） 二/876

張亢（季陽） 二/853

張奴 二/949

張率（士簡） 二/1779 三/2183

張融（思光） 二/1409

張嵊（四山） 三/1860

張望 二/890

張文恭 三/2733

張協（景陽） 一/741 一/744

張儼（子節） 一/535

張野（萊民） 二/938

張翼（君祖） 二/891

張載（孟陽） /738

張正見（見賾） 三/2470 三/2524

宇文招女　見大義公主

庾闡（仲初）　二/872

庾成師　三/2136

庾丹　三/2101

庾徽之（景猷）　二/1245

庾肩吾（子慎）　二/1791　三/1981
　　三/2101　三/2365　三/2529
　　三/2556

庾開府　見庾信

庾亮　三/2381

庾信（子山、武康縣侯、臨清縣子、義
　成縣侯、庾開府）　二/1551　三/
　1988　三/1990　三/2089　三/
　2277　三/2337　三/2347　三/
　2415　三/2464　三/2641　三/
　2700　三/2715

庾友（惠彥）　二/908

庾蘊　二/909

庾仲容（仲容）　三/1857

庾自道　三/2709

庾自直　三/2708

玉斧　見許翽

豫寧縣侯　見王儉

豫章王　見蕭綜

元操　見李孝貞

元長　見王融

元達　見苻朗

元鳳　見桓麟

元幹　見何楨

元恭（脩業、北魏節閔帝）　三/

元恭　見王脊

元宏（北魏孝文帝）　三/2200

元暉業（濟陰王）　三/2223

元翽　三/2211

元基　見張純

元靜　見何思澄

元禮　見王筠

元亮　見陶淵明

元琳　見王珣

元懍　見宗懍

元明　見袁奭

元叔　見趙壹

元邃　見李密

元熙（子真、中山王）　三/

元勰（彥和、彭城王、始平　
　2205

元行恭　三/2579　三/26

元秀　見陳叔寶

元詡（北魏孝明帝）　三/

元遜　見諸葛恪

元翌　三/2211

元瑜　見阮瑀

元珍　見祖瑩

元仲　見曹叡

元子攸（北魏孝莊帝、武
　樂王）　三/2210

元宗　見孫晧

袁伯文　二/1324

三/2532　三/2594

張纘（伯緒）　三/1861

長康　見顧愷之

長卿　見司馬相如

長虞　見傅咸

長玉　見徐爰

昭明　見蕭統

趙國公　見宇文招

趙嘉　見趙岐

趙岐（嘉、邠卿、臺卿）　一/195

趙儒宗　三/2284

趙王　見劉友、宇文招

趙壹（元叔）　一/189

趙整（文業、趙正）　二/925

趙正　見趙整

趙宗儒　三/2285

甄彬　三/2285

甄城王　見曹植

甄固　三/2121

甄皇后　一/406

甄述　二/861

正長　見王讚

正叔　見潘尼

鄭道昭（僖伯）　三/2206

鄭豐（曼季）　一/719

鄭公超　三/2266

鄭頤　見釋智命

鄭鮮之（道子）　二/1143

鄭莊公　一/66

支遁（道林）　二/1077

枝江縣公　見徐孝嗣

智進　見蕭推

智遐　見蕭撝

智遠　見蕭岑

稚川　見葛洪

摯虞（仲洽）　一/757

中山王　見元熙

忠成侯　見馬援

鍾憲　二/1473

鍾琰　一/578

仲寶　見王儉

仲長敖　二/952

仲長統（公理）　二/204

仲初　見庾闡

仲達　見司馬懿

仲恭　見毌丘儉

仲弘　見何偃

仲將　見韋誕

仲洽　見摯虞

仲容　見庾仲容

仲思　見劉程之

仲通　見王泰

仲文　見殷仲文

仲宣　見王粲

仲淹　見王通

仲言　見何遜

舟之僑　一/17

周成王　一/310

周處（子隱） 一/625

周公（旦） 一/301

周弘正（思行） 三/2461 三/2593

周弘直（思方） 三/2466

周明帝 見宇文毓

周穆王 一/64

周南 三/2225

周若水 三/2641 三/2731

周捨（昇逸） 二/1773 三/2187

周太王 一/322

周文王 一/302 一/308

周武王 一/63 一/320

周興嗣（恩纂） 二/1754

周宣帝 見宇文贇

周昭（恭遠） 三/537

周子良 三/2192

朱超 三/2092

朱超道 三/2093 三/2094 三/2095
　三/2096

朱德才 二/862

朱虎 見曹彪

朱記室 二/1716

朱穆（公叔、文忠先生） 一/181

朱碩仙 二/1474

朱孝廉 二/1477

朱异（彥和） 三/1859 三/2096

朱異（季文） 一/535

朱越 三/2095

諸葛嶸 三/2005 三/2006 三/

2007 三/2008

諸葛恪（元遜、陽都侯） 一/536

諸葛穎（漢） 三/2703

竺法崇 二/1090

竺僧度（王晞、玄宗） 二/1088

竺曇林 二/1090

莊周 一/314

壯武郡公 見張華

卓文君 一/274

子安 見成公綏

子才 見邢邵、石勛

子長 見劉逖

子行 見盧思道

子桓 見曹丕

子季 見何胤

子堅 見陰鏗

子建 見曹植

子節 見張儼

子荊 見孫楚

子敬 見王獻之

子居 見蔡凝

子諒 見盧諶

子龍 見陸雲公

子年 見王嘉

子桑 一/22

子山 見庾信

子慎 見庾肩吾

子盛 見馮元興

子叔 見邯鄲淳

子通　見荀濟

子微　見息夫躬

子玄　見王寂

子陽　見虞羲

子儀　見劉孝儀

子隱　見周處

子猷　見王徽之

子幼　見楊惲

子瑜　見侯瑾

子羽　見項羽

子淵　見王褒

子元　見柳鎮

子真　見范縝、元熙

子震　見曹景宗

子政　見劉向

宗炳（少文）　二/1137

宗羈　三/2327

宗央（明敭）　二/1554

宗懍（元懍）　三/2265　三/2326

宗欽（欽若）　三/2197

總持　見江總

鄒湛（潤甫）　一/625

祖叔辨　三/2225

祖孫登　三/2543　三/2601　三/
2622

祖珽（孝徵）　三/2273　三/2293
三/2320

祖瑩（元珍、文安縣子）　三/2216

左芬　一/730

左思（太沖）　一/731

左延年　一/410

佐公　見陸倕

篇目音序索引

A

阿那瓌 三/2245

阿子歌 三/2127

阿子歌三首 二/1051

哀帝隆和初童謠 二/1024

哀速終 三/2776

艾如張 一/156

艾如張〔蘇子卿〕 三/2601

艾如張曲 二/1366

愛姬贈主人詩 三/1836

愛離 三/2434

愛妾換馬〔僧法宣〕 三/2771

愛妾換馬〔庾肩吾〕 三/1982

愛遠山 二/1589

安帝義熙初童謠 二/1031

安帝義熙初謠二首 二/1031

安帝元興初童謠 二/1030

安帝元興中童謠 二/1031

安定侯曲 三/2220

安東平 二/1063

安封侯詩（安豐侯詩） 一/171

安豐侯詩 見安封侯詩

安世房中歌 一/145

安臺新福歌 一/526

遨遊出西城詩 一/690

懊儂歌 一/646

懊儂歌十四首 二/1056

懊儂曲歌 二/1407

B

八廚 一/224

八公操（淮南操） 一/98

八顧 一/223

八關齋詩 二/1639

八關齋詩三首 二/1079

八關齋夜賦四城門更作四首 三/2005

八及 一/223

八俊 一/222

八音詩 三/2446

八詠詩 二/1663

八月歌 二/1068

八月十六日夕清靈真人授詩 二/1121

八月侍華林曜靈殿八關齋詩 二/

1253

巴東三峽歌二首　二/1021　二/
1022

巴東行人爲庚子輿語　三/2148

巴郡人爲吴資歌　一/215　一/216

巴人歌陳紀山　一/214

巴蜀爲譙登文石張羅語　一/803

拔蒲　三/2616

罷丹陽郡往與吏民別詩　三/1968

罷故章縣詩　三/2454

白鼻騧　三/2220

白帝　二/1500

白帝高明樂　三/2307

白帝歌　三/2436

白帝歌〔謝超宗〕　二/1497

白帝歌商音　三/2758

白帝雲門舞　三/2421

白帝子歌　二/928

白浮鳩　二/1726

白附鳩　三/2616

白華　一/639

白鳩謳　一/444

白鳩篇　一/845

白麟歌　見朝隴首

白鹿山詩　二/930

白馬篇〔曹植〕　一/432

白馬篇〔孔稚珪〕　二/1408

白馬篇〔沈約〕　二/1619

白馬篇〔王僧孺〕　二/1760

白馬篇〔王胄〕　三/2697

白馬篇〔辛德源〕　三/2649

白馬篇〔徐悱〕　二/1770

白馬篇〔楊廣〕　三/2662

白鵲謳　一/444

白日歌　二/1409

白石郎曲　二/1058

白石巖下經行田詩　二/1168

白水詩　一/66　一/67

白銅鞮歌　見襄陽蹋銅蹄歌三首

白頭吟　一/274

白頭吟〔張正見〕　三/2474

白雪歌(琴歌)　二/1411

白雪曲　二/1477

白雪詩　二/1238

白楊行　一/563

白雲詩　二/1301

白雲謠　一/35

白雉詩　一/169

白紵辭二首　二/1520

白紵歌　二/1408

白紵歌九首　二/1783

白紵歌三首　二/1244

白紵篇大雅　二/1371

白紵曲　二/1214

白紵舞歌詩　二/1368

白紵舞歌詩三首　一/847

百里奚歌　三/2113

百年歌十首　一/668

百舌鳥詩 一/775

百姓歌 見畫一歌

百姓爲東昏侯歌 二/1481

百姓爲公孫軌語 三/2237

百姓爲蕭正德父子謠 三/2144

百姓爲袁粲褚彦回語 二/1334

百姓諺 一/533

百一詩 一/469

百志詩 二/853

柏梁詩 一/97

拜衡陽文王義季墓詩 二/1221

拜陵廟作詩 二/1231

拜宣武墓詩 二/931

班固引諺論經方 一/232

班婕妤〔陸機〕（婕好怨） 一/661

班婕妤〔蕭繹〕 三/2034

班婕妤詠扇 二/1570

班婕妤怨〔何楫〕 三/2605

班婕妤怨〔劉孝綽〕 三/1824

班婕妤怨〔陰鏗〕 三/2450

班昭女誡引鄙諺 一/232

半渡溪 三/1870

半路溪〔蕭綱〕 三/1916

半路溪〔蕭繹〕 三/2034

包山謠 一/43

保命府丞授詩 三/2193

寶鼎歌 見景星

寶鼎詩 一/169

報王永興觀田詩 三/1838

報趙叔嚴 見報趙淑麗詩

報趙淑麗詩（報趙叔嚴） 一/382

鮑參軍昭戎行 二/1580

鮑司隸歌 一/209

悲愁歌 見歌

悲從弟仲德詩 二/1012

悲廢井詩 二/1550

悲憤詩 一/199

悲歌 一/282

悲歌〔劉辯〕 一/191

悲落葉 三/2213

悲彭城 三/2217

悲平城詩 三/2205

悲秋詩 三/2672

悲秋夜 二/948

悲人道 二/1140

悲哉行〔陸機〕 一/663

悲哉行〔沈約〕 二/1621

悲哉行〔謝靈運〕 二/1151

北城門沙門 三/2005 三/2006
　三/2007 三/2008

北伐詩〔劉駿〕 二/1223

北伐詩〔劉義隆〕 二/1136

北方童謠 三/2139

北風雪 見學古詩

北軍爲韋叡歌 三/2137

北芒客舍詩 一/552

北芒送別王世冑詩 一/630

北平府君歌 二/1356

北齊末鄴中童謠　三/2294

北使洛詩　二/1233

北戍琅邪城詩　二/1478

北寺寅上人房望遠岫翫前池詩
　三/2013

北亭與吏民別詩　二/1171

北鄉古松樹詩　三/2672

北園射堂新成詩　三/2376

北園新齋成應趙王教詩　三/2374

北宅秘園詩　二/1252

北州爲朱碩棗蒿謠　一/790

北渚　三/1918

被褐守山東　二/1668

被使出關詩　三/2556

被使從渡江詩　三/2001

被衣爲齧缺歌　一/22

被幽述志詩　三/1979

被執作詩一首　三/2004

碧落空歌　三/2441

碧玉歌　二/1519

碧玉歌三首　二/1337

邊城將詩四首　二/1738

邊城思詩　二/1708

邊戍詩　二/1536

卞山楚廟詩　三/2587

汴水早發應令詩　三/2712

變宮調二首　三/2428

表哀詩　二/897

別才法師於湘還鄂北詩　三/2599

別范安成詩　二/1648

別歌　二/859

別歌　見歌

別鶴〔吳均〕　二/1727

別鶴〔蕭綱〕（烏栖曲）　三/1920

別鶴操　一/304

別江水曹　見與江水曹至干濱戲詩

別荆州吏民　三/2040

別荆州吏民詩二首　三/2056

別劉孝先詩　三/2093

別陸子雲詩　三/2337

別毛永嘉詩　三/2531

別南海賓化侯詩　三/2581

別沈助教詩　二/1688

別詩〔范雲〕　二/1546　二/1553

別詩〔張融〕　二/1410

別詩二首〔蕭繹〕　三/2059

別詩二首〔應瑒〕　一/383

別宋常侍詩　三/2659

別王丞僧孺詩〔王融〕　二/1396

別王丞僧孺詩〔謝朓〕　二/1427

別王都官詩　三/2340

別王謙詩　二/1744

別韋諒賦得江湖汎別舟詩　三/2490

別席中兵詩　三/2093

別夏侯故章詩　二/1750

別蕭諮議前夜以醉乖例今晝由醒敬
　應教詩　二/1804

別蕭諮議詩〔任昉〕　二/1599

別蕭諮議詩〔王延〕 二/1377

別蕭諮議詩〔宗央〕 二/1554

別義陽郡二首 三/2067

別永新侯 三/2594

別庾七入蜀詩 三/2387

別袁昌州詩二首 三/2589

別贈詩 三/2640

別張洗馬樞詩 三/2387

別周記室詩 三/2702

別周尚書弘正詩 三/2387

丙辰歲八月中於下潠田舍穫詩
　　二/996

并州羊腸坂詩 三/2590

病苦 三/2434

伯姬引 一/320

伯益 一/834

博昌人爲蔣任二姓語 一/524

博陵王宮俠曲二首 一/612

薄暮動弦歌 三/2110

薄晚逐涼北樓迴望詩 三/1957

薄帷鑒明月詩 三/2493

補亡詩六首 一/639

步出東西門行　見步出夏門行

步出夏門行〔曹操〕（步出東西門
　　行、碣石篇、出夏門行） 一/353

步出夏門行〔曹叡〕（隴西行） 一/
　　414

步出夏門行　見隴西行

步桐臺詩 二/1558

步虛詞二首 三/2662

步虛辭十首 三/2438

C

采葛婦歌 一/30

采蓮曲 三/2503

采菱歌 一/748

采芑歌 一/13

采桑 二/1257

采薪者歌 一/511

采藥大布山詩 二/1739

采藥詩 二/928

採荷調　見採蓮諷

採菊篇 三/1923

採菊詩 二/920

採蓮諷〔採荷調〕 三/1889

採蓮曲〔劉孝威〕 三/1868

採蓮曲〔盧思道〕 三/2631

採蓮曲〔沈君攸〕 三/2109

採蓮曲〔吳均〕 二/1724

採蓮曲〔蕭綱〕 三/1925

採蓮曲〔蕭衍〕 二/1522

採蓮曲〔蕭繹〕 三/2035

採蓮曲〔殷英童〕 三/2730

採蓮曲〔朱超〕 三/2092

採蓮曲二首 三/1914

採蓮童曲 二/1060

採菱歌七首 二/1270

採菱曲〔費昶〕 三/2082

採菱曲〔江淹〕　二/1556

採菱曲〔陸罩〕　二/1777

採菱曲〔陶功曹〕　二/1476

採菱曲〔王融〕　二/1386

採菱曲〔蕭綱〕　三/1920

採菱曲〔蕭衍〕　二/1523

採菱曲〔徐勉〕　二/1811

採菱曲二首　三/2072

採桑〔陳叔寶〕　三/2501

採桑〔傅縡〕　三/2535

採桑〔賀徹〕　三/2553

採桑〔沈君攸〕　三/2109

採桑〔蕭綱〕　三/1901

採桑〔張正見〕　三/2472　三/2483

採桑　見採桑度、陌上桑

採桑度（採桑）　二/1061

採石上菖蒲詩　二/1566

採薇歌　一/6

採藥詩　二/874

採藥遊名山詩　三/2546

採芝操（紫芝歌）　一/91

彩毫怨　三/2134

蠶叢詩　見詩

蒼梧人爲陳臨歌　一/210

滄海雀　二/1782

滄浪歌　見孺子歌

曹操引里諺　一/517

曹操引諺　一/517

曹囧引語　一/520

曹丕引里語　一/517　一/518

曹邱生引楚人諺　一/128

曹植引諺　一/518

草名詩　三/2044

草堂寺尋無名法師詩　三/2065

禪暇詩　三/2779

閶闔篇　二/1515

長安百姓爲王氏五侯歌　一/123

長安道〔陳叔寶〕　三/2507

長安道〔陳暄〕　三/2542

長安道〔顧野王〕　三/2468

長安道〔何妥〕　三/2657

長安道〔江總〕　三/2569

長安道〔阮卓〕　三/2561

長安道〔王褒〕　三/2332

長安道〔蕭賁〕　三/2556

長安道〔蕭綱〕　三/1912

長安道〔蕭繹〕　三/2033

長安道〔徐陵〕　三/2526

長安還至方山愴然自傷詩　三/2445

長安路詩　三/2048

長安民謡　二/1028

長安秋　三/2711

長安少年行〔沈烱〕　三/2443

長安聽百舌詩　三/2564

長安爲崔弘度屈突蓋語　三/2745

長安爲苻堅語　二/1036

長安爲谷永樓護號　一/139

長安爲韓嫣語　一/136

長安爲王吉語　一/137

長安爲蕭朱王貢語　一/137

長安爲尹賞歌　一/123

長安爲張竦語　一/139

長安謠　一/125

長安有狹邪行〔陸機〕　一/658

長安有狹邪行〔王褒〕　三/2330

長安有狹邪行〔王囘〕　三/2091

長安有狹邪行〔蕭衍〕　二/1514

長安有狹邪行〔謝惠連〕　二/1190

長安有狹邪行〔徐防〕　三/2068

長安有狹斜行　一/266

長安有狹斜行〔沈約〕　二/1616

長安有狹斜行〔蕭綱〕　三/1904

長安有狹斜行〔庾肩吾〕　三/1981

長安有狹斜行〔張正見〕　三/2481

長安有狹斜行　見相逢行

長安中謠　一/323

長白山歌　三/2741

長別離　二/1319

長笛弄　二/1255

長干曲　二/1069

長歌行　一/262

長歌行〔曹叡〕　一/415

長歌行〔曹植〕　一/441

長歌行〔傅玄〕　一/555

長歌行〔陸機〕　一/655

長歌行〔沈約〕　二/1614

長歌行〔蕭繹〕　三/2031

長歌行〔謝靈運〕　二/1148

長歌行　見折楊柳行

長歌引　二/1387

長鋏歌　見彈鋏歌

長樂佳七首　二/1055

長門怨〔費昶〕　三/2082

長門怨〔柳惲〕　二/1673

長沙人石虎謠　一/125

長水童謠　一/44

長松標　三/2615

長相思〔陸瓊〕　三/2538

長相思〔王瑳〕　三/2611

長相思〔吳邁遠〕　二/1319

長相思〔蕭淳〕　三/2606

長相思〔蕭統〕　二/1792

長相思二首〔陳叔寶〕　三/2512

長相思二首〔江總〕　三/2575

長相思二首〔徐陵〕　三/2528

長相思二首〔張率〕　二/1784

長夜謠　一/595

長至詩　一/771

倡婦怨情詩十二韻　三/1941

倡樓怨節詩　三/1977

抄衆書應司徒教詩　二/1404

巢王座韻得餘詩　三/2732

朝隴首（白麟歌）　一/154

嘲道安詩　二/922

嘲伏挺詩　三/1854

嘲府僚詩　二/1200

嘲劉郎詩　二/1692

嘲牛弘　三/2735

嘲熱客詩　一/578

嘲蜀使張奉　一/534

嘲吳羣臣　一/531

嘲友人詩　二/856

車駕幸京口三月三日侍遊曲阿後湖
　　作詩　二/1231

車駕幸京口侍遊蒜山作詩　二/1230

車馬行　三/2099

車名詩　三/2042

車遥遥　三/2115

車遥遥篇　一/565

車中見美人詩　三/2029

車中見新林分別甚盛詩　二/1704

臣道曲　三/2184

忱威　三/2180

陳阿登彈琴歌　二/1126

陳初童謠　三/2612

陳琳　二/1182

陳琳引諺　一/518

陳人爲齊雲觀歌　三/2612

陳思王曹植贈友　二/1571

陳武引里語　一/807

陳宣帝時謠　三/2613

晨風行〔沈滿願〕　三/2134

晨風行〔王循〕　三/2113

晨鷄高樹鳴　三/2471

晨征聽曉鴻　二/1667

塵鏡詩　三/2406

讖詩　三/2188　三/2189

讖詩二首　三/2260

樫詩　三/1973

成帝末童謠　二/1023

成帝時歌謠　一/126

成帝時童謠　一/126

成都王穎盛時里語　一/805

成都王穎盛時義募將士謠語　一/
　　805

成公綏引諺　一/797

成公智瓊贈弦超　一/511

成連　三/2650

成人歌　一/9

成王冠辭　一/48

成相雜辭　一/52

承天命　一/547

城南隅謙　三/2630

城上麻　二/1723

城上烏　二/1721

城上烏詩　三/2096

城中謠　見馬廖引長安語

池上酬劉記室詩　二/1566

赤帝　二/1500

赤帝高明樂　三/2307

赤帝歌　三/2436

赤帝歌〔謝超宗〕　二/1496

赤帝歌徵音　三/2758

赤帝雲門舞　三/2420

赤蛟　一/154

赤雀辭　一/323

赤松澗詩　二/1638

赤亭渚詩　二/1559

赤雁歌　見象載瑜

敕勒歌　三/2289

春歌（永巷歌）　一/91

崇丘　一/640

重別周尚書詩二首　三/2402

重酬楊僕射山亭詩　三/2683

重光詩　三/1874

重陽殿成金石會竟上詩　三/2485

重贈臨蒸郭某詩　二/1729

重贈劉琨詩　二/883

重贈盧諶詩　二/852

仇儒造妖言　三/2244

酬別江主簿屯騎詩　二/1734

酬別詩　二/1735

酬從弟惠連詩　二/1175

酬丁柴桑詩　二/972

酬范記室雲詩　二/1682

酬郭臨丞詩　二/1742

酬華陽陶先生詩　二/1637

酬江總詩　三/1854

酬孔通直邊懷蓬居詩　二/1661

酬劉柴桑　二/978

酬陸常侍詩　三/2700

酬陸長史倕詩　三/1833

酬王晉安德元詩　二/1426

酬聞人侍郎別詩三首　二/1743

酬蕭侍中春園聽妓詩　三/2653

酬蕭新浦王洗馬詩二首　二/1732

酬謝宣城朓詩（調宣城朓臥疾）
　　二/1634

酬張長史詩　二/1409

酬周參軍詩　二/1733

愁閨照鏡詩　三/1969

愁霖詩　一/608

出重圍和傅昭詩　二/1661

出藩曲　二/1415

出歌　一/600

出江陵縣還詩二首　三/2055

出郡傳舍哭范僕射詩　二/1600

出塞　三/2750

出塞〔劉峻〕　二/1758

出塞〔王褒〕（塞下曲）　三/2332

出塞二首〔薛道衡〕　三/2680

出塞二首〔楊素〕　三/2675

出塞二首〔虞世基〕　三/2710

出下館詩　二/1450

出夏門行　見步出夏門行

出新林詩　三/1877

出自薊北門行〔徐陵〕　三/2524

出自薊北門行〔庾信〕　三/2348

初春賦得池應教詩　三/2494

初春詩　二/1649

初春攜內人行戲詩　三/2067

初渡江詩　三/2714

初發東都應詔詩　三/2709

初發入南城詩　二/1180

初發石首城詩　二/1176

初發新林詩　二/1689

初伏七夕已覺微涼既引應徐且命燕
　趙清風朗月以望七襄之駕置酒陳
　樂各賦四韻之篇　三/2519

初平詩　一/194

初平中長安謠　一/225

初秋詩〔劉駿〕　二/1222

初秋詩〔蕭綱〕　三/1947

初去郡詩　二/1171

初入山作詩　三/2192

初往新安至桐廬口詩　二/1179

初夏應詔詩　三/2647

初之平　見楚之平

初至都詩　二/1174

初至壽春作詩　二/1737

除弟服詩　二/1237

除婦服詩　一/598

楚朝曲　二/1320

楚妃曲　二/1726

楚妃歎〔石崇〕　一/642

楚妃歎〔蕭綱〕　三/1917

楚妃歎〔袁伯文〕　二/1324

楚妃吟　三/2011

楚歌　見鴻鵠

楚狂接輿歌　一/20　一/21

楚明妃曲　二/1245

楚聘歌（大道歌）　一/25

楚人誦子文歌　一/19

楚人爲諸御己歌　一/19

楚人謠　一/39

楚商歌　見忼慨歌

楚童謠　一/39

楚王吟　二/1782

楚之平（初之平）　一/526

褚先生引諺　一/132

船名詩　三/2042

牀詩　三/2106

春白紵　二/1626

春別詩四首　二/1820

春別應令詩四首　三/2058

春詞　三/2225

春芳詩　二/1130

春賦　見春日曲水詩

春歌二十首　二/1043

春歌三首　三/2125

春歌四首　二/1516

春閨情詩　三/1952　三/1953

春閨思詩　二/1819

春閨有怨詩　二/1767

春閨怨　三/1859

春羈詩　二/1304

春江花月夜　三/2705

春江花月夜二首　三/2663

春江曲（春江行）　三/1921

春江行　見春江曲

春郊見美人詩 三/2085

春郊詩 二/1608

春可樂〔王廙〕 二/855

春可樂〔夏侯湛〕 一/595

春暮喜晴酬袁戶曹苦雨詩 二/1698

春祈穀誡夏 三/2763

春祈社誡夏 三/2762

春情詩 三/2529

春日從駕新亭應制詩 三/1827

春日從將軍遊山寺詩 三/2599

春日極飲詩 三/2405

春日寄鄉友詩 二/1766

春日家園詩 二/1379

春日看梅花詩 三/1959

春日看梅詩二首 三/2739

春日離合詩二首 三/2409

春日臨池詩 三/2222

春日曲水詩（春賦） 三/2280

春日詩〔紀少瑜〕 二/1779

春日詩〔江總〕 三/2594

春日詩〔王筠〕 三/2018

春日詩〔聞人倩〕 三/2109

春日詩〔蕭綱〕 三/1957 三/1964

春日詩〔蕭繹〕 三/2045

春日詩〔徐陵〕 三/2534

春日詩〔陽休之〕 三/2281

春日詩〔庾肩吾〕 三/1997

春日想上林詩 三/1944

春日宴晉熙王詩 二/1794

春日貽劉孝綽詩 二/1821

春色褉辰盡當曲宴各賦十韻詩 三/2515

春詩二首 二/1380

春思 見春詠詩

春思絕句 見春思詩

春思詩〔王僧孺〕（春思絕句） 二/1769

春思詩〔蕭子暉〕 三/1886

春思詩〔謝朓〕 二/1435

春庭晚望詩 三/2278

春望古意詩 三/1897

春望詩〔庾信〕 三/2406

春望詩〔宗懍〕 三/2326

春夕經行留侯墓詩 三/2635

春夕詩 二/1380

春夕早泊和劉諮議落日望水詩 二/1691

春宵〔劉孝綽〕 三/1842

春宵〔劉孝威〕 三/1881

春宵〔蕭綱〕 三/1963

春宵〔庾肩吾〕 三/2000

春宵詩〔劉孝先〕 三/2066

春宵詩〔蕭子暉〕 三/1887

春夜醮五岳圖文詩 三/2465

春夜山庭詩 三/2590

春詠 一/693

春詠詩〔沈約〕（春思） 二/1650

春詠詩〔吳均〕 二/1749

春遊　見王孫遊

春遊詞〔張公庭〕　二/1327

春遊廻文詩　二/1400

春遊曲　見種瓜篇

春遊詩〔王筠〕　三/2018

春怨詩　二/1770

春月二首　三/2015

淳于王歌　三/2157

祠洛水歌　三/2749

祠太廟　二/1135

祠田辭　一/47

祠伍員廟詩　三/1943

慈姥磯聯句　見慈姥磯詩

慈姥磯詩（慈姥磯聯句）　二/1704

辭難潮溝詩　二/1237

刺巴郡郡守詩　一/326

刺讒詩　三/2208

賜餞東堂詔令賦詩　一/579

賜牛弘詩　三/2667

賜史祥詩　三/2667

賜謝覽王暕語　二/1537

賜張率詩　二/1537

賜諸葛潁　三/2668

驄馬〔車轂〕　三/2115

驄馬〔王由禮〕　三/2728

驄馬驅〔江總〕　三/2570

驄馬驅〔劉孝威〕　三/1866　三/
1872

驄馬驅〔蕭繹〕　三/2033

驄馬驅〔徐陵〕　三/2523

從拜陵登京峴詩　二/1281

從北征詩〔裴讓之〕　三/2262

從北征詩〔祖珽〕　三/2273

從登香爐峯詩　二/1283

從弟別詩　一/775

從頓還城南詩　三/1969

從頓還城應令詩　二/1810

從頓暨還城詩　三/1940

從冠軍建平王登廬山香爐峯詩
　　二/1557

從皇太子出玄圃應令詩　三/1985

從籍田應衡陽王教作詩　三/2486

從駕北郊詩　三/2341

從駕頓上詩　二/1253

從駕觀講武詩　三/2359

從駕還京詩　三/2644

從駕經大慈照寺詩　三/2634

從駕祀麓山廟詩　三/2559

從駕送軍詩　三/2444

從駕天池應詔詩　三/2685

從駕喜雨詩　三/1991

從駕幸金墉城詩　三/2221

從駕幸晉陽詩　三/2682

從駕巡遊詩　三/2643

從駕遊山詩　三/2267

從建平王遊紀南城詩　二/1557

從斤竹澗越嶺溪行詩　二/1166

從軍詩　一/363

從軍詩五首(從軍行五首) 一/361

從軍五更轉五首 三/2602

從軍行〔戴暠〕 三/2098

從軍行〔劉孝儀〕 三/1892

從軍行〔盧思道〕 三/2631

從軍行〔陸機〕 一/656

從軍行〔明餘慶〕 三/2646

從軍行〔沈約〕 二/1615

從軍行〔吳均〕 二/1721

從軍行〔蕭綱〕 三/1904

從軍行〔蕭子顯〕 二/1818

從軍行〔謝惠連〕 二/1190

從軍行〔顏延之〕 二/1228

從軍行〔宇文招〕 三/2344

從軍行〔張正見〕 三/2473

從軍行〔左延年〕 一/410 一/411

從軍行二首 三/2330

從軍行五首 見從軍詩五首

從軍與相州刺史孫騰作行路難
三/2258

從歷數 一/546

從臨海王上荊初發新渚詩 二/
1290

從齊武帝瑯琊城講武應詔詩 二/
1631

從戎曲 二/1415

從事華林詩 一/597

從事中郎張彥明爲中護軍奚世都爲
汲郡太守客將之官大將軍崇賢之

德既遠而厚下之恩又隆非此離析
有感聖皇既蒙引見又宴于後園感
鹿鳴之宴樂詠魚藻之凱歌而作是
詩 一/700

從天道 見順天道

從武帝登景陽樓詩 二/1677

從武帝華林園宴詩 一/592

從武帝瑯琊城講武應詔詩 二/1395

從武帝平閩中詩 二/1139

從蕭驃騎新亭詩 二/1564

從幸洛水餞王公歸國詩 一/774

從永陽王遊虎丘山詩 三/2487

從遊京口北固應詔詩 二/1158

從遊天中寺應令詩 三/2447

從庾中郎遊園山石室詩 二/1283

從鎮江州與遊故別詩(臨行與故遊
夜別) 二/1703

從征虜始安王道中詩 二/1556

從征詩〔傅亮〕 二/1139

從征詩〔庾闡〕 二/876

從征行方頭山詩 二/920

從周入齊夜度砥柱(犯虜將逃作)
三/2283

從主移西州寓直齋内霖雨不晴懷郡
中遊聚詩 二/1698

崔君歌 一/214

崔少府女贈盧充詩 一/324

崔寔引里語 一/234 一/243

崔寔引農語(四民月令引農語)

一/243

崔實引農家諺　一/234

崔實引語　一/241

翠鳥詩　一/193

D

答卜元嗣詩　一/193

答曹嘉詩　一/644

答程曉詩　一/569

答大將軍祭酒顧令文詩　一/706

答到建安餉杖詩　二/1599

答弟叔夜　見答嵇康詩四首

答東阿王詩　一/465

答杜育詩〔棗嵩〕　一/774

答杜育詩〔摯虞〕　一/759

答杜摯詩　一/474

答對元式詩（答元式詩）　一/193

答二郭詩三首（五言詩三首答二郭）
　一/486

答費褘　一/536

答伏武仲詩　一/758

答婦詩　一/187

答傅郎詩　二/887

答傅咸詩〔郭泰機〕　一/609

答傅咸詩〔潘尼〕　一/764

答高博士詩　二/1701

答顧秀才詩　一/705

答何記室詩　三/1835

答何郎詩〔沈繇〕　二/1715

答何郎詩〔孫擢〕　二/1715

答何劭詩　一/598

答何劭詩三首　一/618

答何秀才詩〔范雲〕　二/1545

答何秀才詩〔何寘南〕　二/1714

答何徵君詩　二/1597

答賀蜡詩　一/550

答賀屬詩　三/2701

答弘農故吏民詩　一/598

答後主　三/2522

答華永先詩　一/588

答嵇康詩二首　一/477

答嵇康詩四首（答弟叔夜）　一/550

答賈九州愁詩　二/862

答賈謐詩　一/673

答江革聯句不成　二/1714

答江學士協詩　三/2731

答句曲陶先生詩　二/1545

答軍司馬詩　一/551

答康樂秋霽詩（答靈運）　二/1132

答客詩〔鮑照〕　二/1286

答客詩〔桓麟〕　一/183

答林法師詩　三/2461

答靈運　見答康樂秋霽詩

答劉公幹詩　見答劉楨詩

答劉居士詩　二/1595

答劉琨詩　二/883

答劉孝綽詩　二/1598

答劉楨詩（答劉公幹詩）　一/376

答柳惲詩　二／1731

答盧諶詩　二／850

答陸機詩　一／694　一／695

答陸士衡詩〔潘尼〕　一／764

答陸士衡詩〔夏靖〕　一／694

答陸士龍詩四首　一／719

答欒弘詩　一／606

答秘書丞張率詩　二／1786

答潘尼詩〔傅咸〕　一／606

答潘尼詩〔陸機〕　一／677

答潘岳詩　一／638

答龐參軍詩　二／973　二／976

答譙王詩　三／2696

答秦嘉詩　一／188

答丘泉之詩　二／940

答丘長史詩　二／1683

答任殿中宗記室王中書別詩　二／
　1528

答任昉詩　三／1855

答阮得猷詩　一／588

答石崇詩　一／771

答石崇贈詩　一／646

答孫楚詩　一／601

答孫緬歌　二／1327

答孫顯世詩　一／713

答孫興公詩　二／952

答唐娘七夕所穿鍼詩　三／2131

答苕華詩　二／1088

答外詩二首　三／2131

答王儉詩　二／1411

答王筠早朝守建陽門開詩　三／2594

答王門子詩　二／863

答王世子詩　二／1425

答王司空餉酒詩　三／2393

答王團扇歌三首　二／904

答魏子悌詩　二／884

答吳均詩三首　二／1754

答吳王上將顧處微詩　一／706

答習鑿齒嘲　二／1085

答蕭琛詩　二／1538

答蕭新浦詩　二／1732

答謝安詩　二／886

答謝惠連詩　二／1176

答謝諮議詩　二／1156

答兄平原詩　一／708　一／717

答休上人菊詩　二／1287

答徐侍中爲人贈婦詩　二／1603

答許詢詩〔孫綽〕　二／899

答許詢詩〔王羲之〕　二／896

答顏延年詩　二／1240

答楊士安詩　一／768

答楊世子詩　三／2640

答庾僧淵詩　二／893

答元金紫餉朱李詩　三／2020

答元式詩　見答對元式詩

答棗腆詩　一／645

答贈詩　見贈吳處玄詩

答張齊興詩　二／1426

答張士然詩〔陸機〕　一/681

答張士然詩〔陸雲〕　一/717

答張貞成皐詩　二/1790

答張左西詩　三/1835

答趙景猷詩　一/753　一/754

答中書詩　二/1154

答宗欽詩　三/2202

大安二年夏四月大將軍出祖王羊二
　公於城南堂皇被命作此詩　一/
　699

大慚愧門詩　二/1399

大垂手　二/1725

大道歌　見楚聘歌

大道曲　二/878

大堤　三/1918

大堤女　三/2224

大洞真經詩　二/1121

大風(三侯之章)　一/87

大風謠　二/1030

大觀舞歌　三/2186

大會行禮歌　二/1363

大將軍宴會被命作詩　一/697

大晉承運期　一/830

大晉篇　一/843

大蜡詩　一/583

大梨詩　三/2106

大牆上蒿行　一/396

大人先生歌　一/511

大射登歌　三/2768

大射賦詩　三/2271

大唐歌　一/3

大同八年秋九月詩　三/1948

大同九年秋七月詩　三/1972

大同十年十月戊寅詩　三/1948

大同十一月庚戌詩　三/1948

大魏篇　一/428

大雅吟　一/641

大言　二/1802

大言應令詩〔沈約〕　二/1656

大言應令詩〔王規〕　二/1815

大言應令詩〔王錫〕　二/1808

大言應令詩〔殷鈞〕　三/1862

大言應令詩〔張纘〕　三/1861

大業長白山謠　三/2745

大業中童謠　三/2744

大豫舞歌　一/837　一/838

大壯舞歌　三/2185

大子夜歌二首　二/1048

代白頭吟　二/1260

代白紵曲二首　二/1273

代白紵舞歌詞四首　二/1272

代悲哉行　二/1263

代北風涼行　二/1279

代邊居行　二/1269

代別鶴操　二/1262

代陳慶之美人爲詠詩　三/2116

代陳思王白馬篇　二/1263

代陳思王京洛篇(煌煌京洛行)

二/1259

代出自薊北門行　二/1262

代春日行　二/1280

代答詩　三/2227

代答張君祖詩　二/1075

代東門行　二/1258

代東武吟　二/1261

代放歌行　二/1259

代葛沙門妻郭小玉作詩二首　二/1314

代古詩（擬客從遠方來）　二/1193

代邽街行（去邪行）　二/1269

代蒿里行　二/1258

代淮南王二首　二/1278

代結客少年場行　二/1267

代舊姬有怨詩　三/2039

代空城雀　二/1279

代苦熱行　二/1266

代朗月行　二/1266

代劉勳妻王氏雜詩〔曹丕〕　一/402

代劉勳妻王氏雜詩〔曹植〕　一/455

代陸平原君子有所思行　二/1262

代美女篇　二/1816

代門有車馬客行　二/1260

代鳴鴈行　二/1274

代貧賤苦愁行　二/1268

代牽牛答織女詩　三/2016

代秋胡婦閨怨詩　三/2028

代秋胡歌詩（秋胡行七首）　一/479

代人傷往詩二首　三/2410

代人詠見故姬　見元廣州景仲座見故姬詩

代少年時至衰老行　二/1268

代昇天行　二/1264

代收淚就長路詩　二/1215

代蘇屬國婦詩　二/1533

代堂上歌行　二/1266

代挽歌　二/1258

代五雜組詩　二/1406

代西封侯美人詩　三/2122

代陽春登荆山行　二/1268

代夜坐吟　二/1280

代樂府三首　三/1917

代櫂歌行　二/1260

代雉朝飛　二/1279

待夜出妓詩　三/2112

丹徒宮集詩　二/1248

丹霞蔽日行〔曹丕〕　一/391

丹霞蔽日行〔曹植〕　一/421

丹陽孟珠歌　見孟珠

旦出興業寺講詩　三/1936

旦發青林詩　二/1408

旦發漁浦潭詩　二/1602

彈歌　一/1

彈鋏歌（長鋏歌）　一/14

彈棋詩　三/2341

彈箏詩　三/1971

當車已駕行　一/438

當春四韻同□左丞詩　二/1567

當對酒　二/1543

當來日大難　一/437

當牆欲高行　一/438

當事君行　一/438

當欲游南山行　一/430

當置酒　三/1913

蕩婦高樓月　三/2090

擣衣詩〔柳惲〕　二/1676

擣衣詩〔温子昇〕　三/2221

擣衣詩〔蕭衍〕　二/1534

擣衣詩〔謝惠連〕　二/1194

擣衣詩〔顔竣〕　二/1242

禱雨辭　一/47

悼離贈妹詩二首　一/731

悼室人詩十首　二/1584

悼歎詩　三/2778

悼亡詩〔沈約〕　二/1647

悼亡詩〔薛德音〕　三/2717

悼亡詩三首　一/635

道館詩　三/2001

道君曲　二/1058

道路憶山中詩　二/1177

道士步虛詞十首　三/2349

道亡　三/2180

道中贈桓司馬季珪詩　二/1683

登白馬山護明寺詩　三/2721

登白鳥山詩　二/1137

登板橋詠洲中獨鶴詩　三/1960

登半石山詩　二/1137

登北固樓詩　二/1640

登北顧樓詩　二/1529

登禪岡寺望和虞記室詩　二/1701

登成都白菟樓詩　一/739

登城北望詩〔蕭綱〕　三/1951

登城北望詩〔庾肩吾〕　三/2001

登城詩　三/1932

登城怨詩　二/1551

登池上樓詩　二/1161

登楚山詩　二/874

登隉望水詩　三/2036

登二妃廟詩　二/1745

登翻車峴詩　二/1283

登峰火樓詩　三/1932

登覆舟山望湖北詩　三/1876

登高詩　一/726

登高臺　二/1761

登高望春詩　二/1633

登歌　三/2169　三/2761　三/
2764

登歌〔牛弘等〕　三/2756

登歌〔謝超宗〕　二/1490　二/1493
二/1496　二/1504

登歌〔謝莊〕　二/1353

登歌〔殷淡〕　二/1360

登歌〔庾信〕　三/2417　三/2419
三/2426

登歌二首　二/1507

登歌三曲　三/2317

登歌樂　三/2312

登孤山詩　二/1180

登黃鶴磯詩　二/1284

登江中孤嶼詩　二/1162

登江州百花亭懷荆楚詩　三/2048

登錦壁詩　三/1967

登荆山詩　二/932

登景陽樓詩〔劉義恭〕　二/1248

登景陽樓詩〔劉義隆〕　二/1137

登景陽樓詩〔顏延之〕　二/1237

登會稽刻石山詩　二/921

登臨海嶠初發疆中作與從弟惠連可
　見羊何共和之詩（登臨海嶠與從
　弟惠連）　二/1176

登臨海嶠與從弟惠連　見登臨海嶠
　初發疆中作與從弟惠連可見羊何
　共和之詩

登樓曲　三/2133

登廬山絶頂望諸嶠詩　二/1179

登廬山詩　三/2548

登廬山詩二首　二/1282

登魯山詩　二/1220

登名山篇　三/2725

登琴臺詩　三/1951

登羣峰標望海詩　二/1473

登三山詩　二/1550

登山　見泰山吟

登山馬詩　三/1976

登山曲　二/1416

登山望雷居士精舍同沈右衛過劉先
　生墓下作詩（同隋王經劉先生墓
　下作）　二/1383

登上戍石鼓山詩　二/1164

登石門最高頂詩　二/1165

登石室飯僧詩　二/1164

登石頭城詩　二/1681

登壽陽八公山詩　二/1737

登臺詩　一/744

登臺望秋月　二/1663

登渭橋詩　三/2327

登吳昇平亭（遊若邪雲門精舍）
　三/2624

登武昌岸望詩　三/2455

登宣城郡詩　二/1212

登玄暢樓詩　二/1634

登顏園故閣詩　三/2038

登陽雲樓詩　三/1831

登永嘉緑嶂山詩　二/1162

登郁洲山望海詩　二/1757

登雲峰山觀海島詩　三/2207

登雲陽九里埭詩　二/1284

登治城樓詩　二/922

登終南山擬古詩　三/2730

登鍾山下峰望詩　二/1610

登鍾山讌集望西静壇詩　二/1730

登州中新閣詩　三/2375

登作樂山詩　二/1220

燈　二/1452

燈　見詩

燈夜和殷長史詩　二/1563

迪志詩　一/172

滌雅　三/2163

地德凱容樂　二/1493

地郊饗神歌　一/811　一/812

地驅樂歌　三/2155

帝臨　一/148

帝圖頌　二/1370

帝王所居篇　三/2475

第二賦韻東城門病　三/2006

第二色界魔王之章　三/2442

第三賦韻東城門病　三/2007

第三無色界魔王歌　三/2442

第四賦韻東城門病　三/2008

第五兄揖到太傅竟陵王屬奉詩　二/1461

第一賦韻東城門病　三/2005

第一欲界飛空之音　三/2441

殿前登歌　二/1363

吊賈誼詩　二/873

釣竿〔戴暠〕　三/2097

釣竿〔傅玄〕　一/835

釣竿〔沈約〕　二/1623

釣竿篇〔李巨仁〕　三/2725

釣竿篇〔劉孝綽〕　三/1823

釣竿篇〔劉孝威〕　三/1865

釣竿篇〔張正見〕　三/2471

釣竿行　一/392

調宣城朓卧病　見酬謝宣城朓詩

蜻蝶行　一/281

蜻蝶行〔李鏡遠〕　三/2117

丁督護歌　三/2128

丁督護歌六首　二/1218

丁令威歌　二/1125

丁瑋寧作　二/1115

定情聯句　見與妻李夫人聯句

定情詩（古詩、寄情詩）　一/385

定武功　一/528

冬白紵　二/1627

冬歌　三/2126

冬歌十七首　二/1047

冬歌四首　二/1518

冬節後至丞相第詣世子車中作詩　二/1646

冬盡難離和丘長史詩　二/1565

冬日家園別陽羨始興詩　三/2064

冬日傷志篇　三/2264

冬日詩　二/1309

冬日晚郡事隙詩　二/1432

冬狩行四韻連句應詔詩　三/2388

冬宵（寒閨）　三/1849

冬宵　見寒閨

冬曉〔劉孝綽〕　三/1842

冬曉〔劉孝威〕　三/1881

冬曉〔蕭綱〕　三/1963

冬曉詩〔劉孝先〕　三/2066

冬曉詩〔蕭子暉〕 三/1887

冬曉詩〔庾肩吾〕 三/2000

冬緒羈懷示蕭諮議虞田曹劉江二常
侍詩 二/1433

冬夜酬魏少傅直史館詩 三/2264

冬夜詩 三/2672

冬夜詠妓詩 三/2259

冬至 二/1140

冬至乾陽殿受朝詩 三/2666

冬至詩〔鮑照〕 二/1309

冬至詩〔李氏〕 二/955

東安府君歌 二/1356

東方爲王匡廉丹語 一/140

東飛伯勞歌〔陳叔寶〕 三/2512

東飛伯勞歌〔江總〕 三/2573

東飛伯勞歌〔陸瑜〕 三/2539

東飛伯勞歌〔蕭衍〕（紹古歌） 二/
1521

東飛伯勞歌〔辛德源〕 三/2650

東飛伯勞歌二首（紹古歌） 三/
1923

東閣詩 一/405

東宮春 三/2664

東宮詩（詠老） 一/692

東宮作詩 一/685

東光 一/256

東歸在路率爾成詠詩 三/2642

東海懸崖題詩 三/2735

東昏侯時宮中謠 二/1484

東郊詩 一/637

東郊望春訓王建安雋晚遊詩 三/
1885

東林寺詩 三/1828

東門臾謠 一/227

東門行 一/269

東門行〔張駿〕 二/877

東南射山詩 三/2017

東平劉生歌 三/2158

東山諺 二/1038

東亭極望詩 三/1897

東魏童謠 三/2233

東魏武定末童謠 三/2233

東武吟行〔陸機〕 一/661

東武吟行〔沈約〕 二/1621

東西門行 三/1867

東陽還經嚴陵瀨贈蕭大夫詩 三/
2021

東陽爲釋慧約謠 二/1331

東陽溪中贈答詩二首 二/1185

東齋聽講詩 二/1798

東征歌 三/2655

董嬌嬈 見董嬌饒詩

董嬌饒 見董嬌饒詩

董嬌饒歌 見董嬌饒詩

董嬌饒詩（董嬌嬈、董嬌饒、董嬌饒
歌） 一/198

董少平歌 一/208

董逃歌（靈帝中平中京都歌） 一/

212

董逃行　一/264　一/265

董逃行〔曹丕〕　一/398

董逃行　見董桃行

董逃行歷九秋篇十二首　見歷九秋篇

董桃行（董逃行）　一/665

董卓歌辭　一/355

凍水歌（齊臺歌）　一/11

都下民語　二/1486

都下爲禪師語　三/2149

鬭雞詩〔劉楨〕　一/372

鬭雞詩〔應瑒〕　一/384

鬭雞東郊道詩　三/2550

鬭雞篇〔劉孝威〕　三/1869

鬭雞篇〔蕭綱〕　三/1908

鬭雞篇　見鬭雞詩

鬭雞詩〔曹植〕（鬭雞篇）　一/450

鬭雞詩〔徐陵〕　三/2533

鬭雞詩〔庾信〕　三/2399

獨不見〔劉孝威〕　三/1871

獨不見〔柳惲〕　二/1674

獨不見〔王訓〕　二/1717

獨處怨　三/1917

獨漉篇　一/846

獨秀山詩　二/1238

獨酌謠〔陸瑜〕　三/2540

獨酌謠〔沈烱〕　三/2444

獨酌謠四首　三/2512

讀曲歌　二/1328

讀曲歌八十九首　二/1340

讀山海經詩十三首　二/1010

讀書詩　二/1196

讀書齋詩　二/1168

杜廣平歌吟　二/1124

杜蘭香贈詩　二/1093

杜蘭香作詩　二/1094

杜恕引諺　一/520

妬詩　一/461

度關山〔曹操〕　一/346

度關山〔戴暠〕　三/2100

度關山〔劉遵〕　二/1808

度關山〔柳惲〕　二/1673

度關山〔王訓〕　二/1717

度關山〔蕭綱〕　三/1924

度關山〔張正見〕　三/2471

渡岸橋詩　三/2453

渡北河詩　三/2684

渡河北詩　三/2340

渡黃河詩　二/546

渡連圻詩二首　二/1689

渡青草湖詩　三/2452

渡泉嶠出諸山之頂詩　二/1559

渡伍員歌　見漁父歌

渡西塞望江上諸山詩　二/1558

渡易水（荊軻歌）　二/1722

渡易水歌　見荊軻歌

短兵篇　一/839

短歌行〔曹操〕　一/348　一/349

短歌行〔曹丕〕　一/389

短歌行〔曹叡〕　一/413

短歌行〔傅玄〕　一/553

短歌行〔陸機〕　一/651

短歌行〔辛德源〕　三/2648

短歌行〔張率〕　二/1780

短歌行二首　三/2411

短簫詩　三/1861

段干木歌　一/18

斷句詩　三/2204

對房前桃樹詠佳期贈内詩　二/1771

對酒〔曹操〕　一/347

對酒〔岑之敬〕　三/2549

對酒〔張率〕　二/1780

對酒〔張正見〕　三/2480

對酒歌　三/2347

對酒詩　三/2405

對酒行〔曹植〕　一/439　一/442

對宴齊使詩　三/2385

對雨詩〔劉逖〕　三/2272

對雨詩〔庾信〕　三/2393

對雨詩〔朱超〕　三/2094

敦煌鄉人爲曹全謗　一/254

燉煌樂　三/2221

燉煌樂二首　三/2698

爾汝歌　一/537

二郡謠　一/221

二月歌　二/1066

二月九日夜雲林作　二/1111

二月三十日夜右英作　二/1112

二月十六日右英作　二/1112

E

萼緑華贈詩　二/1096

F

發白馬　三/2083

發長松遇雪詩　二/1293

發歸瀨三瀑布望兩溪詩　二/1178

發後渚詩　二/1293

發建興渚示到陸二黃門詩　三/1833

發湘州贈親故別詩三首　二/1735

發新林浦贈同省詩　三/1851

伐烏林　一/544

法嬰玄靈之曲二首　二/1091

法樂辭　二/1389

帆渡吉陽洲詩〔劉孝威〕　三/1877

帆渡吉陽洲詩〔劉孝儀〕　三/1894

帆入南湖詩　二/944

藩難未靜述懷詩　三/2037

樊氏陂諺　一/806

樊曄歌　見涼州民爲樊曄歌

繁華應令詩　二/809

反命河朔始入武州詩　三/2388

反招隱詩　二/953

犯虜將逃作　見從周入齊夜度砥柱

犯虜將逃作詩　三/2190

氾勝之引古語　一/134

氾勝之引諺　一/134

汎南湖至石帆詩　二/1192

泛長溪詩　二/1596

泛宮亭湖詩　三/2546

泛湖歸出樓中望月詩　二/1195

泛湖詩　一/744

泛龍舟　三/2664

泛水曲　二/1416

泛蕪湖詩　三/2049

泛永康江詩　二/1648

泛舟橫大江〔蕭綱〕　三/1905

泛舟橫大江〔張正見〕　三/2481

范廣州宅聯句　二/1711

范史雲歌　一/211

飯牛歌　一/317

方丈曲　二/1524

方丈臺昭靈李夫人詩三首　二/1101

方諸宮東華上房靈妃歌曲　二/1117

方諸曲〔蕭衍〕　二/1525

方諸曲〔謝燮〕　三/2551

芳林篇　二/1674

芳樹　一/159

芳樹〔費昶〕　三/2081

芳樹〔顧野王〕　三/2467

芳樹〔江總〕　三/2573

芳樹〔沈約〕　二/1620

芳樹〔王融〕　二/1389

芳樹〔蕭衍〕　二/1513

芳樹〔蕭繹〕　三/2031

芳樹〔謝朓〕　二/1417

芳樹〔張正見〕　三/2477

芳樹篇　二/1207

芳樹詩　二/1604

訪道經　二/1588

放歌行〔傅玄〕　一/557

放歌行〔陸機〕　一/669

放歌行　見孤兒行

飛塵篇　一/560

飛鵠行　見豔歌何嘗行

飛來雙白鶴〔陳叔寶〕　三/2502

飛來雙白鶴〔蕭繹〕　三/2034

飛來雙白鵠　二/1318

飛龍篇　一/421　一/439

飛龍引　三/2275

廢帝時童謠二首　三/2291

費鳳別碑詩　一/175

風巴郡太守詩　一/325

風人辭　三/2060

風雨詩　一/328

豐歌　一/32

馮真人授詩　三/2193

諷賦歌　一/25

諷諫詩　一/105

諷諫詩二首　二/926

諷真定公詩二首　三/2217

奉報賜酒　見奉報趙王惠酒詩

奉報寄洛州詩　三/2355

奉報窮秋寄隱士詩　三/2356

奉報趙王出師在道賜詩　三/2360

奉報趙王惠酒詩（奉報賜酒）　三/2378

奉敕於太常寺脩正古樂詩　三/2658

奉酬從兄臨川桐樹詩　三/2017

奉辭鎮西應教詩　二/1400

奉答賜酒鵝詩　三/2391

奉答賜酒詩　三/2391

奉答南平王康贉朱櫻詩　三/1949

奉答內兄希叔詩　二/1466

奉和悲秋應令詩〔王胄〕　三/2699

奉和悲秋應令詩〔蕭慤〕　三/2276

奉和闡弘二教應詔詩　三/2362

奉和重適陽關　三/2325

奉和出穎至淮應令詩〔蔡允恭〕　三/2720

奉和出穎至淮應令詩〔弘執恭〕　三/2727

奉和出穎至淮應令詩〔虞世南〕　三/2719

奉和出穎至淮應令詩〔諸葛穎〕　三/2704

奉和初秋詩　三/2394

奉和初秋西園應教詩　三/2277

奉和春日臨渭水應令詩　三/2690

奉和春夜應令詩　三/1992

奉和賜曹美人詩　三/2391

奉和賜醻詩　二/2699

奉和賜詩　三/2707

奉和從叔光禄愔元日早朝詩　三/2652

奉和代徐詩二首　二/1404

奉和登百花亭懷荊楚詩　三/2094

奉和登北顧樓詩　三/1931

奉和登景陽山詩　二/1596

奉和冬至乾陽殿受朝應詔詩〔許善心〕　三/2708

奉和冬至乾陽殿受朝應詔詩〔牛弘〕　三/2691

奉和冬至應教詩　三/2278

奉和東宮經故妃舊殿詩　三/2593

奉和法筵應詔詩　三/2363

奉和泛江詩〔王臺卿〕　三/2089

奉和泛江詩〔庾信〕　三/2354

奉和泛舟漢水往萬山應教詩　三/1986

奉和方山靈巖寺應教詩　三/2704

奉和還京師詩　三/2707

奉和皇太子懺悔應詔詩　三/2014

奉和慧遠遊廬山詩〔劉程之〕　二/937

奉和慧遠遊廬山詩〔王喬之、張野〕　二/938

奉和濟黃河應教詩　三/2276

奉和簡文帝山齋詩　三/2534

奉和簡文帝太子應令詩　三/1875

奉和竟陵王經劉瓛墓詩　二/1647

奉和竟陵王經劉瓛墓下詩〔柳惲〕
二/1676

奉和竟陵王經劉瓛墓下詩〔虞炎〕
二/1460

奉和竟陵王郡縣名詩〔沈約〕　二/
1643

奉和竟陵王郡縣名詩〔王融〕　二/
1397

奉和竟陵王同沈右率遇劉先生墓詩
二/1439

奉和竟陵王藥名詩　二/1643

奉和臨渭源應詔時　三/2682

奉和六月壬午應令詩　三/1876

奉和平鄴應詔詩　三/2403

奉和齊竟陵王郡縣名詩　二/1548

奉和秋夜長　二/1393

奉和山池詩〔徐陵〕　三/2531

奉和山池詩〔庾信〕　三/2354

奉和示內人詩　三/2371

奉和世子春情詩　三/2121

奉和率爾有詠詩　二/1718

奉和隨王殿下詩十六首　二/1444

奉和太子納涼梧下應令詩　三/1992

奉和太子秋晚詩　三/2070

奉和通衢建燈應教詩　三/2704

奉和同泰寺浮圖詩〔王訓〕　二/
1717

奉和同泰寺浮圖詩〔庾信〕　三/
2363

奉和晚日詩　三/1878

奉和晚日楊子江應教詩　三/2689

奉和往虎窟山寺詩〔鮑至〕　三/
2024

奉和往虎窟山寺詩〔陸罩〕　二/
1777

奉和往虎窟山寺詩〔王囿〕　三/
2092

奉和往虎窟山寺詩〔王臺卿〕　三/
2089

奉和望海詩　三/2713

奉和望山應教詩　三/2278

奉和望同泰寺浮圖詩　三/2088

奉和武帝苦旱詩　三/1992

奉和武帝三教詩　三/2189

奉和夏日應令詩　三/2381

奉和纖纖詩　二/1406

奉和獻歲讌宮臣詩　三/2719

奉和湘東王春日詩　三/2026

奉和湘東王教班婕妤詩〔何思澄〕
二/1807

奉和湘東王教班婕妤詩〔孔翁歸〕
三/2077

奉和湘東王應令詩二首〔劉孝綽〕
三/1842

奉和湘東王應令詩二首〔劉孝威〕
三/1881

奉和湘東王應令詩二首〔庾肩吾〕
三/2000

奉和幸江都應詔詩〔虞世基〕 三/2711

奉和幸江都應詔詩〔虞世南〕 三/2718

奉和幸太原輦上作應詔詩 三/2714

奉和玄圃納涼詩 三/1848

奉和濬池初成清晨臨泛詩 三/2386

奉和藥名詩 三/1995

奉和夜聽妓聲詩 三/2104

奉和永豐殿下言志詩十首 三/2389

奉和詠龍門桃花詩 三/2278

奉和詠舞詩 三/2529

奉和御製夜觀星示百僚詩（奉和月夜觀星詩） 三/2691

奉和御製月夜觀星示百僚詩〔虞世南〕 三/2718

奉和御製月夜觀星示百僚詩〔袁慶〕 三/2692

奉和御製月夜觀星示百僚詩〔諸葛穎〕 三/2703

奉和元日詩 三/2277

奉和月下詩 二/1403

奉和月夜觀星詩 見奉和御製夜觀星示百僚詩

奉和月夜聽軍樂應詔詩 三/2682

奉和昭明太子鍾山講解詩 二/1819

奉和昭明太子鍾山解講詩 一/1829

奉和趙王春日詩 三/2372

奉和趙王美人春日詩 三/2372

奉和趙王詩 三/2401

奉和趙王途中五韻詩〔王褒〕 三/2337

奉和趙王途中五韻詩〔庾信〕 三/2360

奉和趙王西京路春旦詩 三/2381

奉和趙王喜雨詩 三/2380

奉和趙王隱士詩〔王褒〕 三/2342

奉和趙王隱士詩〔庾信〕 三/2364

奉和趙王遊仙詩 三/2362

奉和周趙王詠石詩 三/2695

奉和逐涼詩 三/1880

奉賀便省餘秋詩 三/2001

奉華陽王外兵詩 二/1638

奉勅爲詩 三/2060

奉梨詩 三/2409

奉使北徐州參丞御詩 三/1986

奉使江州舟中七夕詩 三/1995

奉使廬陵詩 二/1744

奉送始興王詩 三/2451

奉迎大駕道路賦詩 二/1139

鳳凰歌 二/1017

鳳歸歌 三/2665

鳳笙曲〔蕭衍〕 二/1523

鳳臺曲 二/1524

伏聞遊獵詩 三/2361

扶風歌〔鮑照〕 二/1267

扶風歌〔劉琨〕　二/849　二/850

芙蓉池詩　一/462

芙蓉池作詩　一/400

芙蓉花　三/2650

芙蓉詩　一/718

苻堅初童謠　二/1027

苻堅國中謠　二/1029

苻堅時長安爲慕容沖歌　二/1018

苻堅時長安謠　二/1027　二/1028

苻堅時鳳凰歌　二/1018

苻堅時關隴人歌　二/1018

苻堅時童謠　二/1027　二/1028

苻生時長安謠二首　二/1026

袚禊汎舟春日玄圃各賦七韻詩
　　三/2516

浮萍篇　一/424

浮萍篇　見秋胡行二首

浮萍詩　三/2212

浮遊花　三/2650

浮雲詩　三/1972

拊缶歌　見歌詩

赴荆州泊三江口詩（行經巴陵部伍）
　　三/2036

赴洛道中作詩二首　一/684

赴太子洗馬時作詩　一/683

赴中書郎詩　二/1130

婦病行　一/270

婦病行〔江總〕　三/2571

傅玄引諺　一/797

復作詩　二/1094

富春渚詩　二/1160

賦得岸花臨水發詩　三/2495

賦得白羽扇詩　三/1974

賦得白雲抱幽石詩　三/2610

賦得白雲臨酒詩　三/2492

賦得班去趙姬升詩　三/2607

賦得邊馬有歸心詩　三/2448

賦得蟬詩　三/2023

賦得長笛吐清氣詩〔賀徹〕　三/
　　2554

賦得長笛吐清氣詩〔周弘讓〕　三/
　　2465

賦得池萍詩　三/2003

賦得處處春雲生詩　三/2559

賦得垂柳映斜谿詩　三/2495

賦得春荻詩　三/2057

賦得翠石應令詩〔蕭推〕　三/1857

賦得翠石應令詩〔蕭雄〕　二/1805

賦得待詔金馬門詩　三/2557

賦得當壚　三/1915

賦得蕩子行未歸詩　三/2095

賦得登山馬詩　三/2058

賦得笛詩　三/2674

賦得蝶依草應令詩　三/2068

賦得獨鶴凌雲去詩　三/2548

賦得婀娜當軒織詩　三/2553

賦得汎汎水中鳧詩　三/2591

賦得方塘含白水詩　三/2726

賦得芳樹詩　三/2555

賦得風生翠竹裏應教詩　三/2495

賦得高柳鳴蟬詩　三/2729

賦得觀濤詩　三/2068

賦得韓信詩　三/2490

賦得荷詩　三/2408

賦得橫吹曲長安道　三/1982

賦得華亭鶴詩　三/2722

賦得黃鵠一遠別詩　三/2562

賦得嵇叔夜詩　三/1988

賦得集池鴈詩　三/2408

賦得佳期竟不歸詩　三/2498

賦得夾池脩竹詩　三/2554

賦得堦前嫩竹　三/2499

賦得荊軻詩〔陽縉〕　三/2558

賦得荊軻詩〔周弘直〕　三/2466

賦得鏡詩　三/2726

賦得空閨怨詩　三/2590

賦得蘭澤多芳草詩　三/2046

賦得蓮下游魚詩　三/2561

賦得簾塵詩　三/1892

賦得臨階危石詩　三/2694

賦得臨水詩　三/2111

賦得隴坻鴈初飛詩　三/1950

賦得露詩　三/2120

賦得鸞臺詩　三/2407

賦得落落窮巷士詩　三/2491

賦得馬詩　三/2547

賦得馬援詩　三/2728

賦得梅林輕雨應教詩　三/2496

賦得名都一何綺詩　三/2536

賦得鳴棟應令詩　三/1882

賦得蒲生我池中詩　三/2052

賦得棲梧桐威鳳　見賦得威鳳棲梧
　詩

賦得薔薇詩　三/1966

賦得橋詩　三/1958

賦得秋蟬喝柳應衡陽王教詩　三/
　2497

賦得曲澗詩　三/1881

賦得日中市朝滿詩　三/2491

賦得入堦雨詩　三/1965

賦得三五明月滿詩　三/2592

賦得山卦名詩　三/2494

賦得山詩　三/1998

賦得山中翠竹詩　三/2495

賦得涉江采芙蓉詩〔孔德紹〕　三/
　2722

賦得涉江采芙蓉詩〔蕭繹〕　三/
　2046

賦得涉江採芙蓉詩　三/2545

賦得石詩　三/2714

賦得始歸鴈詩　三/1844

賦得司馬相如詩　三/2544

賦得蘇武詩　三/2546

賦得題新雲詩　三/2492

賦得庭中有奇樹詩　三/2555

賦得往往孤山映詩　三/2552

賦得威鳳棲梧詩（賦得棲梧桐威鳳）
　三/2496

賦得微雨來東應教詩　三/2704

賦得爲我彈鳴琴詩　三/2554

賦得巫山高詩　三/2069

賦得舞鶴詩　三/1960

賦得霧詩　三/2079

賦得戲燕俱宿詩　三/2715

賦得香出衣詩　三/1884

賦得攜手上河梁應詔詩　三/2591

賦得雪映夜舟詩　三/2492

賦得巖穴無結構詩　三/2729

賦得鴈送別周員外戍嶺表詩　三/
2702

賦得夜猿啼詩　三/2553

賦得謁帝承明廬詩　三/2591

賦得一日成三賦應令詩　三/2586

賦得遺所思詩　三/1841

賦得詠風詩　三/2561

賦得有所思　三/1982

賦得魚躍水花生詩　三/2497

賦得雜言詠栗詩　三/2466

賦得招隱　三/2603

賦得照棋燭詩刻五分成　三/1840

賦得珠簾詩　三/2636

賦得竹詩　三/2047

賦得轉歌扇詩　三/2001

賦昆明池一物得織女石詩　三/2713

賦弩　一/536

賦貧民田詩　二/1434

賦犬　一/535

賦書帙詩　二/1800

賦松上輕蘿詩　三/2547

賦席　一/535

賦新題得寒樹晚蟬疏詩　三/2497

賦新題得蘭生野徑詩　三/2496

賦詠百論捨罪福詩　三/1840

賦詠得琴詩　三/2592

賦詠得神仙詩　三/2456

賦詠聯句　二/1712

賦詠五陰識枝詩　三/1962

賦詠棗詩　三/1949

賦樂府得大垂手　三/1919

賦樂器名得箜篌詩　三/1964

G

甘露謳　一/443

甘泉歌　一/32

感春冰遙和謝中書詩二首　二/1567

感冬篇　二/858

感婚詩　一/620

感舊詩　一/756

感離詩（離思）　一/730

感琵琶弦詩　三/2286

感遇詩　三/2223

干寶引語　二/1033

高德宣烈樂　二/1491　二/1507

高岡　一/712

高句麗　三/2333

高明登歌樂　三/2311

高明樂　三/2303　三/2305　三/2306　三/2308　三/2310　三/2315

高平牧馬詩　三/2214

高謙之引諺　三/2238

高陽樂人歌　三/2160

高誘引諺論毀譽　一/239

高允引諺　三/2243

高齋視事詩　二/1433

高祖武皇帝歌　二/1357

告遊篇　二/1813

歌〔蔡邕〕（琴歌）　一/193

歌〔曹丕〕（古歌銅雀詞）　一/406

歌〔傅玄〕（天行歌）　一/575

歌〔李陵〕（別歌）　一/109

歌〔劉胥〕（瑟歌）　一/111

歌〔劉友〕（幽歌）　一/92

歌〔烏孫公主細君〕（悲愁歌）　一/111

歌哀皇帝　二/1073

歌白帝　二/1354

歌白帝辭　三/2167

歌赤帝　二/1354

歌赤帝辭　三/2167

歌二首〔劉去〕　一/110

歌二首〔阮籍〕（寄懷歌）　一/510

歌高祖宣皇帝　二/1071

歌黑帝　二/1355

歌黑帝辭　三/2167

歌黃帝　二/1354

歌黃帝辭　三/2167

歌康皇帝　二/1073

歌烈宗孝武皇帝　二/1074

歌青帝　二/1353

歌青帝辭　三/2166

歌曲名詩　三/2042

歌三首　二/927

歌詩〔侯瑾〕　一/185

歌詩〔劉鑠〕　二/1216

歌詩〔楊惲〕（拊缶歌）　一/112

歌世宗景皇帝　二/1071

歌世祖武皇帝　二/1072

歌肅宗明皇帝　二/1072

歌太宗簡文皇帝　二/1073

歌太祖文皇帝〔曹毗〕　二/1071

歌太祖文皇帝〔謝莊〕　二/1353

歌魏德　見秋胡行二首

歌顯宗成皇帝　二/1072

歌孝宗穆皇帝　二/1073

歌中宗元皇帝　二/1072

隔壁聽妓詩　三/2609

隔谷歌　三/2157

閣道謠　一/638

葛洪引諺　二/1033

葛玄空中歌三首　三/2783

庚戌歲九月中於西田穫早稻詩

二/996

庚寅年二月十二日遊虎丘山精舍詩
　三/2582

庚子歲五月中從都還阻風於規林詩
二首　二/982

耕田歌(種田歌)　一/92

賡歌　一/2

更始時長安中語　一/141

更始時南陽童謠　一/128

公館讌酬南使徐陵詩　三/2262

公沙六龍　一/238

公無渡河〔劉孝威〕　三/1866

公無渡河〔張正見〕　三/2480

公宴會詩　見公讌詩

公讌詩〔曹植〕　一/449

公讌詩〔劉楨〕　一/369

公讌詩〔阮瑀〕　一/380

公讌詩〔王粲〕(公宴會詩)　一/
360

公讌詩〔應瑒〕　一/382

攻狄謠　一/40

宮殿名登高臺詩　三/2543

宮殿名詩　三/2041

宮調曲五首　三/2426

宮引〔沈約〕　三/2177

宮引〔蕭子雲〕　三/2177

恭世子誦　一/40

恭職北郊詩　二/1789

共賦韻詠庭中桐詩　二/1749

共内人夜坐守歲詩　三/2067

共戲樂　二/1487

貢禹引俗語　一/131

苟晞將破汲桑時謠　一/789

遘疾　見臨終詩

搆象臺　二/1587

估客樂〔陳叔寶〕　三/2509

估客樂〔釋寶月〕　二/1479　二/
1480

估客樂〔蕭曄〕　二/1377

孤兒行(孤子生行、放歌行)　一/
270

孤燕詩　三/2129

孤子生行　見孤兒行

姑恩曲　二/1059

姑臧謠　一/793

古八變歌　一/288

古博異辯遊　一/296

古步出夏門行　一/290

古辭　二/1298

古辭靈芝歌　見論功歌詩

古董逃行　一/297

古咄唶歌　一/290

古歌　一/289　一/295　一/296
一/297　三/2750

古歌銅雀詞　見歌

古胡無人行　一/290

古絶句四首　一/343

古離別　二/1570

古兩頭纖纖詩 一/344

古曲〔陳叔寶〕 三/2512

古曲〔王褒〕(雜曲) 三/2333

古詩 一/336 一/344

古詩 見定情詩、衆星詩

古詩二首 一/342

古詩三首 一/335

古詩十九首 一/329

古詩爲焦仲卿妻作 一/283

古詩五首 一/334

古詩一首 一/343

古暑詩〔王筠〕 三/2016

古體雜意詩 三/1883

古皖城 一/545

古五雜俎詩 一/343

古新成安樂宮 一/290

古妍歌 一/294

古諺 一/240

古豔歌 一/291 一/292 一/293

古意報袁功曹詩 二/1562

古意酬到長史漑登琅邪城詩 二/1771

古意詩〔沈約〕 二/1639

古意詩〔王僧孺〕(遊俠) 二/1761

古意詩〔蕭繹〕 三/2053

古意詩二首〔王融〕(和王友德元古意二首) 二/1397

古意詩二首〔吴均〕 二/1747

古意詩二首〔蕭衍〕 二/1534

古意詩二首〔顏之推〕 三/2283

古意送沈宏詩 三/1837

古意應蕭信武教詩 三/2118

古意詠燭詩 三/2058

古意贈今人詩 二/1315

古意贈中書詩(覽古贈王中書融) 二/1544

古遊仙詩 一/344

古樂府 一/293 一/294 一/297

古樂府詩 一/293

古樂府罩辭 一/291

谷風 一/710

鼓吹鐃歌十五首 二/1204

鼓琴歌(鼓瑟歌) 一/18

鼓瑟歌 見鼓琴歌

鼓瑟曲有所思 二/1760

鼓山俗語 二/1333

鰕辭 一/49

寡婦詩〔曹丕〕 一/403

寡婦詩〔曹植〕 一/464

卦名詩 三/1950

關背德 一/545

關東爲甯成號 一/136

關山篇 三/2329

關山月〔賀力牧〕 三/2602

關山月〔江總〕 三/2568

關山月〔陸瓊〕 三/2537

關山月〔阮卓〕 三/2560

關山月〔王褒〕 三/2332

關山月〔蕭繹〕（傷別離）　三/2032

關山月〔張正見〕　三/2478

關山月二首〔陳叔寶〕　三/2506

關山月二首〔徐陵〕　三/2525

關中詩　一/627

關中爲魯丕語　一/251

關中爲游殷諺　一/249

觀釣詩　三/2458

觀海詩　三/2018

觀化決疑詩　二/1087

觀妓　見夜聞鄰妓詩

觀圃人藝植詩　二/1302

觀石鼓詩　二/873

觀太常奏新樂詩　三/2722

觀聞變歌　三/2127

觀聞變歌六首　二/1050

觀樂應詔詩　二/1593

觀朝雨詩　二/1432

管子引古言　一/73

管子引逸詩　一/68

光華殿侍宴賦競病韻詩　二/1594

光武述時人語　一/230

光武引諺　一/231

光宅寺詩　三/2132

廣陵岸送北使詩　三/2451

廣陵諺　一/541

廣平百姓爲李波小妹語　三/2234

閨婦答鄰人詩　二/1474

閨妾寄征人　三/1900

閨情詩〔曹植〕　一/449

閨情詩〔王筠〕　三/2021

閨思詩〔范雲〕　二/1550

閨思詩〔羅愛愛〕　三/2737

閨怨篇　三/2596

閨怨詩〔劉孝儀〕　三/1894

閨怨詩〔陸罩〕　二/1777

閨怨詩〔吳均〕　二/1746

閨怨詩〔吳思玄〕　三/2607

閨怨詩〔蕭繹〕　三/2051

閨怨詩〔庾信〕　三/2404

閨怨詩二首　二/1709

龜山操　一/301

龜兆名詩　三/2043

歸耕操（曾子歸耕）　一/313

歸鴻詩　二/1236

歸沐呈任中丞昉詩　三/1835

歸鳥詩　二/974

歸去來兮辭　二/986

歸田詩　三/2377

歸園田居詩五首　二/991

佹詩　一/61

鬼歌　二/1374

鬼谷子引古語　一/82

鬼謠歌　二/1373

癸卯歲十二月中作與從弟敬遠詩　二/980

癸卯歲始春懷古田舍詩二首　二/994

桂檝泛河中　三/2110

桂之樹行　一/437

郭長生吹笛歌　二/1372

郭輔碑歌　一/328

郭弘農璞遊仙　二/1575

郭喬卿歌　一/208

郭四朝叩船歌四首　二/1123

過白岸亭詩　二/1167

過藏矜道館詩　三/2343

過故鄴詩　三/2732

過故宅詩　三/2654

過建章故臺詩　三/1991

過舊宮詩　三/2324

過歷山湛長史草堂詩　二/1215

過始寧墅詩　二/1159

過銅山掘黃精詩　二/1302

過徐君墓詩　三/2435

國語引人言　一/77

國語引諺　一/76

H

邯鄲歌　二/1070

邯鄲歌〔蕭衍〕　二/1516

邯鄲郭公歌　三/2290

邯鄲行　二/1464

寒閨(冬宵)　三/1849

寒閨　見冬宵

寒閨詩〔鮑泉〕　三/2028

寒閨詩〔蕭綱〕　三/1969

寒閨詩〔蕭繹〕　三/2054

寒苦謠　一/595

寒松詩　二/1657

寒晚敬和何徵君點詩　二/1396

寒夜怨　二/1814

寒夜直坊憶袁三公詩　三/1886

寒園即目詩　三/2377

韓安國引語　一/129

韓非子引鄙諺　一/80

韓非子引古諺　一/80

韓非子引古語　一/80

韓非子引先聖諺　一/80

漢東流　三/2181

漢高廟賽神詩　三/1943

漢末江淮間童謠　一/226

漢末洛中童謠　一/226

漢人爲黃公語　一/135

漢人引鄙語　一/128

漢書歌　一/295

漢書引逸詩　一/71

漢頌論功歌詩靈芝歌　見論功歌詩

漢之季　一/544

蒿里(蒿里曲)　一/257

蒿里曲　見蒿里

蒿里行　一/347

訶詰四大門詩　二/1398

合歡詩五首　二/860

何當行　一/560

何生姬人有怨詩　二/1764

和巴陵王四詠　三／2072

和班氏詩　見秋胡行

和鮑常侍龍川館詩　三／2038

和別沈右率諸君詩（和沈右率諸君
　餞謝文學）　二／1448

和蔡黃門口字詠絕句詩　三／2449

和陳主詠鏡詩　三／2610

和池上梨花詩　二／1469

和初春宴東堂應令詩　三／2732

和從弟祐山家詩二首　三／2338

和從駕登雲居寺塔詩　三／2364

和崔侍中從駕經山寺詩　三／2276

和彈箏人詩二首　三／2054

和登百花亭懷荊楚詩　三／2451

和定襄侯初笄詩　三／1883

和定襄侯楚越衫詩　三／2122

和樊晉陵傷妾詩　三／2455

和伏武昌登孫權故城詩　二／1441

和傅大農與僚故別詩　二／1289

和傅郎歲暮還湘洲詩　三／2452

和炅法師遊昆明池詩二首　三／2386

和郭主簿詩二首　二／978

和何儀同講竟述懷詩　三／2364

和何議曹郊遊詩二首　二／1439

和衡陽殿下高樓看妓詩　三／2589

和衡陽王秋夜詩　三／2494

和侯司空登樓望鄉詩　三／2455

和胡西曹示顧賊曹詩　二／980

和淮南公聽琴聞弦斷詩　三／2407

和皇太子懺悔詩　三／2014

和皇太子春林晚雨詩　三／1879

和廻文詩〔蕭祇〕　三／2259

和廻文詩〔庾信〕　三／2409

和會三教詩　三／1967

和藉田詩　三／1943

和紀參軍服散得益詩　二／1447

和簡文帝賽漢高帝廟詩〔劉遵〕
　二／1809

和簡文帝賽漢高帝廟詩〔徐陵〕
　三／2529

和簡文帝賽漢高廟詩　三／1893

和簡文帝賽漢高祖廟詩　三／2088

和簡文帝臥疾詩　三／1881

和江丞北戍琅邪城詩　二／1444

和江中賈客詩　三／2403

和婕妤怨詩　三／2130

和晉安王薄晚逐涼北樓回望應教詩
　三／1994

和晉安王詠燕詩　三／1999

和竟陵王抄書詩　二／1642

和竟陵王遊仙詩二首　二／1636

和侃法師別詩　見和侃法師三絕詩

和侃法師三絕詩（和侃法師別詩）
　三／2401

和孔侍郎觀太常新奏樂詩　三／2728

和孔中丞雪裏梅花詩　三／2019

和琅琊王依古詩　二／1240

和李司錄喜雨詩　三／2380

和簾裏燭詩　三/1884

和梁武陵王遥望道館詩　三/2328

和林下妓應令詩　三/1954

和林下作妓應令詩　三/2051

和琳法師初春法集之作詩　三/2772

和劉柴桑詩　二/977

和劉明府觀湘東王書詩　三/1991

和劉上黄春日詩　三/2050

和劉尚書兼明堂齋宫詩　三/2037

和劉尚書詩　三/2023

和劉尚書侍講　見和劉尚書侍五明集詩

和劉尚書侍五明集詩（和劉尚書侍講）　三/2038

和劉西曹望海臺詩　二/1440

和劉儀同臻詩　三/2401

和劉雍州繪博山香爐詩　二/1646

和劉中書繪入琵琶峽望積布磯詩　二/1443

和劉中書仙詩二首　二/1660

和劉諮議守風詩　二/1691

和柳惲毗山亭詩　二/1753

和六府詩　三/2536

和盧贊府遊紀國道場詩　三/2772

和陸慧曉百姓名詩　二/1644

和繆郎視月詩　三/2078

和南海王殿下詠秋胡妻詩　二/1401

和裴儀同秋日詩　三/2382

和平涼公觀趙郡工妓詩　二/2727

和人愛妾换馬　三/1916

和人渡水詩　三/1970

和人日晚景宴昆明池詩　三/2385

和入京詩　三/2733

和沈祭酒行園詩　二/1444

和沈右率諸君餞謝文學　見和別沈右率諸君詩

和受戒詩　三/2190

和司馬博士詠雪詩　二/1706

和司徒鎧曹陽辟疆秋晚詩　三/2279

和宋記室省中詩　二/1440

和歲首寒望詩　三/2326

和太子懺悔詩　二/1532

和太子重雲殿受戒詩　三/1988

和晚日登樓詩　三/1848

和亡名法師秋夜草堂寺禪房月下詩　三/2065

和王褒詠摘花　三/2324

和王丞詩　二/1286

和王護軍秋夕詩　二/1308

和王竟陵愛妾换馬　三/1872

和王内史從駕狩詩　三/2388

和王僧辯從軍詩　三/2037

和王少保遥傷周處士詩　三/2383

和王舍人送客未還閨中有望詩　三/2532

和王衛軍解講詩　二/1660

和王義興七夕詩　二/1308

和王友德元古意二首　見古意詩二首

和王長史臥病詩　二/1444

和王中丞聞琴詩　二/1447

和王中書德充詠白雲詩　二/1645

和王主簿季哲怨情詩　二/1442

和王著作融八公山詩　二/1440

和望月詩　三/1996

和衛尉新渝侯巡城口號詩〔王筠〕　三/2013

和衛尉新渝侯巡城口號詩〔庾肩吾〕　三/1987

和吳主簿詩六首　三/2015

和武帝講武宴　見和武帝宴詩二首

和武帝宴詩二首（和武帝講武宴）　三/1930

和武帝遊鍾山大愛敬寺詩　二/1795

和湘東王古意詠燭詩　三/1977

和湘東王橫吹曲三首　三/1911

和湘東王後園廻文詩〔蕭綱〕　三/1976

和湘東王後園廻文詩〔蕭綸〕　三/2029

和湘東王理訟詩　三/1830

和湘東王名士悦傾城詩　三/1938

和湘東王三韻詩二首　三/1963

和湘東王首夏詩　三/1946

和湘東王陽雲樓簷柳詩　三/1959

和湘東王夜夢應令詩　三/1899

和項王歌　一/89

和蕭東陽祀七里廟詩　三/1962

和蕭國子詠奈花詩　三/2102

和蕭記室春旦有所思詩　三/2085

和蕭侍中子顯春別詩四首　三/1977

和蕭洗馬畫屏風詩二首　三/2086

和蕭洗馬子顯古意詩六首　二/1745

和蕭中庶直石頭詩　二/1443

和蕭諮議岑離閨怨詩　二/1692

和蕭子範入元襄王第詩　三/2021

和謝監靈運詩　二/1233

和新浦侯詠鶴詩　三/2074

和新浦侯齋前竹詩　三/2074

和兄孝綽夜不得眠詩　三/2065

和徐都曹出新亭渚詩　二/1442

和徐録事見內人作臥具詩　三/1939

和徐孝嗣詩　二/1479

和徐主簿望月詩　三/1997

和許給事善心戲場轉韻詩　三/2684

和許給事傷牛尚書弘詩　三/2724

和陽侯送袁金紫葬詩　三/2489

和陽納言聽鳴蟬篇　三/2284

和謁孔子廟詩　三/2723

和殷廷尉歲暮詩　三/2341

和陰梁州雜怨詩　三/2103

和穎川公秋夜詩　三/2395

和詠歌人偏得日照詩　三/1843

和詠舞詩〔劉孝儀〕　三/1895

和詠舞詩〔庾信〕　三/2372

和虞記室騫古意詩　三/2078

和宇文京兆遊田詩　三/2355

和宇文内史春日遊山詩　三/2355

和宇文内史入重陽閣詩　三/2374

和庾肩吾入道館詩　三/2462

和庾司水修渭橋詩　三/2337

和庾四詩　三/2401

和元帝詩〔蕭琛〕　二/1803

和元帝詩〔徐勉〕　二/1812

和元日雪花應詔詩　二/1250

和約法師臨友人詩　二/1815

和樂儀同苦熱詩　三/2382

和贈逸民應詔詩　三/1927

和張丞奉詔於江都望京口詩　三/2640

和張湖熟雹詩　三/2538

和張記室源傷往詩（傷佳人）　三/2588

和張侍中看獵詩　三/2337

和張侍中述懷詩　三/2371

和昭明太子鍾山解講詩〔劉孝儀〕　三/1893

和昭明太子鍾山解講詩〔陸倕〕　二/1775

和趙郡王觀妓應教詩　三/2771

和趙王看妓詩　三/2391　三/2404

和趙王送峽中軍詩　三/2360

和周記室遊舊京詩　三/2641

和諸葛覽從軍游獵詩　三/2488

和竹齋詩　三/1991

和左丞庾杲之移病詩　二/1641

河北民爲裴俠歌　三/2229

河邊枯樹詩　三/2656

河東民爲元淑謡　三/2230

河激歌　一/17

河梁歌　一/31

河内謡　一/217

河曲遊　三/2630

河上歌　一/28

河陽縣作詩二首　一/633

河中之水歌　二/1520

荷詩　一/622

賀老人星詩　三/2265

賀循引諺　一/797

鶴樓峻　三/2181

鶴吟　二/1374

黑帝　二/1501

黑帝高明樂　三/2308

黑帝歌　三/2437

黑帝歌〔謝超宗〕　二/1497

黑帝歌羽音　三/2758

黑帝雲門舞　三/2422

恒農童謡　一/218

橫吹曲〔江總〕　三/2572

横吹曲辭　三/2151

衡山詩〔謝靈運〕　二/1186

衡山詩〔庾闡〕　二/874

衡陽王齋閣奏妓詩　三/2714

衡州九日詩　三/2592

洪水謠　二/1026

洪先生授詩　三/2193

洪業篇　一/841

鴻鵠（楚歌）　一/88

鴻臚歌　見鴻臚中爲韓暨韓宣語

鴻臚中爲韓暨韓宣語（鴻臚歌）
　一/521

鴻鴈生塞北行　一/562

侯景即位時童謠　三/2142

侯景時的腘烏童謠　三/2141

侯司空宅詠妓詩〔劉刪〕　三/2547

侯司空宅詠妓詩〔陰鏗〕　三/2457

后皇　一/153

後過舊宮詩　二/1290

後漢時蜀中童謠　一/216

後漢書引逸詩　一/72

後湖泛舟詩　三/2489

後湖放生詩　二/1383

後緩聲歌　見前緩聲歌

後臨荆州詩　三/2040

後人引梁世諺論史職　三/2145

後堂聽蟬詩　三/1898

後舞歌　二/1368

後舞階步歌　二/1509

後園餞從兄豫章詩　二/1380

後園看騎馬詩　三/2050

後園宴樂詩　三/2269

後園宴詩　三/2636

後園作迴文詩〔王融〕　二/1405

後園作迴文詩〔蕭繹〕　三/2059

後齋迴望詩　二/1449

後齋詩　二/943

忽不任愁聊示固遠詩　二/1764

忽見檳榔詩　三/2408

狐裘歌（狐裘詩）　一/15

狐裘詩　見狐裘歌

狐援辭　一/52

胡笳曲〔陶弘景〕　二/1813

胡笳曲〔吳邁遠〕　二/1319

胡笳曲二首　三/2073

胡笳十八拍　一/201

胡無人行〔吳均〕　二/1721

胡無人行〔徐摛〕　三/1891

胡無人行　見戰城南

湖就姑曲　二/1059

瓠子歌　一/93

扈謙詩二首　三/2784

華光省中夜聞城外擣衣詩　三/2084

華覽崇文大夫唱　一/581

華林北澗詩　二/1322

華林都亭曲水聯句效柏梁體詩
　二/1224

華容夫人歌　一/109

華容女子獄中歌吟　一/247

華山館爲國家營功德詩　二/1660

華山畿二十五首　二/1338

華黍　一/640

華陽童授詩　三/2194

華陽先生登樓不復下贈呈詩　二/
　1638

華爆爆　一/153

華元歌　見宋城者謳

華月詩　三/1972

化胡歌七首　三/2248

畫一歌（百姓歌）　一/119

淮南操　見八公操

淮南王　一/276

淮南子引諺　一/130

淮祥風　二/1370

淮陽感秋　見五言詩

槐樹詩　一/386

懷帝永嘉初童謠　一/788

懷故人詩　二/1429

懷歸謠　二/945

懷舊詩　三/2048

懷舊詩九首　二/1653

懷園引　二/1253

懷遠人　二/1303

壞橋詩　三/1892

歡好曲三首　二/1056

歡聞歌　二/1050

歡聞歌〔王金珠〕　三/2127

歡聞歌二首　二/1518

桓帝初城上烏童謠　一/219

桓帝初天下童謠　一/219

桓帝末京都童謠　一/220　一/221

桓帝時京都童謠　一/220

桓寬引鄙語　一/129

桓寬引語　一/129

桓譚引關東鄙語　一/143

桓譚引諺論巧習　一/142

桓溫府爲郗超王珣語　二/1034

桓玄篡時小兒歌　二/1017

還草堂尋處士弟詩　三/2462

還東田宅贈朋離詩　三/1860

還都道中詩三首　二/1291

還都帆詩　二/944

還都口號詩　二/1292

還都至三山望石頭城詩　二/1292

還渡五洲詩　二/1691

還渡浙江詩　三/1832

還故園詩　二/1560

還京師詩　三/2669

還京詩　一/645

還舊居詩　二/995

還舊園作見顏范二中書詩　二/
　1174

還彭澤山中早發詩　三/2498

還臺樂（飲酒樂）　三/2538

還田舍詩　二/1774

還塗臨渚　二/1455

還園宅奉酬華陽先生詩　二/1638

還宅作詩　三/2125

還至梁城作詩　二/1234

緩歌行　二/1152

幻詩　二/1532

皇娥歌　二/928

皇甫嵩歌　一/213

皇高祖太原府君神室歌　三/2765

皇后房内歌　三/2768

皇后廟登歌　二/1241

皇考太祖武元皇帝神室歌　三/2765

皇太子賜謙詩　一/676

皇太子會詩　一/761

皇太子集應令詩　一/766

皇太子上巳日詩　一/765

皇太子社詩　一/766

皇太子釋奠會詩〔阮彦〕　二/1461

皇太子釋奠會詩〔王僧令〕　二/1462

皇太子釋奠會作詩　二/1226

皇太子釋奠詩〔何胤〕　二/1806

皇太子釋奠詩〔王思遠〕　二/1460

皇太子釋奠詩〔袁浮丘〕　二/1463

皇太子宴玄圃宣猷堂有令賦詩　一/671

皇夏　三/2315　　三/2316　　三/2317　三/2319　三/2766

皇夏〔牛弘〕　三/2755

皇夏〔庾信〕　三/2415　　三/2416

三/2417　　三/2418　　三/2419

三/2420　　三/2422　　三/2423

三/2424　三/2425

皇夏樂〔陸卬等〕　三/2304　三/2305　三/2306　　三/2309　三/2310　三/2312　三/2315

皇雅　三/2163

皇業頌　三/1368

皇曾祖康王神室歌　三/2765

皇祖獻王神室歌　三/2765

黄淡思歌　三/2155

黄帝　二/1500

黄帝高明樂　三/2307

黄帝歌　二/1497　三/2437

黄帝歌宫音　三/2758

黄帝雲門舞　三/2421

黄帝贊詩（詠史）　二/888

黄督　三/2615

黄鵠歌　一/9

黄鵠歌〔劉弗陵〕　一/108

黄鵠曲四首　二/1054

黄龍中童謠　一/538

黄門倡歌　三/2752

黄生曲三首　二/1054

黄武中産兒語　一/541

黄澤謠　一/35

黄竹詩　一/64

煌煌京洛行〔曹丕〕　一/391

煌煌京洛行〔戴暠〕　三/2098

煌煌京洛行〔張正見〕 三/2482

煌煌京洛行 見京洛篇、代陳思王
　京洛篇

廻向門詩 二/1400

迴文虛言詩 二/871

晦日汎舟應詔詩〔盧元明〕 三/2215

晦日汎舟應詔詩〔盧元明〕 三/2270

惠帝大安中童謠 一/787

惠帝即位時兒童謠 一/784

惠帝時洛陽童謠 一/788

惠帝永熙中童謠 一/785

惠帝元康中京洛童謠二首 一/786

會圃臨春風 二/1664

會三教詩 二/1531

會王侍中座上詩 一/599

蕙詠 見詠蕙詩

蟪蛄歌 一/8

靧面辭 三/2286

昏主恣淫慝 三/2181

渾良夫譟 一/51

霍將軍歌 一/314

獲麟歌 一/26 一/316

獲呂布 一/527

J

姬人怨 三/2597

姬人怨服散篇 三/2597

嵇中散 二/1235

嵇中散康言志 二/1572

箕山操 一/307

箕子操(箕子吟) 一/319

箕子吟 見箕子操

積惡篇 三/2184

積善篇 三/2184

擊壤歌 一/1

雞鳴 一/257

雞鳴高樹顛〔蕭綱〕 三/1912

雞鳴歌 一/291

雞鳴篇 三/1873

雞鳴篇〔岑德潤〕 三/2694

雞鳴篇〔蕭綱〕 三/1923

羇謠 三/2606

汲縣長老爲崔瑗歌 一/214

亟出行 一/441

疾俘詩 三/2208

集韻引逸詩 一/72

集周公處連句詩 三/2400

藉田詩 二/1529

己酉歲九月九日詩 二/995

濟北民爲崔伯謙歌 三/2290

濟濟篇 一/846

季秋觀海詩 三/2670

紀功曹中園 二/1456

紀遼東二首〔王冑〕 三/2698

紀遼東二首〔楊廣〕 三/2665

祭辭 一/49

祭侯辭 一/50

寄到漑詩 二/1599

寄夫詩　三/2611

寄何記室詩　二/1764

寄懷歌　見歌二首

寄江州褚諮議詩　二/1684

寄情詩　見定情詩

寄丘三公詩　二/1562

寄阮郎詩　三/2738

寄王琳詩　三/2401

寄行人詩　二/1314

寄徐陵詩　三/2400

冀州童謠　一/794

濟黄河　三/2572

濟黄河應教詩　二/1820

濟曲阿後湖詩　二/1220

濟浙江詩　二/1597

繫馬詩　三/1960

佳人期　見秋胡行

家風詩　一/631

家語引逸詩　一/68

嘉禾歌　一/170

嘉禾謳　一/444

嘉薦樂　二/1490　二/1504

嘉薦樂〔殷淡〕　二/1359

嘉薦樂二首　二/1495

嘉平中謠　一/516

嘉胙樂〔謝超宗〕　二/1491　二/1497

嘉胙樂〔殷淡〕　二/1361

夾樹　二/1723

賈思勰引河西語　三/2244

賈思勰引諺論鋤地　三/2244

賈思勰引諺論力耕　三/2243

賈思勰引諺論養牛馬　三/2244

賈思勰引諺論種穀樹木　三/2243

駕出北郭門行　一/378

駕出圜丘詩　三/2633

駕言出北闕行　一/662

見貴者初迎盛姬聊爲之詠詩　二/1769

見姬人詩　三/2029

見江邊竹詩　二/1608

見人織聊爲之詠　三/1890

見挽船士兄弟辭別詩（折楊柳行）　一/404

見遊春人詩　三/2386

見征客始還遇獵詩　三/2361

見征人分別詩　二/1704

見志詩二首（述志詩）　一/204

建安初荆州童謠　一/226

建除詩〔鮑照〕　二/1300

建除詩〔范雲〕　二/1547

建除詩〔沈烱〕　三/2446

建除詩〔蕭愨〕　三/2104

建衡中壽春童謠　一/540

建興中江南謠　一/791

劍騎詩　二/1754

薦豆呈毛血歌辭　二/1502

餞別詩　三/1952

餞別自解詩　三/2565

餞臨海太守劉孝儀蜀郡太守劉孝勝
　詩　三/1933

餞廬陵内史玉脩應令詩　三/1933

餞謝文學離夜詩〔范雲〕　二/1545

餞謝文學離夜詩〔劉繪〕　二/1468

餞謝文學離夜詩〔沈約〕　二/1648

餞謝文學離夜詩〔王融〕　二/1401

餞謝文學離夜詩〔虞炎〕　二/1459

餞謝文學詩　二/1804

餞友之綏安詩　三/2469

餞庾仲容詩　二/1801

餞張惠紹應令詩　三/1829

餞張孝總應令　見應令詩

諫歌　二/926

江都宮樂歌　三/2664

江都平解嚴詩　二/1253

江都夏〔楊廣〕　三/2665

江都夏〔虞世基〕　三/2711

江都遇風詩　二/874

江皋曲　二/1392

江行詩　三/2075

江津寄劉之遴詩　三/1833

江津送劉光禄不及詩　三/2452

江蘺生幽渚　二/1617

江陵女歌　三/2664

江陵童謠　三/2142

江陵樂　二/1062

江南　一/256

江南可採蓮　三/1847

江南弄　二/1521

江南弄三首　三/1924

江南弄四首　二/1624

江南曲〔柳惲〕　二/1673

江南曲〔沈約〕　二/1621

江南曲〔蕭綱〕　三/1924

江南思　二/1244

江南思二首　三/1912

江浦賦詩　三/2218

江上酬鮑幾詩　二/1741

江上泛歌　一/594

江上曲　二/1416

江上望月詩　三/2027

江潭怨　見贈別新林詩

將發石頭上烽火樓詩　二/1448

將歸操　一/299

將軍名詩　三/2041

將命使北始渡瓜步江詩　三/2387

將命至鄴酬祖正員詩　三/2358

將命至鄴詩　三/2358

將遊湘水尋句溪詩　二/1425

蔣橫遭禍時童謠　一/229

蔣濟爲護軍時謠言　一/517

講漢書詩　一/678

講席將畢賦三十韻詩依次用　二/
　1798

講易詩　二/1311

降神歌　一/810

交阯兵民爲賈琮歌　一/212

郊行值雪詩　三/2381

郊祀歌　一/147

郊祀靈芝歌　見論功歌詩

郊祀曲　二/1414

郊外望秋答殷博士詩　二/1565

嬌女詩　二/1058

嬌女詩〔左思〕　一/735

脚下履　二/1653

矯志詩　一/448

校獵曲　二/1415

校書秘書省對雪詠懷詩　三/1839

嗟伯夷　一/101

婕妤怨　見班婕妤

結客篇　一/440

結客少年場　二/1722

結客少年場行　三/1869

結客少年場行　三/2349

結襪子　三/2220

詰汾力微謠　三/2234

碣石篇　見步出夏門行

解佩去朝市　二/1668

介雅　三/2171　三/2174

戒子孫詩　一/114

借劉太常説文詩　三/2586

誡族子詩　二/935

巾舞歌詩　一/278

今日樂相樂　三/2571

金雌詩　二/1095

金丹曲　二/1525

金谷會詩　一/632

金谷集作詩　一/632

金谷聚　二/1420

金谷詩　一/757

金閨思二首　三/1969

金陵曲　二/1526

金靈運　一/831

金樓子引古語　一/84

金樓子引殷紂時語　一/84

金雄詩　二/1095

金樂歌〔房篆〕　三/2114

金樂歌〔蕭綱〕　三/1909

金章太空章　三/2437

津渚敗船詩　三/2076

錦石擣流黄二首　三/2663

謹贈司寇淮南公詩　三/2356

晉杯槃舞歌詩　一/848

晉冬至初歲小會歌　一/825

晉兒謠　一/38

晉江左宗廟歌十三首　二/1070

晉世京師謠　二/1032

晉書引逸詩　一/72

晉童謠　一/38

晉武帝華林園集詩　一/580

晉宴會歌　一/825

晉中宮所歌　一/825

晉宗親會歌　一/826

京口民間謠二首　二/1024

京口謠　二/1025

京路夜發詩　二/1430

京洛篇〔李巨仁〕　三/2725

京洛篇〔蕭綱〕（煌煌京洛行）　三/1906

京洛行　三/2717

京師上巳篇　一/165

京師爲鮑永鮑恢語　一/245

京師爲戴憑語　一/249

京師爲鄧颺語　一/523

京師爲東安門場二寺僧語　二/1334

京師爲光禄茂才謠　一/227

京師爲胡廣語　一/252

京師爲黃香號　一/233

京師爲井丹語　一/249

京師爲劉興劉琨語　一/800

京師爲祁聖元號　一/250

京師爲唐約謠　一/228

京師爲揚雄語　一/141

京師爲楊政語　一/250

京師爲袁成諺　一/244

京師爲張軌歌　一/780

京師爲張盤語　一/244

京師爲周舉語　一/252

京師爲諸葛豐語　一/138

京邑爲何勗孟靈休語　二/1333

京兆府君登歌　一/814

京兆歌　二/1465

京兆民爲李莊歌　一/515

京兆爲李變謠（京兆謠）　一/224

京兆鄉里爲馮豹語　一/251

京兆謠　見京兆爲李變謠

荆楚謠　二/1023

荆軻歌（渡易水歌）　一/24

荆軻歌　見渡易水

荆州百姓歌　二/1017

荆州民爲始興王憺歌　三/2137

荆州童謠　二/1026

荆州樂三首　二/1554

經陳思王墓詩〔庾肩吾〕　三/1990

經陳思王墓詩〔庾信〕　三/2365

經豐城劍池詩　三/2457

經漢高廟詩　二/1143

經劉瓛墓下詩　二/1384

經墓興感詩　三/2274

經琵琶峽詩　三/1934

經始興廣果寺題愷法師山房詩　三/2589

經渦路作詩　二/857

經張子房廟詩　二/1133

精列　一/346

精微篇　一/429

驚雷歌　一/567

驚早露詩　三/2124

景德凱容舞　三/2620

景皇帝登歌　一/814

景皇篇　一/842

景龍飛　一/828

景星（寶鼎歌）　一/152

敬酬解法師所贈詩　三/2600

敬酬劉長史詠名士悦傾城詩　三/1847

敬酬柳僕射征怨詩　二/1603

敬酬王明府詩　二/1702

敬酬楊僕射山齋獨坐詩　三/2683

敬贈蕭諮議詩　二/1606

静卧棲霞寺房望徐祭酒詩　三/2584

鏡論語　二/1588

鏡詩　三/2398

鏡臺　二/1452

鏡象　三/1938

九華安妃見降口授作詩　二/1096

九曲歌〔傅玄〕　一/567

九曲歌〔李尤〕　一/174

九日從駕詩　三/2336

九日從宋公戲馬臺集送孔令詩〔謝靈運〕　二/1157

九日從宋公戲馬臺集送孔令詩〔謝瞻〕　二/1131

九日賦韻詩　三/1958

九日詩　三/2120

九日侍皇太子樂遊苑詩　三/1929

九日侍宴樂遊苑詩〔丘遲〕　二/1602

九日侍宴樂遊苑詩〔任昉〕　二/1596

九日侍宴樂遊苑詩〔沈約〕　二/1630

九日侍宴樂遊苑詩爲西封侯作　二/1680

九日侍宴樂遊苑應令詩　三/1985

九日侍宴樂遊苑正陽堂詩　二/1671

九日侍宴詩　二/1382

九日閑居　二/990

九日酌菊酒詩　三/1882

九日坐北湖聯句詩　二/1242

九月二十五日夜雲林右英夫人授作　二/1110

九月歌　二/1068

九月九日詩　二/1144

九月九日雲林右英夫人喻作　二/1109

九月九日紫微夫人喻作因許示郗　二/1104

九月六日夕雲林喻作與許侯　二/1109

九月六日夕紫微夫人喻作示許長史并與同學　二/1103

九月三日夕雲林王夫人喻作令示許長史　二/1108

九月十八日夜雲林右英夫人作　二/1109

酒德歌　二/925

酒後詩　二/1311

酒會詩　一/486

酒會詩七首　見四言詩

就蒲州使君乞酒詩　三/2392

就謝主簿宿詩　二/1567

舊邦　一/528

拘幽操　一/302

鞠歌行〔陸機〕　一/666

鞠歌行〔謝惠連〕　二/1191

鞠歌行〔謝靈運〕　二/1152

菊詩　二/930

橘詩　二/1609

沮授引語　一/520

鉅鹿公主歌辭　三/2153

角調曲二首　三/2429

角引〔沈約〕　三/2176

角引〔蕭子雲〕　三/2178

絕命辭　一/116

絕命詩二首　三/2224

覺意詩賜江革　二/1538

君馬黃　一/159

君馬黃〔蔡君知〕　三/2560

君馬黃二首　三/2476

君馬篇　二/1207

君子行　一/263

君子行〔戴暠〕　三/2097

君子行〔陸機〕　一/656

君子行〔沈約〕　二/1615

君子行〔蕭綱〕　三/1903

君子有所思行〔陸機〕　一/662

君子有所思行〔沈約〕　二/1618

君子有所思行〔謝靈運〕　二/1150

軍鎮篇　一/839

軍中詩　二/890

軍中爲典韋語(帳下壯士)　一/520

軍中爲汲桑謠　一/789

軍中爲盧洪趙達語(軍中謠)　一/521

軍中爲夏侯淵語(夏侯歌)　一/521

軍中爲徐晃語　一/521

軍中謠　一/782

軍中謠　見軍中爲盧洪趙達語

鈞天曲　二/1414

俊雅　三/2170　三/2173

郡東山望溟海詩　二/1163

郡內高齋閒望答呂法曹詩　二/1427

K

開封府君歌　二/1356

開霽詩　三/1956

開善寺法會詩　二/1796

開善寺詩　三/2456

凱容舞　三/2619　三/2620

凱容宣烈樂　二/1496

凱容樂　二/1505　二/1506

慨然成詠詩　三/2390

看鬥雞詩　三/2341

看放市詩　三/1996

看伏郎新婚詩　二/1705

看柳上鵲詩　三/2269

看美人摘薔薇詩　三/1848

看舞詩　三/2405

看新婚詩　三/2462

看摘薔薇詩　三/2047

闚覦引語　一/247　三/2241

康衢歌　見康衢謠

康衢謠(康衢歌)　一/35

伉儷詩　一/726

忼慨歌(楚商歌)　一/20

考城爲仇覽謠　一/246

可愛詩　二/1311

克官渡　一/527

刻吴閶門詩　三/2460

客示桓麟詩　一/184

尅商操(武王伐紂)　一/320

空城雀　三/2224

箜篌詩　二/890

箜篌謠　一/287

箜篌謠〔劉孝威〕　三/1871

箜篌引　一/255

孔叢子引遺諺　一/82

孔子家語引里語　一/73

孔子誦　一/42

枯葉竹詩　三/1883

枯魚過河泣　一/286

哭陳昭詩　三/2557

哭魯廣達詩　三/2595

哭吴興柳惲詩　二/1701

苦寒行〔曹操〕　一/351

苦寒行〔曹叡〕　一/416

苦寒行〔陸機〕　一/657

苦寒行〔謝靈運〕　二/1148　二/1149

苦寒行〔張華〕　一/614

苦熱　見雜詩

苦熱詩〔何遜〕　二/1699

苦熱詩〔任昉〕　二/1600

苦熱行〔曹植〕　一/440

苦熱行〔蕭綱〕　三/1908

苦暑詩〔劉孝威〕　三/1880

苦思行　一/438

苦相篇(豫章行苦相篇)　一/555

苦雨　見雨詩

苦雨詩　二/1306

苦雨詩　見詩

苦哉行　見善哉行二首

會稽民爲徐弘歌　一/777

會稽童謠　一/216　一/217

會吟行　二/1151

L

蜡除詩　二/890

蜡辭　一/47

蜡日　二/1003

蠟節詩　三/2271

來羅　二/1064

萊人歌　一/13

蘭林　一/720

蘭亭詩〔曹華〕　二/917

蘭亭詩〔華茂、桓偉、袁嶠之〕　二/910

蘭亭詩〔孫嗣、郗曇、庾友〕　二/908

蘭亭詩〔王涣之〕 二/914

蘭亭詩〔王玄之〕 二/911

蘭亭詩〔王蘊之、王豐之、魏滂〕
　二/915

蘭亭詩〔虞説、謝繹〕 二/916

蘭亭詩〔庾蘊、曹茂之〕 二/909

蘭亭詩二首〔孫綽〕 二/901

蘭亭詩二首〔孫統〕 二/907

蘭亭詩二首〔王徽之、王彬之〕 二/
　914

蘭亭詩二首〔王凝之〕 二/912

蘭亭詩二首〔王肅之〕 二/913

蘭亭詩二首〔王羲之〕 二/895

蘭亭詩二首〔謝安〕 二/906

蘭亭詩二首〔謝萬〕 二/906

蘭亭詩二首〔徐豐之〕 二/916

覽古詩〔盧諶〕 二/884

覽古詩〔吳均〕 二/1747

覽古贈王中書融　見古意贈王中書
　詩

琅琊王歌辭 三/2153

牢石歌 一/122

勞歌 三/2328

勞歌二首 二/1130

勞還師歌 一/836

老君十六變詞 三/2252

老苦 三/2433

老詩 三/2077

樂將彈恩未已應詔詩 一/1648

樂平長公主挽歌 三/2636

樂未央 二/1625

樂未央　見神仙篇

樂遊應詔詩 二/1202

貍首詩 一/63

黎陽作詩 一/403

黎陽作詩三首 一/399

離別詩 一/463

離別相去辭 一/31

離歌（雜歌） 一/287

離合賦物爲詠詠火 二/1405

離合郡姓名詩　見離合作郡姓名字
　詩

離合詩〔何長瑜〕 二/1201

離合詩〔賀道慶〕 二/1326

離合詩〔劉駿〕 二/1224

離合詩〔潘岳〕 一/632

離合詩〔石道慧〕 二/1475

離合詩〔蕭繹〕 三/2058

離合詩二首 二/1197

離合詩贈江藻 三/2445

離合詩贈尚書令何敬容詩 二/1805

離合作郡姓名字詩（離合郡姓名詩）
　一/196

離親詠 一/594

離思　見感離詩

離思篇 二/859

離夜詩〔江孝嗣〕 二/1478

離夜詩〔王常侍〕 二/1478

離夜詩〔謝朓〕　二/1448

離夜聽琴詩　二/1710

離友詩　一/462

離友詩三首　一/460

驪駒詩　一/66

李彪引諺　三/2238

李都尉陵從軍　二/1570

李夫人歌　一/96

李夫人及貴人歌　二/1465

李固引語　一/235

李陵録別詩二十一首　一/336

李翕析里橋郙閣頌新詩　一/189

李仙君歌　三/2785

李翊夫人碑歟　一/328

里語　一/323

禮記引南人言　一/74

禮記引諺　一/74

禮記引逸詩　一/68

立春日汎舟玄圃各賦一字六韻成篇　三/2514

立秋詩　三/2465

吏民爲趙張三王語　一/137

吏爲郭頤劉聰歌　一/780

厲吏人講學詩　二/1599

勵志詩　一/614

歷九秋篇（董逃行歷九秋篇十二首）　一/561

歷山草堂應教　二/1325

歷陽百姓歌　二/1017

隸幽樂　二/1494

櫟口守風詩　三/1832

酈道元引古語論南北岈　三/2242

酈道元引橘洲諺　三/2241

酈道元引澇灘淨灘諺　三/2242

酈道元引俗諺論清泉河　三/2241

酈道元引語　三/2242

連句詩　二/1142

連理詩　三/2129

連雨獨飲詩（連雨人絕獨飲）　二/993

連雨人絕獨飲　見連雨獨飲詩

蓮調詩　三/2545

蓮舟買荷度　三/1964

聯句　二/1013

聯句詩〔蕭衍〕　二/1538

聯句詩〔元恭〕　三/2211

聯句作詩　三/2638

練時日　一/147

涼州歌　見涼州民爲樊曄歌

涼州民爲樊曄歌（涼州歌、樊曄歌）　一/208

涼州民謠　一/792

涼州爲張氏謠　二/1028

涼州樂歌二首　三/2221

梁北郊登歌二首　三/2166

梁塵詩　三/1971

梁甫吟　一/281

梁甫吟〔陸機〕　一/661

梁甫吟〔沈約〕 二/1618

梁末童謠 三/2143

梁南郊登歌詩二首 三/2166

梁南吟 三/2537

梁時童謠 三/2143

梁武帝接民間爲蕭恪歌 三/2139

梁武帝時謠 三/2140

梁元帝引諺論古雨 三/2145

梁宗廟登歌七首 三/2168

兩儀篇 一/442

兩儀詩 一/574

聊作百一體詩 二/1694

列女引 一/305

列子引古語 一/79

列子引逸詩 一/70

列子引周諺 一/79

林下映月詩 三/1841

林下作妓詩 二/1800

鄰里相送至方山詩 二/1159

霖雨詩〔曹毗〕 二/889

霖雨詩〔張載〕 一/741

臨別聯句 二/1712

臨滄波詩 三/2091

臨川亭詩 二/1201

臨川王服竟還田里詩 二/1301

臨高臺 一/161

臨高臺〔曹丕〕 一/395

臨高臺〔陳叔寶〕 三/2505

臨高臺〔沈約〕 二/1620

臨高臺〔王融〕 二/1389

臨高臺〔蕭綱〕 三/1910

臨高臺〔蕭慤〕 三/2275

臨高臺〔蕭衍〕 二/1514

臨高臺〔謝朓〕 二/1418

臨高臺〔張正見〕 三/2477

臨高臺篇 二/1209

臨後園詩 三/1966

臨淮吏人爲宋暉歌 一/207

臨江王節士歌 二/1466

臨碣石 二/1623

臨去吟 二/1101

臨水人爲張樓謠 一/794

臨渭源詩 三/2668

臨溪送別詩 二/1449

臨行公車詩 二/1695

臨行與故遊夜別 見從鎮江州與遊故別詩

臨終詩〔范曄〕 二/1203

臨終詩〔苻朗〕 二/932

臨終詩〔顧歡〕 二/1381

臨終詩〔孔融〕（折楊柳行） 一/197

臨終詩〔歐陽建〕 一/647

臨終詩〔釋智愷〕（遘疾） 三/2625

臨終詩〔釋智命〕 三/2776

臨終詩〔吳邁遠〕 二/1321

臨終詩〔謝靈運〕 二/1186

臨終詩〔元子攸〕 三/2210

臨終詩二首　三/2776

麟趾殿詠新井詩　三/2327

凌雲臺〔王褒〕　三/2331

凌雲臺〔謝舉〕　三/1857

陵峯採藥觸興爲詩　二/1088

陵欣歌　二/1373

零落桐詩　三/2715

靈寶謠　見童謠

靈帝末京都童謠　一/224

靈帝中平中京都歌　見董逃歌

靈空詩　二/1533

靈臺詩　一/168

靈之祥　一/826

靈芝歌　一/170

靈芝篇　一/428

領邊繡　二/1652

令詩　一/403

留郡贈婦詩　見贈婦詩

留贈山中隱士詩　三/2465

留真人東山還詩　二/1634

劉博士江丞朱從事同顧不值作詩云爾　二/1698

劉參軍　二/1235

劉輔引里語　一/133

劉敬叔引詩　二/1328

劉妙容宛轉歌二首　二/1128

劉僕射東山集詩　二/1560

劉僕射東山集學騷　二/1590

劉生〔陳叔寶〕　三/2508

劉生〔弘執恭〕　三/2727

劉生〔江暉〕　三/2605

劉生〔江總〕（贈俠侶）　三/2570

劉生〔柳莊〕　三/2645

劉生〔蕭繹〕　三/2034

劉生〔徐陵〕　三/2527

劉生〔張正見〕　三/2480

劉聖公賓客醉歌　一/124

劉太尉琨傷亂　二/1575

劉文學楨感懷　二/1571

劉向引諺　一/133

劉炫引諺論政敝　三/2748

劉楨　二/1183

劉晝引古諺　三/2145

劉晝引諺　三/2145

柳達摩引北方童謠　三/2143

柳楷引謠　三/2234

柳彧上表引歌謠　三/2743

六府詩　三/2446

六甲詩　三/2447

六韜引諺　一/73

六縣吏人爲爰珍歌（爰珍歌）　一/216

六言　一/101

六言詩　一/489

六言詩三首　一/197

六憶詩四首　二/1663

六月二十三日夜中候夫人作　二/1100

六月歌　二/1067

龍笛曲〔蕭綱〕　三/1925

龍笛曲〔蕭衍〕　二/1522

龍丘引　三/1915

龍蛇歌　一/16　一/17　一/310
　一/311　一/312

龍躍大雅　二/1370

隴上童謠　二/1026

隴上爲陳安歌　一/781

隴頭　三/2505

隴頭歌　二/1020

隴頭歌辭　三/2157

隴頭流水歌　三/2156

隴頭水〔車轂〕　三/2114

隴頭水〔顧野王〕　三/2468

隴頭水〔劉孝威〕　三/1866

隴頭水〔蕭繹〕　三/2032

隴頭水〔蕭子暉〕　三/1887

隴頭水〔謝爕〕　三/2550

隴頭水〔徐陵〕　三/2524

隴頭水二首〔陳叔寶〕　三/2505

隴頭水二首〔江總〕　三/2568

隴頭水二首〔張正見〕　三/2478

隴頭送征客詩　三/2463

隴西行　見步出夏門行

隴西行（步出夏門行）　一/267
　一/268

隴西行〔陸機〕　一/652

隴西行〔謝惠連〕　二/1188　二/

1189

隴西行〔謝靈運〕　二/1148

隴西行〔庾肩吾〕　三/1983

隴西行三首　三/1905

盧郎中湛感交　二/1575

盧陵王墓下作詩　二/1173

廬山東林雜詩（遊廬山）　二/1085

廬山夫人女婉撫琴歌　二/1126

廬山神仙詩　二/943

魯褒引諺　一/797

魯公詩　一/637

魯連子引諺　一/81

魯生歌　一/190

魯童謠　一/37

陸東海譙山集詩　二/1561

陸機引里語　一/795　一/796

陸機引遼東鄉語　一/795

陸機引齊人諺　一/795

陸平原機髃宦　二/1574

陸士衡引俗語　一/798

渌水曲〔江夬〕　二/1476

渌水曲〔王融〕　二/1386

渌水曲〔吳均〕　二/1727

渌水曲二首　三/2072

路温舒引俗語　一/132

孌童詩　三/1941

鸑鳥詩　二/1144

亂後別蘇州人詩　三/2602

亂後經夏禹廟詩　三/1989

亂後行經吴郵亭詩　三/1990

論功詩（頌論功歌詩靈芝歌、古辭靈
　　芝歌、漢頌論功歌詩靈芝歌、郊祀
　　靈芝歌）　一/169

論敘裴伯茂詩　三/2271

論語詩　一/603

論語引南人言　一/73

論語引逸詩　一/68

羅敷行〔高允〕　三/2201

羅敷行〔顧野王〕　三/2467

羅敷行〔蕭子範〕　三/1896

羅敷艷歌　見日出東南隅行

洛水祖王公應詔詩　一/648

洛下謡　一/788

洛陽道〔岑之敬〕　三/2549

洛陽道〔車轂〕　三/2115

洛陽道〔陳暄〕　三/2542

洛陽道〔沈約〕　二/1620

洛陽道〔王瑳〕　三/2611

洛陽道〔蕭綱〕　三/1911

洛陽道〔蕭繹〕　三/2033

洛陽道〔庾肩吾〕　三/1982

洛陽道〔張正見〕　三/2479

洛陽道二首〔江總〕　三/2568

洛陽道二首〔徐陵〕　三/2525

洛陽道五首　三/2506

洛陽人爲祝良歌　一/213

洛陽童謡　三/2140

洛中童謡二首　三/2232

洛中爲馮蓀語　三/804

洛中爲劉氏兄弟語　一/804

洛中爲荀闓語　一/804

落花詩　三/1897

落日悵望詩　二/1433

落日登高詩　二/1762

落日泛舟東溪詩　二/1597

落日郡西齋望海山詩　三/1886

落日看還詩　三/2026

落日前墟望贈范廣州雲詩　二/1682

落日射罷詩　三/2050

落日同何儀曹煦詩　二/1450

閭里爲樓護歌　一/124

閭里爲消腸酒歌　二/1022

吕氏春秋引鄙諺　一/81

吕氏春秋引逸詩　一/70

履霜操　一/303

緑柳詩　三/2056

緑竹　二/1727

M

馬皇后引俗語　一/243

馬廖引長安語（城中謡）　一/134

馬明生臨去箸詩三首　三/2781

麥城俗諺　二/1331

麥李詩　二/1651

麥秀歌　一/6

賣玉器者詩　二/1303

滿歌行　一/275

毛詩詩　一/604

矛俞新福歌　一/525

茅保命吟　二/1123

茅山父老歌　見時人爲三茅君謠

茂陵中書歌　一/296

貌雪詩　二/1801

梅花落〔鮑照〕　二/1278

梅花落〔江總〕　三/2574

梅花落〔蘇子卿〕　三/2601

梅花落〔吳均〕　二/1720

梅花落〔徐陵〕　三/2526

梅花落〔張正見〕　三/2479

梅花落二首〔陳叔寶〕　三/2507

梅花落二首〔江總〕　三/2569

梅花詩〔吳均〕　二/1751

梅花詩〔庾信〕　三/2398

梅夏應教詩　三/2686

美女篇〔曹植〕　一/431

美女篇〔傅玄〕　一/565

美女篇〔盧思道〕　三/2629

美女篇〔蕭綱〕　三/1908

美女篇二首　三/2268

美女詩　二/861

美人晨粧詩　三/1953

美嚴王思詩　一/184

昧旦出新亭渚語　二/1812

門有車馬客　二/1680

門有車馬客行〔何妥〕　三/2657

門有車馬客行〔陸機〕　一/660

門有車馬客行〔張華〕　一/610

門有車馬客行〔張正見〕　三/2473

門有萬里客　一/426

蒙賜酒詩　三/2378

蒙華林園戒詩　三/1936

蒙預懺直疏詩　三/1935

猛虎行　一/287　一/288

猛虎行〔曹丕〕　一/392

猛虎行〔曹叡〕　一/417

猛虎行〔孔欣〕　二/1135

猛虎行〔陸機〕　一/666

猛虎行〔謝惠連〕　二/1191

孟冬篇　一/430

孟津詩　一/400

孟珠(丹陽孟珠歌)　二/1065

孟子引齊人言　一/74

孟子引夏諺　一/74

夢奠歌　見曳杖歌

夢歌〔瓊瑰歌〕　一/7

夢歸鄉詩　二/1303

夢見故人詩　三/2116

夢見美人詩　二/1640

夢蓬萊四真人作詩四首　二/1114

夢人倚户授其詩　三/2322

夢入堂内詩　三/2372

夢詩〔蕭衍〕　二/1533

夢詩〔許翽〕　二/1124

夢友人王由賦別詩　三/2215

汨羅土人爲屈原歌　三/2742

民間爲奚顯度謠　二/1330
民間爲謝靈運謠　二/1329
民爲二殽語　一/237
民爲淮南厲王歌　一/120
民爲五門語　一/238
愍帝初童謠　一/790
愍亂詩　三/1930
名都篇　一/431
名都一何綺詩〔沈炯〕　三/2448
名都一何綺詩〔周弘正〕　三/2463
明德凱容樂　二/1508
明德頌　二/1370
明帝景初中童謠　一/516
明帝時宮人謠　一/516
明帝太寧初童謠　一/792
明君詞〔陳昭〕　三/2541
明君詞〔王褒〕　三/2333
明君詞〔蕭綱〕　三/1913
明君詞〔蕭紀〕（昭君辭）　三/1900
明君詞〔張正見〕（王明君）　三/2482
明君詞　見昭君辭應詔、昭君怨
明君辭　二/1509　二/1510
明君大雅　二/1369
明君篇　一/844
明君曲　三/2187
明慶寺詩　三/2582
明慶寺石壁詩　三/2343
明堂詩　一/168
明堂饗神歌　一/812

明王曲　二/1385
明下童曲　二/1060
明月篇　一/559
明月子　三/2551
明之君　三/2187
明之君六首　三/2186
明主曲　三/2187
鳴鶴　一/711
鳴鴈行　三/2652
命將出征歌　一/835
命學士講書詩　二/1169
命子詩　二/970
摩多樓子　三/2752
魔王歌章　三/2441
陌上桑（豔歌羅敷行）　一/259
　一/261　三/2150　三/2750
陌上桑〔曹操〕　一/348
陌上桑〔曹丕〕　一/395
陌上桑〔曹植〕　一/442
陌上桑〔王筠〕　三/2010
陌上桑〔王臺卿〕（採桑）　三/2087
陌上桑〔吳均〕　二/1723
陌上桑四首　三/2087
莫愁樂　二/1346
墨子引古語　一/77
墨子引逸詩　一/69
墨子引周詩　一/69
木紀謝　三/2179
木蘭詩二首　三/2160

木連理謳　一/444

沐浴子　三/2752

慕容垂歌辭　三/2156

慕容家自魯企由谷歌　三/2160

暮寒詩　三/2130

暮秋答朱記室詩　二/1682

暮秋望月示學士各釋愁應教　三/2693

暮秋野興賦得傾壺酒詩　三/2405

暮遊山水應令賦得磧字詩　三/2000

穆德凱容樂　二/1507

穆天子謠　一/36

N

那呵灘　二/1064

納涼詩〔蕭綱〕　三/1946

納涼詩〔蕭繹〕　三/2046

南城門老　三/2005　三/2006　三/2007　三/2008

南風操　一/319

南風歌　一/2

南陔　一/639

南廣郡行人語　一/794

南衡　一/712

南湖　三/1918

南還道中送贈劉諮議別詩　二/1687

南還尋草市宅詩　三/2588

南極王夫人詩　二/1119

南郡歌　二/1464

南蒯歌（鄉人飲酒歌）　一/9

南林彈詩　二/933

南樓中望所遲客詩　二/1173

南浦別佳人　三/2090

南山　一/721

南土人爲牡蠣語　三/2747

南土爲杜預歌　一/777

南燕人爲公孫氏語　二/1036

南陽爲杜師語　一/231

南陽爲衛修陳茂語　一/238

南隱遊泉山詩　三/2720

南豫州軍士爲主玄謨宗越語　二/1333

南豫州民爲夏侯兄弟歌　三/2138

南苑逢美人詩　二/1807

南苑看人還詩　三/1995

南苑看遊者詩　三/2027

南嶽夫人授太上宮中歌　二/1120

南征闈怨詩　三/2457

南征曲　二/1817

南征詩　三/2601

南州桓公九井作詩　二/933

南州爲江革語　二/1486

鐃歌　一/155

內殿賦新詩　三/2596

內顧詩二首　一/634

內經真諺　二/1121

內園逐涼　三/2533

擬楚篇　一/566

擬東城一何高詩　一/688

擬古　二/1552

擬古　見言志詩

擬古三首聯句　二/1710

擬古詩〔鮑照〕　二/1313

擬古詩〔何思澄〕　二/1807

擬古詩〔劉孝綽〕　三/1844

擬古詩〔劉義恭〕　二/1248

擬古詩〔王叔之〕　二/1129

擬古詩〔蕭長懋〕　二/1381

擬古詩〔蕭綱〕　三/1978

擬古詩〔蕭統〕　二/1800　二/1802

擬古詩〔袁宏〕　二/921

擬古詩〔張華〕　一/621

擬古詩八首　二/1295

擬古詩二首　二/1404

擬古詩九首　二/1003

擬古四色詩　二/1553

擬古四首　二/1723

擬古五雜組詩　二/1552

擬古應教　三/1872

擬關龍逢行歌　二/931

擬嵇中散詠松詩　二/912

擬今日良宴會詩　一/686

擬客從遠方來　見代古詩

擬客從遠方來詩〔鮑令暉〕　二/1313

擬蘭若生春陽詩　一/687

擬陸士衡詩　二/1249

擬落日窗中坐詩　三/1954

擬馬防詩　一/576

擬孟冬寒氣至詩　二/1215

擬明月何皎皎詩〔劉鑠〕　二/1214

擬明月何皎皎詩〔陸機〕　一/687

擬明月皎夜光詩　一/689

擬明月照高樓　二/1515

擬青青河邊草　二/1218

擬青青河邊草詩　二/1215

擬青青河邊草轉韻體爲人作其人識
　節工歌詩　二/1693

擬青青河畔草〔沈約〕　二/1618

擬青青河畔草〔蕭衍〕　二/1515

擬青青河畔草　見飲馬長城窟行

擬青青河畔草詩〔鮑令暉〕　二/1313

擬青青河畔草詩〔陸機〕　一/687

擬青青陵上柏詩〔鮑照〕　二/1298

擬青青陵上柏詩〔陸機〕　一/688

擬輕薄篇　二/1679

擬阮公夜中不能寐詩　二/1299

擬涉江采芙蓉詩　一/686

擬沈隱侯夜夜曲　三/1916

擬室思　見自君之出矣

擬四愁詩四首〔傅玄〕　一/573

擬四愁詩四首〔張載〕　一/742

擬迢迢牽牛星詩　一/686

擬庭中有奇樹詩　一/689

擬挽歌辭三首　二/1012

擬魏太子鄴中集詩八首　二/1181

擬吳均體應教詩　二/1778

擬西北有高樓詩　一/688

擬相逢狹路間　二/1217

擬行行重行行詩〔劉鑠〕　二/1214

擬行行重行行詩〔陸機〕　一/685

擬行路難十八首　二/1274

擬徐幹　見自君之出矣

擬詠懷詩二十七首　三/2367

擬雨詩　二/1611

擬招隱士　二/1678

擬自君之出矣〔許瑤之〕　二/1474

念佛三昧詩四首　二/939

鳥名詩　三/2044

鳥山童謠　三/2144

鳥妖詩　三/2625

蟲包鬼歌　二/1373

農里詩　二/894

弄琴詩二首　三/2407

努力門詩　二/1399

弩俞新福歌　一/525

女兒子　二/1064

女怨詩　一/585

P

俳歌辭　一/279

潘黄門岳述哀　二/1573

攀楊枝　三/2151

盤石篇　一/434

盤中詩　一/776

陪衡陽王遊耆闍寺詩　三/2487

陪駕幸終南山和宇文内史詩　三/2354

陪駕幸終南山詩　三/2324

陪徐僕射晚宴詩　三/1830

裴永殯　三/2776

配帝舞　三/2420　三/2421　三/2422

嬖之柔矣詩　一/66

溢城詩　三/2488

彭城宮中直感歲暮詩　二/1158

彭城會詩　二/1140

彭城王挽歌　三/2636

彭城戲馬臺集詩　二/1248

彭先生歌　三/2194

彭子陽歌　一/215

霹靂引〔蕭綱〕　三/1914

霹靂引〔辛德源〕　三/2649

鼙舞歌五首　一/427

辟歷引　一/306

辟雍詩　一/168

貧士詩〔曹毗〕　二/891

貧士詩〔蕭璟〕　二/1326

聘齊經孟嘗君墓詩　三/2541

聘齊秋晚館中飲酒詩　三/2385

平城歌　一/119

平關中　一/529

平陵東　一/259

平陵東　見平陵東行

平陵東行（平陵東）　一/437

平南荆　一/528

平吴後三月三日從華林園作詩
　　一/552

平吴後三月三日華林園詩　一/597

平吴詩　一/591

平玉衡　一/828

平原侯植　二/1184

平原爲太守索稜歌　二/1019

屏風詩　三/2277

萍詩　二/1747

鄱陽民爲陸襄歌二首　三/2138

破鏡詩　三/2564

破扇　三/2609

蒲坂行〔劉遵〕　二/1809

蒲坂行〔陸厥〕　二/1464

蒲梢天馬歌　見西極天馬歌

蒲生行　二/1417

蒲州刺史中山公許乞酒一車未送詩
　　三/2392

浦狹村煙度詩　三/2494

普通中童謡　三/2141

Q

七哀詩〔曹植〕（怨歌行）　一/458
　　一/463

七哀詩〔傅玄〕　一/576

七哀詩〔阮瑀〕　一/380

七哀詩〔荀組〕　二/855

七哀詩　見怨詩行

七哀詩二首　一/740

七哀詩三首　一/365

七步詩　一/460

七里瀨詩　二/1160

七廟享神歌　二/1357

七廟迎神辭　二/1241

七日夜女郎歌九首　二/1053

七夕穿針詩〔劉孝威〕　三/1882

七夕穿針詩〔劉遵〕　二/1810

七夕穿針詩〔柳惲〕　二/1675

七夕穿針詩〔蕭綱〕　三/1975

七夕觀織女詩　二/854

七夕連句詩　二/1242

七夕詩〔何遜〕　二/1699

七夕詩〔江總〕　三/2587

七夕詩〔蕭綱〕　三/1958

七夕詩〔蕭衍〕　二/1535

七夕詩〔邢邵〕　三/2265

七夕詩〔庾肩吾〕　三/1998

七夕詩〔庾信〕　三/2376

七夕詩〔張文恭〕　三/2733

七夕詩二首〔劉駿〕　二/1221

七夕詩二首〔王眘〕　三/2692

七夕宴重詠牛女各爲五韻詩　三/
　　2517

七夕宴樂脩殿各賦六韻　三/2518

七夕宴宣猷堂各賦一韻詠五物自足
　　爲十并牛女一首五韻物次第用得
　　帳屏風案唾壺履　三/2516

七夕宴玄圃各賦五韻詩　三/2518

七夕夜詠牛女應制詩　二/1251

七夕詠牛女詩〔劉鑠〕　二/1216

七夕詠牛女詩〔謝靈運〕　二/1180

七夕月下詩　二/1240

七襄怨詩　二/1200

七言〔東方朔〕　一/101

七言〔劉向〕　一/115

七言詩〔崔駰〕　一/171　一/172

七言詩〔繁欽〕　一/387

七月二十八日夕右英夫人授書此詩
　以與許長史　二/1108

七月二十六日夕紫微夫人喻作令與
　許長史　二/1102

七月歌　二/1067

七月七日登舜山詩　三/2271

七月七日詩　二/857

七月七日侍皇太子宴玄圃園詩
　一/765

七月七日夜詠牛女詩　二/1195

七月七日詠織女詩　二/924

七月十八日夕雲林右英夫人授詩
　二/1107

期運集　三/2182

棲玄寺聽講畢遊邸園七韻應司徒教
　詩　二/1395

岐山操　一/303　一/322

祈嘉夜聞人呼語　二/1036

祈招詩　　/64

淇上人戲蕩子婦示行事詩　三/1836

齊白紵辭五首　二/1510

齊房（芝房歌）　一/153

齊鳳皇銜書伎辭　二/1510

齊歌行　二/1464

齊皇太子釋奠詩　三/2102

齊民歌　一/11

齊明王歌辭七首　二/1385

齊謳行〔陸機〕　一/663

齊謳行〔沈約〕　二/1619

齊人歌　一/13

齊人頌（齊語）　一/42

齊人爲蘇珍之宋世軌語　三/2296

齊世昌辭　二/1511

齊宋以來民間語　二/1335

齊臺歌　見凍水歌

齊韋道遜晚春宴詩　三/2265

齊役者歌　見歲莫歌

齊語　見齊人頌

齊莊公歌　一/12

乞食詩　二/992

芑梁妻歌　一/312

企喻歌　三/2152

杞梁妻　二/1320

起夜來　二/1674

氣出倡　一/345

棄婦篇　見棄婦詩

棄婦詩（棄婦篇）　一/455

憩郊園和約法師採藥詩　二/1662

千里思　三／2225

遷陽亭詩　二／1559

前緩聲歌〔孔甯子〕　二／1138

前緩聲歌〔陸機〕　一／664

前緩聲歌〔沈約〕　二／1619

前緩聲歌〔謝惠連〕（後緩聲歌）　二／1191

前緩聲歌　一／282

前舞歌　二／1367

前舞階步歌　二／1508

前溪歌　三／2128

前溪歌七首　二／1051

前有一樽酒行〔陳叔寶〕　三／2510

前有一樽酒行〔傅玄〕　一／559

前有一樽酒行〔張正見〕　三／2483

乾闥婆詩　二／1533

錢塘蘇小小歌　見蘇小小歌

將進酒　一／158

將進酒〔何承天〕　二／1207

將進酒〔蕭統〕　二／1792

牆上難爲趨〔傅玄〕　一／558

牆上難爲趨〔王褒〕　三／2335

嶠詩　一／65

譙周引諺　一／532

妾安所居　二／1722

妾薄命　三／2063

妾薄命二首　見妾薄命行

妾薄命篇　三／1868

妾薄命篇十韻　三／1903

妾薄命行（妾薄命二首）　一／436

妾薄相行　一／441

妾薄倖　一／441

秦客詩　一／189

秦女休行〔傅玄〕　一／563

秦女休行〔左延年〕　一／410

秦人謡　一／44

秦始皇時民歌　一／32

秦世謡　一／45

秦王卷衣　二／1724

秦雍爲辛氏語　一／808

秦箏曲　二／1625

琴　二／1453

琴歌〔嵇康〕　一／491

琴歌〔阮瑀〕　一／379

琴歌〔王嘉〕　二／926

琴歌　見白雪歌、歌

琴歌　一／26　一／27

琴歌二首　一／99

琴女歌　一／33

琴引　一／321

青驄白馬　二／1062

青帝　二／1499

青帝高明樂　三／2307

青帝歌〔謝超宗〕　二／1496

青帝歌　三／2436

青帝歌角音　三／2757

青帝雲門舞　三／2420

青青河邊草篇（飲馬長城窟行）

一/556

青青河畔草　二/1388

青臺歌　三/2227

青童大君常吟詠　二/1116

青溪小姑歌二首　二/1372

青溪小姑曲　二/1059

青陽　一/148

青陽度　二/1062

卿雲歌　一/3

清楚引　二/1387

清調歌　一/418

清歌發詩　三/2272

清河民爲曲隄語　三/2295

清河民爲宋世良謠　三/2231

清河作詩　一/402

清涼　二/1782

清暑殿效柏梁體　二/1539

清思詩五首　二/1583

清溪諺　二/1332

輕薄篇〔張華〕　一/610

輕薄篇〔張正見〕　三/2475

輕舉篇　三/2331

情人碧玉歌二首　二/902

情詩〔曹植〕　一/459

情詩〔徐幹〕　一/376

情詩　見怨詩

情詩五首　一/618

窮劫曲　一/29

窮武篇　一/840

瓊瑰歌　見夢歌

丘公陵歌　見丘陵歌

丘陵歌（丘公陵歌）　一/26

秋白紵　二/1626

秋報稷誡夏　三/2763

秋報社誡夏　三/2763

秋晨羈怨望海思歸詩　二/1661

秋池一株蓮詩　三/2727

秋辭　三/2060

秋風　一/545

秋風辭　一/94

秋風歌　見思吳江歌

秋風曲　二/1320

秋風曲三首　三/2073

秋歌二首　三/2126

秋歌十八首　二/1046

秋歌四首　二/1517

秋閨詩　三/1890

秋閨夜思詩　三/1940

秋閨有望詩　三/2101

秋閨怨詩〔王僧孺〕　二/1767

秋閨怨詩〔陰鏗〕　三/2457

秋河曙耿耿詩　三/2493

秋胡行〔曹操〕　一/349　一/350

秋胡行〔曹丕〕（佳人期）　一/396

秋胡行〔曹植〕　一/442

秋胡行〔傅玄〕（和班氏詩）　一/554　一/556

秋胡行〔陸機〕　一/652

秋胡行〔謝惠連〕　二/1188

秋胡行〔顔延之〕　二/1228

秋胡行二首（歌魏德、浮萍篇）　一/390

秋胡行七首　見代秋胡歌詩

秋懷詩〔王珣〕　二/929

秋懷詩〔謝惠連〕　二/1194

秋可哀　一/596

秋蘭篇　一/559

秋念詩　二/1738

秋日別庾正員詩〔徐陵〕　三/2531

秋日別庾正員詩〔張正見〕　三/2497

秋日愁居答孔主簿詩　二/1763

秋日登廣州城南樓詩　三/2579

秋日詩〔鮑泉〕　三/2027

秋日詩〔孫綽〕　二/901

秋日詩〔庾信〕　三/2406

秋日示休上人詩　二/1287

秋日侍宴娄苑湖應詔詩　三/2578

秋日新寵美人應令詩　三/2595

秋日遊昆明池詩〔江總〕　三/2579

秋日遊昆明池詩〔薛道衡〕　三/2683

秋日贈王中舍詩　三/2712

秋詩　三/2282

秋思詩　三/2279

秋思引　二/1245

秋晚還彭澤詩　三/2498

秋晚詩　三/1947

秋夕哀　一/596

秋夕納涼奉和刑獄舅詩　二/1565

秋夕詩　二/1307

秋夕歎白髮詩　二/1697

秋夕仰贈從兄寘南詩　二/1686

秋夜　三/1849

秋夜長〔蘇彦〕　二/924

秋夜長〔謝混〕　二/936

秋夜二首　三/2015

秋夜講解詩　二/1435

秋夜涼風起　三/2086

秋夜詩〔劉駿〕　二/1223

秋夜詩〔沈約〕　二/1650

秋夜詩〔蕭綱〕　三/1947　三/1957

秋夜詩〔謝朓〕　二/1436

秋夜詩〔湛方生〕　二/946

秋夜詩二首　二/1307

秋夜望單飛鴈詩　三/2410

秋夜詠琴詩〔到溉〕　三/1856

秋夜詠琴詩〔劉孝綽〕　三/1844

秋遊昆明池詩　三/2654

秋雨臥疾詩　三/1842

秋朝野望詩　三/2272

秋至懷歸詩　二/1558

秋竹曲　二/1418

驅車篇　一/435

驅馬篇　三/2097

鸜鵒謠　一/37

曲池歌　二/1070

曲池之水　二/1418

曲水聯句詩　三/1980

曲嚴祖珽爲斛律光造謠二首　三/2293

去丹陽尹荆州詩二首　三/2039

去東陽與吏民別詩　二/1635

去魯歌（師乙歌）　一/7

去姜贈前夫詩　二/1748

去邪行　見代邦街行

牷雅　三/2164

犬妖歌　二/1374

勸農詩　二/969

却東西門行〔曹操〕　一/354

却東西門行〔傅玄〕　一/560

却東西門行〔沈約〕　二/1617

却東西門行〔謝惠連〕　二/1190

雀勞利歌辭　三/2156

雀乳空井中　三/1870

群公高宴詩　三/2266

群鶴詠　二/1376

R

冉冉孤生竹　二/1239

襄田辭　一/51

人日思歸詩　三/2686

人爲高慎語　一/234

人爲徐聞縣諺　一/244

人爲許晏諺　一/254

任昉引古詩論魏武陵　三/2150

任昉引古詩論香泉　三/2150

任昉引南海俗諺　三/2146

任昉引越人諺　三/2146

任洛州酬薛文學見贈別詩　三/2357

日重光行　一/667

日出東南隅行〔陳叔寶〕　三/2501

日出東南隅行〔盧思道〕　三/2628

日出東南隅行〔陸機〕（羅敷艷歌、豔歌行）　一/652

日出東南隅行〔沈約〕　二/1613

日出東南隅行〔王褒〕　三/2335

日出東南隅行〔蕭子顯〕　二/1816

日出東南隅行〔謝靈運〕　二/1148

日出東南隅行〔徐伯陽〕　三/2470

日出東南隅行〔殷謀〕　三/2608

日出東南隅行〔張率〕　二/1781

日出入　一/150

日出行　三/2328

日落望江贈荀丞詩　二/1286

日昇歌　一/566

日晚彈琴詩　三/2281

日夕出富陽浦口和郎公詩　二/1703

日夕望江山贈魚司馬詩　二/1683

榮木詩　二/969

如幻　三/1937

如夢　三/1938

如響　三/1937

如炎詩　二/1532

如影　三/1938

孺子歌（滄浪歌、漁父歌）　一/21

汝南鴻隙陂童謠　一/127

入朝曲　二/1414

入朝守門開詩　三/2336

入郴江詩　三/2684

入道士館詩　三/2388

入東道路詩　二/1174

入東經諸暨縣下浙江作詩　二/1690

入關　二/1720

入關故人別詩　三/2342

入關詩　三/2715

入華子岡是麻源第三谷詩　二/1178

入蘭臺贈王治書僧孺詩　二/1740

入龍丘巖精舍詩　三/2582

入茅山尋桓清遠迺題壁詩　三/2029

入彭城館詩　三/2359

入彭蠡湖口詩　二/1178

入琵琶峽望積布磯呈玄暉詩　二/1468

入若邪溪詩　三/1853

入塞〔何妥〕　三/2657

入塞〔王褒〕　三/2332

入山詩　三/2644

入攝山棲霞寺詩　三/2583

入竦溪詩　二/1180

入隋侍宴應詔詩　三/2520

入武關詩　三/2462

入西塞示南府同僚詩　二/1684

入漵浦詩　三/1968

入剡詩　二/934

入元襄王第詩　三/1898

阮步兵　二/1235

阮步兵籍詠懷　二/1573

阮始平　二/1235

阮瑀　二/1184

瑞雪詠　二/1255

閏月歌　二/1068

閏月三日夜右英作示許長史　二/1113

郯縣遇見人織率爾寄婦詩　三/1877

S

塞客吟　二/1375

塞下曲　見出塞

賽漢高廟詩　三/1989

賽敬亭山廟喜雨詩　二/1434

三府爲朱震語　一/245

三輔爲張氏何氏語　一/142

三婦豔〔劉孝綽〕　三/1825

三婦豔〔沈約〕　二/1616

三婦豔〔王筠〕　三/2010

三婦豔〔蕭統〕　二/1792

三婦豔詞十一首　三/2502

三婦豔詩〔劉鑠〕　二/1213

三婦豔詩〔王融〕　二/1388

三婦豔詩〔吳均〕　二/1725

三婦豔詩〔張正見〕　三/2473

三侯之章　見大風

三君　一/222

三郡民爲應詹歌 一/778

三良詩 一/455

三秦記引諺 一/808

三日華林園公宴詩 三/2263

三日臨水詩 二/954

三日詩〔鮑照〕 二/1307

三日詩〔謝惠連〕 二/1198

三日侍安成王曲水宴詩 三/1826

三日侍鳳光殿曲水宴應制詩 二/1630

三日侍華光殿曲水宴代人應詔詩 二/1422

三日侍華光殿曲水宴詩 三/1826

三日侍皇太子曲水宴詩〔劉孝威〕 三/1876

三日侍皇太子曲水宴詩〔蕭綱〕 三/1929

三日侍蘭亭曲水宴詩 三/1984

三日侍林光殿曲水宴應制詩 二/1631

三日侍宴曲水代人應詔詩 二/1423

三日侍宴宣猷堂曲水詩 三/2579

三日侍宴詠曲水中燭影詩 三/2004

三日遊南苑詩 二/1284

三善殿夕望山燈詩 三/2520

三善殿夜望山燈詩 三/2593

三徒五苦辭 三/2440

三魏爲劉毅語 一/803

三峽謠 二/1032

三言詩 一/172

三餘童謠 三/2144

三月歌 二/1067

三月三日從華林園詩 一/592

三月三日臨曲水詩 二/873

三月三日洛水作詩 一/767

三月三日曲水集詩(上巳曲水集) 二/1192

三月三日詩〔陸機〕 一/692

三月三日詩〔孫綽〕 二/901

三月三日詩〔王讚〕 一/760

三月三日詩〔庾闡〕 二/873

三月三日侍宴西池詩 二/1153

三月三日率爾成詩 三/1945

三月三日率爾成章詩 二/1644

三月三日應詔詩二首 一/749

三月三日詔宴西池詩 二/1227

三洲歌〔陳叔寶〕 三/2509

三洲歌〔釋法雲〕 三/2191

三洲歌 二/1060

散曲 二/1387

桑乾鄉里爲房景伯語 三/2237

瑟歌 見歌

瑟瑟歌 見吁嗟篇

山池落照詩 三/2342

山池詩 三/1932

山池應令詩〔鮑至〕 三/2024

山池應令詩〔王臺卿〕 三/2089

山池應令詩〔徐陵〕 三/2531

山池應令詩〔庾肩吾〕　三/1986

山家閨怨詩〔李爽〕　三/2556

山家閨怨詩〔張正見〕　三/2489

山家詩　二/1173

山路吟　一/594

山庭春日詩　三/2587

山行見孤桐詩　二/1310

山夜憂　二/1254

山陰民爲丘仲孚謠　三/2141

山陰謠　二/1483

山齋獨坐贈薛内史詩二首　三/2676

山齋詩〔蕭綱〕　三/1955

山齋詩〔徐陵〕　三/2530

山齋詩〔庾信〕　三/2378　三/2404

山中楚辭六首　二/1590

山中詩　三/2404

山中雜詩三首　二/1752

善哉行　一/266

善哉行〔曹操〕　一/352　一/353

善哉行〔曹丕〕（銅雀園詩）　一/
393

善哉行〔曹叡〕　一/413　一/414

善哉行〔曹植〕　一/439

善哉行〔謝靈運〕　二/1147

善哉行二首（苦哉行）　一/390

商調曲四首　三/2428

商引〔沈約〕　三/2177

商引〔蕭子雲〕　三/2178

商子華謠　一/228

商子引諺　一/80

商子引語　一/81

傷別離　見關山月

傷春詩　二/1650

傷胡諧之　二/1655

傷佳人　見和張記室源傷往詩

傷離新體詩　三/1979

傷李珪之　二/1654

傷劉渢　二/1654

傷美人詩　三/1941

傷内弟劉常侍詩　二/1584

傷乞人詩　二/1769

傷三貞詩　一/325

傷王諶　二/1654

傷王融　二/1653

傷王司徒褒詩　三/2383

傷往詩二首　三/2409

傷韋景猷　二/1654

傷韋侍讀詩　三/2489

傷謝朓　二/1653

傷徐主簿詩　二/1695

傷友詩　二/1753

傷虞炎　二/1654

傷庾杲之　二/1653

傷章公大將軍詩　三/2557

上朝值雪詩　二/1790

上郡吏民爲馮氏兄弟歌　一/122

上蓮山詩　三/2329

上林　二/1793

上陵 一/158

上陵者篇 二/1206

上留田行 一/288

上留田行〔曹丕〕 一/396

上留田行〔陸機〕 一/665

上留田行〔蕭綱〕 三/1921

上留田行〔謝靈運〕 二/1153

上聲歌〔王金珠〕 三/2127

上聲歌〔蕭衍〕 二/1519

上聲歌八首 二/1049

上壽歌 三/2767

上壽酒歌 一/816

上壽曲 三/2317

上巳華光殿詩 二/1662

上巳會詩 一/729

上巳篇 一/617

上巳曲水集 見三月三日曲水集詩

上巳日帝會天淵池詩 一/765

上巳侍宴林光殿曲水詩 三/1930

上巳禊飲詩 三/2635

上巳玄圃宣猷嘉辰禊酌各賦六韻以
　次成篇詩 三/2516

上巳玄圃宣猷堂禊飲同共八韻詩
　三/2515

上巳宴麗暉殿各賦一字十韻詩
　三/2515

上湘度琵琶磯詩 二/1470

上邪 一/160

上邪篇 二/1208

上邪曲 二/1365

上潯陽還都道中作詩 二/1291

上益州上柱國趙王詩二首 三/
　2356

上虞鄉亭觀濤津渚學潘安仁河陽縣
　詩 三/1830

上元夫人步玄之曲 二/1092

上雲樂〔蕭衍〕 二/1524

上雲樂〔周捨〕 二/1773

上之回 一/156

上之回〔蕭綱〕 三/1901

上之回〔蕭慤〕 三/2275

上之回〔張正見〕 三/2476

少年新婚爲之詠詩 二/1639

少年子 二/1392

紹古辭七首 二/1297

紹古歌 見東飛伯勞歌、東飛伯勞
　歌二首

舍利佛 三/2752

捨舟登陸示慧日道場玉清玄壇德衆
　詩 三/2669

射烏辭 一/164

射鳶詩 一/372

射雉詩 三/2606

涉胡詩 二/858

攝官梁小廟詩 三/2586

攝山棲霞寺山房夜坐簡徐祭酒周尚
　書并同遊羣彥詩 三/2584

申包胥歌 ·/28

申叔儀乞糧歌　一/23

神情詩　二/931

神人暢　一/318

神士賦歌　三/2206

神釋　二/990

神仙篇〔戴暠〕　三/2099

神仙篇〔盧思道〕　三/2629

神仙篇〔魯范〕　三/2729

神仙篇〔張正見〕（樂未央）　三/2482

神仙詩　三/2283

神弦歌十一首　二/1057

沈麟士引童謠　二/1481

沈瑩引諺　一/543

慎子引諺　一/79

升平末民歌　二/1016

升平中童歌　二/1016

升天行〔曹植〕　一/433

升天行〔劉孝勝〕　三/2063

升天行〔盧思道〕　三/2629

生別離〔蕭綱〕　三/1920

生茨詩　一/385

生苦　三/2433

昇仙篇　三/1916

牲出入歌　二/1502

省中爲賀琛語　三/2149

省中爲祖珽裴讓之語　三/2296

聖皇篇　一/427

聖君曲　二/1386

聖郎曲　二/1058

聖人出　一/160

聖人制禮樂篇　一/277

聖主曲辭　二/1509

聖祖頌　二/1369

尸鄉亭詩　一/692

師乙歌　見去魯歌

詩（蠶叢詩）　二/964

詩〔陳琳〕（遊覽詩二首）　一/367

詩〔成公綏〕（行詩、途中作）　一/585

詩〔傅玄〕（宴詩、雲歌、啄木）　一/572　一/575

詩〔郭璞〕（贈潘尼）　二/868

詩〔阮瑀〕（雜詩、怨詩、苦雨詩、隱士詩）　一/380　一/381

詩〔司馬彪〕（雜詩）　一/728

詩〔習鑿齒〕（燈、詠燈籠）　二/922

詩〔棗據〕（遊覽）　一/589

詩二首〔董京〕　一/600

詩二首〔酈炎〕（志詩）　一/182

詩五首郭遐叔贈　見贈嵇康詩二首

十二屬詩　三/2447

十二月歌　二/1068

十二月一日夜方丈左臺昭靈李夫人作與許玉斧　二/1102

十二月一日夜南岳夫人作與許長史　二/1118

十空詩六首　三/1937

十索二首　三／2737

十索四首　三／2736

十五　一／392

十一月歌　二／1068

十詠二首　二／1652

十喻詩　二／1084

十喻詩五首　二／1532

十月二十日授二首　二／1111

十月歌　二／1068

十月十八日紫微夫人作　二／1104

十月十七日雲林夫人作與許侯
　二／1110

十月十五日右英夫人説詩令疏四首
　二／1116

石壁精舍還湖中作詩　二／1165

石壁立招提精舍詩　二／1165

石城山　三／2656

石城樂　二／1346

石崇金谷妓詩　三／2002

石鼓詩十首　一／57

石勒時諺　一／807

石留（石流）　一／162

石流　見石留

石流篇　二／1209

石門新營所住四面高山迴溪石瀨茂
　林脩竹詩　二／1166

石門岩上宿詩（夜宿石門詩）　二／
　1167

石橋詩〔蕭綱〕　三／1975

石橋詩〔蕭若静〕　三／2124

石橋詩〔庾肩吾〕　三／2003

石慶安作　二／1114

石室山詩　二／1164

石首局　三／2182

石塘瀨聽猿詩　二／1661

石頭答庾郎丹詩　二／1703

石頭民爲庾亮歌二首　二／1015

食舉東西廂歌　一／816

食舉東西廂樂詩　一／821

食舉歌　二／1364　三／2767

食舉樂東西廂歌　一／818

食舉樂十曲　三／2318

時人稱邢顒語（邢子昂歌）　一／522

時人評八僧語　二／1335

時人爲安豐中山濟南三王語　三／
　2235

時人爲鮑正語　三／2148

時人爲卑羅語　二／1038

時人爲曹洪駿馬諺　一／522

時人爲陳羣陳泰語　一／523

時人爲陳嵒語　一／253

時人爲陳元康語　三／2297

時人爲崔儦李若語　三／2747

時人爲崔洪語　一／799

時人爲崔楷語　三／2238

時人爲戴遵語　一／142

時人爲鄧攸語　一／806

時人爲丁覘語　三／2149

時人爲丁鴻語　一/251

時人爲丁晊語　二/1332

時人爲杜預號　一/800

時人爲二陸三張語　一/801

時人爲法上諺　三/2300

時人爲馮蓀邢喬李順語　一/804

時人爲馮祖趙三氏子語　三/2298

時人爲貢舉語　一/242　一/246

時人爲郭典語　一/240

時人爲郭況語　一/230　一/231

時人爲何妥蕭脊語　三/2747

時人爲何晏鄧颺丁謐曹爽謗語
　一/523

時人爲何子朗語　三/2147

時人爲賀氏兄弟語　三/2613

時人爲胡母顯語　二/1334

時人爲桓典語　一/241

時人爲桓康語　二/1484

時人爲江統語　一/805

時人爲蔣詡諺　一/140

時人爲孔氏兄弟語　一/246

時人爲庫狄士文語　三/2748

時人爲李崇元融語　三/2235

時人爲李豐等謗語　一/523

時人爲李始語　二/1035

時人爲廉范語　一/232

時人爲梁氏兄弟語　二/1036

時人爲劉巴語　一/533

時人爲劉昉鄭譯語　三/2746

時人爲劉繪語　二/1485

時人爲劉劭劉駿語　二/1331

時人爲劉頌語　一/802

時人爲呂布語　一/248

時人爲繆文雅語　一/254

時人爲歐陽建語　一/800

時人爲龐氏語　一/237

時人爲龐世謠　二/1032

時人爲裴皇甫二姓兄弟語　三/2298

時人爲裴秀語　一/802

時人爲裴諏柳虯語　三/2412

時人爲權翼苻雅語　一/807

時人爲任安語　一/253

時人爲阮脩歌　一/780

時人爲三茅君謠（茅山父老歌）
　一/229

時人爲上高里歌　三/2230

時人爲沈麟士語　二/1486

時人爲石苞語　一/799

時人爲釋道安語　二/1037

時人爲釋道經慧静語　二/1335

時人爲釋貞觀語　三/2614

時人爲宋遊道陸操語　三/2299

時人爲檀道濟歌　二/1328

時人爲唐邕白建言　三/2298

時人爲王符語　一/248

時人爲王君公語　一/250

時人爲王莽語　一/140

時人爲王珉王珣語　二/1035

時人爲王氏語　一/806

時人爲王謝子弟語　三/2147

時人爲王延之王僧虔語　二/1334

時人爲王嶷語　三/2236

時人爲王廣語　二/1035

時人爲王瑩語　三/2148

時人爲王志王彬語　三/2148

時人爲王遵業王延明語　三/2237

時人爲衛玠王澄語　一/801

時人爲郗超王坦之語　二/1034

時人爲習主簿語　二/1033

時人爲蕭晃語　二/1485

時人爲謝安郗超王坦之語　二/1034

時人爲謝鯤語　一/802

時人爲許慎語　一/252

時人爲荀伯玉語　二/1484

時人爲羊祜語　一/800

時人爲陽休之語　三/2300

時人爲揚雄桓譚語　一/141

時人爲楊阿若號　一/524

時人爲楊氏四子語　一/239

時人爲義深語　三/2300

時人爲殷禮語　一/542

時人爲陰鳳語　三/2300

時人爲應曜語　一/135

時人爲元頤元欽語　三/2236

時人爲樂廣衛玠語　一/801

時人爲張沖謠　一/793

時人爲張飛玉追馬歌　　/531

時人爲張融陸杲語　三/2147

時人爲張氏兄弟語　一/524

時人爲張氏諺　一/142

時人爲張氏語　三/2146　三/2613

時人爲張周劉三姓語　二/1485

時人爲趙王倫諺　一/805

時人爲折氏諺　一/245

時人爲甄豐語　一/139

時人爲周瑜謠（吳謠）　一/538

時人爲周澤語　一/241

時人爲祖瑩袁翻語　三/2235

時人爲作奏語　一/239

時人謠　一/228

時人語　一/533　一/541

時俗四言詩　二/928

時興詩　二/884

時雨謳　一/444

時運多難　一/828

時運詩　二/968

史記引諺　一/83

史記引逸詩　一/71

史記引語　一/84

使者爲妖祠詩（孫皓時詩妖）　一/
　540

始安郡還都與張湘州登巴陵城樓作
　詩　二/1234

始出尚書省詩　二/1431

始發宿亭詩　三/2342

始基樂恢祚舞　三/2313　三/2314

始居山營室詩　二/1758

始之宣城郡詩　二/1429

始作鎮軍參軍經曲阿詩　二/982

士冠辭　一/48

士庶挽歌辭　見庶人挽歌辭

士卒昌　見爲士卒倡

示程伯達詩　三/2223

示封中録詩二首　三/2410

示晉陵弟詩　三/1968

示吏民詩　三/2040

示徐州弟詩　二/1793

示殷仲堪詩　二/919

示雲麾弟　二/1801

示周續之祖企謝景夷三郎時三人共
　在城北講禮校書詩　二/975

世稱王貢語　一/137

世爲卞氏語　一/803

世祖武皇帝　二/1499

世祖孝武皇帝歌　二/1357

侍從徐國公殿下軍行詩　三/2360

侍東耕詩〔謝莊〕　二/1251

侍東耕詩〔顏延之〕　二/1237

侍皇太子釋奠宴詩〔沈約〕　二/1628

侍皇太子釋奠宴詩〔王儉〕　二/1378

侍皇太子釋奠宴詩〔蕭子良〕　二/
　1382

侍皇太子宴始平王詩　一/760

侍皇太子宴應令詩　三/2733

侍皇太子祖道楚淮南二王詩　一/
760

侍講詩　三/1967

侍始安石頭城　二/1568

侍始安王石頭城詩　二/1556

侍釋奠會詩　二/1759

侍太子九日宴玄圃詩　二/1378

侍太子坐詩　一/450

侍五這中郎將建章臺集詩　一/383

侍宣猷堂宴湘東王應令詩　三/1984

侍筵西堂落日望鄉　二/1456

侍宴東宮應令詩　三/2696

侍宴賦得夾池竹詩　三/2458

侍宴賦得龍沙宵月明詩　三/1878

侍宴賦得起坐彈鳴琴詩　三/2594

侍宴覆舟山詩二首　三/1281

侍宴華光殿曲水奉勑爲皇太子作詩
　二/1421

侍宴集賢堂應令詩　三/1827

侍宴餞東陽太守范子雲詩　三/1996

侍宴餞東陽太守蕭子雲應令詩　三/
　1861

侍宴餞臨川王北伐應詔詩　三/2012

侍宴餞陸倕應令　二/1819

侍宴餞湘東王應令詩　三/1994

侍宴餞湘州刺史張續詩　三/1984

侍宴餞新安太守蕭幾應令詩　三/
　1851

侍宴餞庾於陵應詔詩　三/1828

侍宴餞張惠紹應詔詩　三/1828

侍宴餞張孝總應令詩 三/1984

侍宴景陽樓 見侍宴詩

侍宴景陽樓詩 二/1766

侍宴景陽樓應令 見侍宴詩

侍宴樂遊林光殿曲水詩 三/1875

侍宴樂遊苑餞呂僧珍應詔詩 二/1632

侍宴樂遊苑餞徐州刺史應詔詩 二/1662

侍宴樂遊苑送徐州應詔詩 二/1602

侍宴離亭應令詩 三/1829

侍宴臨芳殿詩 三/2588

侍宴詩〔劉孝綽〕 三/1825 三/1826

侍宴詩〔沈慶之〕 二/1246

侍宴詩〔王僧孺〕（侍宴景陽樓）二/1761 二/1762

侍宴詩〔徐陵〕 三/2530

侍宴詩〔庾肩吾〕（侍宴景陽樓應令）三/1993

侍宴蒜山詩 二/1251

侍宴同劉公幹應令詩 三/1839

侍宴謝朓宅餞東歸應詔詩 二/1660

侍宴宣猷堂應令詩 三/1983

侍宴玄武觀詩 三/2578

侍宴瑤泉殿詩 三/2589

侍宴應令詩 三/1983

侍宴詠反舌詩 二/1657

侍遊方山應詔詩〔沈約〕 二/1647

侍遊方山應詔詩〔王融〕 二/1400

侍遊新亭應令詩 三/1931

室思詩 一/376

視刀鐶歌 一/290

視月詩 二/1611

適吳詩 一/166

釋道安引諺 二/1037

釋奠詩〔李諧〕 三/2218

釋奠詩〔潘尼〕 一/766

釋奠詩〔王僧達〕 二/1240

釋奠詩〔袁曜〕 三/2226

釋奠詩應令 三/2577

釋奠應令詩〔陸倕〕 二/1774

釋奠應令詩〔陸雲公〕 三/1852

釋奠應詔爲王瞰作詩 三/2025

釋慧通引諺 二/1332

守東平中華門開詩 三/1944

首夏泛天池詩 二/1528

壽春鄉里爲召馴語 一/250

壽陽還與親故別詩 二/1737

壽陽樂 二/1348

獸名詩 三/2043

書後賦詩 一/62

書屏風詩 三/2736

摅武師 一/544

蜀道難〔劉孝威〕 三/1874

蜀道難〔陰鏗〕 三/2451

蜀道難二首 三/1919

蜀國弦 三/2630

蜀國絃歌篇十韻　三/1902

蜀郡民爲廉范歌　一/210

蜀郡童謠　一/218

蜀民爲何隨語　一/801

蜀民爲許遜謠　一/783

蜀人謠二首　一/783

蜀四賢詠　二/1294

蜀中爲費貽歌　一/209

蜀中爲于仲文語　三/2412

述帝德　三/2769

述懷詩　一/742

述懷詩二首　二/1082

述婚詩　一/185

述酒詩　二/1002

述山貧詩　二/1325

述天下太平　三/2769

述仙詩　一/464

述行詩　二/1553

述志詩　一/185

述志詩　見見志詩

述志詩二首　一/488

述諸軍用命　三/2769

述祖德詩二首　二/1157

庶人挽歌辭（士庶挽歌辭）　一/654
　一/655

數名詩〔鮑照〕　二/1300

數名詩〔范雲〕　二/1547

數名詩〔虞羲〕　二/1608

數詩　二/903

樹名詩　三/2044

樹中草〔蕭綱〕　三/1921

樹中草〔蕭子顯〕　二/1817

率爾成詠詩　三/2390

率爾爲詠詩　三/1939

霜來悲落桐　二/1666

雙聲詩　二/1405

雙桐生空井　三/1918

雙行纏　三/2615

雙燕離〔沈君攸〕　三/2111

雙燕離〔蕭綱〕　三/1915

嬬婦吟　三/2328

水仙操　一/320

水月　三/1937

水中樓影詩　三/1976

順帝末京都童謠　一/217

順東西門行〔陸機〕　一/667

順東西門行〔謝惠連〕　二/1192

順東西門行〔謝靈運〕　二/1152

順天道（從天道）　一/833

順陽吏民爲劉陶歌　一/212

說苑引逸詩　一/72

朔風詩　一/447

朔馬謠　二/1029

碩仙歌　二/1475

司馬遷引鄙語　一/132

司馬遷引諺　一/131

司馬相如引諺　一/130

司馬休之從者歌　二/1018

思悲公篇　二/1205

思悲翁　一/156

思車子侯歌　見思奉車子侯歌

思奉車子侯歌（思車子侯歌）　一/
96

思高恢　見思友詩

思公子〔費昶〕　三/2082

思公子〔王融〕　二/1392

思公子〔邢邵〕　三/2263

思歸歎　一/644

思歸引　一/321

思歸引〔劉孝威〕　三/1868

思歸引〔石崇〕　一/643

思慕詩　一/412

思親操　一/309

思親詩　見爲潘文則作思親詩

思親詩　一/490

思親四言詩　見爲潘文則作思親詩

思親爲潘文則作　見爲潘文則作思
親詩

思文　一/703

思吳江歌（秋風歌）　一/738

思友人詩　一/755

思友詩（思高恢）　一/167

思治詩　一/326

思子詩　一/637

死苦　三/2434

巳日詩　一/765

四城門詩　二/1659

四愁詩　一/180

四非歌　二/1093

四民月令引農語　見崔寔引農語

四氣詩　二/1200

四色詩四首　二/1553

四色詠　二/1405

四時白紵歌二首〔楊廣〕　三/2664

四時白紵歌二首〔虞世基〕　三/
2710

四時白紵歌五首　二/1626

四時祠祀歌　二/1074

四時詩　二/1223

四時行生回詩　二/1811

四言詩〔曹植〕　一/461

四言詩〔何晏〕　一/467

四言詩〔嵇康〕（酒會詩七首）　一/
484

四言詩〔牽秀〕　一/727

四言十八首贈兄秀才入軍　見四言
贈兄秀才入軍詩

四言雜詩　一/576

四言贈兄秀才入軍詩（四言十八首
贈兄秀才入軍）　一/482

四月八日讚佛詩　二/1077

四月二十三日夜紫微夫人作　二/
1106

四月歌　二/1067

四月十四日夕右英夫人吟歌此曲
二/1113

四月十四日紫微夫人作二首　二/
1106

祀敬亭山春雨　二/1457

祀敬亭山廟詩　二/1450

祀伍相廟詩　三/2051

泗上謠　一/44

肆夏　三/2303　三/2316　三/
2317　三/2766

肆夏樂　二/1506　三/2308　三/
2311

肆夏樂歌　二/1362

松柏歌　一/14

松柏篇　二/1264

宋城者謳（華元歌）　一/10

宋鳳凰銜書伎辭　二/1371

宋弘引語　一/231

宋世大雅　二/1371

送別不及贈何殷二記室詩　二/1716

送別裴儀同詩　三/2340

送別秦王學士江益詩　三/2734

送別詩　三/2753

送別詩〔范雲〕　二/1549

送別詩〔劉繪〕　二/1470

送別詩〔魯范〕　三/2730

送別詩〔釋智才〕　三/2777

送別詩〔蕭綱〕　三/1952

送別詩〔虞羲〕　二/1609

送別王宣城詩　二/1288

送別友人詩　二/1635

送別於建興苑相逢詩　三/1993

送蔡君知入蜀詩二首　三/2723

送褚都曹聯句詩　二/1708

送從弟道秀別詩　二/1288

送大將軍掾盧晏詩　一/770

送東陽太守詩　二/934

送二王在領軍府集詩　二/935

送觀寧侯葬詩　三/2339

送歸曲　二/1722

送炅法師葬詩　三/2384

送桓竟陵詩　二/950

送江兵曹檀主簿朱孝廉還上國詩
二/1449

送江水曹還遠館詩　二/1449

送晉熙公別詩　三/2659

送客曲　二/1811

送雷次宗詩　二/1180

送劉員外同賦陳思王詩得好鳥鳴高
枝詩　三/2724

送劉中書葬詩　三/2339

送柳吳興竹亭集詩　二/1736

送盧弋陽景宣詩　一/769

送呂外兵詩　二/1752

送舍利宿定晉巖詩　三/2722

送神　二/1501

送神歌　三/2766

送神歌〔謝莊〕　二/1355

送沈記室夜別詩　二/1549

送盛侍郎餞候亭詩　二/1289

送始安王方略入關　二/1538

送司馬□入五城聯句詩　二/1708

送韋司馬別詩　二/1687

送衛王南征詩　三/2403

送西歸内人詩　三/2059

送許從詩　二/857

送殷何兩記室詩　二/1767

送應氏詩二首　一/454

送友人上湘詩　二/1607

送庾羽騎抱詩　三/2266

送遠曲　二/1416

送鍾參軍詩　一/743

送周尚書弘正詩　三/2402

頌論功歌詩靈芝歌　見論功歌詩

蘇小小歌（錢塘蘇小小歌）　二/1480

肅咸樂〔謝超宗〕　二/1489　二/
　1494　二/1503

肅咸樂〔殷淡〕　二/1358

酸棗令劉熊碑詩　一/194

蒜山被始興王命作詩　二/1282

隋末江東童謠　三/2745

隋圖經引俗諺　三/2749

隋王鼓吹曲十首　二/1413

隋越王京洛行　見楊叛兒曲

綏山謠　一/322

歲盡應令詩　三/1998

歲莫歌（齊役者歌）　一/12

歲暮悲詩　二/1304

歲暮和張常侍詩　二/979

歲暮還宅詩　三/2590

歲暮愍衰草　二/1665

歲暮詩　二/1181

歲窮應教詩　三/2686

歲晚出横門詩　三/2376

歲晚沈痾詩　三/2094

穗歌　一/12

孫晧初童謠　一/539

孫晧時詩妖　見使者爲妖祠詩

孫晧天紀中童謠　一/540

孫亮初白鼉鳴童謠　一/539

孫亮初童謠　一/539

孫廷尉綽雜述　二/1576

T

臺中宴會詩　一/726

太和　一/530

太和末童謠　二/1024

太和中百姓歌　二/1016

太和中京師歌　一/515

太康六年三月三日後園會詩　一/
　616

太廟頌歌　一/524

太廟齋夜詩　二/1785

太平酒諺　二/1122

太僕座上詩　一/599

太山吟（泰山吟）　一/660

太上皇老君哀歌七首　三/2251

太微玄清左大人北渟宮中歌曲

二／1117

太尉王公以九錫命大將軍讓公將還
　京邑祖餞贈此詩　一／699

太虛真人常吟詠　二／1116

太學中謠　一／222

太真夫人贈馬明生詩二首　三／2780

太子洑落日望水詩　三／1831

泰山梁甫行　一／426

泰山吟〔謝道韞〕（登山）　二／912

泰山吟〔謝靈運〕　二／1150

泰山吟　見太山吟

泰始中童謠〔晉〕　一／782

泰始中童謠〔劉宋〕　二／1330

泰始中謠　一／782

譚公府中爲裴鏡民語　三／2748

唐姬起舞歌　一／191

唐堯　一／833

堂上行　一／417

塘邊見古塚詩　二／1700

塘上行〔陸機〕　一／658

塘上行〔謝惠連〕　二／1189

塘上行〔甄皇后〕　一／406

塘上行苦辛篇　三／1867

桃花曲〔蕭綱〕　三／1921

桃花曲〔蕭子顯〕　二／1817

桃花源詩　二／985

桃葉歌三首　二／1055

桃葉歌三首〔王獻之〕　二／903

陶徵君潛田居　二／1577

題甘蕉葉示人詩　三／2132

題結綫袋子詩　三／2407

題琴朴奉柳吳興詩　二／1604

題書後寄行人詩　二／1314

題宋纖石壁詩　二／951

題所居壁　二／1814

題所居齋柱詩　二／1672

題延陵縣孫抱鼓詩　二／1543

天安寺疏圃堂詩　二／1529

天地　一／150

天地篇　一／440

天符頌　二／1370

天郊饗神歌　一／811

天馬（天馬歌）　一／150

天馬歌　一／95

天馬歌　見天馬

天馬引　見走馬引

天門　一／151

天命篇　一／842

天晴詩　二／944

天下爲賈彪語　一／235

天下爲四侯語　一／244

天下爲衛子夫歌（衛皇后歌）　一／
　120

天行歌　見歌

天行篇　一／560

天序　一／830

田南樹園激流植楥詩　二／1172

田飲引　三／1860

忝役湘州與宣城吏民別詩　二/1428

忝在司水看治渭橋詩　三/2374

聽百舌鳥詩　三/2653

聽百舌詩　三/2131

聽蟬鳴應詔詩　二/1655

聽歌一絕詩　三/2405

聽鄰妓詩　二/1407

聽鳴蟬篇〔盧思道〕　三/2637

聽琴詩　三/2279

聽早蟬詩　三/1961

聽箏詩　三/2521

聽鍾鳴　三/2213

庭柏詩　三/2270

庭燎詩　一/571

庭前枯樹詩　三/2641

庭雨應詔詩　二/1649

停雲詩　二/967

通博南歌（行者歌）　一/209

通國風　二/1369

通荊門　一/546

通士人篇　三/2600

同賦雜曲名　二/1418

同管記陸琛七夕五韻詩　三/2517

同管記陸瑜七夕四韻詩　三/2517

同郭侍郎採桑詩　三/2116

同會河陽公新造山池聊得寓目詩　三/2375

同羈夜集詩　二/1428

同江僕射遊攝山棲霞寺詩　三/2513

同江詹事登宮城南樓詩　三/2528

同劉諮議詠春雪詩　三/1956

同柳吳興何山集送劉餘杭詩　二/1736

同柳吳興烏亭集送柳舍人詩　二/1736

同盧記室從軍詩　三/2361

同盧記室登樓望遠歸詩　二/1705

同陸廷尉驚早蟬詩　三/2111

同門生爲李謐語　三/2236

同平南弟元日思歸詩　三/2514

同沈右率諸公賦鼓吹曲二首〔劉繪〕　二/1468

同沈右率諸公賦鼓吹曲二首〔王融〕　二/1388

同沈右率諸公賦鼓吹曲名二首　二/1417

同生曲　二/1060

同聲歌　一/178

同隋王經劉先生墓下作　見登山望雷居士精舍同沈右衛過劉先生墓下作詩

同泰僧正講詩　二/1796

同王主簿有所思　二/1420

同武陵王看妓詩　三/1840

同蕭長史看妓　三/1899

同蕭治中十詠二首　三/2090

同蕭左丞詠摘梅花詩　三/1999

同謝朏花雪詩　二/1600

同謝諮議詠銅爵臺　二/1418

同顔大夫初晴詩　三/2380

同詠樂器　二/1453

同詠坐上所見一物　二/1454

同詠坐上玩器　二/1453

同詠座上所見一物　見雜詠三首

同庾肩吾四詠詩二首　三/1964

同庾信答林法師詩　三/2593

同庾中庶肩吾周處士弘讓遊明慶寺
詩　三/2448

同州還詩　三/2359

桐柏曲　二/1524

桐柏山　三/2180

童謠　一/45

童謠(靈寶謠)　一/43

銅爵妓　二/1555

銅雀悲　二/1420

銅雀妓〔何遜〕　二/1679

銅雀妓〔劉孝綽〕　三/1824

銅雀妓　見銅雀臺

銅雀臺〔荀仲舉〕　三/2267

銅雀臺〔張正見〕(銅雀妓)　三/
2480

銅雀園詩　見善哉行

投壺辭　一/51

途中作　見詩

屠柳城　一/528

塗山歌　一/4

塗山女歌　一/4

團扇歌〔蕭衍〕　二/1518

團扇歌二首〔沈約〕　二/1627

團扇歌二首〔謝芳姿〕　二/923

團扇郎〔桃葉〕　二/904

團扇郎〔王金珠〕　三/2128

團扇郎六首　二/1052

W

外兵舅夜集詩　二/1561

玩漢水詩　三/1932

宛轉歌　三/2575

挽歌〔傅玄〕　一/565

挽歌〔顔延之〕　二/1230

挽歌〔祖珽〕　三/2274

挽歌辭　一/655

挽歌詩三首　一/653

晚泊五洲詩　三/2456

晚出西射堂詩　二/1160

晚出新亭詩　三/2456

晚春詩〔蕭綱〕　三/1946

晚春詩〔蕭統〕　二/1799

晚春詩〔楊廣〕　三/2671

晚登三山還望京邑詩　二/1430

晚飛烏詩　三/2715

晚景出行詩　三/1952

晚景納涼詩　三/1946

晚景遊泛懷友　二/1591

晚景遊後園詩　三/2053

晚秋詩　三/2394

晚日後堂詩　三/1955

晚宴文思殿詩　三/2519

晚芝曲　二/1366

晚粧詩　三/2225

萬山見採桑人詩　三/1890

瓠庭柳詩　二/1651

瓠雪詩　三/2716

瓠月城西門廨中詩　二/1305

王粲　二/1182

王昶引諺　一/519

王昶引語　一/519

王敦將滅時童謠　一/791

王符引諺論得賢　一/233

王符引諺論考績　一/247

王符引諺論守邊　一/245

王撫軍庾西陽集別時爲豫章太守庾
　　被徵還東詩　二/1133

王公上壽歌　二/1363

王公上壽酒歌〔荀勖〕　一/818

王公上壽酒歌〔成公綏〕　一/823

王公上壽詩　一/820

王侯挽歌辭　一/655

王嘉引里諺　一/134

王敬伯劉妙容歌詩　二/1127

王敬伯泫露詩　二/1127

王莽末天水童謠　一/127

王彭祖謠　一/790

王尚書瞻祖日詩　二/1707

王劭引枯樹歌　三/2741

王世容歌　一/215

王侍中粲懷德　二/1572

王侍中夜集詩　二/1729

王孫遊〔王褒〕（春遊）　二/1392

王孫遊〔謝朓〕　二/1420

王逸引諺　一/233

王澤嶺遭洪水詩　三/2721

王昭君　三/2751

王昭君〔鮑照〕　二/1270

王昭君〔施榮泰〕　三/2112

王昭君〔庾信〕　三/2348

王昭君　見明君詞

王昭君辭　一/642

王昭君歎二首　三/2132

王微君微養疾　二/1579

王子年引世語　二/1038

王子喬〔高允〕　三/2201

王子喬　一/261

王子喬行　三/2113

王子思歸歌　三/2749

往虎窟山寺詩〔孔燾〕　三/2076

往虎窟山寺詩〔蕭綱〕　三/1934

往晉陵聯句　二/1710

往敬亭路中　二/1457

望城行　二/1389

望春詩　三/2056

望隔牆花詩　三/1883

望孤石詩　二/1310

望海詩〔楊廣〕　三/2670

望海詩〔祖珽〕　三/2273

望江中月影詩　三/2045

望荆山詩　二/1557

望棲烏詩　三/1880

望秋月詩　三/1897

望三湖詩　二/1448

望水詩　二/1309

望同泰寺浮圖詩　三/1935

望渭水詩　三/2406

望夕霽詩　三/2019

望夕雨詩　二/1672

望廨前水竹答崔録事詩　二/1682

望廨前水竹詩　二/1473

望新月示同羈詩　二/1706

望雪詩〔丘遲〕　二/1604

望雪詩〔虞羲〕　二/1609

望野詩　三/2378

望郢州城詩　三/2445

望雨詩　三/1879

望遠　見有所思

望月詩〔劉孝綽〕　三/1844

望月詩〔蕭綱〕　三/1955　三/1972

望月詩〔庾信〕　三/2393

望月有所思詩　三/1838

望織女詩　二/1549

惟大梁　三/2183

惟漢行〔曹植〕　一/422

惟漢行〔傅玄〕　一/554

惟聖皇篇　一/839

惟泰元　一/149

惟庸蜀　一/830

爲傅建康詠紅箋詩　三/2074

爲顧彦先贈婦詩二首　一/682

爲顧彦先贈婦往返詩四首　一/717

爲顧彦先作詩　一/692

爲寒牀婦贈夫歸詩　三/2702

爲何庫部舊姬擬蘼蕪之句詩　二/1764

爲桓玄作民謠詩二首　二/1090

爲皇太子侍宴餞衡陽南平二王應詔詩　二/1228

爲姬人自傷詩　二/1768

爲賈謐作贈陸機詩　一/629

爲兩足虎作歌詩　一/592

爲鄰人有懷不至詩　二/1659

爲臨川王九日侍太子宴詩　二/1630

爲劉曜進酒作　一/776

爲陸思遠婦作詩　一/682

爲南郡王侍皇太子釋奠宴詩二首　二/1629

爲潘文則思親詩　見爲潘文則作思親詩

爲潘文則作思親詩（思親爲潘文則作、思親詩、思親四言詩、爲潘文則思親詩、思親詩爲潘文則作）　一/359

爲人寵姬有怨詩　二/1768

爲人妾思詩二首　二/1708

爲人妾怨詩　二/1708

爲人傷近而不見詩　二/1764

爲人述夢詩　二/1766

爲人有贈詩　二/1768

爲人贈美人詩　三/1837

爲士卒倡(士卒昌、相士卒)　一/52

爲王嫡子侍皇太子釋奠宴　二/1595

爲我彈鳴琴詩　三/2448

爲徐陵傷妾　三/2608

爲徐僕射妓作詩　二/1769

爲顏氏賦詩　二/1479

爲羊兗州家人答餉鏡詩　三/2532

爲織女贈牽牛詩　二/1236

爲周處士上詩　一/627

爲周夫人贈車騎詩　一/683

爲周宣帝歌　三/2343

委靡辭　三/2778

未央才人歌　三/1983

尉繚子引諺　一/81

衛皇后歌　見天下爲衛子夫歌

衛羅國王女配英靈鳳歌　三/2780

衛王贈桑落酒奉答詩　三/2392

衛展引諺　一/798

遺武陵王詩　三/2055

遺于仲文詩　三/2735

遺源雄詩　三/2679

魏夫人與衆真吟詩二首　二/1118

魏河内歌　見鄴民歌

魏郡輿人歌　一/211

魏時童謠　見行者歌

魏太子　二/1181

魏文帝曹丕遊宴　二/1571

魏孝武帝遷長安時諺　三/2245

魏子引諺　一/519

温泉詩　二/1248

文德宣烈樂　二/1491

文德樂宣政舞　三/2314

文皇帝登歌　一/814

文皇統百撲　一/829

文林館中爲陸乂語　三/2296

文王受命　一/308

文舞　三/2756

文舞辭　三/2320

文舞歌　三/2770

文舞階步辭　三/2319

文宣時謠　三/2290

文正樂光大舞　三/2314

文中子夢顏子援琴歌　三/2743

聞侯方兒來寇詩　三/2191

問疾封中録詩　三/2410

翁離(擁離)　一/157

卧疾閩越述淨名意詩　三/2701

卧疾窮愁詩　三/2377

卧疾詩　三/1945

卧疾敍意詩　二/1477

卧疾怨別劉長史詩　二/1563

巫山高　一/158

巫山高〔陳叔寶〕　三／2504

巫山高〔范雲〕　二／1543

巫山高〔費昶〕　三／2081

巫山高〔李孝貞〕　三／2652

巫山高〔劉繪〕　二／1468

巫山高〔王融〕　二／1388

巫山高〔蕭詮〕　三／2552

巫山高〔蕭繹〕　三／2032

巫山高〔虞義〕　二／1605

巫山高篇　二／1206

屋名詩　三／2042

於穆　三／2182

於穆我皇　一／831

烏皮隱几　二／1453

烏栖曲　見別鶴

烏棲曲〔岑之敬〕　三／2549

烏棲曲〔江總〕　三／2573

烏棲曲二首　三／2527

烏棲曲三首　三／2511

烏棲曲四首〔蕭綱〕　三／1922

烏棲曲四首〔蕭繹〕　三／2036

烏棲曲應令三首　二／1818

烏鵲歌　一／29

烏生（烏生八九子）　一／258

烏生八九子　三／1873

烏生八九子　見烏生

烏夜啼　二／1347

烏夜啼〔劉義慶〕　二／1202

烏夜啼〔蕭綱〕　三／1922

烏夜啼〔庾信〕　三／2351　三／2352

吳楚歌　一／562

吳歌曲　一／538

吳歌三首　二／1270

吳郡民爲鄧攸歌　一／779

吳猛贈廬山神徐君詩　三／2321

吳趨行〔陸機〕　一／664

吳趨行〔蕭繹〕　三／2035

吳趨行　二／1070

吳聲獨曲二首　二／1475

吳王郎中時從梁陳作詩　一／685

吳興黃浦亭庾中郎別詩　二／1287

吳謠　見時人爲周瑜謠

吳中禮石佛詩　二／1566

吳中童謠　二／1024

無射詩　一／65

無錫舅相送銜涕別詩　二／1567

無錫縣歷山集詩　二／1561

五君詠五首　二／1235

五苦詩　三／2433

五日詩　三／2270

五日望採拾詩　三／2016

五神　一／153

五盛陰詩　三／2434

五仙詩五首　三／2192

五言畫堂良夜履長在節歌管賦詩迥
　筵命酒十韻成篇　三／2519

五言詩〔成公綏〕　一／585

五言詩〔李密〕（淮陽感秋）　三／

2709

五言詩〔蕭繹〕 三/2053

五言詩〔袁粲〕 二/1322

五言詩〔棗據〕 一/590

五言詩〔張斐裳〕 三/2226

五言詩三首 一/489

五言詩三首答二郭 見答二郭詩三首

五言詩三首郭遐周贈 見贈嵇康詩三首

五言詩一首與阮德如 見與阮德如詩

五言同管記陸瑜九日觀馬射詩 三/2518

五言贈秀才詩 一/485

五噫歌 一/166

五遊 見五遊詠

五遊詩 見五遊詠

五遊詠(五遊、五遊詩) 一/433

五月長齋詩 二/1078

五月旦作和戴主簿詩 二/977

五月歌 二/1067

五月五日詩 三/2214

五洲夜發詩 三/2459

五子歌 一/5

五字疊韻詩 二/1539

伍子胥 三/2025

武成俎後謠 三/2292

武成時童謠 三/2293

武德舞 三/2620

武德舞歌詩 一/167

武德宣烈樂 二/1491

武德樂 三/2305 三/2308

武德樂昭烈舞 三/2314

武帝太康後童謠三首 一/783

武功歌 一/175

武陵人歌 二/1022

武陵人爲黃氏兄弟諺 一/239

武陵深行 見武溪深

武平末童謠 三/2294

武平元年童謠 三/2292

武平中童謠 三/2292

武王伐紂 見刌商操

武舞 三/2757

武舞辭 三/2320

武舞歌 三/2770

武舞階步辭 三/2320

武溪深(武溪深行、武陵深行) 一/163

武溪深行 三/2064

武溪深行 見武溪深

武陽山遺詠 三/2321

武夷君人間可哀之曲 三/2785

武原府君歌 二/1356

舞歌 三/2169

舞就行詩 三/1896

舞媚娘 三/2351

舞媚娘三首 三/2509

戊申歲六月中遇火詩　二/995

X

夕出通波閣下觀妓詩　三/2039

夕逗繁昌浦詩　三/1832

夕牲歌〔傅玄〕　一/809　一/810
　　一/813

夕牲歌〔顔延之〕　二/1351

夕望江橋示蕭諮議楊建康江主簿詩
　　二/1684

夕行聞夜鶴　二/1666

夕月誡夏　三/2760

西長安行　一/564

西城門死　三/2005　三/2006
　　三/2007　三/2008

西池應詔賦詩　二/936

西地梨詩　二/1658

西顥　一/149

西極天馬歌(蒲梢天馬歌)　一/95

西陵觀濤詩　二/924

西陵遇風獻康樂詩　二/1193

西門豹廟詩　三/2382

西門行　一/269

西平樂　三/2616

西土謠　一/793

西王母吟　一/36

西魏時童謠　三/2232

西烏夜飛　二/1349

西游咸陽中詩　三/2458

西域真人王君常吟詠　二/1116

西園游上才　三/2703

西齋行馬詩　三/1949

西州爲麴氏游氏語　二/1037

西州諺　二/1037

西州直示同員詩　二/1702

西洲曲　二/1069

昔思君　一/565

昔昔鹽〔薛道衡〕　三/2681

郗公墓詩　二/889

惜晚春應劉秘書詩　二/1564

錫山古謠　一/229

席　二/1454

洗藥池詩　二/1091

喜春遊歌二首　三/2663

喜疾瘳詩　三/1944

喜晴詩　三/2394

喜晴應詔勑自疏韻詩　三/2379

喜雨詩〔鮑照〕　二/1306

喜雨詩〔曹植〕　一/460

喜雨詩〔魏收〕　三/2269

喜雨詩〔謝惠連〕　二/1196

喜雨詩〔謝莊〕　二/1252

細草詩　三/2057

細言　二/1802

細言應令詩〔沈約〕　二/1656

細言應令詩〔王規〕　二/1815

細言應令詩〔王錫〕　二/1808

細言應令詩〔殷鈞〕　三/1862

細言應令詩〔張纘〕 三/1861

禊飲嘉樂殿詠曲水中燭影詩 三/1884

戲擬四愁聊題兩絕詩 三/2775

戲題方圓動靜四方詩 三/2777

戲題劉孺手板詩 二/1537

戲爲詩 三/2219

戲湘東王詩 三/2030

戲蕭娘詩 三/2134

戲贈麗人詩 三/1939

戲贈沈后 三/2521

戲作詩 二/1535

戲作謝惠連體十三韻詩 三/1942

戲作豔詩 三/2051

蝦䱉篇 一/422

俠客控絕影詩 三/2558

俠客篇 三/2010

暇豫歌 一/15

下方山詩 二/1690

下直出谿邊望答虞丹徒敬詩 二/1685

夏白紵 二/1626

夏歌二十首 二/1044

夏歌二首 三/2126

夏歌四首 二/1517

夏侯歌 見軍中爲夏侯淵語

夏潦省宅詩 二/1324

夏苗田 一/832

夏人歌 一/5

夏日還山庭詩 三/2591

夏日臨江詩 三/2672

夏日詩〔曹丕〕 一/404

夏日詩〔李德林〕 三/2644

夏日詩〔李顒〕 二/858

夏日詩〔徐怦〕 三/2030

夏詩〔徐胐〕 三/2069

夏詩〔徐勉〕 二/1813

夏始和劉潯陵詩 二/1441

夏晚詩 三/2686

夏夜呈從兄散騎車長沙詩 二/1232

夏夜獨坐詩 三/1896

仙客詩 三/1934

仙人攬六著篇 三/2539

仙人篇 一/434

仙山詩二首 三/2403

仙詩（游仙詩） 一/584

咸康二年童謠 二/1023

咸陽宮人爲咸陽王禧歌 三/2229

閒居對雨詩 三/2454

閒坐 二/1456

賢首山 三/2179

誡夏 三/2756 三/2759 三/2760 三/2761 三/2762 三/2763 三/2764

誡雅 三/2164

羨夏篇 二/858

縣瓠方丈竹堂饗侍臣聯句詩 三/2200

縣名詩　三/2041

獻長安君安仁詩　一/762

獻帝初京都童謠　一/225

獻帝初童謠　一/225

獻詩〔曹植〕　一/445

獻詩〔薛瑩〕　一/587

獻歲立春光風具美汎舟玄圃各賦六韻詩　三/2514

獻歲讜宮臣詩　三/2671

獻雅　三/2165

獻玉退怨歌　見信立退怨歌

相逢狹路間〔孔欣〕　二/1134

相逢狹路間〔李德林〕　三/2643

相逢狹路間〔劉孺〕　三/1851

相逢狹路間〔劉遵〕　二/1809

相逢狹路間〔沈約〕　二/1616

相逢狹路間〔蕭統〕　二/1791

相逢狹路間行　見相逢行

相逢行（相逢狹路間行、長安有狹斜行）　一/265

相逢行〔謝靈運〕　二/1149

相逢行〔張率〕　二/1781

相府爲裴漢語　三/2239

相國清河王挽歌　三/2222

相國掾府君歌　二/1356

相和歌　一/22

相名詩　三/2044

相士卒　見爲士卒倡

相送聯句　二/1711

相送詩　二/1710

相州百姓爲樊叔略語　三/2746

香茅詩〔蕭綱〕　三/1960

香茅詩〔蕭祇〕　三/2258

鄉里爲茨充號　一/254

鄉里爲雷義陳重語　一/248

鄉里爲李嚴諺　一/532

鄉人爲秦護歌　一/211

鄉人謠　一/221

鄉人飲酒歌　見南蒯歌

湘川漁者歌　三/2230

湘東王府中爲魚宏徐緄謠　三/2142

湘夫人〔沈約〕　二/1623

湘夫人〔王僧孺〕　二/1761

襄陽兒童爲山簡歌　一/778

襄陽里人爲龐焕語　一/803

襄陽民爲胡烈歌　一/514

襄陽蹋銅蹄歌三首〔沈約〕　二/1624

襄陽蹋銅蹄歌三首〔蕭衍〕（白銅鞮歌）　二/1519

襄陽鄉里爲馬良諺　一/532

襄陽鄉里爲諸葛亮諺　一/532

襄陽樂　二/1348

餉任新安班竹杖因贈詩　三/1855

饗神歌〔傅玄〕　一/810　一/815

饗神歌〔江淹〕　二/1502

饗神歌〔顏延之〕　二/1352

向常侍　二/1236

向曉閨情詩　三/2018

象載瑜(赤雁歌)　一/154

項王歌　三/2751

蕭史曲　一/614

蕭諮議西上夜集詩　二/1396

簫史曲〔鮑照〕　二/1269

簫史曲〔江總〕　三/2571

簫史曲〔張融〕　二/1410

小垂手〔吳均〕　二/1725

小垂手〔蕭綱〕　三/1919

小臨海　三/1868

小山詩　三/2695

小有真人王君常吟詠　二/1116

曉發詩　二/1704

曉色　見曉思詩

曉思詩〔蕭綱〕　三/1963

曉思詩〔蕭紀〕(曉色)　三/1899

孝皇帝歌　二/1357

孝經詩　一/603

孝明時洛下謠　三/2231

孝武帝太元末京口謠　二/1025

孝昭時童謠　三/2291

效曹子建白馬篇　二/1211

效古　見效阮公詩十五首

效古詩〔沈約〕　二/1649

效古詩〔袁淑〕　二/1211

效阮公詩十五首(效古)　二/1581

效孫晧爾汝歌　二/1326

傚古詩　二/1547

挾琴歌〔沈滿願〕　三/2133

挾琴歌〔魏收〕　三/2269

挾瑟歌　三/2750

攜手曲〔沈約〕　二/1622

攜手曲〔吳均〕　二/1724

薤露　一/257

薤露〔曹操〕　一/347

薤露行〔曹植〕　一/422

薤露行〔張駿〕　二/876

謝法曹惠連贈別　二/1578

謝光禄莊郊遊　二/1580

謝臨川靈運遊山　二/1577

謝僕射混遊覽　二/1577

辛丑歲七月赴假還江陵夜行途中詩　二/983

辛玄子贈詩三首　二/1119

新安江至清淺深見底貽京邑遊好詩　二/1635

新成安樂宮〔蕭綱〕　三/1917

新成安樂宮〔陰鏗〕　三/2450

新林送劉之遴詩　三/1994

新入姬人應令詩　三/2595

新詩　一/583　一/584

新書引周諺　一/84

新苔詩　三/2004

新亭送別應令詩　三/2532

新亭渚別范零陵雲詩　二/1428

新月詩〔劉緩〕　三/1850

新月詩〔庾信〕　三/2406

新治北窗和何從事詩　二/1442

信立退怨歌(獻玉退怨歌)　一/312

星名　三/2651

星名從軍詩　三/2490

星名詩　二/1403

行辭新福歌　一/526

行過康王故第苑詩　三/1893

行還值雨又爲清道所駐詩　三/1879

行京口至竹里詩　二/1292

行經巴陵部伍　見赴荆州泊三江口
　詩

行經范僕射故宅詩　二/1707

行經古墓詩　三/2454

行經漢高陵詩　三/2678

行經季子廟詩　三/2491

行經舊國詩　三/2641

行經孫氏陵詩　二/1700

行經太華詩　三/2720

行經張子房廟詩　二/1143

行路難〔釋寶月〕　二/1480

行路難〔王筠〕　三/2011

行路難二首　三/2083

行路難五首　二/1727

行詩　見詩

行田登海口盤嶼山詩　二/1168

行途賦得四更應詔詩　三/2403

行行且游獵篇　三/1870

行幸甘泉宮　三/1910

行幸甘泉宮歌　三/1871

行藥至城東橋詩　二/1301

行雨詩　三/1970

行園詩　二/1641

行宅詩　二/1383

行者歌(魏時童謠)　一/515

行者歌　見通博南歌

行舟值早露詩　三/1888

邢巒引俗諺　三/2238

邢子昂歌　見時人稱邢顒語

形影神詩三首　二/989

形贈影　二/989

滎陽令歌　一/514

杏花詩　三/2399

幸華林園宴羣臣於都亭曲水賦七言
　詩　三/2209

幸江都作詩　三/2673

幸玄武湖餞吳興太守任惠詩　三/
　2520

幸中興堂餞江夏王詩　二/1221

姓名詩　三/2041

興寧四年丙寅四月二十七日夜降楊
　羲家作　二/1118

興平中吳中童謠　一/226

匈奴歌　一/124

休成樂〔謝超宗〕　二/1492　二/
　1506

休成樂〔殷淡〕　二/1361

休沐重還丹陽道中詩　二/1430

休沐寄懷詩　二/1640

休上人怨別　二/1580

休洗紅二首　二/1069

宿阿曲　二/1058

宿東園詩　二/1641

宿郊外曉作詩　三/2716

宿南洲浦詩　二/1691

吀嗟篇（瑟瑟歌）　一/423

需夏　三/2756

需雅　三/2172　三/2175

徐報使來止得一相見詩　三/2402

徐幹　二/1183

徐幹引古人歌　一/513

徐幹引古語　一/518

徐陵引諺　三/2614

徐人歌　一/23

徐尚書座賦得阿憐詩　三/2119

徐鐵臼怨歌　三/2322

徐之範引童謠　三/2294

徐州歌　見徐州爲王祥歌

徐州爲王祥歌（徐州歌）　一/513

許玉斧作　二/1115

許徵君詢自敍　二/1576

宣城郡内登望詩　二/1432

宣城民爲陶汪歌　二/1015

宣城爲封使君語　一/242

宣德凱容樂　二/1361　二/1506

宣輔政　一/827

宣貴妃挽歌　二/1243

宣皇帝登歌　一/814

宣受命　一/827

宣太后歌　二/1358

宣武孝明時謠　三/2231

玄化　一/547

玄壟之遊　二/1103

玄冥　一/149

玄圃觀春雪詩　三/2493

玄圃寒夕詩　三/1948

玄圃講詩　二/1797

玄圃納涼詩　三/1957

玄圃濬池臨泛奉和詩　三/2338

玄圃宴各詠一物須箏詩　三/2538

玄雲　一/834

玄雲〔張率〕　二/1783

璇璣圖詩　二/955

選人爲辛亶歌　三/2743

薛宣引鄙語　一/133

學古詩（北風雪）　二/1298

學古詩三首　二/1693

學古贈丘永嘉征還詩　二/1692

學劉公幹體詩五首　二/1299

學阮步兵體詩　二/1317

學陶彭澤體詩　二/1300

學魏文帝詩　二/1581

學謝體詩　三/2077

學中早起聽講詩　三/2461

雪裏梅花詩　三/2459

雪裏覓梅花詩　三/1954

雪詩〔何承嘉〕　二/1210

雪詩〔任豫〕　二/1324

雪詩〔張正見〕　三/2498

雪朝詩　三/1956

荀伯玉聞青衣小兒語　二/1484

荀子引古言　一/78

荀子引民語　一/78

荀子引逸詩　一/69

荀子引語　一/78

循役朱方道路詩　二/1636

尋沈剡夕至嶀亭詩　二/1610

尋陽樂　三/2616

尋周處士弘讓詩〔庾肩吾〕　三/1988

尋周處士弘讓詩〔庾信〕　三/2400

Y

言反江陽寅目灞涘贈易州陸司馬詩
　三/2700

言離廣府還望桂林去留愴然自述贈
　懷詩　三/2775

言志詩〔曹植〕　一/462

言志詩〔應璩〕（擬古）　一/468

炎精缺　一/543

閭君謡　一/227

顏特進延之侍宴　二/1578

顏延之引諺　二/1332

顏之推引江南諺論書法　三/2146

顏之推引俗諺論教子　三/2296

顏之推引諺論治家　三/2297

嚴陵瀨詩　二/1601

兗州民爲鄭氏父子歌　三/2289

晏子引諺言　一/79

晏子引語　一/79

宴東堂詩　三/2667

宴光壁殿詠遥山燈詩　三/2520

宴會詩〔陳琳〕　一/368

宴會詩〔傅玄〕　一/569

宴酒篇　三/2184

宴闌思舊詩　二/1795

宴樂修堂應令詩　三/2578

宴秦孝王于并州作詩　三/2627

宴清言殿作柏梁體詩　三/2060

宴羣臣登歌　三/2768

宴詩〔高琳〕　三/2325

宴詩〔蕭衍〕　二/1528

宴詩　見詩

宴曜武堂詩　一/727

宴詹事陸繕省詩　三/2521

雁門太守行　一/271

雁門太守行〔褚翔〕　三/1858

雁門太守行三首　三/1906

燕歌行〔曹叡〕　一/417

燕歌行〔陸機〕　一/666

燕歌行〔王褒〕　三/2334

燕歌行〔王胄〕　三/2703

燕歌行〔蕭繹〕　三/2035

燕歌行〔蕭子顯〕　二/1817

燕歌行〔謝惠連〕　二/1190

燕歌行〔謝靈運〕　二/1152

燕歌行〔庾信〕　三/2352

燕歌行二首　一/394

燕詩　二/950

燕童謠　二/1029

燕燕于飛　三/2572

諺謠　二/1121

豔歌　一/289

豔歌行　一/273

豔歌行　見日出東南隅行

豔歌行〔曹植〕　一/440　一/441

豔歌行〔傅玄〕　一/554　一/566

豔歌行〔劉義恭〕　二/1247

豔歌行〔張正見〕　三/2472

豔歌行三首　三/2468

豔歌行有女篇　見有女篇

豔歌何嘗行(飛鵠行)　一/272

豔歌何嘗行〔曹丕〕　一/397

豔歌羅敷行　見陌上桑

豔歌篇十八韻(有女篇)　三/1902

豔歌曲　一/1913

羊元引諺　一/240

陽春發和氣　三/2086

陽春歌〔顧野王〕　三/2468

陽春歌〔檀秀才〕　二/1476

陽春歌〔吳均〕　二/1726

陽春歌〔吳邁遠〕　二/1318

陽春曲　三/2751

陽春曲〔沈約〕　二/1625

陽春詩　二/2690

陽平人爲束晳歌　一/778

陽岐守風詩　二/1293

陽翟新聲　二/1392

揚州法曹梅花盛開　見詠早梅詩

楊白花　三/2246

楊花曲三首　二/1244

楊濟引諺　一/796

楊柳歌　三/2353

楊叛兒〔蕭衍〕　二/1520

楊叛兒〔楊廣〕(隋越王京洛行)

　三/2663

楊叛兒　二/1487

楊泉引里語　一/798

楊泉引語　一/798

楊氏七哀詩　一/636

楊衒之引京師語　三/2240

楊衒之引秦民語　三/2241

楊衒之引謠語　三/2239

楊衒之引游俠語　三/2240

楊衒之引語　三/2239

楊朱歌　一/23

楊子術引謠言　三/2295

煬帝夢二豎子歌　三/2742

煬帝時并州童謠　三/2744

煬帝時童謠　三/2744

煬帝幸江南時聞民歌　三/2742

仰和何僕射還宅懷故詩　三/2384

仰和令君詩　三/2563

仰和衛尉新渝侯巡城口號詩　二/

1966

仰同令君攝山棲霞寺山房夜坐六韻
　詩　三／2562

仰贈從兄興寧寘南詩　二／1686

仰贈特進陽休之詩　三／2632

恙嫗詩　三／2651

搖扇聯句　二／1713

遙見鄰舟主人投一物衆姬爭之有客
　請余爲詠　三／1837

遙見美人採荷詩　三／1843

遙望詩　三／1970

遙夜吟　二／1554

遙贈周承詩　二／1741

媱洗曲　三／2777

謠俗辭　一／355

藥名詩〔王融〕　二／1403

藥名詩〔蕭綱〕　三／1950

藥名詩〔蕭繹〕　三／2043

野步詩　三／2404

野人歌　一／11

野田黄雀行〔曹叡〕　一／418

野田黄雀行〔曹植〕　一／424　一／
　425

野田黄雀行〔蕭慤〕　三／2280

野夕答孫郎擢詩　二／1702

曳杖歌（夢奠歌）　一／8

夜白紵　二／1627

夜泊巴陵詩　三／2093

夜不得眠詩　三／1838

夜愁示諸賓詩　二／1766

夜度娘　三／2615

夜發密巖口詩　二／1603

夜發石關亭詩　二／1177

夜黄　三／2614

夜集歡乖詩　二／1197

夜集作離合詩　二／1198

夜夢故人詩　二／1697

夜夢還家詩　三／2101

夜遣内人還後舟詩　三／1969

夜聽擣衣詩　三／2373

夜聽擣衣詩　二／889

夜聽妓賦得烏夜啼　三／1824

夜聽妓詩〔劉駿〕　二／1222

夜聽妓詩〔劉緄〕　三／1954

夜聽妓詩二首〔鮑照〕　二／1305

夜聽妓詩二首〔謝朓〕　二／1451

夜聽聲詩　二／1311

夜聽鴈詩　三／1898

夜望單飛雁詩　三／1978

夜望浮圖上相輪絶句詩　三／1968

夜聞鄰妓詩（觀妓）　三／2635

夜宿柏齋詩　三／2050

夜宿荒村詩　三／2721

夜宿石門詩　見石門岩上宿詩

夜雪詩　二／1249

夜夜曲〔沈約〕　二／1622

夜夜曲〔蕭綱〕　三／1920

夜遊北園詩　三／1967

夜作巫山詩　三/2695

鄴館公讌詩　三/2263

鄴民歌（魏河内歌、漳水歌）　一/18

鄴人金鳳舊歌　一/513

鄴下爲李氏兄弟語　三/2299

鄴下爲陸仲讓語　三/2297

鄴下爲釋靈裕語　三/2748

謁方山靈巖寺詩　三/2669

一旦歌　三/2088

一三五七九言詩　三/2778

猗蘭操　一/300

猗蘭操〔辛德源〕　三/2649

宜男草詩　三/2057

移病還園示親屬詩　二/1434

移居詩二首　二/993

移樹詩　三/2408

移席琴室應司徒教詩　二/1404

貽何秀才詩　二/1545

貽柳惔詩　二/1539

貽韋居士詩　三/2323

貽袁常侍詩　二/1562

詒孔中丞奐詩　三/2580

詒明山賓詩　二/1794

儀鳳歌　一/310

儀賢堂監策秀才聯句詩　三/1856

乙巳歲三月爲建威參軍使都經錢溪詩　二/983

以服散鎗贈殷鈞別詩　三/2022

以服散鎗贈殷鈞詩　二/1750

以詩代書別後寄贈詩　二/1775

益都民爲王忳謠　一/218

益都爲任文公語　一/242

益都鄉里爲柳宗語　一/242

益州民爲尹就諺　一/235

逸驥詩　一/759

逸民　見贈逸民詩

逸民吟　一/769　一/770

逸民吟　見贈逸民詩

詣晉祠賦詩　三/2345

詣周承不值因贈此詩　二/1741

義熙中童謠　二/1032

憶費昶詩　二/1742

憶情人詩　三/2738

憶虞弟詩　三/1836

翳樂　二/1066

因故人歸作詩　三/2738

因時運　一/829

殷東陽仲文興矚　二/1576

陰長生遺世四言詩　三/2782

褉雅　三/2165

淫思古意詩　二/1242

淫豫歌　二/1020　二/1021

淫豫歌〔蕭綱〕　三/1925

寅雅　三/2171　三/2174

尹喜哀歎五首　三/2250

引牲樂〔謝超宗〕　二/1489　二/1495　二/1503

引牲樂〔殷淡〕　二/1359

引聲歌（莊周獨處吟）　一/314

飲福酒歌　三/2765

飲酒詩二十首　二/997

飲酒樂　見還臺樂

飲馬長城窟〔尚法師〕　三/2435

飲馬長城窟〔沈約〕　二/1617

飲馬長城窟〔王褒〕　三/2330

飲馬長城窟行〔蔡邕〕　一/192

飲馬長城窟行〔曹操〕　一/355

飲馬長城窟行〔曹丕〕　一/398

飲馬長城窟行〔陳琳〕　一/367

飲馬長城窟行〔陳叔寶〕　三/2508

飲馬長城窟行〔陸機〕　一/659

飲馬長城窟行〔蕭統〕（擬青青河畔草）　二/1792

飲馬長城窟行〔楊廣〕　三/2661

飲馬長城窟行〔張正見〕　三/2481

飲馬長城窟行　見青青河邊草篇

隱士詩　見詩

胤雅〔沈約〕　三/2171

胤雅〔蕭子雲〕　三/2174

英才言聚賦得昇天行詩　三/2773

迎大駕詩　一/769

迎客曲　二/1811

迎柳吳興道中詩　二/1744

迎舍利詩　三/2105

迎神　二/1498

迎神歌　三/2764

迎神歌〔謝莊〕　二/1352

迎送神歌　一/813

迎送神歌〔傅玄〕　一/809

迎送神歌〔顏延之〕　二/1351

迎送神升歌　二/1502

營涅槃懺還塗作詩　三/2585

影答形　二/990

潁川兒歌　一/122

潁川府君登歌　一/814

潁川爲荀爽語　一/234

映水曲　三/2133

應帝期　一/529

應教使君春遊詩　三/1887

應令詩〔蕭綱〕　三/1930　三/1978

應令詩〔庾肩吾〕（餞張孝總應令）　三/1996

應令詩〔庾信〕　三/2399

應令詠舞詩〔劉遵〕　二/1810

應令詠舞詩〔王訓〕　二/1718

應劉豫章別詩　二/1563

應龍篇　三/2475

應晴詩　二/929

應劭引里語　一/237

應劭引里語論日蝕　一/236

應劭引里語論讞獄　一/236

應劭引里語論主客　一/236

應劭引俚語論忿禮　一/236

應劭引俚語論正失　一/235

應劭引語論正失　一/237

應王受圖曲　三/2183

應王中丞思遠詠月詩　二／1645

應謝主簿騷體　二／1590

應瑒　二／1184

應詔　一／447

應詔甘露詩　三／2265

應詔觀北湖田收詩　二／1230

應詔詩〔江總〕　三／2597

應詔讌曲水作詩　二／1225

應制賦銅鞮山松詩　三／2205

邕熙　一／529

雍離篇　二／1205

雍臺〔吳均〕　二／1726

雍臺〔蕭衍〕　二／1514

雍夏　見雍樂

雍雅　三／2172　三／2175

雍樂（雍夏）　三／2417

雍州曲三首　三／1918

雍州詩　一／759

擁離　見翁離

永安中南郡兒語　一／542

永初三年七月十六日之郡初發都詩　二／1159

永光初謠言　二／1330

永嘉中長安謠　一／792

永明初歌　二／1481

永明樂　二／1624

永明樂十首〔王融〕　二／1393

永明中虜中童謠　二／1482

永明中魏地童謠　二／1482

永曲樂十首〔謝朓〕　二／1419

永世樂　三／2268

永熙中溫縣狂人書　一／784

永巷歌　見春歌

永元元年童謠　二／1483

永元中童謠　二／1483

永至樂〔謝超宗〕　二／1490　二／1504

永至樂〔殷淡〕　二／1360

永祚樂　二／1506

咏雪聯句　二／913

詠安仁得果詩　三／2123

詠八日詩三首　二／1078

詠白鷗兼嘲別者詩　二／1707

詠白雪詩　二／1306

詠百合詩　三／2106

詠百舌詩　三／1839

詠班竹掩團扇詩　三／2464

詠寶劍詩〔崔鴻〕　三／2212

詠寶劍詩〔吳均〕　二／1750

詠筆格詩　三／1961

詠筆詩〔蕭衍〕　二／1536

詠筆詩〔徐摛〕　三／1891

詠鞞應詔　二／1804

詠冰應教詩　三／2112

詠博山香爐詩　二／1469

詠步搖花詩　三／2135

詠採甘露應詔詩　三／2586

詠殘燈詩　二／1779

詠禪思道人詩　二/1083

詠蟬詩〔江總〕　三/2594

詠蟬詩〔劉删〕　三/2548

詠娼婦詩（詠婦娼）　二/1705

詠長信宮中草詩　三/2002

詠城塹中荷詩　三/2545

詠池邊桃詩　二/1601

詠池上梨花詩　二/1403

詠池中燭影詩　三/2047

詠簏詩　二/1650

詠寵姬詩　二/1767

詠愁詩　二/1200

詠初桃詩　三/1959

詠春風詩〔何遜〕　二/1709

詠春風詩〔賀文標〕　三/2124

詠春近餘雪應詔詩　三/2394

詠春詩　二/1770

詠春雪寄族人治書思澄詩　二/1706

詠慈姥磯石上松詩　二/1752

詠大德詩　二/1082

詠單鳧詩　三/1973

詠彈箏人詩　二/1801

詠擣衣詩　二/1765

詠燈籠　見詩

詠燈檠詩　三/2020

詠燈詩〔沈滿願〕　三/2135

詠燈詩〔吳均〕　二/1750

詠笛詩　二/1537

詠定林寺桂樹　三/2343

詠冬詩〔曹毗〕　二/888

詠冬詩〔謝惠連〕　二/1196

詠冬至詩　二/1212

詠獨杵擣衣詩　三/2191

詠獨栖鳥詩　三/2096

詠獨舞詩　三/1975

詠杜若詩　二/1658

詠二疏詩　二/984

詠繁華詩　三/2122

詠飛來雙鸐鵊詩　三/1973

詠飛仙室詩　三/2207

詠風詩〔劉孝綽〕　三/1825

詠風詩〔王臺卿〕　三/2090

詠風詩〔蕭綱〕　三/1945

詠風詩〔蕭繹〕　三/2052

詠風詩〔謝朓〕　二/1436

詠風詩〔庾肩吾〕　三/1997

詠風詩〔祖孫登〕　三/2544

詠蜂詩　三/1974

詠芙蓉詩〔沈約〕　二/1658

詠芙蓉詩〔蕭綱〕　三/1965

詠婦娼　見詠娼婦詩

詠甘蕉詩　二/1659

詠柑詩　三/2530

詠歌姬詩　三/2073

詠歌人偏得日照詩　三/2464

詠歌詩　三/2055

詠弓詩　三/2106

詠孤石〔定法師〕　三/2625

詠孤石〔釋惠標〕 三/2622

詠孤石詩 三/2095

詠孤桐詩 二/1657

詠菰詩 二/1659

詠龜詩 三/2285

詠桂樹詩〔庾肩吾〕 三/2003

詠桂樹詩〔范雲〕 二/1551

詠邯鄲故才人嫁爲廝養卒婦 二/1417

詠寒鳧詩 三/1974

詠寒松詩 二/1551

詠寒雪詩 二/1212

詠荷詩 三/2075

詠鶴 三/2459

詠胡牀應教詩 三/1999

詠湖中鴈詩 二/1646

詠花蝶詩 三/2222

詠花雪詩 三/1997

詠畫屏風詩二十五首 三/2395

詠畫扇詩〔鮑子卿〕 三/2117

詠畫扇詩〔高爽〕 三/1542

詠懷詩 二/1087

詠懷詩八十二首 一/496

詠懷詩二首 二/1745

詠懷詩三首 二/891

詠懷詩十三首 一/493

詠懷詩五首 二/1080

詠壞橋詩 三/1975

詠灰詩 三/2694

詠蕙詩（蕙詠） 一/385

詠霍將軍北伐詩 二/1607

詠姬人未肯出詩 三/1843

詠佳麗詩 三/1883

詠蛺蝶詩 三/1961

詠剪綵花詩〔鮑泉〕 三/2026

詠剪綵花詩〔朱超〕 三/2096

詠剪綵花詩二首 三/1884

詠階前萱草詩 三/2647

詠荊軻詩 二/984

詠井詩 二/1549

詠鏡詩〔高爽〕 二/1542

詠鏡詩〔王孝禮〕 三/2120

詠鏡詩〔蕭綱〕 三/1962

詠鏡詩〔朱超〕 三/2095

詠橘詩〔蕭綱〕 三/1959

詠橘詩〔徐摛〕 三/1891

詠蠟燭詩 三/2020

詠蘭詩 三/2107

詠老 見東宮詩

詠老敗鬥雞詩 三/2463

詠老馬詩 三/2449

詠梨應詔詩 二/1658

詠李詩 三/2593

詠利城山居 二/1083

詠荔枝詩 二/1671

詠簾詩 二/1459

詠鄰女樓上彈琴詩 三/2607

詠柳詩〔吳均〕 二/1749

詠柳詩〔蕭綱〕 三/1965

詠籠燈絶句詩 三/1974

詠魯仲連詩 三/2561

詠鹿葱詩 二/1658

詠螺蚌詩 二/1197

詠落梅詩 二/1436

詠履詩 三/2106

詠幔詩 二/1402

詠梅花詩 三/2027

詠梅詩 三/2057

詠美人 見詠美人看畫詩

詠美人春遊詩 二/1568

詠美人看畫詩〔蕭綱〕 三/1953

詠美人看畫詩〔庾肩吾〕（詠美人）
三/1993

詠美人看畫應令詩 三/1995

詠美人治粧詩 三/2075

詠柰詩 三/2023

詠内人晝眠詩 三/1940

詠牛女詩 二/1322

詠女蘿詩 二/1404

詠袙複詩 三/2609

詠琵琶詩〔王融〕 二/1402

詠琵琶詩〔徐勉〕 二/1812

詠貧詩〔江逌〕 二/879

詠貧詩〔朱超〕 三/2096

詠貧士詩七首 二/1008

詠萍詩 二/1469

詠蒲詩 二/1451

詠七寶扇詩 二/1406

詠薔薇詩〔鮑泉〕 三/2028

詠薔薇詩〔江洪〕 三/2075

詠薔薇詩〔柳惲〕 二/1676

詠薔薇詩〔蕭綱〕 三/1972

詠薔薇詩〔謝朓〕 二/1451

詠牆北梔子詩 二/1437

詠譙君黄詩 一/325

詠青草詩 三/2548

詠青苔詩 二/1652

詠輕利舟應臨汝侯教詩 三/2020

詠秋詩〔鮑照〕 二/1307

詠秋詩〔江逌〕 二/879

詠秋夜詩 三/2054

詠秋月詩 二/1609

詠雀詩 三/2079

詠鵲 三/1900

詠鵲詩 三/2653

詠栟榴枕詩 三/1474

詠人聘妾仍逐琴心詩 三/2603

詠人棄妾詩 三/1953

詠日華詩 三/2533

詠日詩 三/2117

詠日應令詩 三/1844

詠日應趙王教詩 三/2411

詠入幌風詩 三/2086

詠三良詩 二/984

詠山榴詩 二/1656

詠山詩 三/2724

詠山詩三首　三/2621

詠山濤王戎詩二首　二/1795

詠少年詩　二/1748

詠慎火詩　三/2121

詠笙詩〔陸罩〕　二/1778

詠笙詩〔沈約〕　二/1655

詠蓍詩　三/2121

詠詩〔釋道寶〕　二/1089

詠詩〔竺法崇〕　二/1090

詠石鯨應詔詩　三/2463

詠石蓮詩　三/1895

詠石榴詩〔魏澹〕　三/2647

詠石榴詩〔蕭繹〕　三/2046

詠石詩　三/2458

詠史〔班固〕　一/170

詠史〔張協〕　一/744

詠史　見黃帝贊詩

詠史詩〔鮑照〕　一/1293

詠史詩〔劉駿〕　一/1222

詠史詩〔王粲〕　一/363

詠史詩〔左思〕　一/734

詠史詩八首　一/732

詠史詩二首〔袁宏〕　一/920

詠柿詩　三/1858

詠疏楓詩　三/1973

詠蔬圃堂詩　三/1987

詠樹詩　三/2339

詠霜詩　二/1785

詠雙闕詩　三/2592

詠雙燕詩二首　二/1310

詠水詩　三/2544

詠水詩三首　三/2621

詠水中樓影詩　三/2091

詠司農府春幡詩　二/1812

詠死牛詩　三/2690

詠死烏詩　三/2646

詠松樹詩　三/2645

詠素蝶詩　三/1841

詠苔紙詩　三/2687

詠桃詩　二/1652

詠藤詩　三/1973

詠同泰寺浮圖詩　三/1989

詠同心芙蓉詩〔杜公瞻〕　三/2716

詠同心芙蓉詩〔朱超〕　三/2094

詠同心蓮詩　二/1800

詠桐詩〔陸季覽〕　三/2734

詠桐詩〔魏澹〕　三/2648

詠桐詩〔祖孫登〕　三/2544

詠兔絲詩　二/1452

詠晚棲烏詩　三/2048

詠梧桐詩〔沈約〕　二/1657

詠梧桐詩〔王融〕　二/1403

詠五彩竹火籠詩　三/2135

詠武陵王左右詩　三/1971

詠舞妓詩　二/1706

詠舞女詩　三/2074

詠舞曲應令詩　三/2002

詠舞詩〔何敬容〕　三/1888

詠舞詩〔王暕〕　二/1593

詠舞詩〔蕭綱〕　三/1975

詠舞詩〔蕭衍〕　二/1536

詠舞詩〔楊皦〕　三/1859

詠舞詩〔殷芸〕　二/1803

詠舞詩〔庾肩吾〕　三/2002

詠舞詩二首　三/1942

詠霧詩　三/2045　三/2052

詠霧應詔詩　三/2342

詠鸂鶒　二/1454

詠席詩　二/1677

詠細雨詩　三/2056

詠銜泥雙燕詩　三/2552

詠簫詩　三/1894

詠小兒採菱詩　三/1843

詠湺井得金釵詩　三/2119

詠新荷應詔詩　二/1655

詠新燕詩　三/1974

詠新月詩　三/2029

詠修竹詩　三/2646

詠萱草詩　三/2281

詠雪離合詩　二/1188

詠雪詩〔范泰〕　二/1145

詠雪詩〔裴子野〕　二/1790

詠雪詩〔吳均〕　二/1748

詠雪詩〔蕭綱〕　三/1976

詠雪詩〔徐陵〕　三/2534

詠雪詩二首　二/1752

詠雪應衡陽王教詩　三/2492

詠雪應令詩　二/1645

詠煙詩　三/1956

詠簷前竹詩　二/1651

詠簷燕詩　三/2000

詠眼詩　三/1843

詠鴈詩〔王褒〕　三/2339

詠鴈詩〔庾信〕　三/2408

詠陽雲樓簷柳詩　三/2052

詠椅桐詩　二/951

詠益智詩　三/2064

詠鷹詩　三/2670

詠螢火詩〔沈旋〕　三/2078

詠螢火詩〔蕭繹〕　三/2057

詠螢詩　三/1961

詠有人乞牛舌乳不付因餉檳榔詩
　三/1838

詠魚詩　三/2694

詠餘雪詩　二/1656

詠羽扇詩　三/2407

詠玉堦詩　三/2118

詠欲眠詩　三/2100

詠園花詩　三/2382

詠苑中遊人詩　二/1819

詠月贈人詩　三/2340

詠躍魚應詔詩〔張騫〕　三/2123

詠躍魚應詔詩〔張率〕　二/1785

詠雲詩　三/1972

詠雜花詩　二/1714

詠早蟬詩　二/1552

詠早梅詩（揚州法曹梅花盛開）
　　二/1699
詠帳詩　二/1657
詠朝日詩　三/1971
詠照鏡詩〔費昶〕　三/2086
詠照鏡詩〔何遜〕　二/1693
詠貞婦彭城劉氏詩　三/2203
詠箏詩〔沈約〕　二/1656
詠箏詩〔王臺卿〕　三/2090
詠梔子花詩　三/1965
詠織婦詩　三/2533
詠織女詩〔劉孝威〕　三/1882
詠織女詩〔劉孝儀〕　三/1895
詠紙詩　三/2105
詠中婦織流黃　三/1913
詠竹檳榔盤詩　二/1651
詠竹火籠　二/1454
詠竹火籠詩〔沈約〕　二/1642
詠竹火籠詩〔蕭正德〕　三/2061
詠竹詩〔劉孝先〕　三/2066
詠竹詩〔沈約〕　二/1662
詠竹詩〔蕭放〕　三/2259
詠竹詩〔謝朓〕　二/1436
詠燭詩　二/1536
詠主人少姬應教詩　三/2002
詠莊子詩　二/903
詠酌酒人　二/1542
幽逼詩四首　三/2061
幽憤詩　一/480

幽歌　見歌
幽居值春詩　三/2377
幽蘭五首　二/1271
幽思篇　二/867
幽州馬客吟歌辭　三/2159
幽州爲盧昌衡盧思道語　三/2747
憂目吟　二/1410
優孟歌　一/19
由庚　一/640
由儀　一/641
遊巴陵空寺詩　三/2456
遊潮山悲古塚詩　二/1610
遊赤石進帆海詩　二/1162
遊東堂詠桐詩　二/1452
遊東田詩　二/1425
遊覆舟山詩　二/1220
遊故苑詩　三/2623
遊光宅寺詩應令詩　三/1936
遊後園　二/1382
遊後園詩　三/2053
遊黃蘗山詩　二/1560
遊建興苑詩　二/1778
遊金華山詩　二/1633
遊敬亭山詩　二/1424
遊匡山簡寂館詩　三/2488
遊覽　見詩
遊覽詩二首　見詩
遊梁城詩　三/2634
遊獵篇　一/612

遊嶺門山詩　二/1163

遊龍首城詩　三/2490

遊廬山　見廬山東林雜詩

遊廬山觀道士石室詩　二/1321

遊羅浮山詩　二/1129

遊明慶寺詩　三/2674

遊南亭詩　二/1161

遊女曲　二/1523

遊人詩　三/1971

遊若邪雲門精舍　見登吳昇平亭

遊三學山詩　三/2774

遊山詩〔謝朓〕　二/1424

遊山詩〔庾信〕（遊仙）　三/2355

遊攝山棲霞寺詩　三/2584

遊沈道士館詩　二/1637

遊石門詩　二/1085

遊始興道館詩　三/2453

遊太平山詩　二/1409

遊鼍湖詩　二/1202

遊望二首　三/2015

遊望詩　三/2021

遊韋黃門園詩　三/1968

遊西池詩〔謝混〕　二/934

遊西池詩〔謝瞻〕　二/1134

遊西岳詩　一/771

遊俠　見古意詩

遊俠篇〔王褒〕　三/2333

遊俠篇〔張華〕　一/611

遊仙　見遊山詩

遊仙詩〔曹植〕　一/456

遊仙詩〔嵇康〕　一/488　一/492

遊仙詩〔劉緩〕　三/1850

遊仙詩〔陸慧曉〕　二/1463

遊仙詩〔王彪之〕　二/921

遊仙詩〔蕭衍〕　二/1530

遊仙詩〔袁彖〕　二/1471

遊仙詩〔鄒湛〕　一/626

遊仙詩　見折楊柳行、仙詩

遊仙詩十九首　二/865

遊仙詩十首　二/875

遊仙詩四首　一/621

遊仙詩五首　二/1398

遊斜川詩　二/974

遊豫章西觀洪崖井詩　二/1252

遊園詩　二/946

遊甋山詩　三/1987

遊鍾山大愛敬寺詩　二/1531

遊鍾山開善寺詩　三/2470

遊鍾山之開善定林息心宴坐引筆賦
　詩　三/2624

遊子移　二/1247

游仙詩〔何劭〕　一/649

游仙詩〔張協〕　一/748

游鍾山詩應西陽王教　二/1632

有皇　一/702

有會而作詩　二/1003

有南篇　一/355

有女篇（豔歌行有女篇）　一/557

有女篇　見艷歌篇十八韻

有期不至詩　三/2116

有所傷三首（有所思）　三/1919

有所思　一/159　一/296

有所思〔費昶〕　三/2081

有所思〔顧野王〕　三/2467

有所思〔劉繪〕　二/1468

有所思〔盧思道〕　三/2628

有所思〔陸系〕　三/2604

有所思〔裴讓之〕　三/2261

有所思〔沈約〕　二/1622

有所思〔王筠〕　三/2009

有所思〔王融〕　二/1387

有所思〔吳均〕　二/1726

有所思〔蕭綱〕　三/1910

有所思〔蕭統〕　二/1791

有所思〔蕭衍〕　二/1514

有所思〔張正見〕　三/2477

有所思　見有所傷三首

有所思篇　二/1208

有所思三首（望遠）　三/2504

有喜致醉詩　三/2379

有炎氏頌　一/40

又答程曉詩　一/570

又答江革詩　二/1714

又答張君祖詩　二/1076

又大人先生歌　一/511

又贈何記室詩　二/1716

右英夫人所喻　二/1107

右英夫人作　二/1112

右英吟　二/1107　二/1108　二/
1112　二/1113　二/1114

右英作　二/1111　二/1113

於安城答靈運詩　二/1132

於長安歸還揚州九月九日行薇山亭
賦韻詩　三/2595

於長安詠鴈詩　三/2464

於承明作與弟士龍詩（與士龍於承
明亭作）　一/679

於冬日普光寺臥疾值雪簡諸舊遊詩
三/2772

於賈謐坐講漢書詩　一/631

於萊城東十里與諸門徒登青陽嶺太
基山上四面及中嶺掃石置仙壇詩
三/2206

於明津作詩　一/402

於南山往北山經湖中瞻眺詩　二/
1172

於譙作詩　一/399

於清河見挽船士新婚與妻別詩　一/
378

於太常寺聽陳國蔡子元所校正聲樂
詩　三/2708

於王撫軍座送客詩　二/981

於婺州被囚詩　三/2705

於邢邵座賦詩　三/2651

於玄武陂作詩　一/400

於座應令詠梨花詩　三/1841

于闐採花　三/2751

俞兒舞歌四首　一/525

魚豢引諺　一/519

虞詡引諺　一/233

漁父歌（渡伍員歌）　一/27

漁父歌　見孺子歌

漁陽民爲張堪歌　一/207

輿地志引諺　三/2614

輿人歌　見輿人誦

輿人誦（輿人歌）　一/40　一/41

羽調曲五首　三/2431

羽鐸舞歌　一/840

羽林郎　見羽林郎詩

羽林郎歌　見羽林郎詩

羽林郎詩（羽林郎、羽林郎歌）　一/
　198

羽觴飛上苑　三/2110

羽引〔沈約〕　三/2177

羽引〔蕭子雲〕　三/2178

羽籥舞歌　一/840

雨後詩　三/1967

雨晴詩　三/2702

雨詩（苦雨）　一/571

雨雪曲〔陳叔寶〕　三/2508

雨雪曲〔陳暄〕　三/2543

雨雪曲〔江暉〕　三/2605

雨雪曲〔江總〕　三/2570

雨雪曲〔謝燮〕　三/2551

雨雪曲〔張正見〕　三/2479

與崔録事別兼敍攜手詩　二/1688

與道俗□人出萊城東南九里登雲峯
　山論經書詩　三/2207

與弟清河雲詩（贈弟士龍）　一/674

與胡師耽同繫胡州出被刑獄中詩
　三/2734

與胡興安夜別詩　二/1703

與江水曹至干濱戲詩（別江水曹）
　二/1450

與孔曲阿別詩　二/1197

與劉伯宗絶交詩　一/181

與柳惲相贈答詩六首　二/1730

與盧陵王紹別詩　二/1221

與妻李夫人聯句（定情聯句）　一/
　587

與錢玄智汎舟詩　三/2488

與阮德如詩（五言詩一首與阮德如）
　一/487

與尚書同僚詩　一/605

與沈助教同宿溢口夜別詩　二/1688

與士龍於承明亭作　見於承明作與
　弟士龍詩

與司馬治書同聞鄰婦夜織詩　二/
　1765

與蘇九德別詩　二/1689

與孫奇詩　一/537

與王胡之詩　二/905

與王使君詩　二/863

與伍侍郎別詩　二/1288

與謝尚書莊三連句　二/1312

與薛瑩詩　一/537

與荀中書別詩　二/1289

與殷晉安別詩　二/981

與虞記室諸人詠扇詩　二/1705

與庾冰詩　二/898

與諸兄弟方山別詩　二/922

玉龜曲　二/1525

玉漿泉謠　三/2412

玉階怨〔謝朓〕　二/1420

玉階怨〔虞炎〕　二/1459

玉堦春草詩　二/1605

玉樹後庭花　三/2511

浴溫湯泉詩　三/2272

遇長安使寄裴尚書詩　三/2581

御史臺中爲宋遊道語　三/2299

御幸樂遊苑侍宴詩　三/2485

寓居公廨懷何秀才詩　二/1542

寓直中庶坊贈蕭洗馬詩　三/2013

預麟趾殿校書和劉儀同詩　三/2373

獄中連句　三/2056

獄中贈人詩　三/1862

豫章府君登歌　一/813

豫章行　一/263

豫章行〔曹叡〕　一/418

豫章行〔傅玄〕　一/566

豫章行〔陸機〕　一/657

豫章行〔沈約〕　二/1615

豫章行〔謝惠連〕　二/1189

豫章行〔謝靈運〕　二/1149

豫章行〔薛道衡〕　三/2681

豫章行二首　一/424

豫章行苦相篇　見苦相篇

豫州耆老爲祖逖歌　一/779

鴛鴦　一/719

元帝時童謠　一/125

元廣州景仲座見故姬詩（代人詠見故姬）　三/1845

元徽中童謠　二/1331

元會曲　二/1413

元會詩　見正會詩

元嘉末童謠　二/1330

元嘉七年以滑臺戰守彌時遂至陷没乃作詩　二/1136

元嘉中魏地童謠　二/1329

元康三年蜀中童謠四首　一/785

元康四年從皇太子祖會東堂詩　一/678

元康中洛中童謠　一/786

元康中童謠　一/786

元正詩　二/954

爰珍歌　見六縣吏人爲爰珍歌

袁太尉淑從駕　二/1579

袁準引諺　一/799

原壤歌　一/8

園橘詩〔范雲〕　二/1552

園橘詩〔沈約〕　二/1657

園葵詩二首　一/690

園樹有巢鵲戲以詠之　三/2648

園庭詩　三/2376

園中秋散詩　二/1302

園中雜詠橘樹詩　三/2653

遠看放火詩　三/2003

遠期　二/1780

遠期篇〔何承天〕　二/1209

遠期篇〔庾成師〕　三/2136

遠如期　一/161

遠戍江南寄京邑親友　三/2638

遠戍勸戒詩　一/384

遠夷懷德歌　一/165

遠夷樂德歌　一/164

遠夷慕德歌　一/164

遠遊篇　一/434　一/439

苑中見美人詩　二/1709

苑中詩　二/1709

怨歌行　見七哀詩、怨詩

怨歌行〔曹植〕　一/426

怨歌行〔沈約〕　二/1621

怨歌行〔蕭綱〕　三/1907

怨歌行〔庾信〕　三/2351

怨歌行朝時篇　見朝時篇

怨曠思惟歌　一/315

怨詩〔班婕妤〕（怨歌行）　一/116

怨詩〔劉孝威〕　三/1867

怨詩〔蕭綱〕　三/1914

怨詩〔翾風〕　一/646

怨詩〔張衡〕　一/179

怨詩〔張正見〕（情詩）　三/2474

怨詩　見詩

怨詩楚調示龐主簿鄧治中　二/976

怨詩二首　三/2572

怨詩行（怨詩行歌）　一/275

怨詩行〔曹植〕（七哀詩）　一/459

怨詩行〔梅陶〕　二/872

怨詩行〔湯惠休〕　二/1243

怨詩行歌　見怨詩行

月半夜泊鵲尾詩　三/1842

月重輪行〔曹丕〕　一/398

月重輪行〔曹叡〕　一/415

月重輪行〔戴暠〕　三/2099

月重輪行〔陸機〕　一/668

月節折楊柳歌十三首　二/1066

月下登樓連句　二/1312

月下秋宴詩　三/2270

月夜觀星詩　三/2670

月夜閨中詩　三/2104

月夜詠陳南康新有所納詩　二/1765

月中飛螢詩　二/1779

悦晴詩　一/726

悦曲池　二/1589

越嘗操　見越裳操

越城曲　三/2134

越人歌　一/24

越裳操（越嘗操）　一/301

越謠歌　二/1019

樂部曹觀樂詩　三/2158

樂辭　二/1488

樂府　一/286

樂府〔曹植〕　一/442

樂府〔傅玄〕　一/567

樂府歌　一/294　一/295

樂府三首　三/1902

樂府詩　三/2151

樂府詩〔曹叡〕　一/418　一/419

雲歌　三/2087

雲歌　見詩

雲居寺高頂詩　三/2343

雲林右英夫人詩二十五首　二/1107

雲林與衆真吟詩十首　二/1098

雲門篇　一/844

雲門舞　三/2416　三/2417

雲中白子高行　一/564

雲中詩　二/965

雲中受突厥主朝宴席賦詩　三/2666

Z

雜歌　見離歌

雜句春情詩　三/1978

雜絶句詩四首　二/1751

雜曲〔傅縡〕　三/2535

雜曲〔徐陵〕　三/2527

雜曲　見古曲

雜曲二首　三/2010

雜曲三首　三/2573

雜三言五首　二/1587

雜詩　二/1070

雜詩〔曹植〕　一/458

雜詩〔繁欽〕　一/387

雜詩〔傅玄〕（苦熱）　一/571　一/
572　一/576

雜詩〔何劭〕　一/649

雜詩〔劉楨〕　一/372

雜詩〔柳惲〕　二/1675

雜詩〔施榮泰〕　三/2112

雜詩〔王粲〕　一/364

雜詩〔王讚〕　一/761

雜詩〔應璩〕　一/472

雜詩〔棗據〕　一/589

雜詩〔張協〕　一/748

雜詩〔左思〕　一/735

雜詩　見詩

雜詩二首〔曹丕〕　一/401

雜詩二首〔陸沖〕　二/948

雜詩二首〔王微〕　二/1199

雜詩七首　一/456

雜詩三首〔傅玄〕　一/569

雜詩三首〔張翰〕　一/737

雜詩三首〔張華〕　一/620

雜詩十二首　二/1005

雜詩十首　一/745

雜體報范通直詩　二/1396

雜體詩三十首　二/1569

雜言詩〔傅玄〕　一/575

雜言詩〔釋慧净〕　三/2773

雜詠和湘東王詩三首　三/1848

雜詠三首（同詠座上所見一物）　二/1452

雜詠詩　三/1970

在陳旦解酲共哭顧舍人詩　三/2588

在陳釋奠金石會應令詩　三/2698

在懷縣作詩二首　一/634

在家男女惡門詩　二/1399

在江陵歎年傷老詩　二/1304

在荆州與張使君李居士聯句　二/1311

在郡卧病呈沈尚書詩　二/1427

在南接北使詩　三/2713

在齊答弟寂詩　二/1541

在王晉安酒席數韻詩　二/1768

在渭陽賦詩　三/1863

在縣中庭看月詩　三/1850

在幽州詩　一/475

在鄹詩　一/107

暫使下都夜發新林至京邑贈西府同僚詩　二/1426

贊賈逵詩　一/174

讚四君詩四首　三/2219

臧質引童謠　二/1329

早朝車中聽望詩　二/1694

早出巡行矚望山海詩　三/2012

早春詩　三/2326

早渡淮詩　三/2668

早發定山詩　二/1636

早發龍巢詩　三/2049

早發揚州還望鄉邑詩　三/2642

早梅詩　三/2551

早行逢故人車中爲贈詩　二/1659

棗下何纂纂　三/1909

棗下何纂纂二首　三/2697

責躬　一/446

責子詩　一/1002

澤門之晳謳（築者歌）　一/10

澤雉　三/2752

賊爲楊津語　三/2239

曾子歸耕　見歸耕操

增新曲相對聯句　二/1712

贈安成詩　二/1155

贈白馬王彪詩　一/452

贈鮑春陵別詩　二/1743

贈鮑侍郎詩　二/1245

贈北使詩　三/2563

贈別詩　三/2402

贈別司馬幼之南聘詩　三/2633

贈別新林詩（江潭怨）　二/1735

贈蔡子篤詩　一/357

贈長安令劉正伯詩　一/768

贈長沙公詩　二/972

贈陳寶應　三/2622

贈斥丘令馮文羆詩　一/691

贈褚武良詩　一/605

贈褚武良以尚書出爲安東詩　一/758

贈從弟弘元詩　二/1154

贈從弟弘元時爲中軍功曹住京詩
　二/1155

贈從弟詩三首　一/371

贈從兄車騎詩　一/681

贈崔伏二郎詩　一/606

贈崔溫詩　二/883

贈到漑到洽詩　三/2055

贈弟季式詩　三/2258

贈弟士龍　見與弟清河雲詩

贈弟士龍詩　一/680

贈丁儀詩　一/451

贈丁儀王粲詩　一/452

贈丁翼詩　一/452

贈竇蔡二記室入蜀詩　三/2731

贈杜方叔詩　一/773

贈杜容成詩　二/1733

贈范曄詩　二/1204

贈馮文羆遷斥丘令詩　一/672

贈馮文羆詩　一/679

贈夫詩　三/2130

贈婦詩（留郡贈婦詩）　一/186

贈傅長猷傅時爲太尉主簿入爲都官
　郎詩　二/940

贈傅都曹別詩　二/1288

贈傅氏詩　二/862

贈傅休奕詩　一/577

贈傅昭詩　二/1471

贈高允詩　三/2198

贈故人馬子喬詩六首　二/1285

贈顧驃騎詩二首　一/702

贈顧倉曹詩　二/1763

贈顧交趾公真詩　一/681

贈顧令文爲宜春令詩　一/670

贈顧墨曹詩　二/1312

贈顧尚書詩　一/707

贈顧彥先　一/704

贈顧彥先詩　一/691

贈毌丘儉詩　一/419

贈毌丘荆州詩　一/420

贈郭泰機詩　一/609

贈郭桐廬出谿口見候余既未至郭仍
　進村維舟久之郭生方至詩　二/
　1597

贈海法師遊甎山詩　三/1885

贈韓德真詩　一/750

贈何點詩　二/1410

贈何記室聯句不成詩　二/1716

贈何郎詩　二/1604

贈何録事諲之詩　二/1606

贈何劭王濟詩　一/607

贈河陽詩　一/767

贈賀左丞蕭舍人詩　三/2580

贈皇甫謐詩　一/586

贈嵇康詩二首（詩五首郭遐叔贈、贈
　嵇康五首）　一/476

贈嵇康詩三首（五言詩三首郭遐周
　贈）　一/475

贈嵇康五首　見贈嵇康詩二首

贈汲郡太守李茂彦詩　一/770

贈汲郡太守詩　一/701

贈紀士詩　一/691

贈記室羊徽其屬疾在外詩　二/1217

贈建平太守李叔龍詩　一/607

贈江長史別詩　二/1686

贈俊公道人詩　二/1546

贈李寶詩　三/2199

贈李若詩　三/2633

贈李叔龍以尚書郎遷建平太守詩
　　一/758

贈李驎　三/2597

贈李行之　三/2633

贈麗人詩　三/1970

贈鍊丹法和殷長史詩　二/1564

贈劉琨詩　二/880

贈劉南郡季連詩　二/1629

贈劉儀同西聘詩　三/2634

贈劉佐詩　一/770

贈柳祕書詩　二/1741

贈柳真陽詩　二/1731

贈隴西太守張仲治詩　一/768

贈陸機出爲吳王郎中令詩　一/763

贈陸士龍詩　一/723

贈馬子結兄弟詩　三/2282

贈梅公明詩　一/384

贈明少遐詩　三/2216

贈内詩　二/1772

贈歐陽建詩〔曹攄〕　一/752

贈歐陽建詩〔石崇〕　一/645

贈潘尼　見詩

贈潘尼詩　一/677

贈潘岳詩　一/678

贈潘綜吳逵舉孝廉詩　二/1187

贈鄱陽府君張仲膺詩　一/704

贈情人詩〔李月素〕　三/2737

贈情人詩〔王湜〕　三/2123

贈親友　三/2216

贈任昉詩〔到洽〕　二/1786

贈任昉詩〔陸倕〕　二/1776

贈任黃門詩二首　二/1731

贈沙門竺法頵三首　二/892

贈山濤詩　一/728

贈尚書郎顧彦先詩二首　一/680

贈沈録事江水曹二大使詩　二/1628

贈沈左衛詩　二/1548

贈石崇　一/772

贈石崇詩〔曹嘉〕　一/626

贈石崇詩〔曹攄〕　一/751　一/756

贈石季倫詩〔嵇紹〕　一/725

贈石季倫詩〔棗腆〕　一/772

贈石荆州詩　一/756

贈士孫文始　一/358

贈侍御史王元貺詩　一/767

贈司空掾安仁詩　一/762

贈司隸傅咸詩　一/738

贈四王冠詩　一/581

贈孫顯世詩　一/716

贈太尉司馬虞顯機詩　一/608

贈王彪之詩　二/878

贈王粲詩　一/451

贈王桂陽別詩三首　二/1734

贈王桂陽詩　二/1742

贈王弘遠詩　一/752

贈王儉詩　二/1380

贈王僧辯詩　三/2092

贈王僧孺詩　二/1595

贈王肅詩　三/2227

贈王太常僧達詩　二/1232

贈王主簿詩二首　二/1447

贈王左丞詩　二/1702

贈韋記室黯別詩　二/1689

贈韋夐詩　三/2464

贈溫嶠詩〔郭璞〕　二/864

贈溫嶠詩〔梅陶〕　二/872

贈溫嶠詩〔孫綽〕　二/897

贈文叔良　一/358　一/359

贈吳處玄詩（答贈詩）　一/409

贈吳均詩　三/1886

贈吳均詩二首　二/1677

贈吳均詩三首　二/1674

贈五官中郎將詩　一/375

贈五官中郎將詩四首　一/369

贈武昌太守夏少明詩　一/670

贈洗馬袁朗別詩　三/2580

贈俠侶　見劉生

贈謝安詩　二/900

贈謝府君覽詩　三/2194

贈徐幹詩〔曹植〕　一/450

贈徐幹詩〔劉楨〕　一/370　一/371

贈徐郎詩　三/2084

贈徐孝嗣詩　二/1379

贈徐徵君詩　二/1598

贈薛播州詩　三/2676

贈薛内史詩　三/2676

贈荀彦將詩　一/773

贈羊長史詩　二/979

贈楊德祖　一/359

贈搖郎詩　二/1734

贈逸民詩（逸民、逸民吟）　二/1526

贈陰梁州詩　三/2070

贈榮陽太守吳子仲詩　一/768

贈虞顯度詩　一/740

贈庾易詩　二/1470

贈庾翼詩　二/885

贈袁湛謝混詩　二/1145

贈棗據詩　一/582

贈棗腆詩　一/645

贈棗子琰詩　一/744

贈張戈陽詩　一/736

贈張華詩　一/648

贈張始均詩　三/2226

贈張徐州謖詩　二/1544

贈張纘詩　三/1933

贈鄭曼季詩四首　一/710

贈摯仲洽詩　一/757

贈摯仲洽詩　一/621

贈中尉李彪詩　三/2197

贈周處士詩〔王褒〕　三/2336

贈周處士詩〔庾肩吾〕　三/1994

贈周處士詩〔庾信〕　三/2400

贈周散騎興嗣詩二首　二/1739

贈周興嗣詩四首　二/1740

贈朱從事詩　二/1733

贈諸遊舊詩　二/1685

贈竺度詩　二/1089

贈族人秣陵兄弟詩　二/1685

贈族叔衛軍儉詩　二/1394

摘安石榴贈劉孝威詩　三/2017

摘同心梔子贈謝娘因附此詩　三/2132

摘園菊贈謝僕射舉詩　三/2019

齋中讀書詩　二/1168

齋中望月詩　二/1223

展敬上鳳林寺詩　三/2685

戰城南　一/157

戰城南〔吳均〕（胡無人行）　二/1719　二/1720

戰城南〔張正見〕　三/2476

戰城南篇　二/1206

戰國策引鄙語　一/82

戰國策引諺　一/82

戰國策引逸詩　一/71

戰國策引語　一/83

戰榮陽　一/527

章德凱容樂　二/1360

章帝引諺　一/232

章洪德　一/546

張公神碑歌　一/326

張黃門協苦雨　二/1574

張敬兒自爲歌謠　二/1482

張麗英石鼓歌　三/2779

張司空華離情　二/1573

張仙卿授詩　三/2193

張誘世作　二/1115

漳水歌　見鄴民歌

長史變歌三首　二/1053

長孫平引鄙諺　三/2746

帳下壯士　見軍中爲典韋語

招商歌　一/182

招詩　一/65

招隱詩〔陸機〕　一/689

招隱詩〔閭丘沖〕　一/750

招隱詩〔王康琚〕　二/953

招隱詩〔張載〕　一/740

招隱詩二首〔陸機〕　一/691

招隱詩二首〔張華〕　一/622

招隱詩二首〔左思〕　一/734

昭德凱容樂　二/1360　二/1493

昭君詞　三/2658

昭君辭〔沈約〕　二/1614

昭君辭〔薛道衡〕　三/2680

昭君辭〔庾徽之〕　二/1245

昭君辭 見明君詞

昭君辭應詔（明君詞） 三/2348

昭君怨〔陳叔寶〕（明君詞） 三/2503

昭君怨〔何遜〕 二/1680

昭君怨〔劉氏〕 三/2129

昭明爲太子時謠 三/2140

昭夏 三/2415 三/2416 三/2418 三/2419 三/2423 三/2426 三/2755 三/2757 三/2761 三/2762

昭夏樂 二/1359 二/1361 二/1490 二/1491 二/1492 二/1493 二/1495 二/1498 二/1504 三/2304 三/2306 三/2309 三/2311 三/2312

昭遠樂 二/1492

朝日誠夏 三/2760

朝時篇（怨歌行朝時篇） 一/558

朝雲曲〔沈約〕 二/1625

朝雲曲〔蕭衍〕 二/1523

詔問山中何所有賦詩以答 二/1814

照流看落釵 三/1964

照水聯句 二/1713

照帙秋螢詩 三/2558

趙郡王配鄭氏挽詞 三/2261

趙郡爲李曾謠 三/2230

趙民謠 一/38

趙岐引南陽舊語 一/246

趙瑟曲 二/1624

趙王倫爲亂時謠 一/784

櫂歌行〔曹叡〕 一/416

櫂歌行〔孔寧子〕 二/1138

櫂歌行〔劉孝綽〕 三/1825

櫂歌行〔盧思道〕 三/2628

櫂歌行〔陸機〕 一/660

櫂歌行〔阮研〕 三/2101

櫂歌行〔王籍〕 三/1853

櫂歌行〔魏收〕 三/2268

櫂歌行〔吳邁遠〕 二/1318

櫂歌行〔蕭岑〕 三/2655

櫂歌行〔蕭綱〕 三/1907

折花聯句 二/1713

折楊柳〔岑之敬〕 三/2549

折楊柳〔江總〕 三/2568

折楊柳〔劉邈〕 三/1889

折楊柳〔王瑳〕 三/2610

折楊柳〔蕭綱〕 三/1911

折楊柳〔蕭繹〕 三/2032

折楊柳〔徐陵〕 三/2525

折楊柳〔張正見〕 三/2478

折楊柳二首 三/2505

折楊柳歌辭 三/2158

折楊柳行 一/268

折楊柳行 見臨終詩、挽船士兄弟辭別詩

折楊柳行〔曹丕〕（遊仙詩、長歌行） 一/393 一/398

折楊柳行〔陸機〕 一/659

折楊柳行〔謝靈運〕 二/1150

折楊柳枝歌 三/2159

貞女引〔沈約〕 二/1623

貞女引〔蕭綱〕 三/1915

貞女引 一/306

真人篇 一/614

針穴名詩 三/2043

正旦大會行禮歌〔成公綏〕 一/823

正旦大會行禮歌〔傅玄〕 一/816

正旦大會行禮歌〔荀勖〕 一/818

正旦大會行禮詩 一/822

正旦蒙趙王賚酒詩 三/2392

正旦上司憲府詩 三/2357

正會詩(元會詩) 一/448

正月八日燃燈應令詩 三/1962

正月歌 二/1066

正月七日登高侍宴詩 三/2282

正月七日登高作詩 二/891

正月十五日子通衢建燈夜升南樓詩
  三/2671

正朝詩〔曹毗〕 二/889

正朝詩〔王氏〕 二/954

征客詩 二/1751

征遼東 一/827

征虜亭餞王少傅 二/1203

征虜亭送新安王應令詩〔徐陵〕
  三/2532

征虜亭送新安王應令詩〔張正見〕

三/2486

征虜亭祖王少傅 二/1204

征邁辭 一/596

征西大將軍京陵王公會射堂皇太子
  見命作此詩 一/698

征西官屬送於陟陽候作詩 一/599

征西將軍登歌 一/813

征行詩 三/2257

征怨詩 二/1568

烝齋應詔詩 二/1250

箏歌 二/878

正釵聯句 二/1714

正德舞歌 一/836 一/838

正始中時人謠 一/516

正陽堂宴勞凱旋詩 二/1632

鄭白渠歌 一/121

鄭玄引俗語 一/248

之馮翊祖道詩 一/600

之江州詩 二/1224

之遼東詩 一/475

之零陵郡次新亭詩 二/1550

之宣城郡出新林浦向板橋詩 二/
  1429

支詩 一/63

芝草詩 三/1993

芝房歌 見齊房

織婦詩 二/1535

織女贈牽牛詩 二/1644

直東宮答鄭尚書道子詩 二/1232

直石頭詩　二/1528

直學省愁臥詩　二/1640

直中書省詩　二/1431

直中書詩　二/923

執筆戲書詩　三/1940

止酒　二/1001

徵調曲六首　三/2430

徵引〔沈約〕　三/2176

徵引〔蕭子雲〕　三/2178

至大雷聯句　二/1712

至德二年十一月十二日升德施山齋
　三宿決定罪福懺悔詩　三/2585

至廣陵於馬上作詩　一/401

至老子廟應詔詩　三/2362

至牛渚憶魏少英詩　二/1763

至渭源詩　三/2345

至烏林村　見採桑者因有贈詩
　三/2118

至湘洲望南岳詩　二/1744

至尋陽詩　二/1454

志詩　見詩二首

治兵大雅　二/1371

治西湖詩　二/1546

治宅詩　二/1435

置酒高殿上〔江總〕　三/2571

置酒高殿上〔張正見〕　三/2473

置酒高堂上　二/1134

雉朝飛操〔獨沐子〕　一/304

雉朝飛操〔吳均〕　二/1721

雉朝飛操〔蕭綱〕　三/1914

雉子班〔吳均〕　二/1720

雉子班　一/160

雉子斑〔陳叔寶〕　三/2504

雉子斑〔江總〕　三/2567

雉子斑〔毛處約〕　三/2603

雉子斑〔張正見〕　三/2477

雉子遊原澤篇　二/1208

摘洛謠　一/228

繫魚諺　一/794

中川長望詩　二/1762

中婦織流黃〔盧詢祖〕　三/2261

中婦織流黃〔徐陵〕　三/2523

中宮詩二首　一/584

中候王夫人詩三首　二/1100

中陵　一/722

中山王孺子妾歌二首　二/1466

中興歌十首　二/1271

鍾山解講詩　二/1797

種葛篇　一/435

種瓜篇（春遊曲）　一/416

種蘭詩　二/1212

種桑詩　二/1169

種田歌　見耕田歌

仲春振旅　一/832

仲秋獮田　一/832

衆人爲賈洪嚴危語（州中歌）　一/
　522

衆星詩（古詩）　一/570　一/5/1

舟中寒望詩　三/2003

舟中望月詩〔庾信〕　三/2393

舟中望月詩〔朱超〕　三/2095

州名詩　二/1548

州中歌　見衆人爲賈洪嚴危語

周承未還重贈詩　二/1742

周初童謠　三/2411

周地圖記引語　三/2413

周官詩　一/604

周禮注引逸詩　一/72

周秦民歌　一/13

周詩　一/593

周小史詩　一/737

周宣王時童謠　一/36

周易詩　一/604

咒辭　一/553

朱路篇　二/1205

朱鷺　一/155

朱鷺〔陳叔寶〕　三/2503

朱鷺〔裴憲伯〕　三/2114

朱鷺〔蘇子卿〕　三/2600

朱鷺〔王僧孺〕　二/1760

朱鷺〔張正見〕　三/2476

朱明　一/148

朱儒歌　見朱儒誦

朱儒誦（朱儒歌）　一/41

茱萸女　三/1909

諸葛恪引里語　一/542

諸葛亮引語論光武　一/533

諸人共講老子詩　二/944

諸人共遊周家墓柏下詩　二/993

諸儒爲賈逵語　一/251

諸儒爲匡衡語　一/138

諸儒爲劉愷語　一/253

諸儒爲楊震語　一/252

諸儒爲張禹語　一/139

諸儒爲朱雲語　一/136

諸生爲呂思禮語　三/2413

竹扇詩　二/894

燭　二/1453

主人池前鶴詩　二/1749

麈尾詩　三/2105

祝蚓歌　一/411

著布謠　一/787

築者歌　見澤門之晳謳

撰孔子正言竟述懷詩　二/1530

妝成詩　三/2739

妝臺記序引春秋時諺　一/85

莊周獨處吟　見引聲歌

莊子引野語　一/78

莊子引逸詩　一/70

壯士篇　一/613

壯哉行　一/662

追從鑾輿夕頓戲下應令詩　三/2718

捉搦歌　三/2158

酌貪泉賦詩　二/936

酌修仁水賦詩　二/1551

啄木　見詩

啄木詩〔袁淑〕 二／1213

啄木詩〔左芬〕 一／730

緇素知友祖道新林去留哀感賦詩一首 見祖道賦詩

子產歌 見子產誦

子產誦（子產歌） 一／41

子桑琴歌 一／22

子尚歌 二／1475

子夜變歌 三／2127

子夜變歌三首 二／1048

子夜歌二首 二／1516

子夜歌四十二首 二／1040

子夜警歌二首 二／1048

子夜四時歌〔王金珠〕 三／2125

子夜四時歌〔蕭衍〕 二／1516

子夜四時歌七十五首 二／1043

紫蘭始萌詩 二／1536

紫騮馬〔陳暄〕 三／2542

紫騮馬〔獨孤嗣宗〕 三／2604

紫騮馬〔江總〕 三／2570

紫騮馬〔李爕〕 三／2604

紫騮馬〔蘇子卿〕 三／2601

紫騮馬〔蕭綱〕 三／1911

紫騮馬〔蕭繹〕 三／2033

紫騮馬〔徐陵〕 三／2526

紫騮馬〔張正見〕 三／2479

紫騮馬〔祖孫登〕 三／2543

紫騮馬二首 三／2508

紫騮馬歌 三／2154

紫騮馬歌辭 三／2154

紫微夫人歌此 二／1105

紫微夫人授乞食公歌 二／1120

紫微夫人授詩 二／1097

紫微夫人作 二／1105 二／1106

紫微詩 二／1104

紫微王夫人詩十七首 二／1102

紫微吟此再三 二／1104

紫微作 二／1105

紫玉歌 二／1125

紫芝歌 見採芝操

自感詩三首 三／2739

自劾詩 一／113

自江州還入石頭詩〔劉峻〕 二／1757

自江州還入石頭詩〔蕭繹〕 三／2049

自君之出矣〔范雲〕 二／1552

自君之出矣〔賈馮吉〕 三／2608

自君之出矣〔劉駿〕（擬室思、擬徐幹） 二／1219

自君之出矣〔劉義恭〕 二／1247

自君之出矣〔顏師伯〕 二／1246

自君之出矣〔虞羲〕 二／1605

自君之出矣六首 三／2510

自樂昌郡泝流入郴詩 二／1586

自礦山東望震澤詩 二／1284

自遣詩 三／2739

自爲童謠 二／1323

自惜身薄祜行 一／418

自潯陽至都集道里名爲詩 二／

1252

字迷三首　二/1312

縱橫篇　一/614

陬操　一/300

鄒魯諺　一/138

鄒陽引諺　一/130

鄒子引古語　一/81

走筆戲書應令詩　三/2528

走馬引〔傅縡〕（天馬引）　三/2535

走馬引〔張率〕　二/1782

奏宜列之樂歌舞　二/1503

阻雪連句遥贈和　二/1455

俎入歌　三/2764

祖道畢雍孫劉邊仲潘正叔詩　一/
683

祖道賦詩（緇素知友祖道新林去留
哀感賦詩一首）　三/2774

祖道清正詩　一/678

祖道詩　一/599

祖道應令詩　一/591

祖道趙王應詔詩　一/616

祖道征西應詔詩　一/616

祖會太極東堂詩　一/677

祖孫楚詩　一/727

祖珽引魏世謠　三/2233

醉歌　一/103

左傳詩　一/605

左傳引古人言　一/76

左傳引上國言　一/76

左傳引諺　一/75

左傳引逸詩　一/67

左傳引周諺　一/74

左馮翊歌〔陸厥〕　二/1465

左記室思詠史　二/1574

左右新婚詩　三/1849

作蠶絲　三/2616

作離合詩　二/1185

作者四角號碼索引

0020₁ 亭

26 亭伯　見崔駰

0021₁ 鹿

80 鹿悆（永吉）　三/2217

0021₆ 竟

74 竟陵王　見蕭子良

　　竟陵郡公　見蕭道成

0022₂ 彦

18 彦瑜　見蕭琛

22 彦鸞　見崔鴻

24 彦升　見袁喬、任昉

26 彦伯　見袁宏

　　彦和　見朱異、元勰

37 彦深　見魏澹

　　彦遐　見江祿

40 彦士　見曹髦

53 彦威　見習鑿齒

0022₃ 齊

00 齊高帝　見蕭道成

13 齊武帝　見蕭賾

44 齊莊　見孫放

80 齊公　見蕭道成

0022₇ 方

27 方叔　見杜育

高

00 高齋學士　見徐防、鮑至

11 高麗定法師　三/2625

12 高延宗（安德王）　三/2274

14 高琳（季珉）　三/2325

23 高允（伯恭）　三/2201

　　高允生　三/2113

40 高爽　二/1541　三/2117

44 高孝緯　三/2224

55 高貴鄉公　見曹髦

60 高邑公　見曹嘉

　　高昂（敖曹）　三/2257

76 高陽侯　見蔡邕

商

33 商梁子　一/307

72 商丘成（秅侯）　一/102

74 商陵牧子　一/305

0023₀ 卞

03 卞斌　三/2728

26 卞伯玉　二/1130

　　卞和　一/312

38 卞裕　二/950

42 卞彬（士蔚）　二/1323

0023₁　應

00 應亨　一/581

11 應璩（休璉）　一/468

16 應瑒（德璉）　一/382

20 應季先　一/184

21 應貞（吉甫）　一/579

0023₂　康

17 康孟　三/2411

22 康樂公　見謝靈運

28 康僧淵　二/1075

0023₇　庾

00 庾亮　三/2381

20 庾信（子山、武康縣侯、臨清縣
　子、義成縣侯、庾開府）　二/
　1551　三/1988　三/1990
　三/2089　三/2277　三/2337
　三/2347　三/2415　三/2464
　三/2641　三/2700　三/2715

25 庾仲容（仲容）　三/1857

26 庾自道　三/2709
　庾自直　三/2708

28 庾徽之（景獻）　二/1245

30 庾肩吾（子慎）　二/1791　三/
　1981　三/2101　三/2365　三/
　2529　三/2556

40 庾友（惠彥）　二/908

44 庾蘊　二/909

53 庾成師　三/2136

77 庾闡（仲初）　二/872
　庾開府　見庾信
　庾丹　三/2101

0026₇　唐

22 唐山夫人　一/145

40 唐堯　一/319

44 唐菆（白狼王）　一/164

0028₆　廣

13 廣武侯　見劉琨
　廣武縣侯　見張華

22 廣川王　見劉去

28 廣微　見束晳

74 廣陵王　見劉胥

0029₄　麻

00 麻衣道士　見史宗

麕

10 麕元　一/412

0040₀　文

　文　見范雲

24 文偉　見費禕

27 文奐　見蕭賁

30 文安縣子　見祖瑩
　文容　見蕭琛

32 文淵　見馬援
　文業　見趙整

37 文通　見江淹

41 文姬　見蔡琰

42 文機　見阮研

50 文中子　見王通

文忠先生　見朱穆

56 文暢　見柳惲

67 文明太后　見馮氏

77 文舉　見孔融、郭文

79 文勝　見酈炎

00401 辛

12 辛延壽　一/198

　辛延年　一/198

24 辛德源（孝基）　三/2648　三/2771

44 辛蕭　二/954

60 辛曠　一/586

00503 牽

20 牽秀（成叔）　一/727

00601 言

56 言揚　見謝舉

00732 玄

00 玄方　見棗腆

　玄度　見許詢、謝微

30 玄宗　見竺僧度

57 玄靜先生　見劉峻

67 玄暉　見謝朓

77 玄卿　見薛道衡

襄

76 襄陽縣侯　見王濬

01286 顏

01 顏龍　見范雲

03 顏竣（士遜）　二/1241

12 顏延之（延年）　一/262　一/

263　二/1225　二/1351

21 顏師伯　二/1246

30 顏之推（介）　一/692　三/2282

32 顏測　二/1242

34 顏遠　見曹攄

02921 新

26 新息侯　見馬援

04600 謝

10 謝靈運（客兒、康樂公）　二/1147

14 謝璟　三/2102

26 謝繹　二/916

28 謝微（謝徵、玄度）　二/1820

　謝徵　見謝微

30 謝安（安石、建昌縣公）　二/905

36 謝混（叔源、益壽）　二/934

38 謝道韞　二/912

44 謝莊（希逸、憲子）　二/1250

　二/1351　二/1357

　謝芳姿　二/923

　謝萬（萬石）　二/906

　謝世基　二/1142

47 謝超宗　二/1489　二/1491

　二/1492　二/1494　二/1503

　謝檐　見謝瞻

50 謝惠連　二/1149　二/1188

67 謝瞻（宣遠、謝檐、通遠）　二/1131

68 謝晦（宣明、武昌縣公）　二/1140

72 謝朓（玄暉）　二/1388　二/1413

　二/1498

謝氏 三/2227

77 謝舉（言揚） 三/1856

90 謝尚（仁祖） 二/878

99 謝燮 三/2550

0466₀ 諸

44 諸葛穎（漢） 三/2703

諸葛嶷 三/2005 三/2006 三/2007 三/2008

諸葛恪（元遜、陽都侯） 一/536

0512₇ 靖

88 靖節先生 見陶淵明

0742₇ 郭

00 郭文（文舉） 二/1095

12 郭璞（景純） 二/862

37 郭遐叔 一/476

郭遐周 一/475

50 郭泰機 一/609

90 郭愔 一/775

0821₂ 施

99 施榮泰 三/2112

0864₀ 許

03 許謐 見許穆

07 許詢（玄度） 二/894

12 許瑤之 二/1474

26 許穆（許謐、思玄） 二/1122

27 許倪 三/2608

許翽（道翔、玉斧） 二/1123

50 許由 一/307

80 許善心（務本） 三/2643 三/

2707 三/2755

0968₉ 談

40 談士雲 三/2123

1010₁ 正

27 正叔 見潘尼

71 正長 見王讚

1010₃ 玉

80 玉斧 見許翽

1010₄ 王

00 王齊之 二/938

王康琚 二/952

王廙（世將、武陵縣侯） 二/855

王玄之 二/911

王褒（子淵） 三/2329 三/2356 三/2360

02 王訓（懷範） 二/1716

04 王謨 三/2735

王讚（正長） 一/760

07 王歆之（叔道） 二/1326

王韶之（休泰） 二/1187 二/1355 二/1362 二/1367

12 王延（希季） 二/1377

15 王融（元長） 二/1385

16 王環 三/2122

17 王珣（元琳） 二/929 二/1073 二/1074

王珉（季琰） 二/923

18 王瑳 三/2610

王磋 三/2611

20 王喬之　二/938

　　王秀之（伯奮）　二/1477

21 王衡　三/2716

22 王豐之　二/915

　　王彪之（叔虎）　二/921

　　王循　三/2113

23 王獻之（子敬）　二/903

24 王德　三/2225

　　王偉　三/1862

　　王升之　二/950

25 王仲雄　二/1407

27 王脩己　三/2120

　　王粲（仲宣、關内侯）　一/357

　　　　一/524　一/525

　　王叔之（穆仲）　二/1129

28 王微（景玄）　二/1199

　　王微之（子猷）　二/913

　　王僧孺　二/1759

　　王僧祐（胤宗）　二/1380

　　王僧達　二/1239

　　王僧令　二/1462

　　王儉（仲寶、豫寧縣侯、南昌郡公）

　　　　二/1378　二/1491　二/1507

　　　　二/1510

30 王濟（武子）　一/597

　　王容　三/2224

　　王寂（子玄）　二/1460

31 王濬（士治、襄陽縣侯）　一/591

33 王浚（彭祖）　一/774

36 王湜　三/2122

37 王渙之　二/914

　　王淑英妻　見劉氏

　　王凝之（叔平）　二/911

　　王通（仲淹、文中子）　三/2655

40 王臺卿　三/2005　三/2006

　　　　三/2007　三/2008　三/2087

　　王嘉（子年）　二/927

　　王吉　一/163

　　王睿（元恭）　三/2692

41 王樞　三/2118

42 王彬之　二/914

44 王孝禮　三/2120

　　王蘊　見王蘊之

　　王蘊之（王蘊、叔仁）　二/915

46 王楫　見王揖

47 王胡之（脩齡）　二/885

50 王由禮　三/2570　三/2728

　　王泰（仲通）　三/2069

　　王胄（承基）　三/2277　三/2696

　　王肅（恭懿）　三/2204

　　王肅之（幼恭）　二/913

　　王素（休業）　二/1317

56 王規（威明）　二/1815

　　王揖（王楫）　二/1541

60 王思遠（阿戎）　二/1460

　　王晏（休默、士彦）　二/1479

61 王顯　三/1856

64 王晞（叔朗）　三/2345

王晞　見竺僧度

65 王暕（思晦）　二/1593

67 王昭君　一/315

72 王氏（衛敬瑜妻）　三/2128

王氏（劉和妻）　二/954

77 王冏　三/2091

78 王鑒（茂堂）　二/854

80 王金珠　三/2125

王羲之（逸少）　二/895

86 王錫（公嘏）　二/1808

88 王銓　一/592

王筠（元禮、德柔）　三/2009

三/2605

王籍（文海）　三/1853

90 王常侍　二/1478

99 王瑩　三/1856

1010₈ 豆

21 豆盧突　見宇文招

1020₀ 丁

00 丁六娘　三/2736

1021₁ 元

00 元亮　見陶淵明

07 元詡（北魏孝明帝）　三/2209

14 元琳　見王珣

17 元翌　三/2211

元子攸（北魏孝莊帝、武城縣公、

長樂王）　三/2210

18 元瑜　見阮瑀

元珍　見祖瑩

20 元秀　見陳叔寶

21 元行恭　三/2579　三/2654

25 元仲　見曹叡

27 元翻　三/2211

元叔　見趙壹

元宏（北魏孝文帝）　三/2200

元宗　見孫晧

32 元遜　見諸葛恪

33 元邈　見李密

34 元達　見苻朗

35 元禮　見王筠

44 元基　見張純

元恭（脩業、北魏節閔帝）　三/
2210

元恭　見王脩

46 元勰（彥和、彭城王、始平王）
三/2205

48 元幹　見何楨

56 元操　見李孝貞

57 元靜　見何思澄

67 元明　見袁奭

元暉業（濟陰王）　三/2223

71 元長　見王融

77 元鳳　見桓麟

元熙（子真、中山王）　三/2223

90 元懔　見宗懔

1021₄ 霍

40 霍去病　一/314

60 霍里子高妻（麗玉）　一/255

1022₇ 爾

60 爾固突　見宇文逌

霄

43 霄城縣侯　見范雲

1024₇ 夏

05 夏靖（少明）　一/693

27 夏侯湛（孝若）　一/593

　　夏侯沖　一/638

1040₀ 干

30 干寶（令升、關內侯）　二/853

于

25 于仲文（次武）　三/2696

1040₉ 平

17 平子　見張衡

27 平叔　見何晏

31 平通侯　見楊惲

71 平原侯　見曹植

1060₀ 石

22 石崇（季倫、安陽侯）　一/641

38 石道慧　二/1475

64 石勳（子才）　一/175

百

60 百里奚　一/27

西

22 西豐縣侯　見蕭正德

1060₁ 晉

30 晉宣帝　見司馬懿

　　晉安王　見蕭綱

44 晉孝武帝　見司馬曜

77 晉熙王　見劉昶

1073₁ 雲

20 雲喬　見蕭長懋

44 雲英　見蕭子良

77 雲駒　見陸卬

　　雲興　見蕭子隆

1080₆ 賈

00 賈充（公閭、魯郡公）　一/586

31 賈馮吉　三/2608

1090₀ 不

00 不齊　見崔仲方

1111₀ 北

26 北魏孝文帝　見元宏

　　北魏孝莊帝　見元子攸

　　北魏孝明帝　見元詡

　　北魏節閔帝　見元恭

27 北絳郡公　見姚察

1111₄ 班

45 班婕妤　一/116

60 班固（孟堅）　一/168

1111₇ 甄

26 甄皇后　一/406

33 甄述　二/861

42 甄彬　三/2285

43 甄城王　見曹植

60 甄固　三/2121

1118₆ 項

17 項羽（楚霸王、項籍、子羽、魯公）

　　一/88

88 項籍　見項羽

1121₁　麗

10 麗玉　見霍里子高妻

1123₂　張

00 張亢（季陽）　二/853

　　張文恭　三/2733

　　張率（士簡）　二/1779　三/2183

07 張望　二/890

10 張正見（見賾）　三/2470　三/2524

　　三/2532　三/2594

11 張斐裳　三/2226

15 張融（思光）　二/1409

16 張碧蘭　三/2738

17 張翼（君祖）　二/891

21 張衡（平子）　一/177

22 張嵊（四山）　三/1860

24 張纘（伯緒）　三/1861

25 張純（元基）　一/534

26 張儼（子節）　一/535

30 張騫　三/2123

43 張載（孟陽）　一/738

44 張協（景陽）　一/741　一/744

　　張華（茂先、關內侯、廣武縣侯、

　　壯武郡公）　一/610　一/820

　　　一/825　一/835　一/838

　　　二/1269　二/1297

47 張奴　二/949

48 張翰（季鷹）　一/736

67 張野（萊民）　二/938

73 張駿（公庭）　二/876

80 張公庭　二/1327

1173₂　裴

00 裴讓之（士禮、宜都縣男）　三/
　　2261

04 裴訥之（士言）　三/2262

17 裴子野（幾原）　二/1789

20 裴秀（秀彥、濟川侯、鉅鹿郡公）
　　一/582

30 裴憲伯　三/2114

1210₀　到

31 到漑（茂灌）　三/1855

38 到洽（茂沿）　二/1785

1223₀　弘

00 弘度　見李充

24 弘先　見沈慶之

38 弘道　見明克讓

44 弘執恭　三/2726

55 弘農王　見劉辯

1240₁　延

24 延休　見程咸

37 延祖　見嵇紹

80 延年　見顏延之

1241₀　孔

00 孔章　見陸山才

10 孔璋　見陳琳

15 孔融（文舉）　一/196

17 孔子　見孔丘

20 孔稚圭　見孔稚珪

孔稚珪(德璋、孔稚圭) 二/1408
三/2662

24 孔德紹 三/2720
孔德昭 三/2721 三/2722

25 孔仲智 三/2606

27 孔魚(伯魚) 三/2536
孔奐(休文) 三/2536

30 孔甯子 二/1138

34 孔法生 二/1204

40 孔燾 三/2005 三/2007 三/
2008 三/2076

72 孔丘(孔子) 一/7 一/8 一/
25 一/26 一/299 一/300
一/301 一/316 一/318

77 孔欣 二/1134

80 孔翁歸 三/2077

88 孔範(法言) 三/2610

1249₃ 孫

08 孫放(齊莊) 二/902

17 孫子 見孫臏

20 孫統(承公) 二/907

21 孫綽(興公) 二/896

42 孫機 一/775

44 孫萬壽(仙期) 三/2638
孫楚(子荊) 一/598

57 孫拯(顯世) 一/723
孫擢 二/1715

64 孫晧(元宗、歸命侯) 一/537

67 孫嗣 二/907

73 孫臏(孫子) 一/62

1314₀ 武

00 武康縣侯 見庾信

17 武子 見王濟

25 武仲 見傅毅

43 武城縣公 見元子攸

60 武昌縣公 見謝晦

74 武陵王 見劉駿
武陵郡王 見蕭紀
武陵縣侯 見王廞

1540₀ 建

60 建昌縣侯 見沈約、徐陵
建昌縣公 見謝安

1611₄ 理

12 理孫 見蕭詧

1710₇ 孟

00 孟康 三/2411

24 孟德 見曹操

42 孟姚 一/18

76 孟陽 見張載

77 孟堅 見班固

1712₇ 鄧

87 鄧鏗 三/2103

1722₇ 酈

90 酈炎(文勝) 一/182

務

50 務本 見許善心

1723₂ 豫

00 豫章王 見蕭綜

30 豫寧縣侯　見王儉

承

44 承基　見王冑

80 承公　見孫統

1740₇ 子

00 子諒　見盧諶

　　子玄　見王寂

01 子龍　見陸雲公

10 子元　見柳鎮

　　子震　見曹景宗

15 子建　見曹植

17 子羽　見項羽

18 子瑜　見侯瑾

　　子政　見劉向

20 子季　見何胤

21 子行　見盧思道

22 子山　見庾信

24 子幼　見楊惲

27 子叔　見邯鄲淳

28 子微　見息夫躬

　　子儀　見劉孝儀

30 子安　見成公綏

32 子淵　見王褒

37 子通　見荀濟

40 子才　見邢邵、石勛

　　子真　見范縝、元熙

41 子桓　見曹丕

42 子荆　見孫楚

48 子敬　見王獻之

53 子盛　見馮元興

71 子長　見劉逖

72 子隱　見周處

76 子陽　見虞羲

77 子堅　見陰鏗

　　子居　見蔡凝

　　子桑　一/22

80 子年　見王嘉

83 子猷　見王徽之

88 子節　見張儼

94 子慎　見庾肩吾

1742₇ 邢

17 邢邵（子才）　三/2263

1750₇ 尹

26 尹伯奇　一/303

43 尹式　三/2659

1760₂ 習

37 習鑿齒（彥威）　二/922

1760₇ 君

37 君祖　見張翼

38 君道　見嵇含

1762₀ 司

71 司馬彪（紹統）　一/728

　　司馬相如（長卿）　一/99

　　司馬懿（晉宣帝、仲達、安國鄉
　　　侯、舞陽侯）　一/549

　　司馬曜（晉孝武帝、昌明、會稽
　　　王）　二/919

1762₇ 邵

74 邵陵王　見蕭綸

1771₀ 乙

40 乙支文德　三/2735

2010₄ 重

77 重熙　見郗曇

2033₁ 焦

24 焦先(孝然)　一/411

2040₇ 季

00 季彦　見裴秀

　季鷹　見張翰

　季文　見朱異

10 季雅　見杜篤

17 季珉　見高琳

19 季琰　見王珉

20 季重　見吳質

26 季和　見殷鈞

28 季倫　見石崇

40 季友　見傅亮

67 季明　見程曉

76 季陽　見張亢

2071₄ 毛

21 毛處約　三/2603

2091₄ 稚

22 稚川　見葛洪

2110₀ 上

44 上黄侯　見蕭曄

2121₀ 仁

04 仁謹　見楊侃

37 仁祖　見蕭愨、謝尚

2121₇ 伍

56 伍輯之　二/1129

盧

04 盧諶(子諒)　二/880

07 盧詢　三/2261

　盧詢祖　三/2260

10 盧元明(幼章)　三/2215

40 盧士深妻　見崔氏

44 盧莑　三/1856

60 盧思道(子行)　三/2627

2122₀ 何

14 何瑾(何瑾之)　二/947

　何瑾之　見何瑾

　何劭(敬祖)　一/648

17 何胥　三/2556

　何承天　二/1204

　何承嘉　二/1210

　何子朗(世明)　三/2077　三/2118

20 何妥(栖鳳)　三/2657

21 何偃(仲弘)　二/1239

　何處士　三/2599

22 何胤(子季、胤叔)　二/1806

30 何寘南　二/1714

32 何遜(仲言)　二/1678　三/2093　三/2657　三/2658

41 何楨(元幹)　一/551

46 何楫　三/2605

48 何敬容(國禮)　二/1888

60 何思澄（元静） 二/1807

何晏（平叔） 一/467 三/2657

何曼才 三/2608

71 何長瑜 二/1200

21227 衛

48 衛敬瑜妻 見王氏

21234 虞

08 虞説（虞悦） 二/916

20 虞舜 一/2 一/3 一/309
一/319

21 虞綽（士裕） 三/2705

30 虞騫 二/1610 三/2078

37 虞通之 二/1471

44 虞茂 三/2711 三/2713 三/
2714 三/2715

虞世南（伯施） 三/2717

虞世基（茂世） 三/2710 三/
2718 三/2755

80 虞義（子陽） 二/1605

82 虞龢 二/1369 二/1371

90 虞炎 二/1459

98 虞悦 見虞説

21240 虔

26 虔和 見李諧

21241 處

38 處道 見楊素

63 處默 見吳隱之

21247 優

08 優施 一/15

17 優孟 一/20

21331 熊

53 熊甫 二/859

21406 卓

00 卓文君 一/274

21727 師

60 師曠 一/65

22010 胤

27 胤叔 見何胤

30 胤宗 見王僧祐

22207 岑

24 岑德潤 三/2693

30 岑之敬（思禮） 三/2548

48 岑敬之 三/2549

22214 任

17 任豫 二/1324

60 任昉（彥升） 二/1594 二/1635
三/1825

崔

25 崔仲方（不齊、范陽縣侯、固安縣
公） 三/2694

30 崔寔 一/695

37 崔鴻（彥鸞） 三/2211

71 崔巨倫（孝宗） 三/2214

72 崔氏（盧士深妻） 三/2286

76 崔駰（亭伯） 一/171

22253 幾

71 幾原 見裴子野

22270 仙

47 仙期　見孫萬壽

22904　樂

53 樂成侯　見徐廣

60 樂昌公主　三/2565

23234　伏

20 伏系之（敬魯）　二/951

52 伏挺（士操、士標）　三/1856

　　三/1888

86 伏知道　三/2602

23242　傅

00 傅亮（季友）　二/1138

　　傅玄（休奕）　一/553　一/809

　　一/812　一/815　一/826

　　一/836　一/839　三/2115

07 傅毅（武仲）　一/172

23 傅縡（宜事）　三/2534

53 傅咸（長虞）　一/603

67 傅昭（茂遠）　二/1789

23250　臧

72 臧質　二/1346

23911　稐

27 稐侯　見商丘成

23972　嵇

00 嵇康（叔夜）　一/479

27 嵇紹（延祖）　一/725

40 嵇喜（公穆）　一/550

80 嵇含（君道）　一/725

24200　斛

25 斛律豐樂　三/2257

24210　壯

13 壯武郡公　見張華

24211　佐

80 佐公　見陸倕

24231　德

08 德施　見蕭統

10 德璋　見孔稚珪

15 德璉　見應瑒

17 德柔　見王筠

27 德魯　見杜摰

46 德如　見阮侃

83 德猷　見阮种

24256　偉

40 偉才　見袁豹

71 偉長　見徐幹

24265　僖

26 僖伯　見鄭道昭

24290　休

00 休文　見沈約、孔奐

　　休奕　見傅玄

　　休玄　見劉鑠

01 休龍　見劉駿

15 休璉　見應璩

26 休伯　見繁欽

32 休業　見王素

38 休道　見劉昶

50 休泰　見王韶之

63 休默　見王晏

65 休映　見江革

2472₇ 幼

00 幼章　見盧元明

16 幼瑒　見紀少瑜

44 幼恭　見王肅之

2492₁ 綺

60 綺里季夏　一/90

2498₆ 續

26 續伯　見闞讚

80 續命　見馮淑妃

2500₀ 牛

12 牛弘（里仁、奇章公）　三/2692
　　三/2755

2520₆ 仲

00 仲文　見殷仲文

　　仲言　見何遜

12 仲弘　見何偃

27 仲將　見韋誕

30 仲宣　見王粲

　　仲容　見庾仲容

　　仲寶　見王儉

34 仲淹　見王通

　　仲達　見司馬懿

37 仲初　見庾闡

　　仲通　見王泰

38 仲洽　見摯虞

44 仲恭　見毌丘儉

60 仲思　見劉程之

71 仲長統（公理）　二/204

　　仲長敖　二/952

2522₇ 佛

60 佛圖澄　二/1076

2590₀ 朱

07 朱記室　二/1716

11 朱碩仙　二/1474

21 朱虎　見曹彪

24 朱德才　二/862

26 朱穆（公叔、文忠先生）　一/181

43 朱越　三/2095

44 朱孝廉　二/1477

47 朱超　三/2092

　　朱超道　三/2093　三/2094　三/
　　2095　三/2096

60 朱異（季文）　一/535

77 朱异（彥和）　三/1859　三/2096

2600₀ 白

43 白狼王　見唐蒐

71 白馬王　見曹彪

2610₄ 皇

53 皇甫謐（士安）　一/585

2620₀ 伯

00 伯彥　見潘徽

　　伯度　見游雅

08 伯施　見虞世南

10 伯玉　見陸瓊

　　伯牙　一/320

21 伯仁　見李尤

22 伯鸞　見梁鴻

24 伯緒　見張纘

27 伯魚　見孔魚

28 伯倫　見劉伶、范泰

30 伯審　見姚察

37 伯通　見殷顗

40 伯奮　見王秀之

44 伯恭　見高允

47 伯起　見魏收

50 伯夷　一/6

61 伯喈　見蔡邕

　　　　26227　帛

38 帛道猷　二/1088

　　　　26330　息

50 息夫躬（子微、宜陵侯）　一/116

　　　　26413　魏

00 魏文帝　見曹丕

13 魏武帝　見曹操

28 魏收（伯起）　三/2268

30 魏滂　二/915

37 魏澹（彥深）　三/2647

67 魏明帝　見曹叡

80 魏公　見李密

　　　　26900　細

17 細君（烏孫公主）　一/111

　　　　26914　程

53 程咸（延休）　一/551

64 程曉（季明）　一/577

　　　　26922　穆

25 穆仲　見王叔之

　　　　26930　總

54 總持　見江總

　　　　26941　釋

00 釋亡名 俗姓宋　三/2433　三/
　　2435

　　釋玄逵　三/2775

10 釋靈裕　三/2775

30 釋寶誌　三/2188

　　釋寶月　二/1479

34 釋法雲　三/2191

　　釋洪偃　三/2623

38 釋道安　二/1084

　　釋道寶　二/1089

50 釋惠標　三/2544　三/2545
　　三/2621

　　釋惠令　三/2190

55 釋慧遠　二/1085

　　釋慧淨　三/2772

　　釋慧英　三/2778

　　釋慧輪　三/2778

60 釋曇遷　三/2774

86 釋智才　三/2777

　　釋智藏　三/2189

　　釋智命（鄭頲）　三/2776

　　釋智炫　三/2774

　　釋智愷　三/2624

　　　　27127　歸

80 歸命侯　見孫晧

　　　　27220　用

60 甪里先生　一/90

2722₂ 修

21 修仁　見徐勉

2722₇ 脩

28 脩齡　見王胡之

32 脩業　見元恭

2723₄ 侯

14 侯瑾(子瑜)　一/185

50 侯夫人　三/2738

2724₇ 殷

04 殷謀　三/2608

15 殷融(洪遠)　二/952

21 殷顗(伯通)　二/929

25 殷仲文(仲文)　二/933

39 殷淡　二/1358　二/1361

44 殷英童　三/2730

　　殷芸(灌蔬)　二/1803

47 殷均　見殷鈞

87 殷鈞(殷均、季和)　三/1862

2725₂ 解

34 解瀆亭侯　見劉宏

2731₂ 鮑

10 鮑至(高齋學士)　三/2024

17 鮑子卿　三/2117

22 鮑幾(鮑機、景玄)　三/2024

26 鮑泉(潤岳)　三/2026

42 鮑機　見鮑幾

67 鮑照(明遠)　一/693　二/1257

　　二/1766　三/1906　三/1967

80 鮑令暉　二/1313

2732₇ 烏

12 烏孫公主　見細君

2740₇ 阜

74 阜陵侯　見劉安

2742₇ 鄒

34 鄒湛(潤甫)　一/625

2744₀ 舟

30 舟之僑　一/17

2760₃ 魯

17 魯郡公　見賈充

44 魯范　三/2729

50 魯本　三/2734

76 魯陽侯　見韓延之

80 魯公　見項羽

2771₂ 包

52 包播　二/950

67 包明月　三/2128

2790₁ 祭

80 祭公謀父　一/64

2791₇ 紀

90 紀少瑜(幼瑒)　二/1778

2792₂ 繆

01 繆襲　三/526

2793₂ 綠

15 綠珠　一/645

2794₀ 叔

00 叔夜　見嵇康

　　叔齊　一/6

　　叔庠　見吳均

10 叔平　見王凝之

21 叔仁　見王蘊之

　　叔虎　見王彪之

31 叔源　見謝混

34 叔達　見蕭衍

37 叔朗　見王晞

38 叔道　見王歆之

67 叔明　見陸慧曉

2796₂ 紹

20 紹統　見司馬彪

26 紹伯　見蕭道成

2822₇ 倫

08 倫許　見胡叟

2826₆ 僧

10 僧正惠偘　三/2191

34 僧法宣　三/2771

2829₄ 徐

00 徐廣（野民、樂成侯）　二/953

08 徐謙　三/2411

12 徐瑗　見徐爰

17 徐君蒨（懷簡）　三/2066

20 徐爰（徐瑗、長玉）　二/1321

22 徐豐之　二/916

24 徐勉（修仁）　二/1811

　　徐德言　三/2564

26 徐伯陽（隱忍）　三/2469

28 徐儀　三/2693

34 徐湛　三/2607

37 徐淑　一/188

44 徐孝克　三/2562

　　徐孝嗣（始昌、枝江縣公）　二/1411

48 徐幹（偉長）　一/375

50 徐摛（士秀、士續）　三/1891
　　三/2529

67 徐晚　三/2069

70 徐防（高齋學士）　三/2005
　　三/2006　三/2007　三/2008
　　三/2067

72 徐朏　三/2068

74 徐陵（孝穆、建昌縣侯）　三/
　　1890　三/2486　三/2498
　　三/2523　三/2574　三/2575

91 徐悱（敬業）　二/1770　三/2131

　　徐悱妻　見劉氏

91 徐怦　三/2030

2854₀ 牧

24 牧犢子　見獨沐子

2998₀ 秋

12 秋孫　見劉珍

3010₆ 宣

17 宣子　見阮脩

34 宣遠　見謝瞻、蕭頤

44 宣摯　見劉臻

67 宣明　見謝晦

3010₇ 宜

47 宜都王　見劉義隆

　　宜都縣男　見裴讓之

50 宜事　見傅縡
74 宜陵侯　見息夫躬

30114　淮

40 淮南王　見劉安

30123　濟

11 濟北郡侯　見荀勗
22 濟川侯　見裴秀
78 濟陰王　見元暉業

30201　寧

47 寧都郡公　見宇文毓
　　寧都縣侯　見蕭子顯

30217　扈

17 扈子　一/29

30227　房

88 房篆　三/2114

甯

53 甯戚　一/317

30232　永

22 永豐侯　見蕭撝
24 永先　見華覈
26 永和　見李謐
40 永吉　見鹿悆
44 永世　見曹茂之
60 永昌　見常景
77 永興侯　見陳昭

30336　憲

　　憲　見江淹
17 憲子　見謝莊

30401　宇

00 宇文贇（乾伯、周宣帝）　三/2344
　　宇文迫（爾固突、滕國公、滕王）
　　　　三/2345
　　宇文招（豆盧突、趙國公、趙王）
　　　　三/2344
　　宇文招女　見大義公主
　　宇文毓（周明帝、寧都郡公）
　　　　三/2323

30404　安

10 安石　見謝安
21 安仁　見潘岳
24 安德王　見高延宗
27 安鄉侯　見曹植
60 安國鄉侯　見司馬懿
　　安昌公　見潘尼
　　安邑侯　見毌丘儉
74 安陸侯　見蕭曄
76 安陽子　見荀勗
　　安陽侯　見石崇

30432　宏

22 宏稱　見蕭洽

30604　客

77 客兒　見謝靈運

30801　定

00 定襄侯　見蕭祗

30806　賓

77 賓卿　見閭丘沖

30901　宗

10 宗羈　三/2327

50 宗夬（明敭）　二/1554

87 宗欽（欽若）　三/2197

90 宗懍（元懍）　三/2265　三/2326

91 宗炳（少文）　二/1137

3090₄　宋

00 宋文帝　見劉義隆

17 宋子侯　一/198

38 宋道璵　三/2226

44 宋孝武帝　見劉駿

60 宋國公　見賀若弼

67 宋明帝　見劉彧

3111₀　江

10 江夏王　見劉義恭

20 江乘縣公　見陸法和

24 江偉　一/550

26 江伯瑤　三/2122

　　江總（總持）　二/1321　三/1977

　　　三/2567

27 江㪍（江朝請）　二/1476

28 江從簡　三/1889

31 江逌（道載）　二/879

34 江淹（文通、憲）　二/1069　二/

　　1502　二/1510　二/1555

　　　三/2072

　　江洪　三/2072

37 江禄（彦遐）　三/2076

44 江孝嗣　二/1478

　　江革（休映）　二/1715

47 江朝請　見江㪍

67 江暉　三/2605

80 江令　三/1934

86 江智淵　二/1243

3112₀　河

77 河間王　見蕭岑

3112₇　馮

10 馮元興（子盛）　三/2212

37 馮淑妃（小憐、續命）　三/2285

72 馮氏（文明太后）　三/2227

74 馮驦　一/14

3128₆　顧

00 顧言　見柳䛒

32 顧測　見顧覬

33 顧祕（公真）　一/694

47 顧歡（景怡）　二/1381

62 顧覬（顧則心、顧測）　二/1473

　　　二/1682

　　顧則心　見顧覬

67 顧野王（希馮）　三/2467

92 顧愷　三/2120

　　顧愷之（長康）　二/930

93 顧煊　三/2119

3216₉　潘

28 潘徽（伯彦）　三/2563

72 潘岳（安仁）　一/627

77 潘尼（正叔、安昌公）　一/634

　　　一/761

3390₄　梁

10 梁王　見蕭衍、蕭詧

梁元帝　見蕭繹

13 梁武帝　見蕭衍

30 梁宣帝　見蕭詧

37 梁鴻(伯鸞)　一/165

44 梁世宗　三/2053

80 梁公　見蕭衍、蕭琮

88 梁簡文帝　見蕭綱

3411₁　湛

00 湛方生　二/943

44 湛茂之　二/1325

3411₂　沈

00 沈慶之(弘先、南昌縣公)　二/1246

08 沈旋(士規)　三/2078

17 沈君攸　三/2109

　　沈君道　三/2733

22 沈繇　二/1715

27 沈約(休文、建昌縣侯、隱)　二/1613　三/1920　三/1987　三/2020　三/2052　三/2163　三/2170　三/2176　三/2178　三/2185　三/2186　三/2482

28 沈攸之　二/1349

34 沈滿願　三/2132

47 沈趨(孝鯉)　三/2079

72 沈后　三/2522

97 沈烱(初明、禮明)　三/2443

3411₄　灌

44 灌蔬　見殷芸

3413₁　法

00 法言　見孔範

50 法泰　三/2625

3413₂　漆

30 漆室女　一/306

3413₄　漢

漢　見諸葛潁

00 漢高帝　見劉邦

10 漢靈帝　見劉宏

13 漢武帝　見劉徹

67 漢昭帝　見劉弗陵

90 漢少帝　見劉辯

3418₁　洪

34 洪遠　見殷融

3419₀　沐

24 沐犢子　見獨沐子

3424₇　被

00 被衣　一/22

3426₀　褚

10 褚雲　三/2023

18 褚玠(溫理)　三/2550

　　褚珍　三/2550

26 褚緭　三/2219

31 褚湮　三/2023

　　褚澐(士洋)　三/2023

32 褚淵　二/1507

40 褚士達　三/2321

87 褚翔(世舉)　三/1858

3512₇　清

31 清河郡公　見蕭放、楊素

沸

40 沸大　三/2777

3521₈ 禮

67 禮明　見沈烱

3610₀ 湘

10 湘西伯　見袁喬

17 湘郡公　見陸法和

50 湘東王　見蕭繹

3611₇ 溫

00 溫文　見蕭琮

16 溫理　見褚玠

17 溫子昇（鵬舉）　三/2220

22 溫嶠（太真、始安郡公）　二/871

3612₇ 湯

50 湯惠休（茂遠）　二/1243

3712₀ 洞

10 洞元　見陸罩

潤

10 潤玉　見陸玠

53 潤甫　見鄒湛

72 潤岳　見鮑泉

3718₂ 次

13 次武　見于仲文

3721₀ 祖

12 祖珽（孝徵）　三/2273　三/2293　　三/2320

　　祖孫登　三/2543　三/2601　三/2622

27 祖叔辨　三/2225

99 祖瑩（元珍、文安縣子）　三/2216

3722₀ 初

67 初明　見沈烱

3722₇ 祁

76 祁陽縣侯　見蕭子範

3730₁ 逸

90 逸少　見王羲之

3730₂ 通

34 通遠　見謝瞻

67 通明　見陶弘景

3814₇ 游

10 游雅（伯度、黃頭）　三/2199

3830₆ 道

00 道雍　見荀雍

　　道彥　見棗據

　　道言　見薛瑩

17 道子　見鄭鮮之

25 道生　見劉恢

43 道載　見江逌

44 道林　見支遁

77 道民　見劉駿

　　道興　見羊權

87 道翔　見許翽

4001₁ 左

12 左延年　一/410

44 左芬　一/730

60 左思（太沖）　一/731

4003₀ 大

00 大章　見荀組
80 大義公主（宇文招女）　三/2736

太

35 太沖　見左思
40 太真　見溫嶠

4010₀　士

00 士彥　見王晏
　　士高　見荀仲舉
　　士章　見劉繪
　　士言　見裴訥之
01 士龍　見陸雲
20 士秀　見徐摛
21 士衡　見陸機
25 士續　見徐摛
30 士安　見皇甫謐
31 士湮　見劉霽
32 士遜　見顏竣
33 士治　見王濬
35 士禮　見裴讓之
38 士洋　見褚雲
41 士標　見伏挺
44 士蔚　見卞彬
　　士蒍　一/15
56 士規　見沈旋
　　士操　見伏挺
80 士會　見秦嘉
88 士簡　見張率
91 士烜　見劉霽

4010₄　臺

00 臺彥　見棗嵩
77 臺卿　見趙岐

4022₇　希

20 希季　見王延
22 希樂　見劉毅
31 希馮　見顧野王
37 希逸　見謝莊、蕭放
80 希義　見李騫
88 希範　見丘遲

南

10 南平王　見劉鑠
17 南郡王　見蕭長懋
　　南郡公　見桓玄
27 南鄉侯　見蕭推
60 南昌郡公　見王儉
　　南昌縣公　見沈慶之

4040₀　女

46 女娟　一/17

4040₇　支

32 支遁（道林）　二/1077

李

00 李充（弘度）　二/856
01 李諧（虔和、彭城侯）　三/2218
03 李謐（永和）　三/2205
10 李百藥　三/2723
12 李延年　一/101　一/198
17 李那　見李昶
24 李德林（公輔）　三/2643　三/
　　2730

30 李騫(希義) 三/2215

李密〔晉〕(令伯) 一/579

李密〔隋〕(元邃、劉智遠、魏公)

三/2709

36 李昶(李那) 三/2324

40 李爽 三/2555

43 李尤(伯仁) 一/174

44 李孝貞(元操) 三/2652

李孝勝 三/2123

61 李顥(長林) 二/857

71 李巨仁 三/2725

72 李氏(陳新塗妻) 二/955

74 李陵(少卿、右校王) 一/109

一/336

77 李月素 三/2737

80 李鏡遠 三/2005 三/2006

三/2007 三/2008 三/2117

99 李爕 三/2604

4046₅ 嘉

30 嘉賓 見郗超

4050₆ 韋

00 韋玄成(少翁、共侯) 一/113

02 韋誕(仲將) 一/473

17 韋孟 一/105

22 韋鼎 三/2564

38 韋道遜 三/2265

67 韋昭 一/543

4060₀ 右

40 右校王 見李陵

4060₁ 吉

53 吉甫 見應貞

4062₁ 奇

00 奇章公 見牛弘

4073₂ 袁

00 袁慶 三/2692

20 袁喬(彥升、湘西伯) 二/877

21 袁虎 見袁宏

22 袁嶠之 二/910

袁山松 二/930

26 袁伯文 二/1324

27 袁�;(偉才) 二/1470

袁粲(景倩) 二/1322

30 袁宏(袁虎、彥伯) 二/919

32 袁浮丘 二/1462

37 袁淑(陽源) 二/1211

40 袁奭(元明) 三/2267

67 袁曜 三/2226

90 袁光 二/947

4091₆ 檀

20 檀秀才 二/1476

4191₆ 桓

00 桓玄(敬道、楚王、南郡公) 二/

932

09 桓麟(元鳳) 一/183

24 桓偉 二/910

34 桓法闓 三/2192

4196₀ 栖

77 栖鳳 見何妥

4212₂ 彭

37 彭祖　見王浚

43 彭城王　見元勰

　　彭城侯　見李諧

　　彭城縣公　見劉義隆

4223₀ 狐

52 狐援　一/52

4240₀ 荆

51 荆軻　一/24

4241₃ 姚

27 姚翻　三/2116

30 姚察（伯審、北絳郡公）　三/2673
　　三/2755

4291₃ 桃

44 桃葉　二/904

4315₀ 城

76 城陽王　見劉章

4346₀ 始

10 始平王　見元勰

30 始安郡公　見溫嶠

60 始昌　見徐孝嗣

4380₅ 越

10 越王　見楊侗

　　越王夫人　一/29

　　越石　見劉琨

60 越國公　見楊素

4385₀ 戴

22 戴嵩　三/2099

60 戴嵒　三/2097

4410₄ 董

00 董京（威輦）　一/600

27 董紹（興遠）　三/2214

4411₂ 范

00 范廣淵　二/1203

10 范雲（彥龍、霄城縣侯、文）　二/
　　1543　二/1773　三/2340
　　三/2347

24 范縝（子真）　二/1678

50 范泰（伯倫）　二/1143

64 范曄（蔚宗）　二/1202

76 范陽縣侯　見崔仲方

88 范筠　三/2121

4421₄ 莊

77 莊周　一/314

4422₇ 蕭

08 蕭放（希逸、清河郡公）　三/2259

　　蕭詮　三/2552

10 蕭正德（公和、臨賀王、西豐縣
　　侯）　三/2061

13 蕭琮（溫文、莒國公、梁公）　三/
　　2691

14 蕭瑱（文容）　二/1821

　　蕭琳　三/2609

16 蕭璟　二/1326

17 蕭琛（彥瑜）　二/1803

　　蕭子雲（景喬）　二/1818　三/
　　1885　三/2173　三/2177

　　蕭子良（竟陵王、雲英、聞喜縣

公）二/1382

蕭子顯（景暢、寧都縣侯）二/
1815　二/1821　三/2036
三/2087

蕭子暉（景光）三/1887

蕭子隆（隨郡王、雲興）二/1384

蕭子範（景則、祁陽縣侯）三/
1896

20 蕭統（德施、昭明）二/1790
三/1924　三/1925　三/1938
三/1946　三/1953　三/1954
三/1964　三/1974　三/1978

21 蕭衍（梁武帝、叔達、梁公、梁王）
二/1513　二/1549　二/1626
三/1910　三/2125　三/2126
三/2127　三/2128　三/2725

22 蕭岑（智遠、河間王、吳郡王、懷
義公）三/2654

23 蕭綜（世謙、豫章王）三/2213

26 蕭繹（世誠、梁元帝、湘東王）
二/1725　二/1757　三/1916
三/2028　三/2031

27 蕭欣　三/2125

蕭詧（理孫、梁宣帝、曲江縣公、
岳陽郡公、梁王）三/2104

蕭紀（世詢、武陵郡王）三/1899

蕭綱（世纘、晉安王、梁簡文帝）
二/1658　二/1725　二/1733
二/1797　二/1800　二/1802

二/1818　二/1821　二/1872
三/1900　三/1901　三/2005
三/2006　三/2007　三/2008
三/2019　三/2034　三/2045
三/2596

28 蕭綸（世調、邵陵王）三/2028
三/2051

30 蕭淳　三/2606

32 蕭祗（敬式、定襄侯）三/2258

蕭巡　二/1804

38 蕭洽（宏稱）二/1758

蕭道成（齊高帝、紹伯、鬪將、竟
陵郡公、齊公）二/1375

40 蕭有　三/2606

蕭賁（文奐）三/2556

44 蕭若靜　三/2124

47 蕭愨（仁祖）三/2274　三/2700

蕭毅　三/2280

50 蕭推（智進、南鄉侯）三/1856

52 蕭撝（智遐、永豐侯、蔡陽郡公）
三/2327

64 蕭曄（安陸侯、上黃侯）三/2069

71 蕭長懋（雲喬、南郡王）二/1381

75 蕭賾（齊武帝、宣遠、聞喜縣侯）
二/1376

79 蕭隣　三/2609

蕭驎　三/2609

80 蕭雉　二/1805

87 蕭鈞〔唐〕二/1591

蕭鈞〔梁〕 二/1591

4424₀ 苻

15 苻融 三/2152

37 苻朗 二/931

蔚

30 蔚宗 見范曄

4425₃ 茂

24 茂先 見張華

34 茂灌 見到溉

茂遠 見湯惠休、傅昭

37 茂沿 見到洽

茂祖 見荀昶

44 茂世 見虞世基

90 茂堂 見王鑒

4433₁ 燕

10 燕王 見劉旦

4433₈ 恭

34 恭遠 見周昭

47 恭懿 見王肅

4439₄ 蘇

00 蘇彥 二/924

17 蘇子卿 三/2543 三/2600

26 蘇伯玉妻 一/776

44 蘇若蘭 二/955

56 蘇蟬翼 三/2738

4440₇ 孝

21 孝綽 見劉孝綽

23 孝然 見焦先

26 孝鯉 見沈越

孝穆 見徐陵

28 孝徵 見祖珽

孝儀 見劉孝儀

30 孝宗 見崔巨倫

37 孝通 三/2211

41 孝標 見劉峻

44 孝基 見辛德源

孝若 見夏侯湛

53 孝威 見劉孝威

74 孝陵 見劉遵

90 孝嘗 見劉苞

4442₇ 萬

10 萬石 見謝萬

4443₀ 樊

41 樊姬 一/305

4445₆ 韓

12 韓延之（顯宗、魯陽侯） 三/2197

44 韓蘭英 二/1479

77 韓卿 見陸厥

4450₂ 摯

21 摯虞（仲洽） 一/757

4450₄ 華

10 華覈（永先） 一/536

44 華茂（都亭侯） 二/909

76 華陽隱居 見陶弘景

4460₆ 莒

60 莒國公 見蕭琮

4462₇ 荀

00 荀雍（道雍） 二/1201

25 荀仲舉（士高）　三/2267

27 荀組（大章、陽城縣男、臨潁縣
　　公）　二/855

30 荀濟（子通）　三/2070

36 荀昶（茂祖）　二/1217

60 荀勗（公曾、關內侯、安陽子、濟
　　北郡侯）　一/591　一/817
　　一/837

4471₇ 世

03 世誠　見蕭繹

07 世詢　見蕭紀

　　世調　見蕭綸

08 世謙　見蕭綜

24 世纘　見蕭綱

27 世將　見王廙

67 世明　見何子朗

77 世舉　見褚翔

芑

33 芑梁殖妻　一/312

4472₇ 葛

34 葛洪（稚川、關內侯）　二/1091

4474₁ 薛

23 薛綜（敬文）　一/534

24 薛德音　三/2716

38 薛道衡（玄卿）　三/2579　三/2679

60 薛昉　三/2732

99 薛瑩（道言）　一/587

4480₁ 共

27 共侯　見韋玄成

楚

10 楚王　見曹彪、桓玄

　　楚霸王　見項羽

4480₆ 黃

11 黃頭　見游雅

80 黃公　一/90

4490₁ 蔡

17 蔡君知　三/2560

19 蔡琰（文姬）　一/199

22 蔡邕（伯喈、高陽侯）　一/192

23 蔡允恭　三/2719

37 蔡凝（子居）　三/2559

76 蔡陽郡公　見蕭攝

4490₈ 萊

77 萊民　見張野

4491₀ 杜

00 杜育（方叔）　一/756

44 杜摯（德魯）　一/419

80 杜公瞻　三/2715

88 杜篤（季雅）　一/165

4494₇ 枝

31 枝江縣公　見徐孝嗣

4622₇ 獨

12 獨孤嗣宗　三/2604

34 獨沐子（沐犢子、牧犢子）　一/
　　304

4680₆ 賀

00 賀文標　三/2124

22 賀循　三/2554

27 賀脩　三/2554

28 賀徹　三/2553

38 賀澈　三/2722

　　賀道慶　二/1325

40 賀力牧　三/2602

44 賀若弼(輔伯、宋國公)　三/2679

4692₇ 楊

00 楊方(公回)　二/859

　　楊廣(隋煬帝、隋後主)　三/2661

　　　三/2699　三/2717

　　楊文佑　三/2343

02 楊訓　三/2266

17 楊子華　三/2285

25 楊朱　一/23

27 楊侗(仁謹、越王)　三/2717

28 楊曒　三/1858

44 楊苔華　二/1089

50 楊素(處道、清河郡公、鄖陽國公、

　　越國公、楚國公)　三/2675

77 楊堅(隋文帝、隋王)　三/2627

80 楊羲(義和)　二/1096

97 楊惲(子幼、平通侯)　一/112

4702₇ 鳩

00 鳩摩羅什　二/1084

4722₇ 郗

47 郗超(景興、嘉賓)　二/887

60 郗曇(重熙)　二/908

4740₁ 聲

26 聲伯　見公孫嬰齊

4762₀ 胡

21 胡師耽　三/2730

77 胡叟(倫許)　三/2222

4762₇ 都

00 都亭侯　見華茂

4772₇ 邯

67 邯鄲淳(子叔、邯鄲竺)　一/409

　　邯鄲竺　見邯鄲淳

4792₀ 柳

17 柳晉(顧言)　三/2572　三/2587

　　　三/2588　三/2593　三/2689

31 柳顧言　見柳晉

44 柳莊(思敬)　三/2645

84 柳鎮(子元)　二/1672

97 柳惲(文暢)　二/1672　三/1911

4841₇ 乾

26 乾伯　見宇文贇

4844₁ 幹

10 幹玉　見陸瑜

4864₀ 敬

00 敬文　見薛綜

27 敬魯　見伏系之

30 敬安　見陽固

32 敬業　見徐俳

37 敬祖　見何劭

38 敬道　見桓玄

43 敬式　見蕭祇

4894₀ 枚

20 枚乘(叔)　一/98

27 枚叔　見枚乘

4895₇ 梅

77 梅陶　二/871

4980₂ 趙

10 趙正　見趙整

　趙王　見劉友、宇文招

21 趙儒宗　三/2284

24 趙岐（嘉、邠卿、臺卿）　一/195

30 趙宗儒　三/2285

40 趙壹（元叔）　一/189

　趙嘉　見趙岐

58 趙整（文業、趙正）　二/925

60 趙國公　見宇文招

5000₆ 中

22 中山王　見元熙

史

30 史宗（麻衣道士）　二/1087

44 史萬歲　三/2656

申

27 申包胥　一/29

　申叔儀　一/23

車

64 車輗　三/2114

77 車兒　見劉義隆

5004₄ 接

77 接輿　一/21

5033₀ 忠

53 忠成侯　見馬援

5033₃ 惠

00 惠彦　見庾友

24 惠化民　三/2286

44 惠慕道士　三/2190　三/2283

5090₂ 棗

22 棗嵩（臺彦）　一/772

51 棗據（道彦）　一/588

75 棗腆（玄方）　一/771

5090₄ 秦

10 秦玉鸞　三/2738

40 秦嘉（士會）　一/185

60 秦羅敷　一/259

5090₆ 束

42 束晳（廣微）　一/638

東

00 東方朔（曼倩）　一/100

10 東平王　見劉蒼

　東平公　見劉蒼

60 東園公　一/90

67 東昭　三/2541

5290₀ 刺

10 刺王　見劉旦

5302₇ 輔

24 輔佐　見曹毗

26 輔伯　見賀若弼

5320₀ 成

27 成叔　見牽秀

80 成公綏（子安）　一/584　一/823

　成公智瓊　一/511

威

55 威輦　見董京

67 威明　見王規

戚

50 戚夫人　一/91

5533₇　慧

64 慧曉　三/2774

5560₀　曲

22 曲巖　三/2293

31 曲江縣公　見蕭詧

5560₆　曹

10 曹丕（魏文帝、子桓）　一/389

21 曹彪（楚王、朱虎、白馬王）　一/
　　465

27 曹叡（魏明帝、元仲）　一/413

40 曹嘉（高邑公）　一/626

44 曹茂之（永世）　二/909

　　曹華　二/917

　　曹植（陳思王、子建、平原侯、臨
　　淄侯、安鄉侯、鄄城王）　一/
　　266　一/421

51 曹攄（顏遠）　一/750

56 曹操（魏武帝、孟德）　一/345
　　二/1514

60 曹景宗（子震）　二/1594

61 曹毗（輔佐）　二/888　二/1070
　　二/1074　二/1093

72 曹髦（高貴鄉公、彥士）　一/467

5580₆　費

34 費禕（文偉）　一/531

36 費昶　三/2081

5824₀　敖

55 敖曹　見高昂

6010₄　里

21 里仁　見牛弘

6015₃　國

35 國禮　見何敬容

6021₀　四

22 四山　見張嵊

見

75 見賾　見張正見

6033₀　思

00 思方　見周弘直

　　思玄　見丘淵之、許穆

21 思行　見周弘正

　　思貞　見劉之遴

35 思禮　見岑之敬

48 思敬　見柳莊

68 思晦　見王暕

90 思光　見張融

恩

44 恩縈　見周興嗣

6040₄　晏

17 晏子　見晏嬰

66 晏嬰（晏子）　一/11　一/12

6040₇　曼

20 曼季　見鄭豐

25 曼倩　見東方朔

6043₀　吳

17 吳郡王　見蕭岑

18 吳孜　三/1859

34 吳邁遠　二/1317

47 吳均(吳筠、叔庠)　二/1522

　　　二/1719　二/1770　三/1919

　　　三/1984　三/1996　三/2009

　　　三/2022

60 吳思玄　三/2607

72 吳隱之(處默)　二/936

　　吳質(季重)　一/412

88 吳筠　見吳均

90 吳尚野　三/2607

6044₀　昇

37 昇逸　見周捨

6060₀　呂

00 呂讓　三/2733

昌

67 昌明　見司馬曜

6060₄　固

30 固安縣公　見崔仲方

6073₁　曇

12 曇瑗　三/2623

　　曇延　三/2777

6090₆　景

00 景玄　見鮑幾、王微

20 景喬　見蕭子雲

25 景倩　見袁粲

　　景純　見郭璞

56 景暢　見蕭子顯

62 景則　見蕭子範

76 景陽　見張協

77 景興　見郗超

83 景猷　見庾徵之

90 景光　見蕭子暉

93 景怡　見顧歡

6091₄　羅

20 羅愛愛　三/2737

6138₆　顯

30 顯宗　見韓延之

44 顯世　見孫拯

6702₀　明

34 明遠　見鮑照

40 明克讓(弘道)　三/2645

68 明歆　見宗夬

88 明餘慶　三/2646

90 明少遐　三/2124

6706₂　昭

67 昭明　見蕭統

6712₂　野

77 野民　見徐廣

6722₀　嗣

30 嗣宗　見阮籍

6772₀　翾

77 翾風(翔風)　一/646

6782₇　郿

76 郿陽國公　見楊素

7121₁　阮

00 阮彥　二/1461

11 阮研(文機)　三/2101

12 阮瑀(元瑜)　一/378

21 阮卓　三/2560

25 阮种(德猷)　一/582

26 阮侃(德如)　一/477

27 阮脩(宣子)　一/729

88 阮籍(嗣宗、關內侯)　一/493

71220 阿

53 阿戎　見王思遠

71296 原

40 原壤　一/8

71327 馬

10 馬元熙(長明)　三/2280

22 馬炎　二/951

52 馬援(文淵、新息侯、忠成侯)
　　一/163

98 馬敞　三/2734

71732 長

00 長康　見顧愷之

10 長玉　見徐爰

21 長虞　見傅咸

22 長樂王　見元子攸

44 長林　見李顒

77 長卿　見司馬相如

72100 劉

00 劉章(城陽王)　一/91

　　劉辯(漢少帝、弘農王)　一/191

02 劉端　三/2732

　　劉誕(隨王)　二/1348

03 劉斌　三/2723

07 劉毅(希樂、開國公)　二/936

10 劉三娘　見劉令嫻

　　劉霽(士湮、士烜)　二/1671

12 劉瑗　三/1848　三/1849　三/
　　1850

14 劉瑱　三/2049

15 劉臻(宣摯)　三/2656　三/2755

16 劉琨(越石、廣武侯)　二/849

17 劉胥(廣陵王)　一/111

　　劉那　三/2548

18 劉珍(秋孫、寶)　一/173

22 劉緩(含度)　三/1847　三/1848

　　劉綏　三/1848

23 劉峻(孝標、玄靜先生)　二/1757

26 劉俣　二/1323

　　劉和妻　見王氏

　　劉程之(仲思)　二/937

27 劉向(子政)　一/115

28 劉伶(伯倫)　一/552

　　劉徹(漢武帝)　一/92

　　劉繪(士章)　二/1467

30 劉之遴(思貞)　三/1854

　　劉安(淮南王、阜陵侯)　一/98

　　劉宏(解瀆亭侯、漢靈帝)　一/
　　182

　　劉寶　見劉珍

31 劉溉　三/1856

　　劉潛　見劉孝儀

32 劉泓　三/2122

36 劉昶(休道、晉熙王)　三/2204

　　劉邈　三/1889

38 劉遵(孝陵)　二/1808

　　劉道民　二/949

39 劉逖(子長)　三/2271

40 劉友(趙王)　一/92

　　劉去(廣川王)　一/110

41 劉楨〔魏〕(公幹)　一/368

　　劉楨〔齊〕(士温)　二/1470

44 劉夢予　三/2734

　　劉蒼(東平公、東平王)　一/167

　　劉孝綽(孝綽、劉冉)　三/1823

　　　三/1894　三/1899　三/2530

　　劉孝先　三/2065

　　劉孝緯　三/1839

　　劉孝儀(子儀、孝儀、劉潛)　三/
　　　1882　三/1892

　　劉孝威(孝威)　二/1819　三/
　　　1865　三/1895　三/1924
　　　三/2063　三/2097

　　劉孝勝　三/2063

　　劉孝義　三/1892

　　劉苞(孝嘗)　二/1671

50 劉冉　見劉孝綽

53 劉彧(宋明帝)　二/1360　二/
　　　1368　二/1369　二/1371

55 劉弗陵(漢昭帝)　一/107

57 劉邦(漢高帝)　一/87

60 劉旦(燕王、剌王)　一/108

71 劉長卿　三/2681

72 劉刪　三/2546

　　劉氏(王淑英妻)　三/2129

　　劉氏(徐悱妻)　三/2131

73 劉駿(宋孝武帝、休龍、道民、武
　　　陵王)　二/1218　二/1474
　　　三/2128

77 劉駒騄　一/174

80 劉令嫻(劉三娘)　三/2116　三/
　　　2130

　　劉義康　二/1347

　　劉義慶(臨川王)　二/1201　二/
　　　1347

　　劉義恭(江夏王)　二/1247

　　劉義隆(宋文帝、車兒、彭城縣
　　　公、宜都王)　二/1135

82 劉鑠(南平王、休玄)　二/1213
　　　二/1348

86 劉智遠　見李密

94 劉恢(道生)　二/947

97 劉憺　三/2124

　　　　7210₁　丘

32 丘淵之(思玄)　二/1216

37 丘遲(希範)　二/1601

71 丘巨源　二/1406

　　　　7223₇　隱

　　隱　見沈約

17 隱忍　見徐伯陽

7277₂　岳

76 岳陽郡王　見蕭詧

7421₄　陸

00 陸彥聲　二/948

10 陸雲（士龍）　一/683　一/697

　　陸雲公（子龍）　三/1852

15 陸璉　三/2102

17 陸瓊（伯玉）　三/2537

18 陸玠（潤玉）　三/2466

　　陸瑜（幹玉）　三/2539

　　陸玢　三/2466

20 陸季覽　三/2734

　　陸系　三/2604

22 陸倕（佐公）　二/1774

　　陸山才（孔章）　三/2460

27 陸凱　二/1204

34 陸法和（江乘縣公、湘郡公）

　　三/2260

35 陸沖　二/948

42 陸機（士衡）　一/651　三/1913

　　三/2538

55 陸慧曉（叔明）　二/1463

60 陸罩（洞元）　二/1777

71 陸厥（韓卿）　二/1464

77 陸卬（雲駒）　三/2303

7422₇　隋

00 隋文帝　見楊堅

10 隋王　見楊堅

22 隋後主　見楊廣

60 隋思道　三/2635

96 隋煬帝　見楊廣

7423₂　隨

10 隨王　見劉旦

17 隨郡王　見蕭子隆

7424₇　陵

20 陵系　三/2604

7529₆　陳

02 陳新塗妻　見李氏

10 陳正　見陳政

14 陳琳（孔璋）　一/367

18 陳政（陳正）　三/2731

22 陳後主　見陳叔寶

27 陳叔寶（元秀、陳後主）　三/2326

　　三/2501　三/2717

　　陳叔逵　三/2608

60 陳思王　見曹植

63 陳暄　三/2542

67 陳明　三/2541

　　陳昭（永興侯）　三/2541

77 陳留長公主　三/2227

90 陳少女　三/2611

7622₇　陽

21 陽縉　三/2557

24 陽休之（之烈）　三/2278　三/
2281

31 陽源　見袁淑

43 陽城縣男　見荀組

47 陽都侯　見諸葛恪

60 陽固(敬安) 三/2208

94 陽慎 三/2559

77104 堅

10 堅石 見歐陽建

77121 鬩

27 鬩將 見蕭道成

77220 周

00 周文王 一/302 一/308

12 周弘正(思行) 三/2461 三/2593

　　周弘直(思方) 三/2466

13 周武王 一/63 一/320

17 周子良 三/2192

21 周處(子隱) 一/625

26 周穆王 一/64

30 周宣帝 見宇文贇

40 周太王 一/322

　　周南 三/2225

44 周若水 三/2641 三/2731

53 周成王 一/310

58 周捨(昇逸) 二/1773 三/2187

60 周公(旦) 一/301

67 周明帝 見宇文毓

　　周昭(恭遠) 三/537

77 周興嗣(恩纂) 二/1754

陶

12 陶弘景(通明、華陽隱居) 二/1813

13 陶琬之 二/939

14 陶功曹 二/1476

31 陶潛 見陶淵明

32 陶淵明(陶潛、元亮、靖節先生) 二/967

66 陶嬰 一/9

77227 鵬

77 鵬舉 見溫子昇

77264 屠

77 屠門高 一/320

77401 聞

40 聞喜縣侯 見蕭賾

　　聞喜縣公 見蕭子良

80 聞人倩 三/2109

77441 開

60 開國公 見劉毅

77447 段

17 段承根 三/2199

　　段君彦 三/2732

77606 閭

72 閭丘沖(賓卿) 一/749

77740 毌

72 毌丘儉(仲恭、安邑侯) 一/474

77777 關

40 關内侯 見王粲、阮籍、荀勗、張華、干寶、葛洪

77777 闓

04 闓讚(續伯) 一/626

77782 歐

76 歐陽建(堅石) 一/646

77801 興

34 興遠　見董紹
80 興公　見孫綽

7823₁　陰

87 陰鏗（子堅）　三／2449　三／2541

7876₆　臨

21 臨潁縣公　見荀組
22 臨川王　見劉義慶
32 臨淄侯　見曹植
35 臨清縣子　見庾信
46 臨賀王　見蕭正德

7923₂　滕

10 滕王　見宇文逌
60 滕國公　見宇文逌

8010₇　益

40 益壽　見謝混

8022₀　介

　介　見顏之推
17 介子綏　一／310
　介子推　一／16　一／17　一／311
　　　一／312

8025₁　舞

76 舞陽侯　見司馬懿

8030₇　令

24 令升　見干寶
26 令伯　見李密

8033₁　無

27 無名法師　三／2435

8043₀　美

80 美人虞　一／89

8050₁　羊

28 羊徽（敬猷）　二／940
44 羊權（道輿）　二／1095

8055₃　義

26 義和　見楊義
53 義成縣侯　見庾信

8060₆　曾

17 曾子　一／313

會

23 會稽王　見司馬曜

8060₇　含

00 含度　見劉緩

8073₂　公

00 公庭　見張駿
12 公孫嬰齊（聲伯）　一／7
16 公理　見仲長統
26 公和　見蕭正德
　公穆　見嵇喜
27 公叔　見朱穆
40 公真　見顧祕
47 公蝦　見王錫
48 公幹　見劉楨
53 公輔　見李德林
60 公回　見楊方
77 公閭　見賈充
80 公曾　見荀勖

8111₇　鉅

00 鉅鹿郡公　見裴秀

8211₄　鍾

19 鍾琰　一/578

30 鍾憲　二/1473

8660₀ 智

30 智進　見蕭推

34 智遠　見蕭岑

37 智遏　見蕭撝

8718₂ 欽

44 欽若　見宗欽

8722₇ 邠

77 邠卿　見趙岐

8742₇ 鄭

11 鄭頤　見釋智命

22 鄭豐（曼季）　一/719

28 鄭鮮之（道子）　二/1143

38 鄭道昭（僖伯）　三/2206

44 鄭莊公　一/66

80 鄭公超　三/2266

8752₀ 翔

77 翔風　見鬭風

8810₁ 竺

28 竺僧度（王晞、玄宗）　二/1088

34 竺法崇　二/1090

60 竺曇林　二/1090

8880₁ 箕

17 箕子　一/6　一/319

8890₃ 繁

87 繁欽（休伯）　一/384

9000₀ 小

99 小憐　見馮淑妃

9003₂ 懷

80 懷義公　見蕭岑

88 懷簡　見徐君蒨

懷範　見王訓

9020₀ 少

00 少文　見宗炳

67 少明　見夏靖

77 少卿　見李陵

80 少翁　見韋玄成

9022₇ 尚

34 尚法師　三/2435

常

60 常景（永昌）　三/2218

篇目四角號碼索引

00104　主

80 主人池前鶴詩　二/1749

童

02 童謠(靈寶謠)　一/43

童謠　一/45

00108　立

29 立秋詩　三/2465

50 立春日汎舟玄圃各賦一字六韻成篇　三/2514

00127　病

44 病苦　三/2434

00134　疾

24 疾倖詩　三/2208

00213　魔

10 魔王歌章　三/2441

00214　塵

77 塵尾詩　三/2105

塵

80 塵鏡詩　三/2406

00216　兗

32 兗州民爲鄭氏父子歌　三/2289

00217　廬

22 廬山神仙詩　二/943

廬山夫人女婉撫琴歌　二/1126

廬山東林雜詩(遊廬山)　二/1085

74 廬陵王墓下作詩　二/1173

00223　齊

01 齊謳行〔陸機〕　一/663

齊謳行〔沈約〕　二/1619

齊語　見齊人頌

17 齊歌行　二/1464

26 齊白紵辭五首　二/1510

齊皇太子釋奠詩　三/2102

27 齊役者歌　見歲莫歌

30 齊房(芝房歌)　一/153

齊宋以來民間語　二/1335

40 齊臺歌　見凍水歌

齊韋道遜晚春宴詩　三/2265

44 齊莊公歌　一/12

齊世昌辭　二/1511

67 齊明王歌辭七首　二/1385

77 齊鳳皇銜書伎辭　二/1510

齊民歌　一/11

80 齊人歌　一/13

齊人爲蘇珍之宋世軌語　三/

2296

齊人頌（齊語） 一/42

齋

50 齋中讀書詩 二/1168

齋中望月詩 二/1223

0022₇ 方

04 方諸宮東華上房靈妃歌曲 二/1117

方諸曲〔蕭衍〕 二/1525

方諸曲〔謝燮〕 三/2551

50 方丈臺昭靈李夫人詩三首 二/1101

方丈曲 二/1524

帝

10 帝王所居篇 三/2475

60 帝圖頌 二/1370

78 帝臨 一/148

席

席 二/1454

商

07 商調曲四首 三/2428

12 商引〔沈約〕 三/2177

商引〔蕭子雲〕 三/2178

17 商子引諺 一/80

商子引語 一/81

商子華謠 一/228

高

00 高齋視事詩 二/1433

02 高誘引諺論毀譽 一/239

08 高謙之引諺 三/2238

10 高平牧馬詩 三/2214

23 高允引諺 三/2243

24 高德宣烈樂 二/1491 二/1507

27 高句麗 三/2333

37 高祖武皇帝歌 二/1357

67 高明登歌樂 三/2311

高明樂 三/2303 三/2305

三/2306 三/2308 三/2310

三/2315

76 高陽樂人歌 三/2160

77 高岡 一/712

0023₀ 卞

22 卞山楚廟詩 三/2587

0023₁ 應

00 應帝期 一/529

01 應龍篇 三/2475

04 應謝主簿騷體 二/1590

07 應詔 一/447

應詔詩〔江總〕 三/2597

應詔讌曲水作詩 二/1225

應詔甘露詩 三/2265

應詔觀北湖田收詩 二/1230

10 應王中丞思遠詠月詩 二/1645

應王受圖曲 三/2183

14 應劭引語論正失 一/237

應劭引俚語論正失 一/235

應劭引俚語論愆禮 一/236

應劭引里語 一/237

應劭引里語論主客　一/236

應劭引里語論讞獄　一/236

應劭引里語論日蝕　一/236

16 應瑒　二/1184

22 應制賦銅鞮山松詩　三/2205

48 應教使君春遊詩　三/1887

65 應晴詩　二/929

72 應劉豫章別詩　二/1563

80 應令詩〔蕭綱〕　三/1930　三/1978

應令詩〔庾肩吾〕（餞張孝總應
令）　三/1996

應令詩〔庾信〕　三/2399

應令詠舞詩〔王訓〕　二/1718

應令詠舞詩〔劉遵〕　二/1810

0023₂　康

21 康衢謠（康衢歌）　一/35

康衢歌　見康衢謠

0023₇　庶

80 庶人挽歌辭（士庶挽歌辭）　一/
654　一/655

庚

17 庚子歲五月中從都還阻風於規林
詩二首　二/982

30 庚寅年二月十二日遊虎丘山精舍
詩　三/2582

53 庚戌歲九月中於西田穫早稻詩
二/996

0024₁　庭

10 庭雨應詔詩　二/1649

46 庭柏詩　三/2270

80 庭前枯樹詩　三/2641

94 庭燎詩　一/571

0024₇　夜

00 夜夜曲〔沈約〕　二/1622

夜夜曲〔蕭綱〕　三/1920

夜度娘　三/2615

07 夜望浮圖上相輪絕句詩　三/1968

夜望單飛雁詩　三/1978

10 夜雪詩　二/1249

夜不得眠詩　三/1838

12 夜發石關亭詩　二/1177

夜發密巖口詩　二/1603

14 夜聽妓詩〔劉駿〕　二/1222

夜聽妓詩〔蕭綱〕　三/1954

夜聽妓詩二首〔鮑照〕　二/1305

夜聽妓詩二首〔謝朓〕　二/1451

夜聽妓賦得烏夜啼　三/1824

夜聽聲詩　二/1311

夜聽擣衣詩　二/889

夜聽搗衣詩　三/2373

夜聽鴈詩　三/1898

20 夜集作離合詩　二/1198

夜集歡乖詩　二/1197

26 夜白紵　二/1627

28 夜作巫山詩　三/2695

29 夜愁示諸賓詩　二/1766

30 夜宿石門詩　見石門岩上宿詩

夜宿荒村詩　三/2721

夜宿柏齋詩　三／2050

35 夜遣內人還後舟詩　三／1969

36 夜泊巴陵詩　三／2093

38 夜遊北園詩　三／1967

44 夜夢還家詩　三／2101

夜夢故人詩　二／1697

夜黃　三／2614

77 夜聞鄰妓詩（觀妓）　三／2635

度

77 度關山〔曹操〕　一／346

度關山〔柳惲〕　二／1673

度關山〔王訓〕　二／1717

度關山〔劉遵〕　二／1808

度關山〔蕭綱〕　三／1924

度關山〔戴暠〕　三／2100

度關山〔張正見〕　三／2471

廢

00 廢帝時童謠二首　三／2291

0025₂　摩

27 摩多樓子　三／2752

0026₇　唐

40 唐堯　一／833

41 唐姬起舞歌　一／191

0028₆　廣

10 廣平百姓爲李波小妹語　三／2234

74 廣陵謠　一／541

廣陵岸送北使詩　三／2451

廣

17 唐歌　一／2

0040₀　文

10 文正樂光大舞　三／2314

文王受命　一／308

24 文德樂宣政舞　三／2314

文德宣烈樂　二／1491

26 文皇帝登歌　一／814

文皇統百揆　一／829

30 文宣時謠　三／2290

44 文林館中爲陸乂語　三／2296

50 文中子夢顏子援琴歌　三／2743

80 文舞　三／2756

文舞歌　三／2770

文舞辭　三／2320

文舞階步辭　三／2319

0040₁　辛

00 辛玄子贈詩三首　二／1119

17 辛丑歲七月赴假還江陵夜行途中

詩　二／983

0040₃　率

10 率爾爲詠詩　三／1939

率爾成詠詩　三／2390

0040₄　妾

30 妾安所居　二／1722

44 妾薄倖　一／441

妾薄相行　一／441

妾薄命　三／2063

妾薄命二首　見妾薄命行

妾薄命行（妾薄命二首）　一／

436

妾薄命篇　三/1868
妾薄命篇十韻　三/1903

0040₆ 章

00 章帝引諺　一/232
24 章德凱容樂　二/1360
34 章洪德　一/546

0040₈ 交

71 交阯兵民爲賈琮歌　一/212

0041₄ 離

00 離夜詩〔謝朓〕　二/1448
　　離夜詩〔王常侍〕　二/1478
　　離夜詩〔江孝嗣〕　二/1478
　　離夜聽琴詩　二/1710
06 離親詠　一/594
17 離歌（雜歌）　一/287
40 離友詩　一/462
　　離友詩三首　一/460
60 離思　見感離詩
　　離思篇　二/859
62 離別詩　一/463
　　離別相去辭　一/31
80 離合詩〔潘岳〕　一/632
　　離合詩〔何長瑜〕　二/1201
　　離合詩〔劉駿〕　二/1224
　　離合詩〔賀道慶〕　二/1326
　　離合詩〔石道慧〕　二/1475
　　離合詩〔蕭繹〕　三/2058
　　離合詩二首　二/1197
　　離合詩贈江藻　三/2445

離合詩贈尚書令何敬容詩　二/1805
離合郡姓名詩　見離合作郡姓名字詩
離合作郡姓名字詩（離合郡姓名詩）　一/196
離合賦物爲詠詠火　二/1405

0060₁ 言

00 言離廣府還望桂林去留愴然自述贈懷詩　三/2775
40 言志詩〔曹植〕　一/462
　　言志詩〔應璩〕（擬古）　一/468
72 言反江陽寓目灞涘贈易州陸司馬詩　三/2700

0062₂ 諺

02 諺謠　二/1121

0062₇ 訪

38 訪道經　二/1588

0063₁ 譙

77 譙周引諺　一/532

0071₄ 雍

00 雍離篇　二/1205
10 雍雅　三/2172　三/2175
　　雍夏　見雍樂
22 雍樂（雍夏）　三/2417
32 雍州詩　一/759
　　雍州曲三首　三/1918
40 雍臺〔蕭衍〕　二/1514
　　雍臺〔吳均〕　二/1726

0073₂ 玄

01 玄壟之遊　二/1103

10 玄雲　一/834

　玄雲〔張率〕　二/1783

24 玄化　一/547

37 玄冥　一/149

60 玄圃講詩　二/1797

　玄圃納涼詩　三/1957

　玄圃寒夕詩　三/1948

　玄圃宴各詠一物須箏詩　三/2538

　玄圃濬池臨泛奉和詩　三/2338

　玄圃觀春雪詩　三/2493

哀

00 哀帝隆和初童謠　二/1024

35 哀速終　三/2776

襄

76 襄陽樂　二/1348

　襄陽鄉里爲諸葛亮諺　一/532

　襄陽鄉里爲馬良諺　一/532

　襄陽里人爲龐焕語　一/803

　襄陽踢銅蹄歌三首〔蕭衍〕（白銅鞮歌）　二/1519

　襄陽踢銅蹄歌三首〔沈約〕　二/1624

　襄陽兒童爲山簡歌　一/778

　襄陽民爲胡烈歌　一/514

0080₀ 六

00 六府詩　三/2446

六言　一/101

六言詩　一/489

六言詩三首　一/197

42 六韜引諺　一/73

60 六甲詩　三/2447

62 六縣吏人爲爰珍歌（爰珍歌）　一/216

77 六月二十三日夜中候夫人作　二/1100

　六月歌　二/1067

90 六憶詩四首　二/1663

0090₄ 棄

47 棄婦詩（棄婦篇）　一/455

　棄婦篇　見棄婦詩

0090₆ 京

21 京師上巳篇　一/165

　京師爲唐約謠　一/228

　京師爲諸葛豐語　一/138

　京師爲張盤語　一/244

　京師爲張軌歌　一/780

　京師爲鄧颷語　一/523

　京師爲鮑永鮑恢語　一/245

　京師爲祁聖元號　一/250

　京師爲袁成諺　一/244

　京師爲戴憑語　一/249

　京師爲黃香號　一/233

　京師爲楊政語　一/250

　京師爲胡廣語　一/252

　京師爲東安門場二寺僧語　二/

1334
京師爲揚雄語 一／141
京師爲井丹語 一／249
京師爲劉興劉琨語 一／800
京師爲周舉語 一／252
京師爲光禄茂才謡 一／227
32 京兆府君登歌 一／814
京兆謡 見京兆爲李爕謡
京兆歌 二／1465
京兆鄉里爲馮豹語 一／251
京兆爲李爕謡（京兆謡） 一／224
京兆民爲李莊歌 一／515
37 京洛行 三／2717
京洛篇〔蕭綱〕（煌煌京洛行）
三／1906
京洛篇〔李巨仁〕 三／2725
60 京口謡 二／1025
京口民間謡二首 二／1024
京邑爲何勗孟靈休語 二／1333
67 京路夜發詩 二／1430

0091₄ 雜

00 雜言詩〔傅玄〕 一／575
雜言詩〔釋慧净〕 三／2773
03 雜詠詩 三／1970
雜詠三首（同詠座上所見一物）
二／1452
雜詠和湘東王詩三首 三／1848
04 雜詩〔王粲〕 一／364
雜詩〔劉楨〕 一／372

雜詩〔繁欽〕 一／387
雜詩〔曹植〕 一／458
雜詩〔應璩〕 一／472
雜詩〔傅玄〕（苦熱） 一／571
一／572 一／576
雜詩〔棗據〕 一／589
雜詩〔何劭〕 一／649
雜詩〔左思〕 一／735
雜詩〔張協〕 一／748
雜詩〔王讚〕 一／761
雜詩〔柳惲〕 二／1675
雜詩〔施榮泰〕 三／2112
雜詩 二／1070
雜詩 見詩
雜詩二首〔曹丕〕 一／401
雜詩二首〔陸沖〕 二／948
雜詩二首〔王微〕 二／1199
雜詩三首〔傅玄〕 一／569
雜詩三首〔張華〕 一／620
雜詩三首〔張翰〕 一／737
雜詩十首 一／745
雜詩十二首 二／1005
雜詩七首 一／456
01 雜三言五首 二／1587
17 雜歌 見離歌
27 雜句春情詩 三／1978
雜絕句詩四首 二／1751
55 雜曲〔徐陵〕 三／2527
雜曲〔傅縡〕 三／2535

雜曲　見古曲

雜曲二首　三/2010

雜曲三首　三/2573

75 雜體詩三十首　二/1569

雜體報范通直詩　二/1396

0121₁　龍

53 龍蛇歌　一/16　一/17　一/310
　　　一/311　一/312

67 龍躍大雅　二/1370

72 龍丘引　三/1915

88 龍笛曲〔蕭衍〕　二/1522

龍笛曲〔蕭綱〕　三/1925

0128₆　顏

12 顏延之引諺　二/1332

24 顏特進延之侍宴　二/1578

30 顏之推引諺論治家　三/2297

顏之推引俗諺論教子　三/2296

顏之推引江南諺論書法　三/
2146

0162₀　訶

04 訶詰四大門詩　二/1398

0164₆　譚

80 譚公府中爲裴鏡民語　三/2748

0166₁　詣

10 詣晉祠賦詩　三/2345

77 詣周承不值因贈此詩　二/1741

0220₀　刻

60 刻吳閶門詩　三/2460

0267₂　謡

28 謡俗辭　一/355

0292₁　新

00 新亭渚別范零陵雲詩　二/1428

新亭送別應令詩　三/2532

04 新詩　一/583　一/584

30 新安江至清淺深見底貽京邑遊好
詩　二/1635

33 新治北窗和何從事詩　二/1442

44 新苔詩　三/2004

新林送劉之遴詩　三/1994

50 新書引周諺　一/84

53 新成安樂宮〔蕭綱〕　三/1917

新成安樂宮〔陰鏗〕　三/2450

77 新月詩〔劉緩〕　三/1850

新月詩〔庾信〕　三/2406

80 新入姬人應令詩　三/2595

0363₂　詠

00 詠主人少姬應教詩　三/2002

詠鹿葱詩　二/1658

詠鷹詩　三/2670

詠席詩　二/1677

詠譙君黃詩　一/325

詠雜花詩　二/1714

02 詠新荷應詔詩　二/1655

詠新燕詩　三/1974

詠新月詩　三/2029

04 詠詩〔釋道寶〕　二/1089

詠詩〔竺法崇〕　二/1090

10 詠雲詩　三/1972

詠二疏詩　二/984

詠三良詩　二/984

詠玉堦詩　三/2118

詠五彩竹火籠詩　三/2135

詠疏楓詩　三/1973

詠雪應衡陽王教詩　三/2492

詠雪應令詩　二/1645

詠雪離合詩　二/1188

詠雪詩〔范泰〕　二/1145

詠雪詩〔吳均〕　二/1748

詠雪詩〔裴子野〕　二/1790

詠雪詩〔蕭綱〕　三/1976

詠雪詩〔徐陵〕　三/2534

詠雪詩二首　二/1752

詠死牛詩　三/2690

詠死烏詩　三/2646

詠霍將軍北伐詩　二/1607

詠霧應詔詩　三/2342

詠霧詩　三/2045　三/2052

詠石詩　三/2458

詠石鯨應詔詩　三/2463

詠石蓮詩　三/1895

詠石榴詩〔蕭繹〕　三/2046

詠石榴詩〔魏澹〕　三/2647

詠百舌詩　三/1839

詠百合詩　三/2106

詠霜詩　二/1785

11 詠班竹掩團扇詩　三/2464

詠琵琶詩〔王融〕　二/1402

詠琵琶詩〔徐勉〕　二/1812

12 詠水詩　三/2544

詠水詩三首　三/2621

詠水中樓影詩　三/2091

詠飛仙室詩　三/2207

詠飛來鸚鵡詩　三/1973

詠孤石〔釋惠標〕　三/2622

詠孤石〔定法師〕　三/2625

詠孤石詩　三/2095

詠孤桐詩　二/1657

13 詠武陵王左右詩　三/1971

詠殘燈詩　二/1779

16 詠彈箏人詩　二/1801

17 詠弓詩　三/2106

詠羽扇詩　三/2407

詠酌酒人　二/1542

詠司農府春幡詩　二/1812

詠歌詩　三/2055

詠歌姬詩　三/2073

詠歌人偏得日照詩　三/2464

20 詠雙燕詩二首　二/1310

詠雙闕詩　三/2592

21 詠步搖花詩　三/2135

詠銜泥雙燕詩　三/2552

詠貞婦彭城劉氏詩　三/2203

22 詠山詩　三/2724

詠山詩三首　三/2621

詠山濤王戎詩二首　二/1795

詠山榴詩　二/1656

詠利城山居　二／1083

詠梨應詔詩　二／1658

詠紙詩　三／2105

23 詠織女詩〔劉孝威〕　三／1882

詠織女詩〔劉孝儀〕　三／1895

詠織婦詩　三／2533

24 詠佳麗詩　三／1883

詠牆北梔子詩　二／1437

25 詠牛女詩　二／1322

26 詠白雪詩　二／1306

詠白鷗兼嘲別者詩　二／1707

詠細雨詩　三／2056

27 詠兔絲詩　二／1452

詠修竹詩　三／2646

詠冬詩〔曹毗〕　二／888

詠冬詩〔謝惠連〕　二／1196

詠冬至詩　二／1212

詠魚詩　三／2694

詠魯仲連詩　三／2561

詠龜詩　三／2285

29 詠愁詩　二／1200

詠秋夜詩　三／2054

詠秋詩〔江逌〕　二／879

詠秋詩〔鮑照〕　二／1307

詠秋月詩　二／1609

30 詠寵姬詩　二／1767

詠寒雪詩　二／1212

詠寒梟詩　三／1974

詠寒松詩　二／1551

詠安仁得果詩　三／2123

詠定林寺桂樹　三／2343

詠寶劍詩〔吳均〕　二／1750

詠寶劍詩〔崔鴻〕　三／2212

32 詠冰應教詩　三／2112

34 詠池上梨花詩　二／1403

詠池邊桃詩　二／1601

詠池中燭影詩　三／2047

詠渫井得金釵詩　三／2119

36 詠禪思道人詩　二／1083

詠袙複詩　三／2609

37 詠湖中鴈詩　二／1646

詠鸂鶒　二／1454

詠初桃詩　三／1959

40 詠大德詩　二／1082

詠灰詩　三／2694

詠壞橋詩　三／1975

詠内人晝眠詩　三／1940

詠有人乞牛舌乳不付因餉檳榔詩　三／1838

詠女蘿詩　二／1404

詠李詩　三／2593

詠七寶扇詩　二／1406

詠柰詩　三／2023

詠柿詩　三／1858

41 詠帳詩　二／1657

詠姬人未肯出詩　三／1843

詠梧桐詩〔王融〕　二／1403

詠梧桐詩〔沈約〕　二／1657

42 詠荊軻詩　二/984
　詠桃詩　二/1652
　詠梔子花詩　三/1965
43 詠博山香爐詩　二/1469
　詠城塹中荷詩　三/2545
44 詠萱草詩　三/2281
　詠蔬圃堂詩　三/1987
　詠蒲詩　二/1451
　詠萍詩　二/1469
　詠落梅詩　二/1436
　詠花雪詩　三/1997
　詠花蝶詩　三/2222
　詠苑中遊人詩　二/1819
　詠莊子詩　二/903
　詠荷詩　三/2075
　詠蘭詩　三/2107
　詠藤詩　三/1973
　詠荔枝詩　二/1671
　詠蕙詩（蕙詠）　一/385
　詠菰詩　二/1659
　詠芙蓉詩〔沈約〕　二/1658
　詠芙蓉詩〔蕭綱〕　三/1965
　詠薔薇詩〔謝朓〕　二/1451
　詠薔薇詩〔柳惲〕　二/1676
　詠薔薇詩〔蕭綱〕　三/1972
　詠薔薇詩〔鮑泉〕　三/2028
　詠薔薇詩〔江洪〕　三/2075
　詠菁詩　三/2121
　詠苔紙詩　三/2687

　詠老　見東宮詩
　詠老敗鬥鷄詩　三/2463
　詠老馬詩　三/2449
　詠甘蕉詩　二/1659
　詠杜若詩　二/1658
　詠桂樹詩〔范雲〕　二/1551
　詠桂樹詩〔庾肩吾〕　三/2003
　詠椅桐詩　二/951
　詠樹詩　三/2339
　詠柑詩　三/2530
45 詠栟櫚枕詩　三/1474
46 詠幔詩　二/1402
　詠獨栖鳥詩　三/2096
　詠獨杵擣衣詩　三/2191
　詠獨舞詩　三/1975
　詠娼婦詩（詠婦娟）　二/1705
47 詠鶴　三/2459
　詠婦娟　見詠娼婦詩
　詠朝日詩　三/1971
　詠鵲　三/1900
　詠鵲詩　三/2653
　詠胡牀應教詩　三/1999
　詠邯鄲故才人嫁爲廝養卒婦
　　二/1417
　詠柳詩〔吳均〕　二/1749
　詠柳詩〔蕭綱〕　三/1965
　詠桐詩〔祖孫登〕　三/2544
　詠桐詩〔魏澹〕　三/2648
　詠桐詩〔陸季覽〕　三/2734

詠橘詩〔徐摛〕 三/1891

詠橘詩〔蕭綱〕 三/1959

48 詠松樹詩 三/2645

詠梅詩 三/2057

詠梅花詩 三/2027

50 詠中婦織流黃 三/1913

詠史〔班固〕 一/170

詠史〔張協〕 一/744

詠史 見黃帝贊詩

詠史詩〔王粲〕 一/363

詠史詩〔左思〕 一/734

詠史詩〔劉駿〕 一/1222

詠史詩〔鮑照〕 一/1293

詠史詩二首〔袁宏〕 一/920

詠史詩八首 一/732

詠畫扇詩〔高爽〕 三/1542

詠畫扇詩〔鮑子卿〕 三/2117

詠畫屏風詩二十五首 三/2395

詠青草詩 三/2548

詠青苔詩 二/1652

詠春詩 二/1770

詠春雪寄族人治書思澄詩 二/1706

詠春近餘雪應詔詩 三/2394

詠春風詩〔何遜〕 二/1709

詠春風詩〔賀文標〕 三/2124

詠素蝶詩 三/1841

51 詠輕利舟應臨汝侯教詩 三/2020

52 詠採甘露應詔詩 三/2586

詠蠟燭詩 三/2020

54 詠擣衣詩 二/1765

詠蛺蝶詩 三/1961

55 詠井詩 二/1549

56 詠蟬詩〔劉刪〕 三/2548

詠蟬詩〔江總〕 三/2594

詠螺蚌詩 二/1197

詠鞞應詔 二/1804

57 詠蜂詩 三/1974

60 詠日應趙王教詩 三/2411

詠日應令詩 三/1844

詠日詩 三/2117

詠日華詩 三/2533

詠園花詩 三/2382

詠早梅詩（揚州法曹梅花盛開） 二/1699

詠早蟬詩 二/1552

66 詠單鳧詩 三/1973

67 詠晚棲烏詩 三/2048

詠眼詩 三/1843

詠躍魚應詔詩〔張率〕 二/1785

詠躍魚應詔詩〔張騫〕 三/2123

詠照鏡詩〔何遜〕 二/1693

詠照鏡詩〔費昶〕 三/2086

71 詠鴈詩〔王襃〕 三/2339

詠鴈詩〔庾信〕 三/2408

詠階前萱草詩 三/2647

詠長信宮中草詩 三/2002

76 詠陽雲樓簷柳詩 三/2052

77 詠風詩〔謝朓〕 二/1436

詠風詩〔劉孝綽〕 三/1825

詠風詩〔蕭綱〕 三/1945

詠風詩〔庾肩吾〕 三/1997

詠風詩〔蕭繹〕 三/2052

詠風詩〔王臺卿〕 三/2090

詠風詩〔祖孫登〕 三/2544

詠同心蓮詩 二/1800

詠同心芙蓉詩〔朱超〕 三/2094

詠同心芙蓉詩〔杜公瞻〕 三/2716

詠同泰寺浮圖詩 三/1989

詠月贈人詩 三/2340

詠履詩 三/2106

80 詠八日詩三首 二/1078

詠人棄妾詩 三/1953

詠人聘妾仍逐琴心詩 三/2603

詠入幌風詩 三/2086

詠益智詩 三/2064

詠鏡詩〔高爽〕 二/1542

詠鏡詩〔蕭綱〕 三/1962

詠鏡詩〔朱超〕 三/2095

詠鏡詩〔王孝禮〕 三/2120

詠剪綵花詩〔鮑泉〕 三/2026

詠剪綵花詩〔朱超〕 三/2096

詠剪綵花詩二首 三/1884

詠舞詩〔蕭衍〕 二/1536

詠舞詩〔王暕〕 二/1593

詠舞詩〔殷芸〕 二/1803

詠舞詩〔楊曒〕 三/1859

詠舞詩〔何敬容〕 三/1888

詠舞詩〔蕭綱〕 三/1975

詠舞詩〔庾肩吾〕 三/2002

詠舞詩二首 三/1942

詠舞女詩 三/2074

詠舞妓詩 二/1706

詠舞曲應令詩 三/2002

詠慈姥磯石上松詩 二/1752

詠美人 見詠美人看畫詩

詠美人看畫應令詩 三/1995

詠美人看畫詩〔蕭綱〕 三/1953

詠美人看畫詩〔庾肩吾〕（詠美
人） 三/1993

詠美人治粧 三/2075

詠美人春遊詩 二/1568

詠貧詩〔江逌〕 二/879

詠貧詩〔朱超〕 三/2096

詠貧士詩七首 二/1008

87 詠欲眠詩 三/2100

88 詠笙詩〔沈約〕 二/1655

詠笙詩〔陸罩〕 二/1778

詠籠燈絶句詩 三/1974

詠籧詩 二/1650

詠竹詩〔謝朓〕 二/1436

詠竹詩〔沈約〕 二/1662

詠竹詩〔劉孝先〕 三/2066

詠竹詩〔蕭放〕 三/2259

詠竹檳榔盤詩 二/1651

詠竹火籠 二/1454

詠竹火籠詩〔沈約〕　二／1642

詠竹火籠詩〔蕭正德〕　三／2061

詠簫詩　三／1894

詠簾詩　二／1459

詠簷燕詩　三／2000

詠簷前竹詩　二／1651

詠筆詩〔蕭衍〕　二／1536

詠筆詩〔徐摛〕　三／1891

詠筆格詩　三／1961

詠箏詩〔沈約〕　二／1656

詠箏詩〔王臺卿〕　三／2090

詠笛詩　二／1537

詠餘雪詩　二／1656

詠繁華詩　三／2122

90 詠小兒採菱詩　三／1843

詠少年詩　二／1748

詠懷詩　二／1087

詠懷詩二首　二／1745

詠懷詩三首　二／891

詠懷詩五首　二／1080

詠懷詩十三首　一／493

詠懷詩八十二首　一／496

詠雀詩　三／2079

91 詠煙詩　三／1956

92 詠燈詩〔吳均〕　二／1750

詠燈詩〔沈滿願〕　三／2135

詠燈檠詩　三／2020

詠燈籠　見詩

94 詠慎火詩　三／2121

96 詠燭詩　二／1536

97 詠鄰女樓上彈琴詩　三／2607

99 詠螢詩　三／1961

詠螢火詩〔蕭繹〕　三／2057

詠螢火詩〔沈旋〕　三／2078

0365₀　誡

08 誡族子詩　二／935

誠

10 誠雅　三／2164

誠夏　三／2756　三／2759　三／2760　三／2761　三／2762　三／2763　三／2764

讖

04 讖詩　三／2188　三／2189

讖詩二首　三／2260

0366₀　詒

12 詒孔中丞奐詩　三／2580

67 詒明山賓詩　二／1794

0391₄　就

04 就謝主簿宿詩　二／1567

就蒲州使君乞酒詩　三／2392

0460₀　謝

22 謝僕射混遊覽　二／1577

34 謝法曹惠連贈別　二／1578

78 謝臨川靈運遊山　二／1577

90 謝光禄莊郊遊　二／1580

0461₄　謹

68 謹贈司寇淮南公詩　三／2356

0464₁　詩

詩〔阮瑀〕（雜詩、怨詩、苦雨詩、
隱士詩） 一/380 一/381

詩〔司馬彪〕（雜詩） 一/728

詩〔傅玄〕（宴詩、雲歌、啄木）
一/572 一/575

詩〔成公綏〕（行詩、途中作）
一/585

詩〔陳琳〕（遊覽詩二首） 一/
367

詩〔棗據〕（遊覽） 一/589

詩〔郭璞〕（贈潘尼） 二/868

詩〔習鑿齒〕（燈、詠燈籠） 二/
922

詩（鹽叢詩） 二/964

10 詩二首〔董京〕 一/600

詩二首〔酈炎〕（志詩） 一/182

詩五首郭遐叔贈 見贈嵇康詩二
首

0466₀ 諸

21 諸儒爲賈逵語 一/251

諸儒爲張禹語 一/139

諸儒爲朱雲語 一/136

諸儒爲楊震語 一/252

諸儒爲匡衡語 一/138

諸儒爲劉愷語 一/253

25 諸生爲呂思禮語 三/2413

44 諸葛亮引語論光武 一/533

諸葛恪引里語 一/542

80 諸人共講老子詩 二/944

諸人共遊周家墓柏下詩 二/993

0466₁ 詰

38 詰汾力微諺 三/2234

0468₆ 讀

22 讀山海經詩十三首 二/1010

50 讀書齋詩 二/1168

讀書詩 二/1196

55 讀曲歌 二/1328

讀曲歌八十九首 二/1340

讚

60 讚四君詩四首 三/2219

0564₇ 講

00 講席將畢賦三十韻詩依次用
二/1798

34 講漢書詩 一/678

60 講易詩 二/1311

0569₆ 諫

17 諫歌 二/926

0662₇ 謁

00 謁方山靈巖寺詩 三/2669

0710₄ 望

00 望廨前水竹詩 二/1473

望廨前水竹答崔録事詩 二/
1682

02 望新月示同羈詩 二/1706

10 望三湖詩 二/1448

望雪詩〔丘遲〕 二/1604

望雪詩〔虞羲〕 二/1609

望雨詩 三/1879

12 望孤石詩　二/1310

望水詩　二/1309

23 望織女詩　二/1549

27 望夕霽詩　三/2019

望夕雨詩　二/1672

29 望秋月詩　三/1897

31 望江中月影詩　三/2045

34 望遠　見有所思

36 望渭水詩　三/2406

38 望海詩〔祖珽〕　三/2273

望海詩〔楊廣〕　三/2670

42 望荊山詩　二/1557

43 望城行　二/1389

45 望棲烏詩　三/1880

50 望春詩　三/2056

67 望野詩　三/2378

望郢州城詩　三/2445

71 望隔牆花詩　三/1883

77 望月詩〔劉孝綽〕　三/1844

望月詩〔蕭綱〕　三/1955　三/1972

望月詩〔庾信〕　三/2393

望月有所思詩　三/1838

望同泰寺浮圖詩　三/1935

0742₇ 郊

21 郊行值雪詩　三/2381

23 郊外望秋答殷博士詩　二/1565

37 郊祀靈芝歌　見論功歌詩

郊祀歌　一/147

郊祀曲　二/1414

郭

12 郭弘農璞遊仙　二/1575

20 郭喬卿歌　一/208

53 郭輔碑歌　一/328

60 郭四朝叩船歌四首　二/1123

71 郭長生吹笛歌　二/1372

0761₀ 諷

05 諷諫詩　一/105

諷諫詩二首　二/926

40 諷真定公詩二首　三/2217

63 諷賦歌　一/25

0762₀ 調

30 調宣城朓臥病　見酬謝宣城朓詩

0766₂ 詔

77 詔問山中何所有賦詩以答　二/1814

0823₃ 於

00 於座應令詠梨花詩　三/1841

於譙作詩　一/399

於玄武陂作詩　一/400

10 於王撫軍座送客詩　二/981

於賈謐坐講漢書詩　一/631

17 於承明作與弟士龍詩（與士龍於承明亭作）　一/679

於邢邵座賦詩　三/2651

18 於婺州被囚詩　三/2705

26 於穆　三/2182

於穆我皇　一/831

27 於冬日普光寺臥疾値雪簡諸舊遊
　　詩　三/2772
30 於安城答靈運詩　二/1132
35 於清河見挽船士新婚與妻別詩
　　一/378
40 於太常寺聽陳國蔡子元所校正聲
　　樂詩　三/2708
　　於南山往北山經湖中瞻眺詩
　　二/1172
44 於萊城東十里與諸門徒登青陽嶺
　　太基山上四面及中巑掃石置仙
　　壇詩　三/2206
67 於明津作詩　一/402
71 於長安歸還揚州九月九日行薇山
　　亭賦韻詩　三/2595
　　於長安詠鴈詩　三/2464

　　　　0824₀　放

17 放歌行〔傅玄〕　一/557
　　放歌行〔陸機〕　一/669
　　放歌行　見孤兒行

　　　　0844₀　效

12 效孫晧爾汝歌　二/1326
40 效古　見效阮公詩十五首
　　效古詩〔袁淑〕　二/1211
　　效古詩〔沈約〕　二/1649
55 效曹子建白馬篇　二/1211
71 效阮公詩十五首（效古）　二/
　　1581

　　　　　敦

96 敦煌鄉人爲曹全諺　一/254

　　　　0861₆　説

44 説苑引逸詩　一/72

　　　　0862₇　論

01 論語詩　一/603
　　論語引逸詩　一/68
　　論語引南人言　一/73
14 論功詩（頌論功歌詩靈芝歌、古
　　辭靈芝歌、漢頌論功歌詩靈芝
　　歌、郊祀靈芝歌）　一/169
81 論敍裴伯茂詩　三/2271

　　　　0864₀　許

10 許玉斧作　二/1115
28 許徵君詢自敍　二/1576

　　　　0925₉　麟

61 麟趾殿詠新井詩　三/2327

　　　　1000₀　一

10 一三五七九言詩　三/2778
60 一旦歌　三/2088

　　　　1010₀　二

17 二郡謡　一/221
77 二月三十日夜右英作　二/1112
　　二月歌　二/1066
　　二月十六日右英作　二/1112
　　二月九日夜雲林作　二/1111

　　　　1010₁　三

00 三府爲朱震語　一/245
　　三言詩　一/172
17 三君　一/222

三郡民爲應詹歌　一/778

24 三徒五苦辭　三/2440

　　三峽謠　二/1032

26 三魏爲劉毅語　一/803

27 三侯之章　見大風

30 三良詩　一/455

32 三洲歌　二/1060

　　三洲歌〔釋法雲〕　三/2191

　　三洲歌〔陳叔寶〕　三/2509

47 三婦豔〔沈約〕　二/1616

　　三婦豔〔蕭統〕　二/1792

　　三婦豔〔劉孝綽〕　三/1825

　　三婦豔〔王筠〕　三/2010

　　三婦豔詩〔劉鑠〕　二/1213

　　三婦豔詩〔王融〕　二/1388

　　三婦豔詩〔吳均〕　二/1725

　　三婦豔詩〔張正見〕　三/2473

　　三婦豔詞十一首　三/2502

50 三秦記引諺　一/808

53 三輔爲張氏何氏語　一/142

60 三日詩〔謝惠連〕　二/1198

　　三日詩〔鮑照〕　二/1307

　　三日侍皇太子曲水宴詩〔劉孝
　　威〕　三/1876

　　三日侍皇太子曲水宴詩〔蕭綱〕
　　三/1929

　　三日侍宴詠曲水中燭影詩　三/
　　2004

　　三日侍宴宣猷堂曲水詩　三/
2579

　　三日侍宴曲水代人應詔詩　二/
1423

　　三日侍安成王曲水宴詩　三/
1826

　　三日侍蘭亭曲水宴詩　三/1984

　　三日侍華光殿曲水宴詩　三/1826

　　三日侍華光殿曲水宴代人應詔詩
　　二/1422

　　三日侍林光殿曲水宴應制詩
　　二/1631

　　三日侍鳳光殿曲水宴應制詩
　　二/1630

　　三日遊南苑詩　二/1284

　　三日華林園公宴詩　三/2263

　　三日臨水詩　二/954

77 三月三日應詔詩二首　一/749

　　三月三日率爾成詩　三/1945

　　三月三日率爾成章詩　二/1644

　　三月三日詩〔陸機〕　一/692

　　三月三日詩〔王讚〕　一/760

　　三月三日詩〔庾闡〕　二/873

　　三月三日詩〔孫綽〕　二/901

　　三月三日詔宴西池詩　二/1227

　　三月三日侍宴西池詩　二/1153

　　三月三日從華林園詩　一/592

　　三月三日洛水作詩　一/767

　　三月三日曲水集詩（上巳曲水
　　集）　二/1192

三月三日臨曲水詩　二／873

三月歌　二／1067

80 三善殿夜望山燈詩　三／2593

三善殿夕望山燈詩　三／2520

88 三餘童謠　三／2144

正

24 正德舞歌　一／836　一／838

43 正始中時人謠　一／516

47 正朝詩〔曹毗〕　二／889

正朝詩〔王氏〕　二／954

60 正旦上司憲府詩　三／2357

正旦大會行禮歌〔傅玄〕　一／816

正旦大會行禮歌〔荀勗〕　一／818

正旦大會行禮歌〔成公綏〕　一／
823

正旦大會行禮詩　一／822

正旦蒙趙王賚酒詩　三／2392

76 正陽堂宴勞凱旋詩　二／1632

77 正月歌　二／1066

正月十五日子通衢建燈夜升南樓
詩　三／2671

正月七日登高侍宴詩　三／2282

正月七日登高作詩　二／891

正月八日燃燈應令詩　三／1962

80 正會詩（元會詩）　一／448

87 正釵聯句　二／1714

1010₃　玉

27 玉漿泉謠　三／2412

玉龜曲　二／1525

41 玉堦春草詩　二／1605

44 玉樹後庭花　三／2511

71 玉階怨〔謝朓〕　二／1420

玉階怨〔虞炎〕　二／1459

1010₄　王

08 王敦將滅時童謠　一／791

12 王孫遊〔王褒〕（春遊）　二／1392

王孫遊〔謝朓〕　二／1420

14 王劭引枯樹歌　三／2741

17 王子喬　一／261

王子喬〔高允〕　三／2201

王子喬行　三／2113

王子思歸歌　三／2749

王子年引世語　二／1038

24 王侍中夜集詩　二／1729

王侍中粲懷德　二／1572

27 王侯挽歌辭　一／655

王粲　二／1182

28 王徵君微養疾　二／1579

36 王澤嶺遭洪水詩　三／2721

王昶引諺　一／519

王昶引語　一／519

37 王逸引諺　一／233

40 王嘉引里諺　一／134

42 王彭祖謠　一／790

44 王莽末天水童謠　一／127

王世容歌　一／215

48 王敬伯泫露詩　二／1127

王敬伯劉妙容歌詩　二／1127

58 王撫軍庾西陽集別時爲豫章太守
　　庾被徵還東詩　二/1133
67 王昭君〔鮑照〕　二/1270
　　王昭君〔施榮泰〕　三/2112
　　王昭君〔庾信〕　三/2348
　　王昭君　三/2751
　　王昭君　見明君詞
　　王昭君辭　一/642
　　王昭君歎二首　三/2132
80 王公上壽詩　一/820
　　王公上壽歌　二/1363
　　王公上壽酒歌（荀勖）　一/818
　　王公上壽酒歌〔成公綏〕　一/
　　823
88 王符引諺論得賢　一/233
　　王符引諺論守邊　一/245
　　王符引諺論考績　一/247
90 王尚書瞻祖日詩　二/1707

至

00 至廣陵於馬上作詩　一/401
17 至尋陽詩　二/1454
24 至德二年十一月十二日升德施山
　　齋三宿決定罪福懺悔詩　三/
　　2585
25 至牛渚憶魏少英詩　二/1763
27 至烏林村見採桑者因有贈詩
　　三/2118
36 至湘洲望南岳詩　二/1744
　　至渭源詩　三/2345

40 至大雷聯句　二/1712
44 至老子廟應詔詩　三/2362

1010₇ 五

00 五言詩〔成公綏〕　一/585
　　五言詩〔棗據〕　一/590
　　五言詩〔袁粲〕　二/1322
　　五言詩〔蕭繹〕　三/2053
　　五言詩〔李密〕（淮陽感秋）　三/
　　2709
　　五言詩〔張斐裳〕　三/2226
　　五言詩一首與阮德如　見與阮德
　　如詩
　　五言詩三首　一/489
　　五言詩三首郭遐周贈　見贈嵇康
　　詩三首
　　五言詩三首答二郭　見答二郭詩
　　三首
　　五言畫堂良夜履長在節歌管賦詩
　　迥筵命酒十韻成篇　三/2519
　　五言贈秀才詩　一/485
　　五言同管記陸瑜九日觀馬射詩
　　三/2518
17 五子歌　一/5
　　五君詠五首　二/1235
22 五仙詩五首　三/2192
30 五字疊韻詩　二/1539
32 五洲夜發詩　三/2459
35 五神　一/153
38 五遊　見五遊詠

五遊詠（五遊、五遊詩） 一/433

五遊詩 見五遊詠

44 五苦詩 三/2433

53 五盛陰詩 三/2434

60 五日詩 三/2270

五日望採拾詩 三/2016

五噫歌 一/166

77 五月五日詩 三/2214

五月歌 二/1067

五月旦作和戴主簿詩 二/977

五月長齋詩 二/1078

1010₈ 巫

22 巫山高 一/158

巫山高〔王融〕 二/1388

巫山高〔劉繪〕 二/1468

巫山高〔范雲〕 二/1543

巫山高〔虞義〕 二/1605

巫山高〔蕭繹〕 三/2032

巫山高〔費昶〕 三/2081

巫山高〔陳叔寶〕 三/2504

巫山高〔蕭詮〕 三/2552

巫山高〔李孝貞〕 三/2652

巫山高篇 二/1206

靈

00 靈帝中平中京都歌 見董逃歌

靈帝末京都童謠 一/224

30 靈空詩 二/1533

靈之祥 一/826

靈寶謠 見童謠

40 靈臺詩 一/168

44 靈芝歌 一/170

靈芝篇 一/428

1014₁ 聶

27 聶包鬼歌 二/1373

1017₇ 雪

00 雪裏覓梅花詩 三/1954

雪裏梅花詩 三/2459

04 雪詩〔何承嘉〕 二/1210

雪詩〔任豫〕 二/1324

雪詩〔張正見〕 三/2498

47 雪朝詩 三/1956

1020₀ 丁

14 丁瑋寧作 二/1115

27 丁督護歌 三/2128

丁督護歌六首 二/1218

80 丁令威歌 二/1125

1021₁ 元

00 元帝時童謠 一/125

元康三年蜀中童謠四首 一/785

元康中洛中童謠 一/786

元康中童謠 一/786

元康四年從皇太子祖會東堂詩
一/678

元廣州景仲座見故姬詩（代人詠
見故姬） 三/1845

10 元正詩 二/954

28 元徽中童謠 二/1331

40 元嘉七年以滑臺戰守彌時遂至陷

没乃作詩　二/1136

元嘉中魏地童謠　二/1329

元嘉末童謠　二/1330

80 元會詩　見正會詩

元會曲　二/1413

1021₂ 死

44 死苦　三/2434

1021₄ 霍

27 霍將軍歌　一/314

1022₇ 兩

28 兩儀詩　一/574

兩儀篇　一/442

需

10 需夏　三/2756

需雅　三/2172　三/2175

爾

34 爾汝歌　一/537

丙

71 丙辰歲八月中於下潠田舍穫詩　二/996

雨

04 雨詩（苦雨）　一/571

10 雨雪曲〔張正見〕　三/2479

雨雪曲〔陳叔寶〕　三/2508

雨雪曲〔陳暄〕　三/2543

雨雪曲〔謝燮〕　三/2551

雨雪曲〔江總〕　三/2570

雨雪曲〔江暉〕　三/2605

22 雨後詩　三/1967

65 雨晴詩　三/2702

1023₀ 下

00 下方山詩　二/1690

40 下直出谿邊望答虞丹徒敬詩　二/1685

1024₁ 霹

10 霹靂引〔蕭綱〕　三/1914

霹靂引〔辛德源〕　三/2649

1024₇ 夏

00 夏夜獨坐詩　三/1896

夏夜呈從兄散騎車長沙詩　二/1232

04 夏詩〔徐勉〕　二/1813

夏詩〔徐朏〕　三/2069

17 夏歌二首　三/2126

夏歌二十首　二/1044

夏歌四首　二/1517

26 夏白紵　二/1626

27 夏侯歌　見軍中爲夏侯淵語

34 夏潦省宅詩　二/1324

43 夏始和劉潯陵詩　二/1441

44 夏苗田　一/832

60 夏日詩〔曹丕〕　一/404

夏日詩〔李顒〕　二/858

夏日詩〔徐悱〕　三/2030

夏日詩〔李德林〕　三/2644

夏日還山庭詩　三/2591

夏日臨江詩　三/2672

67 夏晚詩　三/2686

80 夏人歌 一/5

憂

77 憂且吟 二/1410

1030₇ 零

44 零落桐詩 三/2715

1040₀ 干

30 干寶引語 二/1033

于

77 于闐採花 三/2751

1040₉ 平

10 平玉衡 一/828

40 平南荆 一/528

43 平城歌 一/119

60 平吳詩 一/591

平吳後三月三日華林園詩 一/597

平吳後三月三日從華林園作詩 一/552

71 平原侯植 二/1184

平原爲太守索稜歌 二/1019

74 平陵東 一/259

平陵東 見平陵東行

平陵東行(平陵東) 一/437

77 平關中 一/529

1043₀ 天

00 天序 一/830

07 天郊饗神歌 一/811

10 天下爲賈彪語 一/235

天下爲衛子夫歌(衛皇后歌) 一/120

天下爲四侯語 一/244

21 天行歌 見歌

天行篇 一/560

30 天安寺疏圃堂詩 二/1529

44 天地 一/150

天地篇 一/440

65 天晴詩 二/944

71 天馬(天馬歌) 一/150

天馬引 見走馬引

天馬歌 一/95

天馬歌 見天馬

77 天門 一/151

80 天命篇 一/842

88 天符頌 二/1370

1044₁ 弄

11 弄琴詩二首 三/2407

1050₆ 更

43 更始時南陽童謠 一/128

更始時長安中語 一/141

1060₀ 石

00 石慶安作 二/1114

11 石頭民爲庾亮歌二首 二/1015

石頭答庾郎丹詩 二/1703

22 石崇金谷妓詩 三/2002

30 石室山詩 二/1164

石流 見石留

石流篇 二/1209

40 石塘瀨聽猿詩 二/1661

42 石橋詩〔蕭綱〕　三/1975
　　石橋詩〔庾肩吾〕　三/2003
　　石橋詩〔蕭若靜〕　三/2124
43 石城山　三/2656
　　石城樂　二/1346
44 石鼓詩十首　一/57
　　石勒時諺　一/807
70 石壁立招提精舍詩　二/1165
　　石壁精舍還湖中作詩　二/1165
77 石門新營所住四面高山迴溪石瀨
　　茂林脩竹詩　二/1166
　　石門岩上宿詩（夜宿石門詩）
　　　二/1167
　　石留（石流）　一/162
80 石首局　三/2182

百

10 百一詩　一/469
20 百舌鳥詩　一/775
40 百志詩　二/853
45 百姓諺　一/533
　　百姓歌　見畫一歌
　　百姓爲袁粲褚彥回語　二/1334
　　百姓爲蕭正德父子謠　三/2144
　　百姓爲東昏侯歌　二/1481
　　百姓爲公孫軌語　三/2237
60 百里奚歌　三/2113
80 百年歌十首　一/668

西

00 西齋行馬詩　三/1949

10 西王母吟　一/36
　　西平樂　三/2616
26 西魏時童謠　三/2232
27 西烏夜飛　二/1349
32 西州諺　二/1037
　　西州爲麴氏游氏語　二/1037
　　西州直示同員詩　二/1702
　　西洲曲　二/1069
34 西池應詔賦詩　二/936
38 西游咸陽中詩　三/2458
40 西土謠　一/793
43 西域真人王君常吟詠　二/1116
　　西城門死　三/2005　三/2006
　　　三/2007　三/2008
44 西地梨詩　二/1658
47 西極天馬歌（蒲梢天馬歌）　一/
　　95
60 西園游上才　三/2703
61 西顥　一/149
71 西長安行　一/564
74 西陵遇風獻康樂詩　二/1193
　　西陵觀濤詩　二/924
77 西門行　一/269
　　西門豹廟詩　三/2382

1060₁ 晉

00 晉童謠　一/38
13 晉武帝華林園集詩　一/580
27 晉冬至初歲小會歌　一/825
30 晉宴會歌　一/825

晉宗親會歌　一/826

31 晉江左宗廟歌十三首　二/1070

41 晉杯槃舞歌詩　一/848

44 晉世京師謠　二/1032

50 晉中宮所歌　一/825

晉書引逸詩　一/72

77 晉兒謠　一/38

1062₀ 可

20 可愛詩　二/1311

1064₈ 醉

17 醉歌　一/103

1073₁ 雲

17 雲歌　三/2087

雲歌　見詩

44 雲林右英夫人詩二十五首　二/1107

雲林與衆真吟詩十首　二/1098

50 雲中詩　二/965

雲中受突厥主朝宴席賦詩　三/2666

雲中白子高行　一/564

77 雲門舞　三/2416　三/2417

雲門篇　一/844

雲居寺高頂詩　三/2343

1080₆ 貢

20 貢禹引俗語　一/131

賈

60 賈思勰引諺論種穀樹木　三/2243

賈思勰引諺論力耕　三/2243

賈思勰引諺論養牛馬　三/2244

賈思勰引諺論鋤地　三/2244

賈思勰引河西語　三/2244

1090₁ 示

10 示晉陵弟詩　三/1968

示雲麾弟　二/1801

26 示程伯達詩　三/2223

27 示殷仲堪詩　二/919

28 示徐州弟詩　二/1793

44 示封中録詩二首　三/2410

50 示吏民詩　三/2040

77 示周續之祖企謝景夷三郎時三人共在城北講禮校書詩　二/975

1096₃ 霜

40 霜來悲落桐　二/1666

1099₄ 霖

10 霖雨詩〔張載〕　一/741

霖雨詩〔曹毗〕　二/889

1111₀ 北

00 北亭與吏民別詩　二/1171

北齊末鄴中童謠　三/2294

北方童謠　三/2139

10 北平府君歌　二/1356

23 北伐詩〔劉義隆〕　二/1136

北伐詩〔劉駿〕　二/1223

25 北使洛詩　二/1233

27 北鄉古松樹詩　三/2672

30 北宅秘園詩　二/1252

32 北州爲朱碩棗嵩謠　一/790

34 北渚 三/1918

37 北軍爲韋叡歌 三/2137

40 北寺寅上人房望遠岫翫前池詩 三/2013

43 北城門沙門 三/2005 三/2006 三/2007 三/2008

44 北芒客舍詩 一/552

　北芒送別王世冑詩 一/630

53 北戍琅邪城詩 二/1478

60 北園新齋成應趙王教詩 三/2374

　北園射堂新成詩 三/2376

77 北風雪 見學古詩

1111₁ 玩

34 玩漢水詩 三/1932

1111₄ 班

45 班婕妤〔陸機〕（婕妤怨） 一/661

　班婕妤〔蕭繹〕 三/2034

　班婕妤詠扇 二/1570

　班婕妤怨〔劉孝綽〕 三/1824

　班婕妤怨〔陰鏗〕 三/2450

　班婕妤怨〔何楫〕 三/2605

60 班固引諺論經方 一/232

67 班昭女誡引鄙諺 一/232

1113₆ 蠶

32 蠶叢詩 見詩

1118₆ 項

10 項王歌 三/2751

1120₇ 琴

　琴 二/1453

12 琴引 一/321

17 琴歌 一/26 一/27

　琴歌〔阮瑀〕 一/379

　琴歌〔嵇康〕 一/491

　琴歌〔王嘉〕 二/926

　琴歌 見白雪歌、歌

　琴歌二首 一/99

40 琴女歌 一/33

1123₂ 張

02 張誘世作 二/1115

11 張麗英石鼓歌 三/2779

17 張司空華離情 二/1573

23 張仙卿授詩 三/2193

44 張黃門協苦雨 二/1574

48 張敬兒自爲歌謠 二/1482

80 張公神碑歌 一/326

1128₆ 預

09 預麟趾殿校書和劉儀同詩 三/2373

1133₁ 悲

00 悲廢井詩 二/1550

10 悲平城詩 三/2205

17 悲歌〔劉辯〕 一/191

　悲歌 一/282

28 悲從弟仲德詩 二/1012

29 悲秋夜 二/948

　悲秋詩 三/2672

　悲愁歌 見歌

42 悲彭城 三/2217

43 悲哉行〔陸機〕 一/663

悲哉行〔謝靈運〕 二/1151

悲哉行〔沈約〕 二/1621

44 悲落葉 三/2213

80 悲人道 二/1140

94 悲憤詩 一/199

瑟

11 瑟瑟歌 見吁嗟篇

17 瑟歌 見歌

1142₇ 孺

17 孺子歌（滄浪歌、漁父歌） 一/21

1142₇ 翫

00 翫庭柳詩 二/1651

10 翫雪詩 三/2716

77 翫月城西門廨中詩 二/1305

1168₆ 碩

22 碩仙歌 二/1475

1173₂ 裴

30 裴永殯 三/2776

1180₁ 冀

32 冀州童謠 一/794

1210₈ 登

00 登廬山詩 三/2548

登廬山詩二首 二/1282

登廬山絕頂望諸嶠詩 二/1179

登高詩 一/726

登高望春詩 二/1633

登高臺 二/1761

登玄暢樓詩 二/1634

01 登顏園故閣詩 三/2038

10 登二妃廟詩 二/1745

登三山詩 二/1550

登覆舟山望湖北詩 三/1876

登石頭城詩 二/1681

登石室飯僧詩 二/1164

登石門最高頂詩 二/1165

登雲峰山觀海島詩 三/2207

登雲陽九里埭詩 二/1284

11 登北顧樓詩 二/1529

登北固樓詩 二/1640

登琴臺詩 三/1951

12 登孤山詩 二/1180

13 登武昌岸望詩 三/2455

17 登歌 三/2169 三/2761 三/2764

登歌〔謝莊〕 二/1353

登歌〔殷淡〕 二/1360

登歌〔謝超宗〕 二/1490 二/1493 二/1496 二/1504

登歌〔庾信〕 三/2417 三/2419 三/2426

登歌〔牛弘等〕 三/2756

登歌二首 二/1507

登歌三曲 三/2317

登歌樂 三/2312

登羣峰標望海詩 二/1473

21 登上戍石鼓山詩　二/1164

22 登山　見泰山吟

　登山望雷居士精舍同沈右衛過劉
　　先生墓下作詩（同隋王經劉先
　　生墓下作）　二/1383

　登山曲　二/1416

　登山馬詩　三/1976

26 登白鳥山詩　二/1137

　登白馬山護明寺詩　三/2721

27 登名山篇　三/2725

　登魯山詩　二/1220

　登翻車峴詩　二/1283

　登終南山擬古詩　三/2730

28 登作樂山詩　二/1220

30 登宣城郡詩　二/1212

　登永嘉綠嶂山詩　二/1162

31 登江州百花亭懷荊楚詩　三/2048

　登江中孤嶼詩　二/1162

32 登州中新閣詩　三/2375

33 登治城樓詩　二/922

34 登池上樓詩　二/1161

36 登渭橋詩　三/2327

　登禪岡寺望和虞記室詩　二/1701

40 登臺詩　一/744

　登臺望秋月　二/1663

　登壽陽八公山詩　二/1737

42 登荊山詩　二/932

　登板橋詠洲中獨鶴詩　三/1960

43 登城詩　三/1932

登城北望詩〔蕭綱〕　三/1951

登城北望詩〔庾肩吾〕　三/2001

登城怨詩　二/1551

44 登楚山詩　二/874

　登黃鶴磯詩　二/1284

45 登樓曲　三/2133

47 登郁洲山望海詩　二/1757

53 登成都白菟樓詩　一/739

60 登吳昇平亭（遊若邪雲門精舍）
　　三/2624

　登景陽樓詩〔劉義隆〕　二/1137

　登景陽樓詩〔顏延之〕　二/1237

　登景陽樓詩〔劉義恭〕　二/1248

76 登陽雲樓詩　三/1831

　登隄望水詩　三/2036

78 登臨海嶠初發疆中作與從弟惠連
　　可見羊何共和之詩（登臨海嶠
　　與從弟惠連）　二/1176

　登臨海嶠與從弟惠連　見登臨海
　　嶠初發疆中作與從弟惠連可見
　　羊何共和之詩

80 登會稽刻石山詩　二/921

82 登鍾山讌集望西静壇詩　二/1730

　登鍾山下峰望詩　二/1610

86 登錦壁詩　三/1967

90 登半石山詩　二/1137

97 登峰火樓詩　三/1932

1212₇　瑞

10 瑞雪詠　二/1255

1217₂ 聯

27 聯句　二/1013

　　聯句詩〔蕭衍〕　二/1538

　　聯句詩〔元恭〕　三/2211

　　聯句作詩　三/2638

1220₀ 列

17 列子引逸詩　一/70

　　列子引古語　一/79

　　列子引周諺　一/79

40 列女引　一/305

引

25 引牲樂〔殷淡〕　二/1359

　　引牲樂〔謝超宗〕　二/1489

　　　　二/1495　二/1503

47 引聲歌（莊周獨處吟）　一/314

1223₀ 水

22 水仙操　一/320

50 水中樓影詩　三/1976

77 水月　三/1937

1224₇ 發

02 發新林浦贈同省詩　三/1851

15 發建興渚示到陸二黃門詩　三/1833

22 發後渚詩　二/1293

26 發白馬　三/2083

27 發歸瀨三瀑布望兩溪詩　二/1178

36 發湘州贈親故別詩三首　二/1735

71 發長松遇雪詩　二/1293

1241₀ 孔

17 孔子誦　一/42

　　孔子家語引里語　一/73

32 孔叢子引遺諺　一/82

1241₃ 飛

00 飛塵篇　一/560

01 飛龍引　三/2275

　　飛龍篇　一/421　一/439

27 飛鵠行　見豔歌何嘗行

40 飛來雙白鵠　二/1318

　　飛來雙白鶴〔蕭繹〕　三/2034

　　飛來雙白鶴〔陳叔寶〕　三/2502

1242₂ 形

62 形影神詩三首　二/989

68 形贈影　二/989

1243₀ 癸

77 癸卯歲十二月中作與從弟敬遠詩　二/980

　　癸卯歲始春懷古田舍詩二首　二/994

孤

17 孤子生行　見孤兒行

44 孤燕詩　三/2129

77 孤兒行（孤子生行、放歌行）　一/270

1249₃ 孫

00 孫亮初童謠　一/539

　　孫亮初白䵷鳴童謠　一/539

12 孫廷尉綽雜述　二/1576

64 孫晧天紀中童謠　一/540

孫晧初童謠　一/539

孫晧時詩妖　見使者爲妖祠詩

1260₀ 酬

04 酬謝宣城朓詩（調宣城朓臥疾）

　二/1634

07 酬郭臨丞詩　二/1742

10 酬王晉安德元詩　二/1426

　酬丁柴桑詩　二/972

11 酬張長史詩　二/1409

12 酬孔通直邊懷蓬居詩　二/1661

28 酬從弟惠連詩　二/1175

31 酬江總詩　三/1854

44 酬范記室雲詩　二/1682

　酬蕭新浦王洗馬詩二首　二/

　1732

　酬蕭侍中春園聽妓詩　三/2653

　酬華陽陶先生詩　二/1637

62 酬別詩　二/1735

　酬別江主簿屯騎詩　二/1734

72 酬劉柴桑　二/978

74 酬陸長史倕詩　三/1833

　酬陸常侍詩　三/2700

77 酬周參軍詩　二/1733

　酬聞人侍郎別詩三首　二/1743

1314₀ 武

00 武帝太康後童謠三首　一/783

10 武王伐紂　見魁商操

　武平元年童謠　三/2292

　武平中童謠　三/2292

武平末童謠　三/2294

14 武功歌　一/175

24 武德樂　三/2305　三/2308

　武德樂昭烈舞　三/2314

　武德宣烈樂　二/1491

　武德舞　三/2620

　武德舞歌詩　一/167

32 武溪深（武溪深行、武陵深行）

　一/163

　武溪深行　三/2064

　武溪深行　見武溪深

50 武夷君人間可哀之曲　三/2785

53 武成俎後謠　三/2292

　武成時童謠　三/2293

71 武原府君歌　二/1356

74 武陵深行　見武溪深

　武陵人歌　二/1022

　武陵人爲黃氏兄弟諺　一/239

76 武陽山遺詠　三/2321

80 武舞　三/2757

　武舞歌　三/2770

　武舞辭　三/2320

　武舞階步辭　三/2320

1364₇ 酸

50 酸棗令劉熊碑詩　一/194

1413₁ 聽

10 聽百舌詩　三/2131

　聽百舌鳥詩　三/2653

11 聽琴詩　三/2279

17 聽歌一絕詩　三/2405

56 聽蟬鳴應詔詩　二/1655

60 聽早蟬詩　三/1961

67 聽鳴蟬篇〔盧思道〕　三/2637

82 聽鍾鳴　三/2213

88 聽箏詩　三/2521

97 聽鄰妓詩　二/1407

1464₇ 破

30 破扇　三/2609

80 破鏡詩　三/2564

1512₇ 聘

00 聘齊經孟嘗君墓詩　三/2541

聘齊秋晚館中飲酒詩　三/2385

1540₀ 建

21 建衡中壽春童謠　一/540

30 建安初荊州童謠　一/226

77 建興中江南謠　一/791

78 建除詩〔鮑照〕　二/1300

建除詩〔范雲〕　二/1547

建除詩〔蕭愨〕　三/2104

建除詩〔沈烱〕　三/2446

1568₆ 䪷

10 䪷面辭　三/2286

1610₄ 聖

00 聖主曲辭　二/1509

17 聖君曲　二/1386

26 聖皇篇　一/427

37 聖祖頌　二/1369

聖郎曲　二/1058

80 聖人制禮樂篇　一/277

聖人出　一/160

1625₆ 彈

17 彈歌　一/1

44 彈棋詩　三/2341

84 彈鋏歌（長鋏歌）　一/14

88 彈箏詩　三/1971

1640₀ 廻

27 廻向門詩　二/1400

1660₁ 碧

10 碧玉歌　二/1519

碧玉歌三首　二/1337

44 碧落空歌　三/2441

1662₇ 碣

10 碣石篇　見步出夏門行

1710₄ 巫

22 巫出行　一/441

1710₇ 孟

15 孟珠（丹陽孟珠歌）　二/1065

17 孟子引齊人言　一/74

孟子引夏諺　一/74

27 孟冬篇　一/430

35 孟津詩　一/400

1712₀ 羽

07 羽調曲五首　三/2431

12 羽引〔沈約〕　三/2177

羽引〔蕭子雲〕　三/2178

28 羽觴飛上苑　三/2110

44 羽林郎　見羽林郎詩

羽林郎詩（羽林郎、羽林郎歌）
　一/198

羽林郎歌　見羽林郎詩

86 羽鐸舞歌　一/840

88 羽籥舞歌　一/840

聊

28 聊作百一體詩　二/1694

1712₇ 瑯

17 瑯琊王歌辭　三/2153

1714₇ 瓊

16 瓊瑰歌　見夢歌

1722₂ 矛

80 矛俞新福歌　一/525

1722₇ 酈

38 酈道元引語　三/2242

酈道元引俗諺論清泉河　三/2241

酈道元引澇灘净灘諺　三/2242

酈道元引古語論南北崤　三/2242

酈道元引橘洲諺　三/2241

1723₂ 豫

00 豫章府君登歌　一/813

豫章行　一/263

豫章行〔曹叡〕　一/418

豫章行〔傅玄〕　一/566

豫章行〔陸機〕　一/657

豫章行〔謝靈運〕　二/1149

豫章行〔謝惠連〕　二/1189

豫章行〔沈約〕　二/1615

豫章行〔薛道衡〕　三/2681

豫章行二首　一/424

豫章行苦相篇　見苦相篇

32 豫州耆老爲祖逖歌　一/779

承

10 承天命　一/547

1733₁ 烝

00 烝齋應詔詩　二/1250

1734₆ 尋

34 尋沈剡夕至嵊亭詩　二/1610

76 尋陽樂　三/2616

77 尋周處士弘讓詩〔庾肩吾〕　三/1988

尋周處士弘讓詩〔庾信〕　三/2400

1740₇ 子

00 子産誦（子産歌）　一/41

子産歌　見子産誦

子夜歌二首　二/1516

子夜歌四十二首　二/1040

子夜變歌　三/2127

子夜變歌三首　二/1048

子夜警歌二首　二/1048

子夜四時歌〔蕭衍〕　二/1516

子夜四時歌〔王金珠〕　三/2125

子夜四時歌七十五首　二/1043

77 子桑琴歌　一/22

90 子尚歌　二/1475

1740₈ 翠

27 翠鳥詩 一/193

1742₇ 邢

17 邢子昂歌 見時人稱邢顒語
22 邢巒引俗諺 三/2238

1750₇ 尹

17 尹喜哀歎五首 三/2250

1752₇ 那

61 那呵灘 二/1064

1760₇ 君

17 君子行 一/263
　君子行〔陸機〕 一/656
　君子行〔沈約〕 二/1615
　君子行〔蕭綱〕 三/1903
　君子行〔戴暠〕 三/2097
　君子有所思行〔陸機〕 一/662
　君子有所思行〔謝靈運〕 二/
　1150
　君子有所思行〔沈約〕 二/1618
71 君馬黃 一/159
　君馬黃〔蔡君知〕 三/2560
　君馬黃二首 三/2476
　君馬篇 二/1207

1761₇ 配

00 配帝舞 三/2420 三/2421
　三/2422

1762₀ 司

71 司馬休之從者歌 二/1018
　司馬遷引諺 一/131
　司馬遷引鄙語 一/132

司馬相如引諺 一/130

酌

27 酌修仁水賦詩 二/1551
80 酌貪泉賦詩 二/936

1762₇ 郡

40 郡内高齋閑望答呂法曹詩 二/
　1427
50 郡東山望溟海詩 二/1163

1768₂ 歌

歌〔劉友〕（幽歌） 一/92
歌〔李陵〕（別歌） 一/109
歌〔劉胥〕（瑟歌） 一/111
歌〔烏孫公主細君〕（悲愁歌）
　一/111
歌〔蔡邕〕（琴歌） 一/193
歌〔曹丕〕（古歌銅雀詞） 一/
　406
歌〔傅玄〕（天行歌） 一/575
00 歌高祖宣皇帝 二/1071
　歌康皇帝 二/1073
　歌哀皇帝 二/1073
04 歌詩〔楊惲〕（拊缶歌） 一/112
　歌詩〔侯瑾〕 一/185
　歌詩〔劉鑠〕 二/1216
10 歌二首〔劉去〕 一/110
　歌二首〔阮籍〕（寄懷歌） 一/
　510
　歌三首 二/927
12 歌烈宗孝武皇帝 二/1074

26 歌白帝 二/1354

　歌白帝辭 三/2167

　歌魏德 見秋胡行二首

40 歌太宗簡文皇帝 二/1073

　歌太祖文皇帝〔曹毗〕 二/1071

　歌太祖文皇帝〔謝莊〕 二/1353

　歌赤帝 二/1354

　歌赤帝辭 三/2167

44 歌孝宗穆皇帝 二/1073

　歌世宗景皇帝 二/1071

　歌世祖武皇帝 二/1072

　歌黃帝 二/1354

　歌黃帝辭 三/2167

50 歌中宗元皇帝 二/1072

　歌青帝 二/1353

　歌青帝辭 三/2166

　歌肅宗明皇帝 二/1072

55 歌曲名詩 三/2042

60 歌黑帝 二/1355

　歌黑帝辭 三/2167

61 歌顯宗成皇帝 二/1072

1771₀ 乙

77 乙巳歲三月爲建威參軍使都經錢

　溪詩 二/983

1771₇ 己

10 己酉歲九月九日詩 二/995

1814₀ 攻

49 攻狄謠 一/40

1818₁ 璇

12 璇璣圖詩 二/955

1865₁ 群

47 群鶴詠 二/1376

80 群公高宴詩 三/2266

2010₄ 重

12 重酬楊僕射山亭詩 三/2683

62 重別周尚書詩二首 三/2402

68 重贈盧諶詩 二/852

　重贈劉琨詩 二/883

　重贈臨蒸郭某詩 二/1729

76 重陽殿成金石會竟上詩 三/2485

90 重光詩 三/1874

2021₄ 往

10 往晉陵聯句 二/1710

21 往虎窟山寺詩〔蕭綱〕 三/1934

　往虎窟山寺詩〔孔燾〕 三/2076

48 往敬亭路中 二/1457

2021₇ 伉

21 伉儷詩 一/726

2022₁ 停

10 停雲詩 二/967

2022₇ 爲

01 爲顏氏賦詩 二/1479

10 爲王嫡子侍皇太子釋奠宴 二/
　1595

　爲兩足虎作歌詩 一/592

　爲賈謐作贈陸機詩 一/629

21 爲何庫部舊姬擬蘼燕之句詩
　二/1764

23 爲傅建康詠紅箋詩　三/2074

　爲我彈鳴琴詩　三/2448

　爲織女贈牽牛詩　二/1236

26 爲皇太子侍宴餞衡陽南平二王應
　詔詩　二/1228

28 爲徐僕射妓作詩　二/1769

　爲徐陵傷妾　三/2608

30 爲寒牀婦贈夫歸詩　三/2702

31 爲顧彦先作詩　一/692

　爲顧彦先贈婦詩二首　一/682

　爲顧彦先贈婦往返詩四首　一/
　717

32 爲潘文則作思親詩（思親爲潘文
　則作、思親詩、思親四言詩、爲
　潘文則思親詩、思親詩爲潘文
　則作）　一/359

　爲潘文則思親詩　見爲潘文則作
　思親詩

40 爲士卒倡（士卒昌、相士卒）
　一/52

　爲南郡王侍皇太子釋奠宴詩二首
　二/1629

41 爲姬人自傷詩　二/1768

　爲桓玄作民謡詩二首　二/1090

72 爲劉曜進酒作　一/776

74 爲陸思遠婦作詩　一/682

77 爲周處士上詩　一/627

　爲周宣帝歌　三/2343

　爲周夫人贈車騎詩　一/683

78 爲臨川王九日侍太子宴詩　二/
　1630

80 爲人妾怨詩　二/1708

　爲人妾思詩二首　二/1708

　爲人傷近而不見詩　二/1764

　爲人寵姬有怨詩　二/1768

　爲人述夢詩　二/1766

　爲人有贈詩　二/1768

　爲人贈美人詩　三/1837

　爲羊兖州家人答餉鏡詩　三/2532

97 爲鄰人有懷不至詩　二/1659

2024₁　辭

00 辭難潮溝詩　二/1237

2024₇　愛

00 愛妾換馬〔庾肩吾〕　三/1982

　愛妾換馬〔僧法宣〕　三/2771

　愛離　三/2434

34 愛遠山　二/1589

41 愛姬贈主人詩　三/1836

2026₁　信

00 信立退怨歌（獻玉退怨歌）　一/
　312

2033₃　忝

27 忝役湘州與宣城吏民別詩　二/
　1428

40 忝在司水看治渭橋詩　三/2374

2040₀　千

60 千里思　三/2225

2040₄　委

00 委靡辭　三/2778

2040₇ 季

29 季秋觀海詩　三/2670

雙

21 雙行纏　三/2615

44 雙燕離〔蕭綱〕　三/1915

　　雙燕離〔沈君攸〕　三/2111

47 雙聲詩　二/1405

　　雙桐生空井　三/1918

2041₄ 雞

67 雞鳴　一/257

　　雞鳴高樹顛〔蕭綱〕　三/1912

　　雞鳴歌　一/291

　　雞鳴篇〔劉孝威〕　三/1873

　　雞鳴篇〔蕭綱〕　三/1923

　　雞鳴篇〔岑德潤〕　三/2694

2044₇ 爰

18 爰珍歌　見六縣吏人爲爰珍歌

2060₄ 看

02 看新婚詩　三/2462

08 看放市詩　三/1996

23 看伏郎新婚詩　二/1705

47 看柳上鵲詩　三/2269

50 看摘薔薇詩　三/2047

77 看鬬雞詩　三/2341

80 看舞詩　三/2405

　　看美人摘薔薇詩　三/1848

2060₉ 香

44 香茅詩〔蕭綱〕　三/1960

　　香茅詩〔蕭祇〕　三/2258

2071₄ 毛

04 毛詩詩　一/604

2090₄ 采

44 采菱歌　一/748

　　采蓮曲　三/2503

　　采芑歌　一/13

　　采葛婦歌　一/30

　　采藥詩　二/928

　　采藥大布山詩　二/1739

　　采薪者歌　一/511

77 采桑　二/1257

集

06 集韻引逸詩　一/72

77 集周公處連句詩　三/2400

2108₆ 順

00 順帝末京都童謠　一/217

10 順天道（從天道）　一/833

50 順東西門行〔陸機〕　一/667

　　順東西門行〔謝靈運〕　二/1152

　　順東西門行〔謝惠連〕　二/1192

76 順陽吏民爲劉陶歌　一/212

2110₀ 上

10 上雲樂〔蕭衍〕　二/1524

　　上雲樂〔周捨〕　二/1773

　　上元夫人步玄之曲　二/1092

17 上邪　一/160

　　上邪曲　二/1365

　　上邪篇　二/1208

上郡吏民爲馮氏兄弟歌 一/122

21 上虞鄉亭觀濤津渚學潘安仁河陽
縣詩 三/1830

30 上之回 一/156

上之回〔蕭綱〕 三/1901

上之回〔蕭愨〕 三/2275

上之回〔張正見〕 三/2476

36 上湘度琵琶磯詩 二/1470

37 上潯陽還都道中作詩 二/1291

40 上壽歌 三/2767

上壽酒歌 一/816

上壽曲 三/2317

44 上蓮山詩 三/2329

上林 二/1793

47 上聲歌〔蕭衍〕 二/1519

上聲歌〔王金珠〕 三/2127

上聲歌八首 二/1049

上朝值雪詩 二/1790

74 上陵 一/158

上陵者篇 二/1206

77 上留田行 一/288

上留田行〔曹丕〕 一/396

上留田行〔陸機〕 一/665

上留田行〔謝靈運〕 二/1153

上留田行〔蕭綱〕 三/1921

上巳玄圃宣猷嘉辰褉酌各賦六韻
以次成篇詩 三/2516

上巳玄圃宣猷堂褉飲同共八韻詩
三/2515

上巳侍宴林光殿曲水詩 三/
1930

上巳宴麗暉殿各賦一字十韻詩
三/2515

上巳褉飲詩 三/2635

上巳華光殿詩 二/1662

上巳曲水集 見三月三日曲水集
詩

上巳日帝會天淵池詩 一/765

上巳會詩 一/729

上巳篇 一/617

80 上益州上柱國趙王詩二首 三/
2356

止

31 止酒 二/1001

2120₁ 步

21 步虛詞二首 三/2662

步虛辭十首 三/2438

22 步出夏門行〔曹操〕（步出東西門
行、碣石篇、出夏門行） 一/
353

步出夏門行〔曹叡〕（隴西行）
一/414

步出夏門行 見隴西行

步出東西門行 見步出夏門行

47 步桐臺詩 二/1558

2121₁ 征

10 征西將軍登歌 一/813

征西官屬送於陟陽候作詩 一/

599

征西大將軍京陵王公會射堂皇太子見命作此詩　一/698

21 征行詩　三/2257

征虜亭祖王少傅　二/1204

征虜亭送新安王應令詩〔張正見〕　三/2486

征虜亭送新安王應令詩〔徐陵〕　三/2532

征虜亭餞王少傅　二/1203

27 征怨詩　二/1568

30 征客詩　二/1751

34 征邁辭　一/596

征遼東　一/827

俳

17 俳歌辭　一/279

2121₇ 伍

17 伍子胥　三/2025

盧

37 盧郎中湛感交　二/1575

2122₀ 何

25 何生姬人有怨詩　二/1764

90 何當行　一/560

2122₁ 行

00 行京口至竹里詩　二/1292

04 行詩　見詩

10 行雨詩　三/1970

20 行辭新福歌　一/526

21 行行且游獵篇　三/1870

行經張子房廟詩　二/1143

行經孫氏陵詩　二/1700

行經季子廟詩　三/2491

行經漢高陵詩　三/2678

行經太華詩　三/2720

行經古墓詩　三/2454

行經范僕射故宅詩　二/1707

行經舊國詩　三/2641

行經巴陵部伍　見赴荆州泊三江口詩

27 行舟值早露詩　三/1888

30 行宅詩　二/1383

36 行還值雨又爲清道所駐詩　三/1879

37 行過康王故第苑詩　三/1893

38 行途賦得四更應詔詩　三/2403

40 行幸甘泉宮　三/1910

行幸甘泉宮歌　三/1871

44 行者歌（魏時童謠）　一/515

行者歌　見通博南歌

行藥至城東橋詩　二/1301

60 行園詩　二/1641

行田登海口盤嶼山詩　二/1168

67 行路難〔釋寶月〕　二/1480

行路難〔王筠〕　三/2011

行路難二首　三/2083

行路難五首　二/1727

衡

22 衡山詩〔庾闡〕　二/874

衡山詩〔謝靈運〕 二/1186

32 衡州九日詩 三/2592

76 衡陽王齋閣奏妓詩 三/2714

2122₇ 衛

10 衛王贈桑落酒奉答詩 三/2392

26 衛皇后歌 見天下爲衛子夫歌

60 衛羅國王女配英靈鳳歌 三/2780

77 衛展引諺 一/798

2123₄ 虞

07 虞詡引諺 一/233

2124₇ 優

17 優孟歌 一/19

2125₃ 歲

30 歲窮應教詩 三/2686

44 歲莫歌（齊役者歌） 一/12

歲暮詩 二/1181

歲暮悲詩 二/1304

歲暮和張常侍詩 二/979

歲暮還宅詩 三/2590

歲暮愍衰草 二/1665

50 歲盡應令詩 三/1998

67 歲晚出橫門詩 三/2376

歲晚沈痾詩 三/2094

2128₆ 穎

22 穎川府君登歌 一/814

穎川爲荀爽語 一/234

穎川兒歌 一/122

2155₀ 拜

21 拜衡陽文王義季墓詩 二/1221

30 拜宣武墓詩 二/931

74 拜陵廟作詩 二/1231

2172₇ 師

17 師乙歌 見去魯歌

2180₆ 貞

40 貞女引 一/306

貞女引〔沈約〕 二/1623

貞女引〔蕭綱〕 三/1915

2190₃ 紫

10 紫玉歌 二/1125

28 紫微詩 二/1104

紫微王夫人詩十七首 二/1102

紫微作 二/1105

紫微夫人歌此 二/1105

紫微夫人作 二/1105 二/1106

紫微夫人授詩 二/1097

紫微夫人授乞食公歌 二/1120

紫微吟此再三 二/1104

44 紫蘭始萌詩 二/1536

紫芝歌 見採芝操

77 紫騮馬〔蕭綱〕 三/1911

紫騮馬〔蕭繹〕 三/2033

紫騮馬〔張正見〕 三/2479

紫騮馬〔徐陵〕 三/2526

紫騮馬〔陳暄〕 三/2542

紫騮馬〔祖孫登〕 三/2543

紫騮馬〔江總〕 三/2570

紫騮馬〔蘇子卿〕 三/2601

紫騮馬〔獨孤嗣宗〕 三/2604

紫騮馬〔李爕〕　三/2604
紫騮馬二首　三/2508
紫騮馬歌　三/2154
紫騮馬歌辭　三/2154

2191₁　經

11 經張子房廟詩　二/1133
　　經琵琶峽詩　三/1934
22 經豐城劍池詩　三/2457
34 經漢高廟詩　二/1143
37 經渦路作詩　二/857
43 經始興廣果寺題愷法師山房詩
　　三/2589
44 經墓興感詩　三/2274
72 經劉瓛墓下詩　二/1384
75 經陳思王墓詩〔庾肩吾〕　三/
　　1990
　　經陳思王墓詩〔庾信〕　三/2365

2201₀　胤

10 胤雅〔沈約〕　三/2171
　　胤雅〔蕭子雲〕　三/2174

2210₈　豐

17 豐歌　一/32

2221₀　亂

22 亂後行經吳郵亭詩　三/1990
　　亂後經夏禹廟詩　三/1989
　　亂後別蘇州人詩　三/2602

2221₄　任

37 任洛州酬薛文學見贈別詩　三/
　　2357

60 任昉引南海俗諺　三/2146
　　任昉引古詩論香泉　三/2150
　　任昉引古詩論魏武陵　三/2150
　　任昉引越人諺　三/2146

崔

17 崔君歌　一/214
30 崔實引語　一/241
　　崔實引農家諺　一/234
　　崔寔引農語(四民月令引農語)
　　一/243
　　崔寔引里語　一/234　一/243
90 崔少府女贈盧充詩　一/324

2224₇　後

00 後齋詩　二/943
　　後齋迴望詩　二/1449
22 後緩聲歌　見前緩聲歌
34 後漢書引逸詩　一/72
　　後漢時蜀中童謠　一/216
37 後湖放生詩　二/1383
　　後湖泛舟詩　三/2489
60 後園看騎馬詩　三/2050
　　後園作迴文詩〔王融〕　二/1405
　　後園作迴文詩〔蕭繹〕　三/2059
　　後園宴詩　三/2636
　　後園宴樂詩　三/2269
　　後園餞從兄豫章詩　二/1380
78 後臨荆州詩　三/2040
80 後人引梁世諺論史職　三/2145
　　後舞歌　二/1368

後舞階步歌　二/1509
90 後堂聽蟬詩　三/1898
　　　　　變
30 變宮調二首　三/2428
　　　2226₄ 循
27 循役朱方道路詩　二/1636
　　　2227₀ 仙
04 仙詩(游仙詩)　一/584
22 仙山詩二首　三/2403
30 仙客詩　三/1934
80 仙人攬六著篇　三/2539
　　仙人篇　一/434
　　　2232₇ 鸞
27 鸞鳥詩　二/1144
　　　2233₆ 製
27 製魚諺　一/794
　　　2240₄ 變
00 變童詩　三/1941
　　　2260₉ 彎
30 彎之柔矣詩　一/66
　　　2271₇ 邕
77 邕熙　一/529
　　　2272₁ 斷
27 斷句詩　三/2204
　　　2272₇ 嶠
04 嶠詩　一/65
　　　2277₀ 山
00 山齋詩〔蕭綱〕　三/1955
　　山齋詩〔庾信〕　三/2378　三/

2404
　　山齋詩〔徐陵〕　三/2530
　　山齋獨坐贈薛内史詩二首　三/
　　2676
　　山庭春日詩　三/2587
　　山夜憂　二/1254
21 山行見孤桐詩　二/1310
30 山家詩　二/1173
　　山家閨怨詩〔張正見〕　三/2489
　　山家閨怨詩〔李爽〕　三/2556
34 山池詩　三/1932
　　山池應令詩〔庾肩吾〕　三/1986
　　山池應令詩〔鮑至〕　三/2024
　　山池應令詩〔王臺卿〕　三/2089
　　山池應令詩〔徐陵〕　三/2531
　　山池落照詩　三/2342
50 山中雜詩三首　二/1752
　　山中詩　三/2404
　　山中楚辭六首　二/1590
67 山路吟　一/594
78 山陰謠　二/1483
　　山陰民爲丘仲孚謠　三/2141
　　　　　幽
17 幽歌　見歌
31 幽逼詩四首　三/2061
32 幽州爲盧昌衡盧思道語　三/
　　2747
　　幽州馬客吟歌辭　三/2159
44 幽蘭五首　二/1271

60 幽思篇 二/867

77 幽居值春詩 三/2377

94 幽憤詩 一/480

2277₂ 出

02 出新林詩 三/1877

10 出下館詩 二/1450

出夏門行 見步出夏門行

17 出郡傳舍哭范僕射詩 二/1600

出歌 一/600

20 出重圍和傅昭詩 二/1661

26 出自薊北門行〔庾信〕 三/2348

出自薊北門行〔徐陵〕 三/2524

30 出塞〔劉峻〕 二/1758

出塞〔王褒〕（塞下曲） 三/2332

出塞 三/2750

出塞二首〔楊素〕 三/2675

出塞二首〔薛道衡〕 三/2680

出塞二首〔虞世基〕 三/2710

31 出江陵縣還詩二首 三/2055

44 出藩曲 二/1415

2290₁ 崇

72 崇丘 一/640

2290₄ 巢

10 巢王座韻得餘詩 三/2732

樂

00 樂府 一/286

樂府〔曹植〕 一/442

樂府〔傅玄〕 一/567

樂府詩〔曹叡〕 一/418 一/

419

樂府詩 三/2151

樂府三首 三/1902

樂府歌 一/294 一/295

07 樂部曹觀樂詩 三/2158

10 樂平長公主挽歌 三/2636

20 樂辭 二/1488

27 樂將殫恩未已應詔詩 二/1648

38 樂遊應詔詩 二/1202

50 樂未央 二/1625

樂未央 見神仙篇

2291₄ 種

44 種蘭詩 二/1212

種葛篇 一/435

60 種田歌 見耕田歌

72 種瓜篇（春遊曲） 一/416

77 種桑詩 二/1169

2292₂ 彩

00 彩毫怨 三/2134

2294₄ 綏

22 綏山謠 一/322

2294₇ 緩

17 緩歌行 二/1152

2296₃ 緇

50 緇素知友祖道新林去留哀感賦詩

一首 見祖道賦詩

2320₀ 外

72 外兵舅夜集詩 二/1561

2323₄ 伏

77 伏聞遊獵詩　三/2361

獻

00 獻帝初童謠　一/225

　獻帝初京都童謠　一/225

04 獻詩〔曹植〕　一/445

　獻詩〔薛瑩〕　一/587

10 獻玉退怨歌　見信立退怨歌

　獻雅　三/2165

21 獻歲立春光風具美汎舟玄圃各賦

　六韻詩　三/2514

　獻歲讌宮臣詩　三/2671

71 獻長安君安仁詩　一/762

2324₀ 代

00 代夜坐吟　二/1280

　代牽牛答織女詩　三/2016

08 代放歌行　二/1259

10 代五雜組詩　二/1406

　代西封侯美人詩　三/2122

11 代北風涼行　二/1279

　代悲哉行　二/1263

22 代出自薊北門行　二/1262

　代樂府三首　三/1917

24 代結客少年場行　二/1267

26 代白頭吟　二/1260

　代白紵曲二首　二/1273

　代白紵舞歌詞四首　二/1272

28 代收淚就長路詩　二/1215

29 代秋胡歌詩(秋胡行七首)　一/479

　代秋胡婦閨怨詩　三/2028

30 代空城雀　二/1279

　代淮南王二首　二/1278

36 代邊居行　二/1269

37 代朗月行　二/1266

40 代古詩(擬客從遠方來)　二/1193

44 代蒿里行　二/1258

　代蘇屬國婦詩　二/1533

　代苦熱行　二/1266

　代葛沙門妻郭小玉作詩二首

　二/1314

　代舊姬有怨詩　三/2039

47 代邽街行(去邪行)　二/1269

　代櫂歌行　二/1260

50 代春日行　二/1280

　代東武吟　二/1261

　代東門行　二/1258

57 代挽歌　二/1258

60 代昇天行　二/1264

65 代別鶴操　二/1262

67 代鳴鴈行　二/1274

72 代劉勳妻王氏雜詩〔曹丕〕　一/402

　代劉勳妻王氏雜詩〔曹植〕　一/455

74 代陸平原君子有所思行　二/1262

75 代陳慶之美人爲詠詩　三/2116

　代陳思王京洛篇(煌煌京洛行)

二／1259

　代陳思王白馬篇　二／1263

76 代陽春登荊山行　二／1268

77 代門有車馬客行　二／1260

80 代人詠見故姬　見元廣州景仲座
　　見故姬詩

　代人傷往詩二首　三／2410

　代雉朝飛　二／1279

　代美女篇　二／1816

　代貧賤苦愁行　二／1268

88 代答詩　三／2227

　代答張君祖詩　二／1075

90 代堂上歌行　二／1266

　代少年時至衰老行　二／1268

　　　　23242 傅

00 傅玄引諺　一／797

　　　　23247 俊

10 俊雅　三／2170　三／2173

　　　　23250 戲

20 戲為詩　三／2219

28 戲作詩　二／1535

　戲作謝惠連體十三韻詩　三／1942

　戲作豔詩　三／2051

36 戲湘東王詩　三／2030

44 戲蕭娘詩　三／2134

57 戲擬四愁聊題兩絕詩　三／2775

61 戲題方圓動靜四方詩　三／2777

　戲題劉孺手板詩　二／1537

68 戲贈麗人詩　三／1939

　戲贈沈后　三／2521

　　　　　　臧

72 臧質引童謠　二／1329

　　　　　　伐

27 伐烏林　一／544

　　　　23950 纖

40 纖女贈牽牛詩　二／1644

47 纖婦詩　二／1535

　　　　23972 嵇

50 嵇中散　二／1235

　嵇中散康言志　二／1572

　　　　24117 豔

17 豔歌　一／289

　豔歌行　一／273

　豔歌行〔曹植〕　一／440　一／
　　441

　豔歌行〔傅玄〕　一／554　一／
　　566

　豔歌行〔劉義恭〕　二／1247

　豔歌行〔張正見〕　三／2472

　豔歌行　見日出東南隅行

　豔歌行三首　三／2468

　豔歌行有女篇　見有女篇

　豔歌何嘗行(飛鵠行)　一／272

　豔歌何嘗行〔曹丕〕　一／397

　豔歌曲　一／1913

　豔歌羅敷行　見陌上桑

　豔歌篇十八韻(有女篇)　三／1902

　　　　24200 射

27 射烏辭 一/164

43 射鳶詩 一/372

80 射雉詩 三/2606

24210 化

47 化胡歌七首 三/2248

壯

40 壯士篇 一/613

43 壯哉行 一/662

24214 佳

80 佳人期 見秋胡行

24217 仇

21 仇儒造妖言 三/2244

24238 俠

30 俠客控絶影詩 三/2558

俠客篇 三/2010

24240 妝

40 妝臺記序引春秋時諺 一/85

53 妝成詩 三/2739

24241 侍

05 侍講詩 三/1967

10 侍五這中郎將建章臺集詩 一/383

26 侍皇太子釋奠宴詩〔王儉〕 二/1378

侍皇太子釋奠宴詩〔蕭子良〕 二/1382

侍皇太子釋奠宴詩〔沈約〕 二/1628

侍皇太子宴應令詩 三/2733

侍皇太子宴始平王詩 一/760

侍皇太子祖道楚淮南二王詩 一/760

侍釋奠會詩 二/1759

28 侍從徐國公殿下軍行詩 三/2360

30 侍宣猷堂宴湘東王應令詩 三/1984

侍宴應令詩 三/1983

侍宴離亭應令詩 三/1829

侍宴玄武觀詩 三/2578

侍宴詠反舌詩 二/1657

侍宴詩〔沈慶之〕 二/1246

侍宴詩〔王僧孺〕（侍宴景陽樓） 二/1761 二/1762

侍宴詩〔劉孝綽〕 三/1825 三/1826

侍宴詩〔庾肩吾〕（侍宴景陽樓應令） 三/1993

侍宴詩〔徐陵〕 三/2530

侍宴謝朏宅餞東歸應詔詩 二/1660

侍宴覆舟山詩二首 二/1281

侍宴瑤泉殿詩 三/2589

侍宴集賢堂應令詩 三/1827

侍宴樂遊苑送徐州應詔詩 二/1602

侍宴樂遊苑餞徐州刺史應詔詩 二/1662

侍宴樂遊苑餞呂僧珍應詔詩
　二／1632

侍宴樂遊林光殿曲水詩　三／
1875

侍宴宣猷堂應令詩　三／1983

侍宴華光殿曲水奉敕爲皇太子作
詩　二／1421

侍宴蒜山詩　二／1251

侍宴東宮應令詩　三／2696

侍宴景陽樓　見侍宴詩

侍宴景陽樓應令　見侍宴詩

侍宴景陽樓詩　二／1766

侍宴賦得龍沙宵月明詩　三／1878

侍宴賦得夾池竹詩　三／2458

侍宴賦得起坐彈鳴琴詩　三／2594

侍宴同劉公幹應令詩　三／1839

侍宴臨芳殿詩　三／2588

侍宴餞庾於陵應詔詩　三／1828

侍宴餞新安太守蕭幾應令詩
　三／1851

侍宴餞張孝總應令詩　三／1984

侍宴餞張惠紹應詔詩　三／1828

侍宴餞湘州刺史張纘詩　三／
1984

侍宴餞湘東王應令詩　三／1994

侍宴餞東陽太守范子雲詩　三／
1996

侍宴餞東陽太守蕭子雲應令詩
　三／1861

侍宴餞陸倕應令　二／1819

侍宴餞臨川王北伐應詔詩　三／
2012

38 侍遊方山應詔詩〔王融〕　二／
1400

　侍遊方山應詔詩〔沈約〕　二／
1647

　侍遊新亭應令詩　三／1931

40 侍太子九日宴玄圃詩　二／1378

　侍太子坐詩　一／450

43 侍始安王石頭城詩　二／1556

　侍始安石頭城　二／1568

50 侍東耕詩〔顏延之〕　二／1237

　侍東耕詩〔謝莊〕　二／1251

88 侍筵西堂落日望鄉　二／1456

待

00 待夜出妓詩　三／2112

2426₀　估

30 估客樂〔蕭賾〕　二／1377

　估客樂〔釋寶月〕　二／1479
　二／1480

　估客樂〔陳叔寶〕　三／2509

2426₁　借

72 借劉太常説文詩　三／2586

牆

21 牆上難爲趨〔傅玄〕　一／558

　牆上難爲趨〔王褒〕　三／2335

2429₀　休

21 休上人怨別　二／1580

34 休洗紅二首　二/1069
　　休沐重還丹陽道中詩　二/1430
　　休沐寄懷詩　二/1640
53 休成樂〔殷淡〕　二/1361
　　休成樂〔謝超宗〕　二/1492　二/
　　1506

牀

04 牀詩　三/2106

2440₀ 升

10 升平中童歌　二/1016
　　升平末民歌　二/1016
　　升天行〔曹植〕　一/433
　　升天行〔劉孝勝〕　三/2063
　　升天行〔盧思道〕　三/2629

2460₁ 告

38 告遊篇　二/1813

2474₇ 岐

22 岐山操　一/303　一/322

2480₆ 贊

10 贊賈逵詩　一/174

2492₇ 納

30 納涼詩〔蕭綱〕　三/1946
　　納涼詩〔蕭繹〕　三/2046

2496₁ 結

30 結客篇　一/440
　　結客少年場　二/1722
　　結客少年場行　三/1869
　　結客少年場行　三/2349
34 結襪子　三/2220

2510₀ 生

44 生茨詩　一/385
　　生苦　三/2433
62 生別離〔蕭綱〕　三/1920

2520₆ 仲

29 仲秋獮田　一/832
50 仲春振旅　一/832

使

44 使者爲妖祠詩（孫皓時詩妖）
　　一/540

2551₀ 牲

22 牲出入歌　二/1502

2590₀ 朱

21 朱儒誦（朱儒歌）　一/41
　　朱儒歌　見朱儒誦
67 朱明　一/148
　　朱路篇　二/1205
　　朱鷺　一/155
　　朱鷺〔王僧孺〕　二/1760
　　朱鷺〔裴憲伯〕　三/2114
　　朱鷺〔張正見〕　三/2476
　　朱鷺〔陳叔寶〕　三/2503
　　朱鷺〔蘇子卿〕　三/2600

2593₃ 穗

17 穗歌　一/12

2598₆ 積

10 積惡篇　三/2184
80 積善篇　三/2184

2599₆ 練

64 練時日　一/147

2600₀　白

00 白鹿山詩　二/930

　　白帝　二/1500

　　白帝高明樂　三/2307

　　白帝雲門舞　三/2421

　　白帝子歌　二/928

　　白帝歌〔謝超宗〕　二/1497

　　白帝歌　三/2436

　　白帝歌商音　三/2758

09 白麟歌　見朝隴首

10 白雪詩　二/1238

　　白雪歌(琴歌)　二/1411

　　白雪曲　二/1477

　　白石巖下經行田詩　二/1168

　　白石郎曲　二/1058

　　白雲謠　一/35

　　白雲詩　二/1301

11 白頭吟　一/274

　　白頭吟〔張正見〕　三/2474

12 白水詩　一/66　一/67

23 白紵歌　二/1408

　　白紵歌三首　二/1244

　　白紵歌九首　二/1783

　　白紵辭二首　二/1520

　　白紵曲　二/1214

　　白紵舞歌詩　二/1368

　　白紵舞歌詩三首　一/847

　　白紵篇大雅　二/1371

26 白鼻䯀　三/2220

32 白浮鳩　二/1726

44 白華　一/639

46 白楊行　一/563

47 白鳩謳　一/444

　　白鳩篇　一/845

　　白鵲謳　一/444

60 白日歌　二/1409

71 白馬篇〔曹植〕　一/432

　　白馬篇〔孔稚珪〕　二/1408

　　白馬篇〔沈約〕　二/1619

　　白馬篇〔王僧儒〕　二/1760

　　白馬篇〔徐悱〕　二/1770

　　白馬篇〔辛德源〕　三/2649

　　白馬篇〔楊廣〕　三/2662

　　白馬篇〔王胄〕　三/2697

74 白附鳩　三/2616

80 白雉詩　一/169

87 白銅鞮歌　見襄陽蹋銅蹄歌三首

自

04 自劾詩　一/113

11 自礪山東望震澤詩　二/1284

17 自君之出矣〔劉駿〕(擬室思、擬
　　徐幹)　二/1219

　　自君之出矣〔顏師伯〕　二/1246

　　自君之出矣〔劉義恭〕　二/1247

　　自君之出矣〔范雲〕　二/1552

　　自君之出矣〔虞義〕　二/1605

　　自君之出矣〔賈馮吉〕　三/2608

自君之出矣六首　三/2510

20 自爲童謠　二/1323

22 自樂昌郡泝流入郴詩　二/1586

31 自江州還入石頭詩〔劉峻〕　二/1757

自江州還入石頭詩〔蕭繹〕　三/2049

35 自遣詩　三/2739

37 自潯陽至都集道里名爲詩　二/1252

53 自感詩三首　三/2739

94 自惜身薄祐行　一/418

2610₄ 皇

00 皇高祖太原府君神室歌　三/2765

10 皇雅　三/2163

皇夏　三/2315　三/2316　三/2317　三/2319　三/2766

皇夏〔庾信〕　三/2415　三/2416　三/2417　三/2418　三/2419　三/2420　三/2422　三/2423　三/2424　三/2425

皇夏〔牛弘〕　三/2755

皇夏樂〔陸卬等〕　三/2304　三/2305　三/2306　三/2309　三/2310　三/2312　三/2315

32 皇業頌　三/1368

37 皇祖獻王神室歌　三/2765

40 皇太子集應令詩　一/766

皇太子上巳日詩　一/765

皇太子釋奠詩〔王思遠〕　二/1460

皇太子釋奠詩〔袁浮丘〕　二/1463

皇太子釋奠詩〔何胤〕　二/1806

皇太子釋奠會詩〔阮彥〕　二/1461

皇太子釋奠會詩〔王僧令〕　二/1462

皇太子釋奠會作詩　二/1226

皇太子宴玄圃宣猷堂有令賦詩　一/671

皇太子社詩　一/766

皇太子賜讌詩　一/676

皇太子會詩　一/761

43 皇娥歌　二/928

44 皇考太祖武元皇帝神室歌　三/2765

53 皇甫嵩歌　一/213

72 皇后廟登歌　二/1241

皇后房内歌　三/2768

80 皇曾祖康王神室歌　三/2765

2620₀ 伯

41 伯姬引　一/320

80 伯益　一/834

2621₀ 貌

10 貌雪詩　二/1801

2621₃ 鬼

02 鬼謠歌　二/1373

17 鬼歌　二/1374

80 鬼谷子引古語　一/82

2621₄ 貍

80 貍首詩 一/63

2626₀ 倡

45 倡樓怨節詩 三/1977

47 倡婦怨情詩十二韻 三/1941

2629₄ 保

80 保命府丞授詩 三/2193

2633₀ 憩

07 憩郊園和約法師採藥詩 二/1662

2641₃ 魏

00 魏文帝曹丕遊宴 二/1571

17 魏子引諺 一/519

魏郡興人歌 一/211

31 魏河內歌 見鄴民歌

40 魏太子 二/1181

44 魏孝武帝遷長安時諺 三/2245

50 魏夫人與眾真吟詩二首 二/1118

64 魏時童謠 見行者歌

2690₀ 和

00 和竟陵王遊仙詩二首 二/1636

和竟陵王抄書詩 二/1642

和庾司水修渭橋詩 三/2337

和庾肩吾入道館詩 三/2462

和庾四詩 三/2401

和亡名法師秋夜草堂寺禪房月下詩 三/2065

和六府詩 三/2536

02 和新浦侯齋前竹詩 三/2074

和新浦侯詠鶴詩 三/2074

03 和詠舞詩〔劉孝儀〕 三/1895

和詠舞詩〔庾信〕 三/2372

和詠歌人偏得日照詩 三/1843

04 和謝監靈運詩 二/1233

和諸葛覽從軍游獵詩 三/2488

06 和謁孔子廟詩 三/2723

07 和望月詩 三/1996

和郭主簿詩二首 二/978

08 和許給事傷牛尚書弘詩 三/2724

和許給事善心戲場轉韻詩 三/2684

10 和王主簿季哲怨情詩 二/1442

和王竟陵愛妾換馬 三/1872

和王褒詠摘花 三/2324

和王護軍秋夕詩 二/1308

和王丞詩 二/1286

和王衛軍解講詩 二/1660

和王僧辯從軍詩 三/2037

和王內史從駕狩詩 三/2388

和王友德元古意二首 見古意詩二首

和王著作融八公山詩 二/1440

和王中丞聞琴詩 二/1447

和王中書德充詠白雲詩 二/1645

和王長史臥病詩 二/1444

和王義興七夕詩 二/1308

和王舍人送客未還閨中有望詩 三/2532

和王少保遙傷周處士詩　三/2383

和元帝詩〔蕭琛〕　二/1803

和元帝詩〔徐勉〕　二/1812

和元日雪花應詔詩　二/1250

和平涼公觀趙郡王妓詩　三/2727

和晉安王詠燕詩　三/1999

和晉安王薄晚逐涼北樓回望應教詩　三/1994

11 和班氏詩　見秋胡行

和項王歌　一/89

和張記室源傷往詩（傷佳人）三/2588

和張丞奉詔於江都望京口詩　三/2640

和張侍中看獵詩　三/2337

和張侍中述懷詩　三/2371

和張湖熟苞詩　三/2538

和裴儀同秋日詩　三/2382

12 和登百花亭懷荊楚詩　三/2451

和孔侍郎觀太常新奏樂詩　三/2728

和孔中丞雪裏梅花詩　三/2019

13 和琅邪王依古詩　二/1240

和武帝講武宴　見和武帝宴詩二首

和武帝宴詩二首（和武帝講武宴）三/1930

和武帝遊鍾山大愛敬寺詩　二/1795

14 和琳法師初春法集之作詩　三/2772

16 和彈箏人詩二首　三/2054

和廻文詩〔蕭祇〕　三/2259

和廻文詩〔庾信〕　三/2409

17 和司徒鎧曹陽辟疆秋晚詩　三/2279

和司馬博士詠雪詩　二/1706

20 和受戒詩　三/2190

21 和盧贊府遊紀國道場詩　三/2772

和何議曹郊遊詩二首　二/1439

和何儀同講竟述懷詩　三/2364

和衡陽王秋夜詩　三/2494

和衡陽殿下高樓看妓詩　三/2589

和衛尉新渝侯巡城口號詩〔庾肩吾〕三/1987

和衛尉新渝侯巡城口號詩〔王筠〕三/2013

和虞記室諸葛古意詩　三/2078

和歲首寒望詩　三/2326

和潁川公秋夜詩　三/2395

22 和崔侍中從駕經山寺詩　三/2276

和樂儀同苦熱詩　三/2382

23 和伏武昌登孫權故城詩　二/1441

和傅郎歲暮還湘洲詩　三/2452

和傅大農與僚故別詩　二/1289

26 和皇太子春林晚雨詩　三/1879

　　和皇太子懺悔詩　三/2014

　　和侃法師三絕詩（和侃法師別
　　　詩）　三/2401

　　和侃法師別詩　見和侃法師三絕
　　　詩

27 和侯司空登樓望鄉詩　三/2455

　　和殷廷尉歲暮詩　三/2341

　　和鮑常侍龍川館詩　三/2038

　　和紀參軍服散得益詩　二/1447

　　和約法師臨友人詩　二/1815

　　和繆郎視月詩　三/2078

28 和從駕登雲居寺塔詩　三/2364

　　和從弟祐山家詩二首　三/2338

　　和徐主簿望月詩　三/1997

　　和徐孝嗣詩　二/1479

　　和徐都曹出新亭渚詩　二/1442

　　和徐錄事見內人作臥具詩　三/
　　　1939

30 和淮南公聽琴聞弦斷詩　三/2407

　　和宇文京兆遊田詩　三/2355

　　和宇文內史春日遊山詩　三/2355

　　和宇文內史入重陽閣詩　三/2374

　　和定襄侯初笄詩　三/1883

　　和定襄侯楚越衫詩　三/2122

　　和宋記室省中詩　二/1440

31 和江丞北戍琅邪城詩　二/1444

　　和江中賈客詩　三/2403

33 和梁武陵王遙望道館詩　三/2328

34 和池上梨花詩　二/1469

　　和沈祭酒行園詩　二/1444

　　和沈右率諸君餞謝文學　見和別
　　　沈右率諸君詩

36 和湘東王夜夢應令詩　三/1899

　　和湘東王三韻詩二首　三/1963

　　和湘東王理訟詩　三/1830

　　和湘東王後園廻文詩〔蕭綱〕
　　　三/1976

　　和湘東王後園廻文詩〔蕭綸〕
　　　三/2029

　　和湘東王名士悦傾城詩　三/
　　　1938

　　和湘東王古意詠燭詩　三/1977

　　和湘東王橫吹曲三首　三/1911

　　和湘東王陽雲樓簷柳詩　三/
　　　1959

　　和湘東王首夏詩　三/1946

37 和初春宴東堂應令詩　三/2732

40 和左丞庾杲之移病詩　二/1641

　　和太子重雲殿受戒詩　三/1988

　　和太子懺悔詩　二/1532

　　和南海王殿下詠秋胡妻詩　二/
　　　1401

　　和李司錄喜雨詩　三/2380

44 和蕭記室春旦有所思詩　三/
　　　2085

　　和蕭諮議岑離閨怨詩　二/1692

　　和蕭子範入元襄王第詩　三/2021

和蕭侍中子顯春別詩四首　三/
1977

和蕭洗馬子顯古意詩六首　二/
1745

和蕭洗馬畫屏風詩二首　三/2086

和蕭中庶直石頭詩　二/1443

和蕭東陽祀七里廟詩　三/1962

和蕭國子詠奈花詩　三/2102

和樊晉陵傷妾詩　三/2455

和蔡黃門口字詠絶句詩　三/2449

和藉田詩　三/1943

和林下作妓應令詩　三/2051

和林下妓應令詩　三/1954

45 和婕好怨詩　三/2130

47 和胡西曹示顧賊曹詩　二/980

和柳惲毗山亭詩　二/1753

49 和趙王看妓詩　三/2391　三/2404

和趙王送峽中軍詩　三/2360

和趙郡王觀妓應教詩　三/2771

60 和兄孝綽夜不得眠詩　三/2065

和吳主簿詩六首　三/2015

和炅法師遊昆明池詩二首　三/
2386

62 和別沈右率諸君詩（和沈右率諸
君餞謝文學）　二/1448

67 和晚日登樓詩　三/1848

和昭明太子鍾山解講詩〔陸倕〕
二/1775

和昭明太子鍾山解講詩〔劉孝
儀〕　三/1893

68 和贈逸民應詔詩　三/1927

72 和劉雍州繪博山香爐詩　二/
1646

和劉諮議守風詩　二/1691

和劉西曹望海臺詩　二/1440

和劉上黃春日詩　三/2050

和劉柴桑詩　二/977

和劉儀同臻詩　三/2401

和劉中庶仙詩二首　二/1660

和劉中書繪入琵琶峽望積布磯詩
二/1443

和劉明府觀湘東王書詩　三/
1991

和劉尚書詩　三/2023

和劉尚書侍講　見和劉尚書侍五
明集詩

和劉尚書侍五明集詩（和劉尚書
侍講）　三/2038

和劉尚書兼明堂齋宮詩　三/
2037

74 和陸慧曉百姓名詩　二/1644

75 和陳主詠鏡詩　三/2610

76 和陽納言聽鳴蟬篇　三/2284

和陽侯送袁金紫葬詩　三/2489

77 和周記室遊舊京詩　三/2641

和巴陵王四詠　三/2072

78 和陰梁州雜怨詩　三/2103

80 和入京詩　三/2733

和人愛妾換馬　三/1916

和人渡水詩　三/1970

和人日晚景宴昆明池詩　三/2385

和會三教詩　三/1967

88 和竹齋詩　三/1991

和簡文帝賽漢高帝廟詩〔劉遵〕
　二/1809

和簡文帝賽漢高帝廟詩〔徐陵〕
　三/2529

和簡文帝賽漢高廟詩　三/1893

和簡文帝賽漢高祖廟詩　三/
2088

和簡文帝臥疾詩　三/1881

和簾裏燭詩　三/1884

細

00 細言　二/1802

細言應令詩〔沈約〕　二/1656

細言應令詩〔王錫〕　二/1808

細言應令詩〔王規〕　二/1815

細言應令詩〔張纘〕　三/1861

細言應令詩〔殷鈞〕　三/1862

44 細草詩　三/2057

2692₂　穆

10 穆天子謠　一/36

24 穆德凱容樂　二/1507

2694₁　釋

38 釋道安引諺　二/1037

55 釋慧通引諺　二/1332

80 釋奠應詔爲王暕作詩　三/2025

釋奠應令詩〔陸倕〕　二/1774

釋奠應令詩〔陸雲公〕　三/1852

釋奠詩〔潘尼〕　一/766

釋奠詩〔王僧達〕　二/1240

釋奠詩〔李諧〕　三/2218

釋奠詩〔袁曜〕　三/2226

釋奠詩應令　三/2577

2710₇　盤

10 盤石篇　一/434

50 盤中詩　一/776

2711₀　凱

30 凱容樂　二/1505　二/1506

凱容宣烈樂　二/1496

凱容舞　三/2619　三/2620

2711₇　龜

22 龜山操　一/301

32 龜兆名詩　三/2043

2712₇　歸

27 歸鳥詩　二/974

34 歸沐呈任中丞昉詩　三/1835

37 歸鴻詩　二/1236

40 歸去來兮辭　二/986

55 歸耕操(曾子歸耕)　一/313

60 歸園田居詩五首　二/991

歸田詩　三/2377

2713₂　黎

76 黎陽作詩　一/403

黎陽作詩三首　一/399

2720₀　夕

07 夕望江橋示蕭諮議楊建康江主簿
　　詩　二/1684

21 夕行聞夜鶴　二/1666

22 夕出通波閣下觀妓詩　三/2039

25 夕牲歌〔傅玄〕　一/809　一/
　　810　一/813

　　夕牲歌〔顏延之〕　二/1351

31 夕逗繁昌浦詩　三/1832

77 夕月誡夏　三/2760

27212 佹

04 佹詩　一/61

27220 仰

26 仰和何僕射還宅懷故詩　三/2384

　　仰和衛尉新渝侯巡城口號詩
　　三/1966

　　仰和令君詩　三/2563

68 仰贈特進陽休之詩　三/2632

　　仰贈從兄興寧寘南詩　二/1686

77 仰同令君攝山棲霞寺山房夜坐六
　　韻詩　三/2562

御

40 御幸樂遊苑侍宴詩　三/2485

50 御史臺中爲宋遊道語　三/2299

向

64 向曉閨情詩　三/2018

90 向常侍　二/1236

27227 角

07 角調曲二首　三/2429

12 角引〔沈約〕　三/2176

　　角引〔蕭子雲〕　三/2178

27232 象

43 象載瑜（赤雁歌）　一/154

衆

60 衆星詩（古詩）　一/570　一/
　　571

80 衆人爲賈洪嚴危語（州中歌）
　　一/522

27234 侯

17 侯司空宅詠妓詩〔陰鏗〕　三/
　　2457

　　侯司空宅詠妓詩〔劉刪〕　三/
　　2547

60 侯景時的肛烏童謠　三/2141

　　侯景即位時童謠　三/2142

27240 將

12 將發石頭上烽火樓詩　二/1448

27 將歸操　一/299

30 將進酒　一/158

　　將進酒〔何承天〕　二/1207

　　將進酒〔蕭統〕　二/1792

37 將軍名詩　三/2041

38 將遊湘水尋句溪詩　二/1425

80 將命至鄴詩　三/2358

　　將命至鄴酬祖正員詩　三/2358

　　將命使北始渡瓜步江詩　三/2387

27247 殷

50 殷東陽仲文興矚　二/1576

27252 解

27 解佩去朝市　二/1668

2730₃ 冬

00 冬夜詠妓詩　三/2259

　冬夜詩　三/2672

　冬夜酬魏少傅直史館詩　三/2264

10 冬至　二/1140

　冬至詩〔李氏〕　二/955

　冬至詩〔鮑照〕　二/1309

　冬至乾陽殿受朝詩　三/2666

17 冬歌　三/2126

　冬歌十七首　二/1047

　冬歌四首　二/1518

24 冬緒羈懷示蕭諮議虞田曹劉江二常侍詩　二/1433

26 冬白紵　二/1627

30 冬宵(寒閨)　三/1849

　冬宵　見寒閨

43 冬狩行四韻連句應詔詩　三/2388

50 冬盡難離和丘長史詩　二/1565

60 冬日詩　二/1309

　冬日傷志篇　三/2264

　冬日家園別陽羨始興詩　三/2064

　冬日晚郡事隙詩　二/1432

64 冬曉〔劉孝綽〕　三/1842

　冬曉〔劉孝威〕　三/1881

　冬曉〔蕭綱〕　三/1963

　冬曉詩〔蕭子暉〕　三/1887

　冬曉詩〔庾肩吾〕　三/2000

　冬曉詩〔劉孝先〕　三/2066

88 冬節後至丞相第詣世子車中作詩　二/1646

2731₂ 鮑

17 鮑司隸歌　一/209

23 鮑參軍昭戎行　二/1580

2732₇ 烏

00 烏夜啼　二/1347

　烏夜啼〔劉義慶〕　二/1202

　烏夜啼〔蕭綱〕　三/1922

　烏夜啼〔庾信〕　三/2351　三/2352

25 烏生(烏生八九子)　一/258

　烏生八九子　三/1873

　烏生八九子　見烏生

40 烏皮隱几　二/1453

41 烏栖曲　見別鶴

45 烏棲曲〔岑之敬〕　三/2549

　烏棲曲〔江總〕　三/2573

　烏棲曲應令三首　二/1818

　烏棲曲二首　三/2527

　烏棲曲三首　三/2511

　烏棲曲四首〔蕭綱〕　三/1922

　烏棲曲四首〔蕭繹〕　三/2036

47 烏鵲歌　一/29

鳥

22 鳥山童謠　三/2144

27 鳥名詩　三/2044

42 鳥妖詩　三/2625

鴛

50 鴛鴦 一/719

27331 怨

04 怨詩〔班婕妤〕(怨歌行) 一/116

怨詩〔張衡〕 一/179

怨詩〔闞風〕 一/646

怨詩〔劉孝威〕 三/1867

怨詩〔蕭綱〕 三/1914

怨詩〔張正見〕(情詩) 三/2474

怨詩 見詩

怨詩二首 三/2572

怨詩行(怨詩行歌) 一/275

怨詩行〔曹植〕(七哀詩) 一/459

怨詩行〔梅陶〕 二/872

怨詩行〔湯惠休〕 二/1243

怨詩行歌 見怨詩行

怨詩楚調示龐主簿鄧治中 二/976

17 怨歌行〔曹植〕 一/426

怨歌行〔沈約〕 二/1621

怨歌行〔蕭綱〕 三/1907

怨歌行〔庾信〕 三/2351

怨歌行 見七哀詩、怨詩

怨歌行朝時篇 見朝時篇

60 怨曠思惟歌 一/315

27332 忽

10 忽不任愁聊示固遠詩 二/1764

60 忽見檳榔詩 三/2408

27336 魚

90 魚豢引諺 一/519

27347 鰕

26 鰕䱇篇 一/422

鄒

17 鄒子引古語 一/81

27 鄒魯諺 一/138

76 鄒陽引諺 一/130

27440 舟

50 舟中望月詩〔朱超〕 三/2095

舟中望月詩〔庾信〕 三/2393

舟中寒望詩 三/2003

27461 船

27 船名詩 三/2042

27600 名

47 名都一何綺詩〔沈炯〕 三/2448

名都一何綺詩〔周弘正〕 三/2463

名都篇 一/431

27603 魯

00 魯童謠 一/37

魯褒引諺 一/797

25 魯生歌 一/190

35 魯連子引諺 一/81

80 魯公詩 一/637

27627 鄱

76 鄱陽民爲陸襄歌二首 三/2138

27712 包

22 包山謡 一/43

2772_0 匈

47 匈奴歌 一/124

幻

04 幻詩 二/1532

2772_7 鄉

60 鄉里爲雷義陳重語 一/248

鄉里爲李嚴諺 一/532

鄉里爲茨充號 一/254

80 鄉人謡 一/221

鄉人爲秦護歌 一/211

鄉人飲酒歌 見南蒯歌

2773_2 饗

35 饗神歌〔傅玄〕 一/810 一/815

饗神歌〔顏延之〕 二/1352

饗神歌〔江淹〕 二/1502

2790_1 祭

20 祭辭 一/49

27 祭侯辭 一/50

2791_7 紀

14 紀功曹中園 二/1456

34 紀遼東二首〔楊廣〕 三/2665

紀遼東二首〔王冑〕 三/2698

絕

80 絕命詩二首 三/2224

絕命辭 一/116

2792_7 移

00 移病還園示親屬詩 二/1434

移席琴室應司徒教詩 二/1404

44 移樹詩 三/2408

77 移居詩二首 二/993

2793_2 綠

47 綠柳詩 三/2056

88 綠竹 二/1727

2796_2 紹

40 紹古歌 見東飛伯勞歌、東飛伯
勞歌二首

紹古辭七首 二/1297

2810_0 以

04 以詩代書別後寄贈詩 二/1775

77 以服散鎗贈殷鈞詩 二/1750

以服散鎗贈殷鈞別詩 三/2022

2821_1 作

00 作離合詩 二/1185

11 作蠶絲 三/2616

2822_7 傷

00 傷庚杲之 二/1653

傷章公大將軍詩 三/2557

傷離新體詩 三/1979

04 傷謝朓 二/1653

10 傷三貞詩 一/325

傷王諶 二/1654

傷王融 二/1653

傷王司徒褒詩 三/2383

20 傷往詩二首 三/2409

21 傷虞炎 二/1654

24 傷佳人 見和張記室源傷往詩

28 傷徐主簿詩 二/1695

40 傷友詩　二/1753

　　傷内弟劉常侍詩　二/1584

　　傷李珪之　二/1654

　　傷韋侍讀詩　三/2489

　　傷韋景猷　二/1654

47 傷胡諧之　二/1655

50 傷春詩　二/1650

62 傷別離　見關山月

72 傷劉渢　二/1654

80 傷美人詩　三/1941

　　傷乞人詩　二/1769

28240 傚

40 傚古詩　二/1547

徵

07 徵調曲六首　三/2430

12 徵引〔沈約〕　三/2176

　　徵引〔蕭子雲〕　三/2178

28247 復

28 復作詩　二/1094

28253 儀

77 儀鳳歌　一/310

　　儀賢堂監策秀才聯句詩　三/1856

28281 從

00 從主移西州寓直齋内霖雨不晴懷
　　郡中遊聚詩　二/1698

　　從庾中郎遊園山石室詩　二/1283

　　從齊武帝瑯琊城講武應詔詩
　　二/1631

10 從天道　見順天道

11 從北征詩〔裴讓之〕　三/2262

　　從北征詩〔祖珽〕　三/2273

12 從登香爐峯詩　二/1283

13 從武帝平閩中詩　二/1139

　　從武帝登景陽樓詩　二/1677

　　從武帝瑯琊城講武應詔詩　二/
　　1395

　　從武帝華林園宴詩　一/592

15 從建平王遊紀南城詩　二/1557

21 從征詩〔庾闡〕　二/876

　　從征詩〔傅亮〕　二/1139

　　從征行方頭山詩　二/920

　　從征虜始安王道中詩　二/1556

　　從拜陵登京峴詩　二/1281

26 從皇太子出玄圃應令詩　三/1985

30 從永陽王遊虎丘山詩　三/2487

37 從軍詩　一/363

　　從軍詩五首（從軍行五首）　一/
　　361

　　從軍五更轉五首　三/2602

　　從軍行〔左延年〕　一/410　一/
　　411

　　從軍行〔陸機〕　一/656

　　從軍行〔謝惠連〕　二/1190

　　從軍行〔顏延之〕　二/1228

　　從軍行〔沈約〕　二/1615

　　從軍行〔吳均〕　二/1721

　　從軍行〔蕭子顯〕　二/1818

　　從軍行〔劉孝儀〕　三/1892

從軍行〔蕭綱〕 三/1904

從軍行〔戴暠〕 三/2098

從軍行〔宇文招〕 三/2344

從軍行〔張正見〕 三/2473

從軍行〔盧思道〕 三/2631

從軍行〔明餘慶〕 三/2646

從軍行二首 三/2330

從軍行五首 見從軍詩五首

從軍與相州刺史孫騰作行路難
三/2258

從冠軍建平王登廬山香爐峯詩
二/1557

後過舊宮詩 二/1290

38 從遊京口北固應詔詩 二/1158

從遊天中寺應令詩 三/2447

40 從幸洛水餞王公歸國詩 一/774

44 從蕭驃騎新亭詩 二/1564

46 從駕天池應詔詩 三/2685

從駕北郊詩 三/2341

從駕經大慈照寺詩 三/2634

從駕巡遊詩 三/2643

從駕還京詩 三/2644

從駕祀麓山廟詩 三/2559

從駕送軍詩 三/2444

從駕遊山詩 三/2267

從駕幸晉陽詩 三/2682

從駕幸金墉城詩 三/2221

從駕喜雨詩 三/1991

從駕觀講武詩 三/2359

從駕頓上詩 二/1253

50 從事華林詩 一/597

從事中郎張彥明爲中護軍奚世都
爲汲郡太守客將之官大將軍崇
賢之德既遠而厚下之恩又隆非
此離析有感聖皇既蒙引見又宴
于後園感鹿鳴之宴樂詠魚藻之
凱歌而作是詩 一/700

51 從頓還城應令詩 二/1810

從頓還城南詩 三/1969

從頓蹔還城詩 三/1940

53 從戎曲 二/1415

71 從歷數 一/546

72 從斤竹澗越嶺溪行詩 二/1166

77 從周入齊夜度砥柱（犯虜將逃
作） 三/2283

78 從臨海王上荆初發新渚詩 二/
1290

80 從弟別詩 一/775

84 從鎮江州與遊故別詩（臨行與故
遊夜別） 二/1703

88 從籍田應衡陽王教作詩 三/2486

2829₄ 徐

30 徐之範引童謠 三/2294

32 徐州歌 見徐州爲王祥歌

徐州爲王祥歌（徐州歌） 一/513

47 徐報使來止得一相見詩 三/
2402

48 徐幹 二/1183

徐幹引古語　一/518

徐幹引古人歌　一/513

74 徐陵引諺　三/2614

80 徐人歌　一/23

83 徐鐵臼怨歌　三/2322

90 徐尚書座賦得阿憐詩　三/2119

28514 牷

10 牷雅　三/2164

28981 縱

44 縱橫篇　一/614

29338 愁

10 愁霖詩　一/608

77 愁閨照鏡詩　三/1969

29980 秋

00 秋夜　三/1849

秋夜詠琴詩〔劉孝綽〕　三/1844

秋夜詠琴詩〔到溉〕　三/1856

秋夜詩〔湛方生〕　二/946

秋夜詩〔劉駿〕　二/1223

秋夜詩〔謝朓〕　二/1436

秋夜詩〔沈約〕　二/1650

秋夜詩〔蕭綱〕　三/1947　三/1957

秋夜詩二首　二/1307

秋夜講解詩　二/1435

秋夜望單飛鴈詩　三/2410

秋夜二首　三/2015

秋夜涼風起　三/2086

秋夜長〔蘇彥〕　二/924

秋夜長〔謝混〕　二/936

04 秋詩　三/2282

10 秋至懷歸詩　二/1558

秋雨臥疾詩　三/1842

秋可哀　一/596

17 秋歌二首　三/2126

秋歌十八首　二/1046

秋歌四首　二/1517

20 秋辭　三/2060

26 秋白紵　二/1626

27 秋夕哀　一/596

秋夕詩　二/1307

秋夕納涼奉和刑獄舅詩　二/1565

秋夕仰贈從兄寘南詩　二/1686

秋夕歎白髮詩　二/1697

31 秋河曙耿耿詩　三/2493

34 秋池一株蓮詩　三/2727

38 秋遊昆明池詩　三/2654

44 秋蘭篇　一/559

47 秋朝野望詩　三/2272

秋報稷誠夏　三/2763

秋報社誠夏　三/2763

秋胡行〔曹操〕　一/349　一/350

秋胡行〔曹丕〕（佳人期）　一/396

秋胡行〔曹植〕　一/442

秋胡行〔傅玄〕（和班氏詩）　一/554　一/556

秋胡行〔陸機〕 一/652

秋胡行〔謝惠連〕 二/1188

秋胡行〔顏延之〕 二/1228

秋胡行二首(歌魏德、浮萍篇) 一/390

秋胡行七首 見代秋胡歌詩

60 秋日新寵美人應令詩 三/2595

秋日詩〔孫綽〕 二/901

秋日詩〔鮑泉〕 三/2027

秋日詩〔庾信〕 三/2406

秋日示休上人詩 二/1287

秋日登廣州城南樓詩 三/2579

秋日侍宴娵苑湖應詔詩 三/2578

秋日愁居答孔主簿詩 二/1763

秋日遊昆明池詩〔江總〕 三/2579

秋日遊昆明池詩〔薛道衡〕 三/2683

秋日別庾正員詩〔張正見〕 三/2497

秋日別庾正員詩〔徐陵〕 三/2531

秋日贈王中舍詩 三/2712

秋晨羈怨望海思歸詩 二/1661

秋思詩 三/2279

秋思引 二/1245

67 秋晚詩 三/1947

秋晚還彭澤詩 三/2498

77 秋閨夜思詩 三/1940

秋閨詩 三/1890

秋閨怨詩〔王僧孺〕 二/1767

秋閨怨詩〔陰鏗〕 三/2457

秋閨有望詩 三/2101

秋風 一/545

秋風歌 見思吳江歌

秋風辭 一/94

秋風曲 二/1320

秋風曲三首 三/2073

80 秋念詩 二/1738

88 秋竹曲 二/1418

90 秋懷詩〔王珣〕 二/929

秋懷詩〔謝惠連〕 二/1194

3010₁ 空

43 空城雀 三/2224

3010₄ 室

60 室思詩 一/376

塞

10 塞下曲 見出塞

30 塞客吟 二/1375

3010₆ 宣

13 宣武孝明時謠 三/2231

20 宣受命 一/827

24 宣德凱容樂 二/1361 二/1506

26 宣皇帝登歌 一/814

40 宣太后歌 二/1358

43 宣城郡內登望詩 二/1432

宣城爲封使君語 一/242

宜城民爲陶汪歌　二/1015

50 宣貴妃挽歌　二/1243

53 宣輔政　一/827

3010₇　宜

60 宜男草詩　三/2057

3011₄　淮

38 淮祥風　二/1370

40 淮南王　一/276

淮南子引諺　一/130

淮南操　見八公操

76 淮陽感秋　見五言詩

3012₃　濟

11 濟北民爲崔伯謙歌　三/2290

30 濟濟篇　一/846

32 濟浙江詩　二/1597

44 濟黄河　三/2572

濟黄河應教詩　二/1820

55 濟曲阿後湖詩　二/1220

3013₀　汴

12 汴水早發應令詩　三/2712

3014₆　漳

12 漳水歌　見鄴民歌

3014₇　渡

10 渡西塞望江上諸山詩　二/1558

11 渡北河詩　三/2684

21 渡伍員歌　見漁父歌

22 渡岸橋詩　三/2453

26 渡泉嶠出諸山之頂詩　二/1559

31 渡河北詩　三/2340

35 渡連圻詩二首　二/1689

44 渡黄河詩　二/546

50 渡青草湖詩　三/2452

60 渡易水（荆軻歌）　二/1722

渡易水歌　見荆軻歌

淳

10 淳于王歌　三/2157

3019₆　涼

32 涼州歌　見涼州民爲樊曄歌

涼州樂歌二首　三/2221

涼州爲張氏謠　二/1028

涼州民謠　一/792

涼州民爲樊曄歌（涼州歌、樊曄歌）　一/208

3021₂　宛

55 宛轉歌　三/2575

3021₇　扈

08 扈謙詩二首　三/2784

3022₇　窮

13 窮武篇　一/840

44 窮劫曲　一/29

寡

47 寡婦詩〔曹丕〕　一/403

寡婦詩〔曹植〕　一/464

3023₂　永

10 永至樂〔殷淡〕　二/1360

永至樂〔謝超宗〕　二/1490　二/1504

永元元年童謠　二/1483

永元中童謠　二/1483

30 永安中南郡兒語　一/542

37 永初三年七月十六日之郡初發都

　　詩　二/1159

38 永祚樂　二/1506

40 永嘉中長安謠　一/792

44 永世樂　三/2268

永巷歌　見春歌

67 永明樂　二/1624

永明樂十首〔王融〕　二/1393

永曲樂十首〔謝朓〕　二/1419

永明初歌　二/1481

永明中虜中童謠　二/1482

永明中魏地童謠　二/1482

77 永熙中溫縣狂人書　一/784

90 永光初謠言　二/1330

家

01 家語引逸詩　一/68

77 家風詩　一/631

襄

60 襄田辭　一/51

30261 宿

07 宿郊外曉作詩　三/2716

40 宿南洲浦詩　二/1691

50 宿東園詩　二/1641

71 宿阿曲　二/1058

30302 適

60 適吳詩　一/166

30303 寒

00 寒夜怨　二/1814

寒夜直坊憶袁三公詩　三/1886

44 寒苦謠　一/595

48 寒松詩　二/1657

60 寒園即目詩　三/2377

67 寒晚敬和何徵君點詩　二/1396

77 寒閨(冬宵)　三/1849

寒閨　見冬宵

寒閨詩〔蕭綱〕　三/1969

寒閨詩〔鮑泉〕　三/2028

寒閨詩〔蕭繹〕　三/2054

30307 之

10 之零陵郡次新亭詩　二/1550

30 之宣城郡出新林浦向板橋詩

　　二/1429

31 之江州詩　二/1224

之馮翊祖道詩　一/600

34 之遼東詩　一/475

30342 守

50 守東平中華門開詩　三/1944

30404 宴

04 宴詩〔蕭衍〕　二/1528

宴詩〔高琳〕　三/2325

宴詩　見詩

17 宴羣臣登歌　三/2768

22 宴樂修堂應令詩　三/2578

27 宴詹事陸繕省詩　三/2521

31 宴酒篇　三/2184

35 宴清言殿作柏梁體詩　三/2060

50 宴秦孝王于并州作詩　三/2627
宴東堂詩　三/2667
67 宴曜武堂詩　一/727
77 宴闌思舊詩　二/1795
80 宴會詩〔陳琳〕　一/368
宴會詩〔傅玄〕　一/569
90 宴光壁殿詠遙山燈詩　三/2520

安

00 安帝元興初童謠　二/1030
安帝元興中童謠　二/1031
安帝義熙初童謠　二/1031
安帝義熙初謠二首　二/1031
22 安豐侯詩　見安封侯詩
30 安定侯曲　三/2220
40 安臺新福歌　一/526
44 安封侯詩（安豐侯詩）　一/171
安世房中歌　一/145
50 安東平　二/1063

3040₇　字

39 字迷三首　二/1312

3042₇　寓

40 寓直中庶坊贈蕭洗馬詩　三/2013
77 寓居公廨懷何秀才詩　二/1542

3050₂　牢

10 牢石歌　一/122

3060₄　客

10 客示桓麟詩　一/184

3060₆　宮

07 宮調曲五首　三/2426

12 宮引〔蕭子雲〕　三/2177
宮引〔沈約〕　三/2177
77 宮殿名詩　三/2041
宮殿名登高臺詩　三/2543

富

50 富春渚詩　二/1160

3062₁　寄

10 寄王琳詩　三/2401
12 寄到溉詩　二/1599
21 寄何記室詩　二/1764
寄行人詩　二/1314
28 寄徐陵詩　三/2400
31 寄江州褚諮議詩　二/1684
50 寄夫詩　三/2611
71 寄阮郎詩　三/2738
72 寄丘三公詩　二/1562
90 寄懷歌　見歌二首
95 寄情詩　見定情詩

3080₁　定

13 定武功　一/528
95 定情詩（古詩、寄情詩）　一/385
定情聯句　見與妻李夫人聯句

3080₆　寅

10 寅雅　三/2171　三/2174

寶

22 寶鼎詩　一/169
寶鼎歌　見景星

賽

34 賽漢高廟詩　三/1989

48 賽敬亭山廟喜雨詩　二／1434

3090₄ 宋

12 宋弘引語　一／231

43 宋城者謳〔華元歌〕　一／10

44 宋世大雅　二／1371

77 宋鳳凰銜書伎辭　二／1371

3111₀ 江

21 江上望月詩　三／2027

　江上酬鮑幾詩　二／1741

　江上泛歌　一／594

　江上曲　二／1416

　江行詩　三／2075

26 江皐曲　二／1392

31 江潭怨　見贈別新林詩

33 江浦賦詩　三／2218

35 江津寄劉之遴詩　三／1833

　江津送劉光祿不及詩　三／2452

40 江南　一／256

　江南弄　二／1521

　江南弄三首　三／1924

　江南弄四首　二／1624

　江南可採蓮　三／1847

　江南曲〔沈約〕　二／1621

　江南曲〔柳惲〕　二／1673

　江南曲〔蕭綱〕　三／1924

　江南思　二／1244

　江南思二首　三／1912

44 江蘺生幽渚　二／1617

47 江都夏〔楊廣〕　三／2665

江都夏〔虞世基〕　三／2711

江都平解嚴詩　二／1253

江都宮樂歌　三／2664

江都遇風詩　二／874

74 江陵童謠　三／2142

　江陵樂　二／1062

　江陵女歌　三／2664

3112₀ 河

11 河北民爲裴俠歌　三／2229

21 河上歌　一／28

33 河梁歌　一／31

36 河邊枯樹詩　三／2656

38 河激歌　一／17

40 河内謠　一／217

50 河中之水歌　二／1520

　河東民爲元淑謠　三／2230

55 河曲遊　三／2630

76 河陽縣作詩二首　一／633

3112₁ 涉

37 涉胡詩　二／858

3112₇ 馮

40 馮眞人授詩　三／2193

3116₀ 酒

22 酒後詩　二／1311

24 酒德歌　二／925

80 酒會詩　一／486

　酒會詩七首　見四言詩

3121₄ 裡

10 裡雅　三／2165

3130₁ 遷

76 遷陽亭詩　二/1559

3200₀ 州

27 州名詩　二/1548

50 州中歌　見衆人爲賈洪嚴危語

3211₄ 淫

17 淫豫歌　二/1020　二/1021

　　淫豫歌〔蕭綱〕　三/1925

60 淫思古意詩　二/1242

3213₇ 泛

01 泛龍舟　三/2664

12 泛水曲　二/1416

27 泛舟横大江〔蕭綱〕　三/1905

　　泛舟横大江〔張正見〕　三/2481

30 泛永康江詩　二/1648

　　泛宮亭湖詩　三/2546

37 泛湖詩　一/744

　　泛湖歸出樓中望月詩　二/1195

44 泛蕪湖詩　三/2049

71 泛長溪詩　二/1596

3214₇ 浮

10 浮雲詩　三/1972

38 浮遊花　三/2650

44 浮萍詩　三/2212

　　浮萍篇　一/424

　　浮萍篇　見秋胡行二首

3216₉ 潘

44 潘黄門岳述哀　二/1573

3222₁ 祈

40 祈嘉夜聞人呼語　二/1036

57 祈招詩　一/64

3230₇ 遥

00 遥夜吟　二/1554

07 遥望詩　三/1970

60 遥見美人採荷詩　三/1843

　　遥見鄰舟主人投一物衆姬争之有

　　　客請余爲詠　三/1837

68 遥贈周承詩　二/1741

3312₇ 浦

44 浦狹村煙度詩　三/2494

3316₀ 治

10 治西湖詩　二/1546

30 治宅詩　二/1435

72 治兵大雅　二/1371

3322₇ 補

00 補亡詩六首　一/639

3324₇ 被

37 被褉汎舟春日玄圃各賦七韻詩

　　　三/2516

3330₉ 述

00 述帝德　三/2769

04 述諸軍用命　三/2769

10 述天下太平　三/2769

21 述行詩　二/1553

22 述仙詩　一/464

　　述山貧詩　二/1325

31 述酒詩　二/1002

37 述祖德詩二首　二/1157

40 述志詩　一/185

　述志詩　見見志詩

　述志詩二首　一/488

42 述婚詩　一/185

90 述懷詩　一/742

　述懷詩二首　二/1082

3390₄ 梁

00 梁塵詩　三/1971

10 梁元帝引諺論古雨　三/2145

11 梁北郊登歌二首　三/2166

13 梁武帝接民間爲蕭恪歌　三/2139

　梁武帝時謠　三/2140

30 梁宗廟登歌七首　三/2168

40 梁南郊登歌詩二首　三/2166

　梁南吟　三/2537

50 梁末童謠　三/2143

53 梁甫吟　一/281

　梁甫吟〔陸機〕　一/661

　梁甫吟〔沈約〕　二/1618

64 梁時童謠　三/2143

3410₀ 對

10 對雨詩〔朱超〕　三/2094

　對雨詩〔劉邈〕　三/2272

　對雨詩〔庾信〕　三/2393

30 對房前桃樹詠佳期贈內詩　二/1771

　對宴齊使詩　三/2385

31 對酒〔曹操〕　一/347

　對酒〔張率〕　二/1780

　對酒〔張正見〕　三/2480

　對酒〔岑之敬〕　三/2549

　對酒詩　三/2405

　對酒歌　三/2347

　對酒行〔曹植〕　一/439　一/442

3411₁ 洗

44 洗藥池詩　二/1091

3411₂ 沈

09 沈麟士引童謠　二/1481

99 沈瑩引諺　一/543

池

21 池上酬劉記室詩　二/1566

3412₇ 滿

17 滿歌行　一/275

3413₁ 法

22 法樂辭　二/1389

66 法嬰玄靈之曲二首　二/1091

3413₄ 漢

00 漢高廟賽神詩　三/1943

30 漢之季　一/544

50 漢書引逸詩　一/71

　漢書歌　一/295

　漢末江淮間童謠　一/226

　漢末洛中童謠　一/226

　漢東流　三/2181

80 漢人引鄙語　一/128

　漢人爲黃公語　一/135

81 漢頌論功歌詩靈芝歌　見論功歌

詩

3414₀ 汝

40 汝南鴻隙陂童謠　一/127

3414₇ 凌

10 凌雲臺〔謝舉〕　三/1857

　凌雲臺〔王褒〕　三/2331

3418₁ 洪

12 洪水謠　二/1026

24 洪先生授詩　三/2193

32 洪業篇　一/841

淇

21 淇上人戲蕩子婦示行事詩　三/1836

3419₀ 沐

38 沐浴子　三/2752

3424₁ 禱

10 禱雨辭　一/47

3424₇ 被

00 被衣爲齧缺歌　一/22

22 被幽述志詩　三/1979

25 被使出關詩　三/2556

　被使從渡江詩　三/2001

36 被褐守山東　二/1668

44 被執作詩一首　三/2004

3426₀ 褚

24 褚先生引諺　一/132

3430₃ 遠

20 遠看放火詩　三/2003

38 遠遊篇　一/434　一/439

46 遠如期　一/161

47 遠期　二/1780

　遠期篇〔何承天〕　二/1209

　遠期篇〔庾成師〕　三/2136

50 遠夷樂德歌　一/164

　遠夷慕德歌　一/164

　遠夷懷德歌　一/165

53 遠戍江南寄京邑親友　三/2638

　遠戍勸戒詩　一/384

3510₇ 津

34 津渚敗船詩　三/2076

3512₇ 清

07 清調歌　一/418

17 清歌發詩　三/2272

30 清涼　二/1782

31 清河作詩　一/402

　清河民爲宋世良謠　三/2231

　清河民爲曲隄語　三/2295

32 清溪諺　二/1332

44 清楚引　二/1387

60 清思詩五首　二/1583

　清暑殿效柏梁體　二/1539

3519₆ 凍

12 凍水歌（齊臺歌）　一/11

3520₆ 神

10 神弦歌十一首　二/1057

22 神仙詩　三/2283

　神仙篇〔戴暠〕　三/2099

　神仙篇〔張正見〕（樂未央）　三/

2482

神仙篇〔盧思道〕 三/2629

神仙篇〔魯范〕 三/2729

26 神釋 二/990

40 神士賦歌 三/2206

80 神人暢 一/318

95 神情詩 二/931

3521₈ 禮

07 禮記引諺 一/74

禮記引逸詩 一/68

禮記引南人言 一/74

3530₀ 連

10 連雨獨飲詩（連雨人絕獨飲）
二/993

連雨人絕獨飲 見連雨獨飲詩

16 連理詩 三/2129

27 連句詩 二/1142

3530₅ 遘

00 遘疾 見臨終詩

3530₆ 迪

40 迪志詩 一/172

3530₈ 遺

10 遺于仲文詩 三/2735

13 遺武陵王詩 三/2055

31 遺源雄詩 三/2679

3610₀ 汨

60 汨羅土人爲屈原歌 三/2742

泗

21 泗上謠 一/44

湘

22 湘川漁者歌 三/2230

50 湘夫人〔沈約〕 二/1623

湘夫人〔王僧孺〕 二/1761

湘東王府中爲魚宏徐緄謠 三/
2142

3611₇ 温

26 温泉詩 二/1248

3614₁ 澤

77 澤門之晳謳（築者歌） 一/10

80 澤雉 三/2752

3621₀ 祝

27 祝蛨歌 一/411

視

17 視刀鐶歌 一/290

77 視月詩 二/1611

3625₆ 禪

67 禪暇詩 三/2779

3630₀ 迴

00 迴文虛言詩 二/871

3630₂ 遇

71 遇長安使寄裴尚書詩 三/2581

邊

43 邊城將詩四首 二/1738

邊城思詩 二/1708

53 邊戍詩 二/1536

3630₃ 還

00 還京詩 一/645

還京師詩 三/2669

10 還至梁城作詩　二/1234

30 還渡五洲詩　二/1691

　　還渡浙江詩　三/1832

　　還宅作詩　三/2125

38 還塗臨渚　二/1455

40 還臺樂（飲酒樂）　三/2538

42 還彭澤山中早發詩　三/2498

44 還草堂尋處士弟詩　三/2462

　　還舊園作見顏范二中書詩　二/1174

　　還舊居詩　二/995

47 還都至三山望石頭城詩　二/1292

　　還都道中詩三首　二/1291

　　還都帆詩　二/944

　　還都口號詩　二/1292

48 還故園詩　二/1560

50 還東田宅贈朋離詩　三/1860

60 還園宅奉酬華陽先生詩　二/1638

　　還田舍詩　二/1774

3711₀　汎

40 汎南湖至石帆詩　二/1192

沮

52 沮授引語　一/520

3711₂　氾

79 氾勝之引古語　一/134

　　氾勝之引諺　一/134

3712₀　湖

03 湖就姑曲　二/1059

3712₇　鴻

27 鴻鵠（楚歌）　一/88

71 鴻臚歌　見鴻臚中爲韓暨韓宣語

　　鴻臚中爲韓暨韓宣語（鴻臚歌）　一/521

　　鴻鴈生塞北行　一/562

3713₂　淥

12 淥水曲〔王融〕　二/1386

　　淥水曲〔江叏〕　二/1476

　　淥水曲〔吳均〕　二/1727

　　淥水曲二首　三/2072

3713₆　漁

76 漁陽民爲張堪歌　一/207

80 漁父歌（渡伍員歌）　一/27

　　漁父歌　見孺子歌

3714₇　汲

62 汲縣長老爲崔瑗歌　一/214

3715₆　渾

30 渾良夫譟　一/51

3716₄　洛

10 洛下謠　一/788

12 洛水祖王公應詔詩　一/648

50 洛中童謠二首　三/2232

　　洛中爲馮蓀語　三/804

　　洛中爲荀闓語　三/804

　　洛中爲劉氏兄弟語　一/804

76 洛陽童謠　三/2140

　　洛陽道〔沈約〕　二/1620

洛陽道〔蕭綱〕　三/1911

洛陽道〔庾肩吾〕　三/1982

洛陽道〔蕭繹〕　三/2033

洛陽道〔車轂〕　三/2115

洛陽道〔張正見〕　三/2479

洛陽道〔陳暄〕　三/2542

洛陽道〔岑之敬〕　三/2549

洛陽道〔王瑳〕　三/2611

洛陽道二首〔徐陵〕　三/2525

洛陽道二首〔江總〕　三/2568

洛陽道五首　三/2506

洛陽人爲祝良歌　一/213

3719₄　滌

10 滌雅　三/2163

3721₀　祖

12 祖斑引魏世謠　三/2233

祖孫楚詩　一/727

38 祖道應令詩　一/591

祖道詩　一/599

祖道征西應詔詩　一/616

祖道清正詩　一/678

祖道趙王應詔詩　一/616

祖道畢雍孫劉邊仲潘正叔詩　一/683

祖道賦詩(緇素知友祖道新林去留哀感賦詩一首)　三/2774

80 祖會太極東堂詩　一/677

3721₇　祀

21 祀伍相廟詩　三/2051

48 祀敬亭山廟詩　二/1450

祀敬亭山春雨　二/1457

3722₀　初

10 初至壽春作詩　二/1737

初至都詩　二/1174

初夏應詔詩　三/2647

初平詩　一/194

初平中長安謠　一/225

12 初發新林詩　二/1689

初發石首城詩　二/1176

初發東都應詔詩　三/2709

初發入南城詩　二/1180

20 初往新安至桐廬口詩　二/1179

23 初伏七夕已覺微涼既引應徐且命燕趙清風朗月以望七襄之駕置酒陳樂各賦四韻之篇　三/2519

29 初秋詩〔劉駿〕　二/1222

初秋詩〔蕭綱〕　三/1947

30 初渡江詩　三/2714

初之平　見楚之平

40 初去郡詩　二/1171

50 初春詩　二/1649

初春攜內人行戲詩　三/2067

初春賦得池應教詩　三/2494

80 初入山作詩　三/2192

祠

21 祠伍員廟詩　三/1943

37 祠洛水歌　三/2749

40 祠太廟　二／1135
60 祠田辭　一／47

3723₄　褉
87 褉飲嘉樂殿詠曲水中燭影詩
　　三／1884

3730₁　逸
71 逸驥詩　一／759
77 逸民　見贈逸民詩
　　逸民吟　一／769　一／770
　　逸民吟　見贈逸民詩

3730₂　迎
30 迎客曲　二／1811
35 迎神　二／1498
　　迎神歌〔謝莊〕　二／1352
　　迎神歌　三／2764
38 迎送神歌〔傅玄〕　一／809
　　迎送神歌　一／813
　　迎送神歌〔顏延之〕　二／1351
　　迎送神升歌　二／1502
40 迎大駕詩　一／769
47 迎柳吳興道中詩　二／1744
80 迎舍利詩　三／2105

通
40 通士人篇　三／2600
42 通荊門　一／546
43 通博南歌(行者歌)　一／209
60 通國風　二／1369

過
15 過建章故臺詩　三／1991
26 過白岸亭詩　二／1167
28 過徐君墓詩　三／2435
43 過始寧墅詩　二／1159
44 過藏矜道館詩　三／2343
　　過舊宮詩　三／2324
48 過故宅詩　三／2654
　　過故鄣詩　三／2732
71 過歷山湛長史草堂詩　二／1215
87 過銅山掘黃精詩　二／1302

3730₇　追
28 追從鑾輿夕頓戲下應令詩　三／2718

3730₈　選
80 選人為辛寬歌　三／2743

3750₆　軍
50 軍中謠　一／782
　　軍中謠　見軍中為盧洪趙達語
　　軍中詩　二／890
　　軍中為夏侯淵語(夏侯歌)　一／521
　　軍中為盧洪趙達語(軍中謠)　一／521
　　軍中為徐晃語　一／521
　　軍中為汲桑謠　一／789
　　軍中為典韋語(帳下壯士)　一／520
84 軍鎮篇　一／839

3792₇　鄴
10 鄴下為釋靈裕語　三／2748

鄴下爲李氏兄弟語　三/2299

鄴下爲陸仲讓語　三/2297

77 鄴民歌（魏河內歌、漳水歌）

　　一/18

80 鄴人金鳳舊歌　一/513

83 鄴館公讌詩　三/2263

3810₄　塗

22 塗山歌　一/4

　　塗山女歌　一/4

3811₇　溢

43 溢城詩　三/2488

3814₇　游

22 游仙詩〔何劭〕　一/649

　　游仙詩〔張協〕　一/748

82 游鍾山詩應西陽王教　二/1632

3816₇　滄

33 滄浪歌　見孺子歌

38 滄海雀　二/1782

3816₈　浴

36 浴溫湯泉詩　三/2272

3830₃　送

00 送應氏詩二首　一/454

　　送庾羽騎抱詩　三/2266

08 送許從詩　二/857

10 送二王在領軍府集詩　二/935

　　送西歸內人詩　三/2059

　　送晉熙公別詩　三/2659

　　送雷次宗詩　二/1180

17 送司馬□入五城聯句詩　二/

1708

21 送盧弋陽景宣詩　一/769

　　送衛王南征詩　三/2403

27 送歸曲　二/1722

　　送殷何兩記室詩　二/1767

28 送從弟道秀別詩　二/1288

30 送客曲　二/1811

31 送江水曹還遠館詩　二/1449

　　送江兵曹檀主簿朱孝廉還上國詩

　　二/1449

34 送沈記室夜別詩　二/1549

　　送褚都曹聯句詩　二/1708

　　送遠曲　二/1416

35 送神　二/1501

　　送神歌〔謝莊〕　二/1355

　　送神歌　三/2766

40 送大將軍掾盧晏詩　一/770

　　送友人上湘詩　二/1607

　　送韋司馬別詩　二/1687

41 送桓竟陵詩　二/950

43 送始安王方略入關　二/1538

44 送蔡君知入蜀詩二首　三/2723

46 送觀寧侯葬詩　三/2339

47 送柳吳興竹亭集詩　二/1736

50 送東陽太守詩　二/934

53 送盛侍郎餞候亭詩　二/1289

60 送呂外兵詩　二/1752

　　送炅法師葬詩　三/2384

62 送別詩〔劉繪〕　二/1470

送別詩〔范雲〕 二/1549

送別詩〔虞羲〕 二/1609

送別詩〔蕭綱〕 三/1952

送別詩〔魯范〕 三/2730

送別詩 三/2753

送別詩〔釋智才〕 三/2777

送別於建興苑相逢詩 三/1993

送別王宣城詩 二/1288

送別不及贈何殷二記室詩 二/
1716

送別裴儀同詩 三/2340

送別友人詩 二/1635

送別秦王學士江益詩 三/2734

72 送劉中書葬詩 三/2339

送劉員外同賦陳思王詩得好鳥鳴
高枝詩 三/2724

77 送周尚書弘正詩 三/2402

80 送舍利宿定晉巖詩 三/2722

82 送鍾參軍詩 一/743

3830₄ 遊

00 遊廬山 見廬山東林雜詩

遊廬山觀道士石室詩 二/1321

01 遊龍首城詩 三/2490

07 遊望詩 三/2021

遊望二首 三/2015

10 遊三學山詩 三/2774

遊覆舟山詩 二/1220

遊石門詩 二/1085

遊西池詩〔謝混〕 二/934

遊西池詩〔謝瞻〕 二/1134

遊西岳詩 一/771

15 遊建興苑詩 二/1778

17 遊豫章西觀洪崖井詩 二/1252

遊子移 二/1247

22 遊後園 二/1382

遊後園詩 三/2053

遊仙 見遊山詩

遊仙詩〔曹植〕 一/456

遊仙詩〔嵇康〕 一/488 一/492

遊仙詩〔鄒湛〕 一/626

遊仙詩〔王彪之〕 二/921

遊仙詩〔袁彖〕 二/1471

遊仙詩〔陸慧曉〕 二/1463

遊仙詩〔蕭衍〕 二/1530

遊仙詩〔劉緩〕 三/1850

遊仙詩 見折楊柳行、仙詩

遊仙詩五首 二/1398

遊仙詩十首 二/875

遊仙詩十九首 二/865

遊仙詩四首 一/621

遊嶺門山詩 二/1163

遊山詩〔謝朓〕 二/1424

遊山詩〔庾信〕（遊仙） 三/2355

24 遊俠 見古意詩

遊俠篇〔張華〕 一/611

遊俠篇〔王褒〕 三/2333

33 遊梁城詩 三/2634

34 遊沈道士館詩 二/1637

37 遊潮山悲古塚詩　二/1610

40 遊太平山詩　二/1409

　遊南亭詩　二/1161

　遊赤石進帆海詩　二/1162

　遊女曲　二/1523

　遊韋黃門園詩　三/1968

42 遊獵篇　一/612

43 遊始興道館詩　三/2453

44 遊若邪雲門精舍　見登吳昇平亭

　遊黃蘗山詩　二/1560

48 遊敬亭山詩　二/1424

　遊故苑詩　三/2623

50 遊東田詩　二/1425

　遊東堂詠桐詩　二/1452

51 遊攝山棲霞寺詩　三/2584

60 遊園詩　二/946

　遊羅浮山詩　二/1129

66 遊鼉湖詩　二/1202

67 遊明慶寺詩　三/2674

71 遊匡山簡寂館詩　三/2488

77 遊巴陵空寺詩　三/2456

78 遊覽　見詩

　遊覽詩二首　見詩

80 遊人詩　三/1971

　遊金華山詩　二/1633

81 遊甄山詩　三/1987

82 遊鍾山之開善定林息心宴坐引筆
　賦詩　三/2624

　遊鍾山大愛敬寺詩　二/1531

　遊鍾山開善寺詩　三/2470

84 遊斜川詩　二/974

90 遊光宅寺詩應令詩　三/1936

遨

38 遨遊出西城詩　一/690

3830₆ 道

00 道亡　三/2180

17 道君曲　二/1058

40 道士步虛詞十首　三/2349

50 道中贈桓司馬季珪詩　二/1683

67 道路憶山中詩　二/1177

83 道館詩　三/2001

3830₉ 途

50 途中作　見詩

4000₀ 十

03 十詠二首　二/1652

10 十一月歌　二/1068

　十二月一日夜方丈左臺昭靈李夫
　人作與許玉斧　二/1102

　十二月一日夜南岳夫人作與許長
　史　二/1118

　十二月歌　二/1068

　十二屬詩　三/2447

　十五　一/392

30 十空詩六首　三/1937

40 十索二首　三/2737

　十索四首　三/2736

68 十喻詩　二/1084

　十喻詩五首　二/1532

77 十月二十日授二首　二/1111

十月歌　二/1068

十月十五日右英夫人説詩令疏四
首　二/1116

十月十七日雲林夫人作與許侯
二/1110

十月十八日紫微夫人作　二/1104

4001₁　左

07 左記室思詠史　二/1574

25 左傳詩　一/605

左傳引諺　一/75

左傳引上國言　一/76

左傳引逸詩　一/67

左傳引古人言　一/76

左傳引周諺　一/74

31 左馮翊歌〔陸厥〕　二/1465

40 左右新婚詩　三/1849

4001₇　九

44 九華安妃見降口授作詩　二/1096

55 九曲歌〔李尤〕　一/174

九曲歌〔傅玄〕　一/567

60 九日詩　三/2120

九日酌菊酒詩　三/1882

九日侍皇太子樂遊苑詩　三/
1929

九日侍宴詩　二/1382

九日侍宴樂遊苑應令詩　三/
1985

九日侍宴樂遊苑詩〔任昉〕　二/
1596

九日侍宴樂遊苑詩〔丘遲〕　二/
1602

九日侍宴樂遊苑詩〔沈約〕　二/
1630

九日侍宴樂遊苑詩爲西封侯作
二/1680

九日侍宴樂遊苑正陽堂詩　二/
1671

九日從宋公戲馬臺集送孔令詩
〔謝瞻〕　二/1131

九日從宋公戲馬臺集送孔令詩
〔謝靈運〕　二/1157

九日從駕詩　三/2336

九日賦韻詩　三/1958

九日閑居　二/990

九日坐北湖聯句詩　二/1242

77 九月六日夕雲林喻作與許侯
二/1109

九月六日夕紫微夫人喻作示許長
史并與同學　二/1103

九月二十五日夜雲林右英夫人授
作　二/1110

九月三日夕雲林王夫人喻作令示
許長史　二/1108

九月歌　二/1068

九月十八日夜雲林右英夫人作
二/1109

九月九日詩　二/1144

九月九日雲林右英夫人喻作
二/1109

九月九日紫微夫人喻作因許示郗
二/1104

4003₀ 大

00 大唐歌 一/3

大言 二/1802

大言應令詩〔沈約〕 二/1656

大言應令詩〔王錫〕 二/1808

大言應令詩〔王規〕 二/1815

大言應令詩〔張纘〕 三/1861

大言應令詩〔殷鈞〕 三/1862

10 大雅吟 一/641

大晉承運期 一/830

大晉篇 一/843

17 大豫舞歌 一/837 一/838

大子夜歌二首 二/1048

20 大垂手 二/1725

22 大梨詩 三/2106

24 大射登歌 三/2768

大射賦詩 三/2271

大壯舞歌 三/2185

大牆上蒿行 一/396

26 大魏篇 一/428

27 大將軍宴會被命作詩 一/697

30 大安二年夏四月大將軍出祖王羊
二公於城南堂皇被命作此詩
一/699

32 大業中童謠 三/2744

大業長白山謠 三/2745

37 大洞真經詩 二/1121

38 大道歌 見楚聘歌

大道曲 二/878

46 大堤 三/1918

大堤女 三/2224

大觀舞歌 三/2186

54 大蜡詩 一/583

77 大風（三侯之章） 一/87

大風謠 二/1030

大同十一月庚戌詩 三/1948

大同十年十月戊寅詩 三/1948

大同九年秋七月詩 三/1972

大同八年秋九月詩 三/1948

80 大人先生歌 一/511

大會行禮歌 二/1363

92 大慚愧門詩 二/1399

太

00 太廟齋夜詩 二/1785

太廟頌歌 一/524

太康六年三月三日後園會詩
一/616

10 太平酒諺 二/1122

17 太子沈落日望水詩 三/1831

21 太上皇老君哀歌七首 三/2251

太虛真人常吟詠 二/1116

22 太僕座上詩 一/599

太山吟（泰山吟） 一/660

26 太和 一/530

太和中京師歌　一/515

太和中百姓歌　二/1016

太和末童謠　二/1024

28 太微玄清左夫人北渟宮中歌曲
　　二/1117

40 太真夫人贈馬明生詩二首　三/
　　2780

74 太尉王公以九錫命大將軍讓公將
　　還京邑祖餞贈此詩　一/699

77 太學中謠　一/222

40038　夾

44 夾樹　二/1723

40100　士

00 士庶挽歌辭　見庶人挽歌辭

　　士卒昌　見爲士卒倡

37 士冠辭　一/48

40104　臺

50 臺中宴會詩　一/726

40107　直

10 直石頭詩　二/1528

50 直中書詩　二/923

　　直中書省詩　二/1431

　　直東宮答鄭尚書道子詩　二/
　　1232

77 直學省愁臥詩　二/1640

40132　壞

42 壞橋詩　三/1892

40167　塘

21 塘上行〔甄皇后〕　一/406

塘上行〔陸機〕　一/658

塘上行〔謝惠連〕　二/1189

塘上行苦辛篇　三/1867

36 塘邊見古塚詩　二/1700

40207　麥

20 麥秀歌　一/6

40 麥李詩　二/1651

43 麥城俗諺　二/1331

40214　在

00 在齊答弟寂詩　二/1541

10 在王晉安酒席數韻詩　二/1768

17 在郡臥病呈沈尚書詩　二/1427

22 在幽州詩　一/475

27 在鄒詩　一/107

30 在家男女惡鬥詩　二/1399

31 在江陵歎年傷老詩　二/1304

36 在渭陽賦詩　三/1863

40 在南接北使詩　三/2713

42 在荊州與張使君李居士聯句
　　二/1311

62 在縣中庭看月詩　三/1850

75 在陳釋奠金石會應令詩　三/2698

　　在陳旦解醒共哭顧舍人詩　三/
　　2588

90 在懷縣作詩二首　一/634

40216　克

30 克官渡　一/527

40227　巾

80 巾舞歌詩　一/278

内

21 内經真諺 二/1121

31 内顧詩二首 一/634

60 内園逐涼 三/2533

77 内殿賦新詩 三/2596

有

26 有皇 一/702

40 有南篇 一/355

　有女篇（豔歌行有女篇） 一/557

　有女篇 見豔歌篇十八韻

　有喜致醉詩 三/2379

47 有期不至詩 三/2116

72 有所傷三首（有所思） 三/1919

　有所思 一/159 一/296

　有所思〔王融〕 二/1387

　有所思〔劉繪〕 二/1468

　有所思〔蕭衍〕 二/1514

　有所思〔沈約〕 二/1622

　有所思〔吳均〕 二/1726

　有所思〔蕭統〕 二/1791

　有所思〔蕭綱〕 三/1910

　有所思〔王筠〕 三/2009

　有所思〔費昶〕 三/2081

　有所思〔裴讓之〕 三/2261

　有所思〔顧野王〕 三/2467

　有所思〔張正見〕 三/2477

　有所思〔陸系〕 三/2604

　有所思〔盧思道〕 三/2628

　有所思 見有所傷三首

　有所思三首（望遠） 三/2504

　有所思篇 二/1208

80 有會而作詩 二/1003

90 有炎氏頌 一/40

南

00 南廣郡行人語 一/794

17 南豫州軍士爲主玄謨宗越語 二/1333

　南豫州民爲夏侯兄弟歌 三/2138

　南郡歌 二/1464

21 南征詩 三/2601

　南征曲 二/1817

　南征閨怨詩 三/2457

　南衡 一/712

22 南嶽夫人授太上宮中歌 二/1120

　南山 一/721

32 南州爲江革語 二/1486

　南州桓公九井作詩 二/933

33 南浦別佳人 三/2090

36 南還尋草市宅詩 三/2588

　南還道中送贈劉諮議別詩 二/1687

37 南湖 三/1918

40 南土爲杜預歌 一/777

　南土人爲牡蠣語 三/2747

42 南蒯歌（鄉人飲酒歌） 一/9

43 南城門老 三/2005 三/2006 三/2007 三/2008

44 南苑看遊者詩　三/2027

南苑看人還詩　三/1995

南苑逢美人詩　二/1807

南燕人爲公孫氏語　二/1036

南林彈詩　二/933

45 南樓中望所遲客詩　二/1173

47 南極王夫人詩　二/1119

70 南陔　一/639

72 南隱遊泉山詩　三/2720

76 南陽爲衛修陳茂語　一/238

南陽爲杜師語　一/231

77 南風歌　一/2

南風操　一/319

4033₁　赤

00 赤亭渚詩　二/1559

赤帝　二/1500

赤帝高明樂　三/2307

赤帝雲門舞　三/2420

赤帝歌〔謝超宗〕　二/1496

赤帝歌　三/2436

赤帝歌徵音　三/2758

48 赤松澗詩　二/1638

50 赤蛟　一/154

71 赤雁歌　見象載瑜

90 赤雀辭　一/323

志

04 志詩　見詩二首

4040₀　女

27 女怨詩　一/585

77 女兒子　二/1064

4040₁　幸

00 幸玄武湖餞吳興太守任惠詩
三/2520

31 幸江都作詩　三/2673

44 幸華林園宴羣臣於都亭曲水賦七
言詩　三/2209

50 幸中興堂餞江夏王詩　二/1221

4040₇　支

04 支詩　一/63

李

07 李翊夫人碑歎　一/328

22 李彪引諺　三/2238

李仙君歌　三/2785

47 李都尉陵從軍　二/1570

50 李夫人歌　一/96

李夫人及貴人歌　二/1465

60 李固引語　一/235

74 李陵録別詩二十一首　一/336

80 李翕析里橋郙閣頌新詩　一/189

4046₅　嘉

10 嘉平中謠　一/516

20 嘉禾謳　一/444

嘉禾歌　一/170

44 嘉薦樂〔殷淡〕　二/1359

嘉薦樂　二/1490　二/1504

嘉薦樂二首　二/1495

78 嘉胙樂〔殷淡〕　二/1361

嘉胙樂〔謝超宗〕　二/1491

二/1497

4060₀ 古

00 古意應蕭信武教詩　三/2118

古意詠燭詩　三/2058

古意詩〔沈約〕　二/1639

古意詩〔王僧孺〕（遊俠）　二/1761

古意詩〔蕭繹〕　三/2053

古意詩二首〔王融〕（和王友德元古意二首）　二/1397

古意詩二首〔蕭衍〕　二/1534

古意詩二首〔吳均〕　二/1747

古意詩二首〔顔之推〕　三/2283

古意酬到長史漑登琅邪城詩　二/1771

古意送沈宏詩　三/1837

古意報袁功曹詩　二/1562

古意贈中書詩（覽古贈王中書融）　二/1544

古意贈今人詩　二/1315

古離別　二/1570

古諺　一/240

02 古新成安樂宮　一/290

04 古詩　一/336　一/344

古詩　見定情詩、衆星詩

古詩一首　一/343

古詩二首　一/342

古詩三首　一/335

古詩五首　一/334

古詩爲焦仲卿妻作　一/283

古詩十九首　一/329

10 古五雜俎詩　一/343

古兩頭纖纖詩　一/344

17 古歌　一/289　一/295　一/296　一/297　三/2750

古歌銅雀詞　見歌

20 古辭　二/1298

古辭靈芝歌　見論功歌詩

21 古步出夏門行　一/290

22 古樂府　一/293　一/294　一/297

古樂府詩　一/293

古樂府罩辭　一/291

23 古皖城　一/545

24 古豓歌　一/291　一/292　一/293

27 古絶句四首　一/343

38 古遊仙詩　一/344

41 古妍歌　一/294

43 古博異辯遊　一/296

44 古董逃行　一/297

47 古胡無人行　一/290

55 古曲〔王褒〕（雜曲）　三/2333

古曲〔陳叔寶〕　三/2512

62 古咄唶歌　一/290

75 古體雜意詩　三/1883

80 古八變歌　一/288

右

44 右英作 二／1111 二／1113

右英夫人所喻 二／1107

右英夫人作 二／1112

右英吟 二／1107 二／1108

二／1112 二／1113 二／1114

4060₅ 喜

00 喜疾瘳詩 三／1944

10 喜雨詩〔曹植〕 一／460

喜雨詩〔謝惠連〕 二／1196

喜雨詩〔謝莊〕 二／1252

喜雨詩〔鮑照〕 二／1306

喜雨詩〔魏收〕 三／2269

50 喜春遊歌二首 三／2663

65 喜晴應詔勑自疏韻詩 三／2379

喜晴詩 三／2394

4060₉ 杏

44 杏花詩 三／2399

4064₁ 壽

50 壽春鄉里爲召馴語 一／250

76 壽陽樂 二／1348

壽陽還與親故別詩 二／1737

4071₀ 七

00 七廟享神歌 二／1357

七廟迎神辭 二／1241

七言〔劉向〕 一／115

七言〔東方朔〕 一／101

七言詩〔崔駰〕 一／171 一／172

七言詩〔繁欽〕 一／387

七哀詩〔阮瑀〕 一／380

七哀詩〔曹植〕（怨歌行） 一／458 一／463

七哀詩〔傅玄〕 一／576

七哀詩〔荀組〕 二／855

七哀詩 見怨詩行

七哀詩二首 一／740

七哀詩三首 一／365

七襄怨詩 二／1200

21 七步詩 一／460

27 七夕夜詠牛女應制詩 二／1251

七夕詠牛女詩〔謝靈運〕 二／1180

七夕詠牛女詩〔劉鑠〕 二／1216

七夕詩〔蕭衍〕 二／1535

七夕詩〔何遜〕 二／1699

七夕詩〔蕭綱〕 三／1958

七夕詩〔庾肩吾〕 三／1998

七夕詩〔邢邵〕 三／2265

七夕詩〔庾信〕 三／2376

七夕詩〔江總〕 三／2587

七夕詩〔張文恭〕 三／2733

七夕詩二首〔劉駿〕 二／1221

七夕詩二首〔王筠〕 三／2692

七夕穿針詩〔柳惲〕 二／1675

七夕穿針詩〔劉遵〕 二／1810

七夕穿針詩〔劉孝威〕 三／1882

七夕穿針詩〔蕭綱〕 三／1975

七夕宴玄圃各賦五韻詩 三／

2518

七夕宴重詠牛女各爲五韻詩　三/2517

七夕宴樂脩殿各賦六韻　三/2518

七夕宴宣猷堂各賦一韻詠五物自足爲十并牛女一首五韻物次第用得帳屏風案唾壺履　三/2516

七夕連句詩　二/1242

七夕觀織女詩　二/854

七夕月下詩　二/1240

60 七日夜女郎歌九首　二/1053

七里瀨詩　二/1160

77 七月二十六日夕紫微夫人喻作令與許長史　二/1102

七月二十八日夕右英夫人授書此詩以與許長史　二/1108

七月歌　二/1067

七月十八日夕雲林右英夫人授詩　二/1107

七月七日夜詠牛女詩　二/1195

七月七日詠織女詩　二/924

七月七日詩　二/857

七月七日登舜山詩　三/2271

七月七日侍皇太子宴玄圃園詩　一/765

4073₁　去

00 去妾贈前夫詩　二/1748

17 去邪行　見代邯街行

27 去魯歌（師乙歌）　一/7

50 去東陽與吏民別詩　二/1635

77 去丹陽尹荊州詩二首　三/2039

4073₂　袁

30 袁準引諺　一/799

40 袁太尉淑從駕　二/1579

4080₁　走

71 走馬引〔張率〕　二/1782

走馬引〔傅縡〕（天馬引）　三/2535

88 走筆戲書應令詩　三/2528

真

80 真人篇　一/614

4080₆　賣

10 賣玉器者詩　二/1303

4090₀　木

27 木紀謝　三/2179

35 木連理謳　一/444

44 木蘭詩二首　三/2160

4090₈　來

60 來羅　二/1064

4094₈　校

42 校獵曲　二/1415

50 校書秘書省對雪詠懷詩　三/1839

4123₂　帳

10 帳下壯士　見軍中爲典韋語

4141₆　姬

80 姬人怨　三/2597

姬人怨服散篇　三/2597

4146₀ 妬

04 妬詩　一/461

4146₃ 孀

47 孀婦吟　三/2328

4191₆ 桓

00 桓帝初天下童謠　一/219

桓帝初城上烏童謠　一/219

桓帝末京都童謠　一/220　一/221

桓帝時京都童謠　一/220

桓玄簒時小兒歌　二/1017

01 桓譚引關東鄙語　一/143

桓譚引諺論巧習　一/142

30 桓寬引語　一/129

桓寬引鄙語　一/129

36 桓溫府爲都超王珣語　二/1034

4212₂ 彭

17 彭子陽歌　一/215

24 彭先生歌　三/2194

43 彭城王挽歌　三/2636

彭城戲馬臺集詩　二/1248

彭城宮中直感歲暮詩　二/1158

彭城會詩　二/1140

4223₀ 狐

43 狐裘詩　見狐裘歌

狐裘歌（狐裘詩）　一/15

52 狐援辭　一/52

瓠

17 瓠子歌　一/93

4240₀ 荆

32 荆州童謠　二/1026

荆州百姓歌　二/1017

荆州樂三首　二/1554

荆州民爲始興王憺歌　三/2137

44 荆楚謠　二/1023

51 荆軻歌（渡易水歌）　一/24

荆軻歌　見渡易水

4242₇ 嬌

40 嬌女詩〔左思〕　一/735

嬌女詩　二/1058

4247₂ 媱

35 媱洗曲　三/2777

4291₃ 桃

44 桃花源詩　二/985

桃花曲〔蕭子顯〕　二/1817

桃花曲〔蕭綱〕　三/1921

桃葉歌三首〔王獻之〕　二/903

桃葉歌三首　二/1055

4299₄ 櫟

60 櫟口守風詩　三/1832

4303₀ 犬

42 犬妖歌　二/1374

4304₂ 博

60 博昌人爲蔣任二姓語　一/524

74 博陵王宮俠曲二首　一/612

4310₀ 卦

27 卦名詩　三/1950

4315₀ 城

21 城上麻　二/1723

城上烏　二/1721

城上烏詩　三/2096

40 城南隅謳　三/2630

50 城中謠　見馬廖引長安語

4323₄　獄

50 獄中連句　三/2056

獄中贈人詩　三/1862

4346₀　始

12 始發宿亭詩　三/2342

22 始出尚書省詩　二/1431

28 始作鎮軍參軍經曲阿詩　二/982

30 始之宣城郡詩　二/1429

始安郡還都與張湘州登巴陵城樓作詩　二/1234

44 始基樂恢祚舞　三/2313　三/2314

77 始居山營室詩　二/1758

4380₀　赴

37 赴洛道中作詩二首　一/684

40 赴太子洗馬時作詩　一/683

42 赴荊州泊三江口詩（行經巴陵部伍）　三/2036

50 赴中書郎詩　二/1130

4380₅　越

02 越謠歌　二/1019

43 越城曲　三/2134

80 越人歌　一/24

90 越嘗操　見越裳操

越裳操（越嘗操）　一/301

4410₄　董

21 董卓歌辭　一/355

32 董逃歌（靈帝中平中京都歌）　一/212

董逃行　一/264　一/265

董逃行〔曹丕〕　一/398

董逃行　見董桃行

董逃行歷九秋篇十二首　見歷九秋篇

42 董嬌嬈　見董嬌饒詩

董嬌饒　見董嬌饒詩

董嬌饒詩（董嬌嬈、董嬌饒、董嬌饒歌）　一/198

董嬌饒歌　見董嬌饒詩

董桃行（董逃行）　一/665

90 董少平歌　一/208

4411₂　范

00 范廣州宅聯句　二/1711

50 范史雲歌　一/211

地

07 地郊饗神歌　一/811　一/812

24 地德凱容樂　二/1493

71 地驅樂歌　三/2155

4412₇　蒲

25 蒲生行　二/1417

32 蒲州刺史中山公許乞酒一車未送詩　三/2392

42 蒲坂行〔陸厥〕　二/1464

蒲坂行〔劉遵〕 二/1809

49 蒲梢天馬歌 見西極天馬歌

蕩

47 蕩婦高樓月 三/2090

44142 薄

40 薄帷鑒明月詩 三/2493

44 薄暮動弦歌 三/2110

67 薄晚逐涼北樓迥望詩 三/1957

44147 鼓

11 鼓琴歌(鼓瑟歌) 一/18

鼓瑟歌 見鼓琴歌

鼓瑟曲有所思 二/1760

22 鼓山俗語 二/1333

67 鼓吹鐃歌十五首 二/1204

44149 萍

04 萍詩 二/1747

44164 落

44 落花詩 三/1897

66 落日登高詩 二/1762

落日郡西齋望海山詩 三/1886

落日看還詩 三/2026

落日射罷詩 三/2050

落日泛舟東溪詩 二/1597

落日同何儀曹煦詩 二/1450

落日前墟望贈范廣州雲詩 二/1682

落日悵望詩 二/1433

44169 藩

40 藩難未靜述懷詩 三/2037

44207 夢

04 夢詩〔許翻〕 二/1124

夢詩〔蕭衍〕 二/1533

17 夢歌〔瓊瑰歌〕 一/7

27 夢歸鄉詩 二/1303

40 夢友人王由賦別詩 三/2215

44 夢蓬萊四真人作詩四首 二/1114

60 夢見故人詩 三/2116

夢見美人詩 二/1640

80 夢人倚户授其詩 三/2322

夢入堂内詩 三/2372

夢奠歌 見曳杖歌

萼

27 萼綠華贈詩 二/1096

考

43 考城爲仇覽諺 一/246

44210 尅

00 尅商操(武王伐紂) 一/320

44211 薤

10 薤露 一/257

薤露〔曹操〕 一/347

薤露行〔曹植〕 一/422

薤露行〔張駿〕 二/876

44212 苑

50 苑中詩 二/1709

苑中見美人詩 二/1709

44214 莊

17 莊子引逸詩 一/70

莊子引野語 一/78

77 莊周獨處吟　見引聲歌

4422₁ 猗

44 猗蘭操　一/300

　猗蘭操〔辛德源〕　三/2649

荷

04 荷詩　一/622

4422₂ 茅

22 茅山父老歌　見時人爲三茅君謠

26 茅保命吟　二/1123

4422₇ 芳

44 芳樹　一/159

　芳樹〔王融〕　二/1389

　芳樹〔謝朓〕　二/1417

　芳樹〔蕭衍〕　二/1513

　芳樹〔沈約〕　二/1620

　芳樹〔蕭繹〕　三/2031

　芳樹〔費昶〕　三/2081

　芳樹〔顧野王〕　三/2467

　芳樹〔張正見〕　三/2477

　芳樹〔江總〕　三/2573

　芳樹詩　二/1604

　芳樹篇　二/1207

　芳林篇　二/1674

蕭

07 蕭諮議西上夜集詩　二/1396

50 蕭史曲　一/614

薦

10 薦豆呈毛血歌辭　二/1502

蒿

60 蒿里（蒿里曲）　一/257

　蒿里行　一/347

　蒿里曲　見蒿里

勸

55 勸農詩　二/969

蘭

00 蘭亭詩〔孫嗣、郗曇、庚友〕　二/908

　蘭亭詩〔庚蘊、曹茂之〕　二/909

　蘭亭詩〔華茂、桓偉、袁嶠之〕　二/910

　蘭亭詩〔王玄之〕　二/911

　蘭亭詩〔王渙之〕　二/914

　蘭亭詩〔王蘊之、王豐之、魏滂〕　二/915

　蘭亭詩〔虞説、謝繹〕　二/916

　蘭亭詩〔曹華〕　二/917

　蘭亭詩二首〔王羲之〕　二/895

　蘭亭詩二首〔孫綽〕　二/901

　蘭亭詩二首〔謝安〕　二/906

　蘭亭詩二首〔謝萬〕　二/906

　蘭亭詩二首〔孫統〕　二/907

　蘭亭詩二首〔王凝之〕　二/912

　蘭亭詩二首〔王肅之〕　二/913

　蘭亭詩二首〔王徽之、王彬之〕　二/914

　蘭亭詩二首〔徐豐之〕　二/916

44 蘭林　一/720

4423₂ 蒙

11 蒙預懺直疏詩　三/1935
44 蒙華林園戒詩　三/1936
66 蒙賜酒詩　三/2378

4424₀ 苻

25 苻生時長安謠二首　二/1026
77 苻堅初童謠　二/1027
　苻堅國中謠　二/1029
　苻堅時童謠　二/1027　二/1028
　苻堅時長安謠　二/1027　二/1028
　苻堅時長安爲慕容沖歌　二/1018
　苻堅時鳳凰歌　二/1018
　苻堅時關隴人歌　二/1018

4424₇ 蔣

30 蔣濟爲護軍時謠言　一/517
44 蔣橫遘禍時童謠　一/229

獲

09 獲麟歌　一/26　一/316
60 獲呂布　一/527

4425₃ 茂

74 茂陵中書歌　一/296

4430₄ 蓮

07 蓮調詩　三/2545
27 蓮舟買荷度　三/1964

4430₇ 芝

30 芝房歌　見齊房
44 芝草詩　三/1993

4433₁ 燕

00 燕童謠　二/1029
04 燕詩　二/950
17 燕歌行〔曹叡〕　一/417
　燕歌行〔陸機〕　一/666
　燕歌行〔謝靈運〕　二/1152
　燕歌行〔謝惠連〕　二/1190
　燕歌行〔蕭子顯〕　二/1817
　燕歌行〔蕭繹〕　三/2035
　燕歌行〔王褒〕　三/2334
　燕歌行〔庾信〕　三/2352
　燕歌行〔王胄〕　三/2703
　燕歌行二首　一/394
44 燕燕于飛　三/2572

4433₃ 慕

30 慕容垂歌辭　三/2156
　慕容家自魯企由谷歌　三/2160

蕙

03 蕙詠　見詠蕙詩

4433₈ 恭

13 恭職北郊詩　二/1789
44 恭世子誦　一/40

4439₄ 蘇

90 蘇小小歌（錢塘蘇小小歌）　二/1480

4440₀ 艾

46 艾如張　一/156
　艾如張〔蘇子卿〕　三/2601
　艾如張曲　二/1366

4440₆ 鼙

80 鼙舞歌五首　一/427

　　　　草

27 草名詩　三/2044
90 草堂寺尋無名法師詩　三/2065

　　　4440₇　孝

13 孝武帝太元末京口謠　二/1025
21 孝經詩　一/603
26 孝皇帝歌　二/1357
67 孝明時洛下謠　三/2231
　　孝昭時童謠　三/2291

　　　4441₇　執

80 執筆戲書詩　三/1940

　　　4442₇　萬

22 萬山見採桑人詩　三/1890

　　　4443₀　樊

64 樊曄歌　見涼州民爲樊曄歌
72 樊氏陂諺　一/806

　　　　莫

29 莫愁樂　二/1346

　　　4445₆　韓

11 韓非子引先聖諺　一/80
　　韓非子引古諺　一/80
　　韓非子引古語　一/80
　　韓非子引鄙諺　一/80
30 韓安國引語　一/129

　　　4446₀　姑

23 姑臧謠　一/793
60 姑恩曲　二/1059

　　　4450₂　攀

46 攀楊枝　三/2151

　　　4450₄　華

10 華元歌　見宋城者謳
20 華黍　一/640
22 華山畿二十五首　二/1338
　　華山館爲國家營功德詩　二/1660
30 華容女子獄中歌吟　一/247
　　華容夫人歌　一/109
44 華林北澗詩　二/1322
　　華林都亭曲水聯句效柏梁體詩
　　　　二/1224
76 華陽童授詩　三/2194
　　華陽先生登樓不復下贈呈詩
　　　　二/1638
77 華月詩　三/1972
78 華覽崇文大夫唱　一/581
90 華光省中夜聞城外擣衣詩　三/
　　2084
96 華爗爗　一/153

　　　4453₀　芙

44 芙蓉詩　一/718
　　芙蓉池詩　一/462
　　芙蓉池作詩　一/400
　　芙蓉花　三/2650

　　　　英

40 英才言聚賦得昇天行詩　三/2773

　　　4460₁　昔

44 昔昔鹽〔薛道衡〕　三/2681
60 昔思君　一/565

4460₃ 暮

29 暮秋望月示學士各釋愁應教
　　三/2693

　暮秋野興賦得傾壺酒詩　三/
　　2405

　暮秋答朱記室詩　二/1682

30 暮寒詩　三/2130

38 暮遊山水應令賦得磧字詩　三/
　　2000

4460₄ 苦

10 苦雨　見雨詩

　苦雨詩　二/1306

　苦雨詩　見詩

30 苦寒行〔曹操〕　一/351

　苦寒行〔曹叡〕　一/416

　苦寒行〔張華〕　一/614

　苦寒行〔陸機〕　一/657

　苦寒行〔謝靈運〕　二/1148

　　二/1149

43 苦哉行　見善哉行二首

44 苦熱　見雜詩

　苦熱詩〔任昉〕　二/1600

　苦熱詩〔何遜〕　二/1699

　苦熱行〔曹植〕　一/440

　苦熱行〔蕭綱〕　三/1908

46 苦相篇（豫章行苦相篇）　一/
　　555

60 苦思行　一/438

　苦暑詩〔劉孝威〕　三/1880

　苦暑詩〔王筠〕　三/2016

著

40 著布謠　一/787

4460₇ 蒼

41 蒼梧人爲陳臨歌　一/210

4462₇ 荀

64 荀晞將破汲桑時謠　一/789

荀

17 荀子引語　一/78

　荀子引逸詩　一/69

　荀子引古言　一/78

　荀子引民語　一/78

26 荀伯玉聞青衣小兒語　二/1484

4471₁ 老

04 老詩　三/2077

17 老君十六變詞　三/2252

44 老苦　三/2433

4471₇ 世

20 世爲卜氏語　一/803

22 世稱王貢語　一/137

37 世祖武皇帝　二/1499

　世祖孝武皇帝歌　二/1357

芑

33 芑梁妻歌　一/312

4472₇ 葛

00 葛玄空中歌三首　三/2783

34 葛洪引諺　二/1033

4474₁ 薛

30 薛宣引鄙語　一/133

4477₀ 甘

10 甘露謳 一/443

26 甘泉歌 一/32

4477₇ 舊

57 舊邦 一/528

4480₁ 共

23 共戲樂 二/1487

40 共内人夜坐守歲詩 三/2067

63 共賦韻詠庭中桐詩 二/1749

楚

00 楚童謠 一/39

　楚商歌 見忼慨歌

10 楚王吟 二/1782

15 楚聘歌（大道歌） 一/25

17 楚歌 見鴻鵠

30 楚之平（初之平） 一/526

41 楚狂接輿歌 一/20 一/21

47 楚妃歎〔石崇〕 一/642

　楚妃歎〔袁伯文〕 二/1324

　楚妃歎〔蕭綱〕 三/1917

　楚妃曲 二/1726

　楚妃吟 三/2011

　楚朝曲 二/1320

67 楚明妃曲 二/1245

80 楚人謠 一/39

　楚人誦子文歌 一/19

　楚人爲諸御己歌 一/19

4480₆ 黃

00 黃帝 二/1500

黃帝高明樂 三/2307

黃帝雲門舞 三/2421

黃帝歌 二/1497 三/2437

黃帝歌宮音 三/2758

黃帝贊詩（詠史） 二/888

01 黃龍中童謠 一/538

13 黃武中産兒語 一/541

25 黃生曲三首 二/1054

27 黃鵠歌 一/9

　黃鵠歌〔劉弗陵〕 一/108

　黃鵠曲四首 二/1054

　黃督 三/2615

36 黃澤謠 一/35

39 黃淡思歌 三/2155

77 黃門倡歌 三/2752

88 黃竹詩 一/64

4490₀ 樹

27 樹名詩 三/2044

50 樹中草〔蕭子顯〕 二/1817

　樹中草〔蕭綱〕 三/1921

4490₄ 藥

27 藥名詩〔王融〕 二/1403

　藥名詩〔蕭綱〕 三/1950

　藥名詩〔蕭繹〕 三/2043

茱

44 茱萸女 三/1909

4490₈ 萊

80 萊人歌 一/13

4491₀ 杜

00 杜廣平歌吟　二/1124

44 杜蘭香作詩　二/1094

　　杜蘭香贈詩　二/1093

46 杜恕引諺　一/520

4491₄ 桂

30 桂之樹行　一/437

43 桂檝泛河中　三/2110

4492₇ 菊

04 菊詩　二/930

4496₀ 枯

27 枯魚過河泣　一/286

44 枯葉竹詩　三/1883

4496₁ 藉

60 藉田詩　二/1529

4498₆ 橫

67 橫吹曲〔江總〕　三/2572

　　橫吹曲辭　三/2151

4499₀ 林

10 林下作妓詩　二/1800

　　林下映月詩　三/1841

4499₁ 蒜

22 蒜山被始興王命作詩　二/1282

4541₀ 姓

27 姓名詩　三/2041

4548₁ 婕

47 婕妤怨　見班婕妤

4593₂ 隷

22 隷幽樂　二/1494

4594₄ 樓

00 樓玄寺聽講畢遊邸園七韻應司徒

　　教詩　二/1395

4621₀ 觀

10 觀石鼓詩　二/873

22 觀樂應詔詩　二/1593

24 觀化決疑詩　二/1087

38 觀海詩　三/2018

40 觀太常奏新樂詩　三/2722

44 觀妓　見夜聞鄰妓詩

47 觀朝雨詩　二/1432

60 觀圃人藝植詩　二/1302

77 觀聞變歌　三/2127

87 觀釣詩　三/2458

4622₇ 獨

10 獨不見〔柳惲〕　二/1674

　　獨不見〔王訓〕　二/1717

　　獨不見〔劉孝威〕　三/1871

17 獨酌謠〔沈炯〕　三/2444

　　獨酌謠〔陸瑜〕　三/2540

　　獨酌謠四首　三/2512

20 獨秀山詩　二/1238

21 獨處怨　三/1917

30 獨漉篇　一/846

4632₇ 駕

00 駕言出北闕行　一/662

22 駕出北郭門行　一/378

　　駕出圜丘詩　三/2633

4640₀ 如

27 如響　三/1937

　　如幻　三/1937

44 如夢　三/1938

62 如影　三/1938

90 如炎詩　二/1532

4680₆ 賀

22 賀循引諺　一/797

44 賀老人星詩　三/2265

4690₀ 相

00 相府爲裴漢語　三/2239

26 相和歌　一/22

27 相名詩　三/2044

32 相州百姓爲樊叔略語　三/2746

37 相逢行（相逢狹路間行、長安有

　　狹斜行）　一/265

　　相逢行〔謝靈運〕　二/1149

　　相逢行〔張率〕　二/1781

　　相逢狹路間〔孔欣〕　二/1134

　　相逢狹路間〔沈約〕　二/1616

　　相逢狹路間〔蕭統〕　二/1791

　　相逢狹路間〔劉遵〕　二/1809

　　相逢狹路間〔劉孺〕　三/1851

　　相逢狹路間〔李德林〕　三/2643

　　相逢狹路間行　見相逢行

38 相送詩　二/1710

　　相送聯句　二/1711

40 相士卒　見爲士卒倡

60 相國清河王挽歌　三/2222

　　相國掾府君歌　二/1356

柏

33 柏梁詩　一/97

4691₃ 槐

44 槐樹詩　一/386

4691₄ 檉

04 檉詩　三/1973

4692₇ 楊

17 楊子術引謠言　三/2295

21 楊衒之引京師語　三/2240

　　楊衒之引語　三/2239

　　楊衒之引謠語　三/2239

　　楊衒之引游俠語　三/2240

　　楊衒之引秦民語　三/2241

25 楊朱歌　一/23

26 楊白花　三/2246

　　楊泉引里語　一/798

　　楊泉引語　一/798

30 楊濟引諺　一/796

44 楊花曲三首　二/1244

47 楊柳歌　三/2353

72 楊氏七哀詩　一/636

92 楊叛兒　二/1487

　　楊叛兒〔蕭衍〕　二/1520

　　楊叛兒〔楊廣〕（隋越王京洛行）

　　　三/2663

4720₇ 弩

80 弩俞新福歌　一/525

4721₀ 帆

30 帆渡吉陽洲詩〔劉孝威〕　三/1877

　　帆渡吉陽洲詩〔劉孝儀〕　三/

1894

80 帆入南湖詩　二/944

4721₂ 犯

21 犯虜將逃作　見從周入齊夜度砥
　　柱
　　犯虜將逃作詩　三/2190

4721₇ 猛

21 猛虎行　一/287　一/288
　　猛虎行〔曹丕〕　一/392
　　猛虎行〔曹叡〕　一/417
　　猛虎行〔陸機〕　一/666
　　猛虎行〔孔欣〕　二/1135
　　猛虎行〔謝惠連〕　二/1191

4722₇ 都

80 郤公墓詩　二/889

鶴

45 鶴樓峻　三/2181
68 鶴吟　二/1374

4728₂ 歡

47 歡好曲三首　二/1056
77 歡聞歌　二/1050
　　歡聞歌〔王金珠〕　三/2127
　　歡聞歌二首　二/1518
　　觀聞變歌六首　二/1050

4742₀ 朝

10 朝雲曲〔蕭衍〕　二/1523
　　朝雲曲〔沈約〕　二/1625
60 朝日誡夏　三/2760
64 朝時篇（怨歌行朝時篇）　一/

558

71 朝隴首（白麟歌）　一/154

4742₇ 努

40 努力門詩　二/1399

婦

00 婦病行　一/270
　　婦病行〔江總〕　三/2571

4744₇ 報

10 報王永興觀田詩　三/1838
47 報趙叔巖　見報趙淑麗詩
　　報趙淑麗詩（報趙叔巖）　一/
　　382

4752₀ 鞠

17 鞠歌行〔陸機〕　一/666
　　鞠歌行〔謝靈運〕　二/1152
　　鞠歌行〔謝惠連〕　二/1191

4762₀ 胡

80 胡無人行〔吳均〕　二/1721
　　胡無人行〔徐摛〕　三/1891
　　胡無人行　見戰城南
88 胡笳十八拍　一/201
　　胡笳曲〔吳邁遠〕　二/1319
　　胡笳曲〔陶弘景〕　二/1813
　　胡笳曲二首　三/2073

4762₇ 郗

62 郗縣遇見人織率爾寄婦詩　三/
　　1877

都

10 都下爲襌師語　三/2149

都下民語　二/1486

4764₇　毼

20 毼辭　一/49

4772₀　却

50 却東西門行〔曹操〕　一/354

却東西門行〔傅玄〕　一/560

却東西門行〔謝惠連〕　二/1190

却東西門行〔沈約〕　二/1617

4772₇　邯

67 邯鄲郭公歌　三/2290

邯鄲歌　二/1070

邯鄲歌〔蕭衍〕　二/1516

邯鄲行　二/1464

4780₁　起

00 起夜來　二/1674

4782₀　期

37 期運集　三/2182

4791₄　櫂

17 櫂歌行〔曹叡〕　一/416

櫂歌行〔陸機〕　一/660

櫂歌行〔孔寧子〕　二/1138

櫂歌行〔吳邁遠〕　二/1318

櫂歌行〔劉孝綽〕　三/1825

櫂歌行〔王籍〕　三/1853

櫂歌行〔蕭綱〕　三/1907

櫂歌行〔阮研〕　三/2101

櫂歌行〔魏收〕　三/2268

櫂歌行〔盧思道〕　三/2628

櫂歌行〔蕭岑〕　三/2655

4791₇　杞

33 杞梁妻　二/1320

4792₀　柳

34 柳達摩引北方童謠　三/2143

41 柳楷引謠　三/2234

53 柳彧上表引歌謠　三/2743

桐

46 桐柏山　三/2180

桐柏曲　二/1524

4792₇　橘

04 橘詩　二/1609

4816₈　增

02 增新曲相對聯句　二/1712

4824₀　散

55 散曲　二/1387

4832₇　驚

10 驚雷歌　一/567

60 驚早露詩　三/2124

4841₇　乾

77 乾闥婆詩　二/1533

4864₀　敬

12 敬酬王明府詩　二/1702

敬酬解法師所贈詩　三/2600

敬酬楊僕射山齋獨坐詩　三/2683

敬酬柳僕射征怨詩　二/1603

敬酬劉長史詠名士悅傾城詩　三/1847

68 敬贈蕭諮議詩　二/1606

4893₂ 松

46 松柏歌　一/14

　　松柏篇　二/1264

4895₇ 梅

10 梅夏應教詩　三/2686

44 梅花詩〔吳均〕　二/1751

　　梅花詩〔庾信〕　三/2398

　　梅花落〔鮑照〕　二/1278

　　梅花落〔吳均〕　二/1720

　　梅花落〔張正見〕　三/2479

　　梅花落〔徐陵〕　三/2526

　　梅花落〔江總〕　三/2574

　　梅花落〔蘇子卿〕　三/2601

　　梅花落二首〔陳叔寶〕　三/2507

　　梅花落二首〔江總〕　三/2569

4980₂ 趙

10 趙王倫爲亂時謠　一/784

11 趙瑟曲　二/1624

17 趙郡王配鄭氏挽詞　三/2261

　　趙郡爲李曾謠　三/2230

24 趙岐引南陽舊語　一/246

77 趙民謠　一/38

5000₆ 中

22 中川長望詩　二/1762

　　中山王孺子妾歌二首　二/1466

27 中候王夫人詩三首　二/1100

30 中宮詩二首　一/584

47 中婦織流黄〔盧詢祖〕　三/2261

　　中婦織流黄〔徐陵〕　三/2523

74 中陵　一/722

77 中興歌十首　二/1271

史

07 史記引諺　一/83

　　史記引語　一/84

　　史記引逸詩　一/71

吏

20 吏爲郭頤劉聰歌　一/780

77 吏民爲趙張三王語　一/137

申

27 申包胥歌　一/28

　　申叔儀乞糧歌　一/23

曳

45 曳杖歌（夢奠歌）　一/8

車

27 車名詩　三/2042

32 車遥遥　二/2115

　　車遥遥篇　一/565

46 車駕幸京口侍遊蒜山作詩　二/1230

　　車駕幸京口三月三日侍遊曲阿後湖作詩　二/1231

50 車中見新林分別甚盛詩　二/1704

　　車中見美人詩　三/2029

71 車馬行　三/2099

5001₄ 擁

00 擁離　見翁離

5002₇ 摘

30 摘安石榴贈劉孝威詩　三/2017

60 摘園菊贈謝僕射舉詩 三/2019

77 摘同心梔子贈謝娘因附此詩
　三/2132

5003₂ 摘

37 摘洛謠 一/228

5010₆ 晝

10 晝一歌(百姓歌) 一/119

5013₂ 泰

22 泰山梁甫行 一/426

　泰山吟〔謝道韞〕(登山) 二/
　912

　泰山吟〔謝靈運〕 二/1150

　泰山吟 見太山吟

43 泰始中童謠〔晉〕 一/782

　泰始中童謠〔劉宋〕 二/1330

　泰始中謠 一/782

5022₇ 肅

53 肅咸樂〔殷淡〕 二/1358

　肅咸樂〔謝超宗〕 二/1489
　二/1494 二/1503

青

00 青童大君常吟詠 二/1116

　青帝 二/1499

　青帝高明樂 三/2307

　青帝雲門舞 三/2420

　青帝歌〔謝超宗〕 二/1496

　青帝歌 三/2436

　青帝歌角音 三/2757

32 青溪小姑歌二首 二/1372

青溪小姑曲 二/1059

40 青臺歌 三/2227

50 青青河邊草篇(飲馬長城窟行)
　一/556

　青青河畔草 二/1388

76 青陽 一/148

　青陽度 二/1062

　青驄白馬 二/1062

5033₃ 惠

00 惠帝元康中京洛童謠二首 一/
　786

　惠帝永熙中童謠 一/785

　惠帝大安中童謠 一/787

　惠帝時洛陽童謠 一/788

　惠帝即位時兒童謠 一/784

5043₀ 奏

30 奏宣列之樂歌舞 二/1503

5044₇ 冉

50 冉冉孤生竹 二/1239

5050₃ 奉

13 奉酬從兄臨川桐樹詩 三/2017

20 奉辭鎮西應教詩 二/1400

22 奉梨詩 三/2409

25 奉使廬陵詩 二/1744

　奉使北徐州參丞御詩 三/1986

　奉使江州舟中七夕詩 三/1995

26 奉和竟陵王郡縣名詩〔王融〕
　二/1397

　奉和竟陵王郡縣名詩〔沈約〕

二/1643

奉和竟陵王經劉瓛墓詩　二/1647

奉和竟陵王經劉瓛墓下詩〔虞
　炎〕　二/1460

奉和竟陵王經劉瓛墓下詩〔柳
　惲〕　二/1676

奉和竟陵王藥名詩　二/1643

奉和竟陵王同沈右率過劉先生墓
　詩　二/1439

奉和齊竟陵王郡縣名詩　二/
　1548

奉和方山靈巖寺應教詩　三/
　2704

奉和夜聽妓聲詩　三/2104

奉和率爾有詠詩　二/1718

奉和玄圃納涼詩　三/1848

奉和六月壬午應令詩　三/1876

奉和詠龍門桃花詩　三/2278

奉和詠舞詩　三/2529

奉和望山應教詩　三/2278

奉和望海詩　三/2713

奉和望同泰寺浮圖詩　三/2088

奉和元日詩　三/2277

奉和夏日應令詩　三/2381

奉和平鄴應詔詩　三/2403

奉和示內人詩　三/2371

奉和悲秋應令詩〔蕭愨〕　三/
　2276

奉和悲秋應令詩〔王胄〕　三/
2699

奉和登百花亭懷荆楚詩　三/2094

奉和登北顧樓詩　三/1931

奉和登景陽山詩　二/1596

奉和武帝三教詩　三/2189

奉和武帝苦旱詩　三/1992

奉和重適陽關　三/2325

奉和往虎窟山寺詩〔陸罩〕　二/
　1777

奉和往虎窟山寺詩〔鮑至〕　三/
　2024

奉和往虎窟山寺詩〔王臺卿〕
　三/2089

奉和往虎窟山寺詩〔王囿〕　三/
　2092

奉和山池詩〔庾信〕　三/2354

奉和山池詩〔徐陵〕　三/2531

奉和出潁至淮應令詩〔諸葛潁〕
　三/2704

奉和出潁至淮應令詩〔虞世南〕
　三/2719

奉和出潁至淮應令詩〔蔡允恭〕
　三/2720

奉和出潁至淮應令詩〔弘執恭〕
　三/2727

奉和代徐詩二首　二/1404

奉和獻歲讌宮臣詩　三/2719

奉和纖纖詩　二/1406

奉和皇太子懺悔應詔詩　三/

2014

奉和御製夜觀星示百僚詩（奉和
月夜觀星詩） 三/2691

奉和御製月夜觀星示百僚詩〔袁
慶〕 三/2692

奉和御製月夜觀星示百僚詩〔諸
葛穎〕 三/2703

奉和御製月夜觀星示百僚詩〔虞
世南〕 三/2718

奉和冬至應教詩 三/2278

奉和冬至乾陽殿受朝應詔詩〔牛
弘〕 三/2691

奉和冬至乾陽殿受朝應詔詩〔許
善心〕 三/2708

奉和從叔光祿愔元日早朝詩
三/2652

奉和秋夜長 二/1393

奉和濟黃河應教詩 三/2276

奉和永豐殿下言志詩十首 三/
2389

奉和濬池初成清晨臨泛詩 三/
2386

奉和逐涼詩 三/1880

奉和泛江詩〔王臺卿〕 三/2089

奉和泛江詩〔庾信〕 三/2354

奉和泛舟漢水往萬山應教詩
三/1986

奉和法筵應詔詩 三/2363

奉和湘東王應令詩二首〔劉孝
綽〕 三/1842

奉和湘東王應令詩二首〔劉孝
威〕 三/1881

奉和湘東王應令詩二首〔庾肩
吾〕 三/2000

奉和湘東王教班婕好詩〔何思
澄〕 二/1807

奉和湘東王教班婕好詩〔孔翁
歸〕 三/2077

奉和湘東王春日詩 三/2026

奉和還京師詩 三/2707

奉和初秋詩 三/2394

奉和初秋西園應教詩 三/2277

奉和通衢建燈應教詩 三/2704

奉和太子納涼梧下應令詩 三/
1992

奉和太子秋晚詩 三/2070

奉和幸江都應詔詩〔虞世基〕
三/2711

奉和幸江都應詔詩〔虞世南〕
三/2718

奉和幸太原輦上作應詔詩 三/
2714

奉和世子春情詩 三/2121

奉和藥名詩 三/1995

奉和趙王詩 三/2401

奉和趙王西京路春旦詩 三/
2381

奉和趙王遊仙詩 三/2362

奉和趙王途中五韻詩〔王褒〕
　三/2337

奉和趙王途中五韻詩〔庾信〕
　三/2360

奉和趙王喜雨詩　三/2380

奉和趙王春日詩　三/2372

奉和趙王隱士詩〔王褒〕　三/
2342

奉和趙王隱士詩〔庾信〕　三/
2364

奉和趙王美人春日詩　三/2372

奉和春夜應令詩　三/1992

奉和春日臨渭水應令詩　三/2690

奉和東宮經故妃舊殿詩　三/2593

奉和慧遠遊廬山詩〔劉程之〕
　二/937

奉和慧遠遊廬山詩〔王喬之、張
野〕　二/938

奉和賜詩　三/2707

奉和賜酺詩　三/2699

奉和賜曹美人詩　三/2391

奉和晚日詩　三/1878

奉和晚日楊子江應教詩　三/
2689

奉和昭明太子鍾山講解詩　二/
1819

奉和昭明太子鍾山解講詩　二/
1829

奉和隨王殿下詩十六首　二/

1444

奉和同泰寺浮圖詩〔王訓〕　二/
1717

奉和同泰寺浮圖詩〔庾信〕　三/
2363

奉和周趙王詠石詩　三/2695

奉和月夜聽軍樂應詔詩　三/
2682

奉和月夜觀星詩　見奉和御製夜
觀星示百僚詩

奉和月下詩　二/1403

奉和闡弘二教應詔詩　三/2362

奉和臨渭源應詔時　三/2682

奉和簡文帝山齋詩　三/2534

奉和簡文帝太子應令詩　三/1875

37 奉迎大駕道路賦詩　二/1139

38 奉送始興王詩　三/2451

44 奉華陽王外兵詩　二/1638

奉敕爲詩　三/2060

46 奉賀便省餘秋詩　三/2001

47 奉報窮秋寄隱士詩　三/2356

奉報寄洛州詩　三/2355

奉報趙王出師在道賜詩　三/2360

奉報趙王惠酒詩（奉報賜酒）
　三/2378

奉報賜酒　見奉報趙王惠酒詩

58 奉敕於太常寺脩正古樂詩　三/
2658

88 奉答内兄希叔詩　二/1466

奉答南平王康賫朱櫻詩　三/1949

奉答賜酒詩　三/2391

奉答賜酒鵝詩　三/2391

5060₀　由

00 由庚　一/640

28 由儀　一/641

5060₁　書

22 書後賦詩　一/62

77 書屏風詩　三/2736

5060₃　春

00 春庭晚望詩　三/2278

　春夜醮五岳圖文詩　三/2465

　春夜山庭詩　三/2590

03 春詠　一/693

　春詠詩〔沈約〕（春思）　二/1650

　春詠詩〔吳均〕　二/1749

04 春詩二首　二/1380

07 春望詩〔宗懍〕　三/2326

　春望詩〔庾信〕　三/2406

　春望古意詩　三/1897

　春郊詩　二/1608

　春郊見美人詩　三/2085

　春詞　三/2225

10 春可樂〔夏侯湛〕　一/595

　春可樂〔王廙〕　二/855

17 春歌二十首　二/1043

　春歌三首　三/2125

　春歌四首　二/1516

26 春白紵　二/1626

27 春夕詩　二/1380

　春夕經行留侯墓詩　三/2635

　春夕早泊和劉諮議落日望水詩
　　二/1691

　春怨詩　二/1770

　春色禊辰盡當曲宴各賦十韻詩
　　三/2515

30 春宵〔劉孝綽〕　三/1842

　春宵〔劉孝威〕　三/1881

　春宵〔蕭綱〕　三/1963

　春宵〔庾肩吾〕　三/2000

　春宵詩〔蕭子暉〕　三/1887

　春宵詩〔劉孝先〕　三/2066

31 春江行　見春江曲

　春江花月夜　三/2705

　春江花月夜二首　三/2663

　春江曲（春江行）　三/1921

32 春祈稷誡夏　三/2763

　春祈社誡夏　三/2762

38 春遊　見王孫遊

　春遊詞〔張公庭〕　二/1327

　春遊詩〔王筠〕　三/2018

　春遊廻文詩　二/1400

　春遊曲　見種瓜篇

44 春芳詩　二/1130

　春暮喜晴酬袁户曹苦雨詩　二/
　1698

60 春日離合詩二首　三/2409

　春日詩〔紀少瑜〕　二/1779

春日詩〔蕭綱〕　三／1957　三／1964

春日詩〔庾肩吾〕　三／1997

春日詩〔王筠〕　三／2018

春日詩〔蕭繹〕　三／2045

春日詩〔聞人倩〕　三／2109

春日詩〔陽休之〕　三／2281

春日詩〔徐陵〕　三／2534

春日詩〔江總〕　三／2594

春日看梅花詩　三／1959

春日看梅詩二首　三／2739

春日從將軍遊山寺詩　三／2599

春日從駕新亭應制詩　三／1827

春日家園詩　二／1379

春日宴晉熙王詩　二／1794

春日寄鄉友詩　二／1766

春日想上林詩　三／1944

春日極飲詩　三／2405

春日曲水詩（春賦）　三／2280

春日貽劉孝綽詩　二／1821

春日臨池詩　三／2222

春思　見春詠詩

春思詩〔謝朓〕　二／1435

春思詩〔王僧孺〕（春思絶句）　二／1769

春思詩〔蕭子暉〕　三／1886

春思絶句　見春思詩

春羈詩　二／1304

62 春別應令詩四首　三／2058

春別詩四首　二／1820

63 春賦　見春日曲水詩

77 春閨怨　三／1859

春閨有怨詩　二／1767

春閨思詩　二／1819

春閨情詩　三／1952　三／1953

春月二首　三／2015

95 春情詩　三／2529

5073₂ 表

00 表哀詩　二／897

5077₇ 春

17 春歌（永巷歌）　一／91

5080₆ 責

17 責子詩　一／1002

27 責躬　一／446

5090₀ 未

50 未央才人歌　三／1983

5090₂ 棗

10 棗下何纂纂　三／1909

棗下何纂纂二首　三／2697

5090₄ 秦

00 秦雍爲辛氏語　一／808

10 秦王卷衣　二／1724

30 秦客詩　一／189

40 秦女休行〔左延年〕　一／410

秦女休行〔傅玄〕　一／563

43 秦始皇時民歌　一／32

44 秦世謠　一／45

80 秦人謠　一／44

88 秦箏曲　二/1625

5090₆　東

00 東亭極望詩　三/1897

　東齋聽講詩　二/1798

　東方爲王匡廉丹語　一/140

07 東郊詩　一/637

　東郊望春誚王建安雋晚遊詩
　三/1885

10 東平劉生歌　三/2158

　東西門行　三/1867

12 東飛伯勞歌〔蕭衍〕（紹古歌）
　二/1521

　東飛伯勞歌〔陳叔寶〕　三/2512

　東飛伯勞歌〔陸瑜〕　三/2539

　東飛伯勞歌〔江總〕　三/2573

　東飛伯勞歌〔辛德源〕　三/2650

　東飛伯勞歌二首（紹古歌）　三/
　1923

13 東武吟行〔陸機〕　一/661

　東武吟行〔沈約〕　二/1621

21 東征歌　三/2655

22 東山諺　二/1038

26 東魏童謠　三/2233

　東魏武定末童謠　三/2233

27 東歸在路率爾成詠詩　三/2642

30 東安府君歌　二/1356

　東宮詩（詠老）　一/692

　東宮作詩　一/685

　東宮春　三/2664

38 東海懸崖題詩　三/2735

40 東南射山詩　三/2017

44 東林寺詩　三/1828

72 東昏侯時宮中謠　二/1484

76 東陽爲釋慧約謠　二/1331

　東陽溪中贈答詩二首　二/1185

　東陽還經嚴陵瀨贈蕭大夫詩
　三/2021

77 東門行　一/269

　東門行〔張駿〕　二/877

　東門免謠　一/227

　東閣詩　一/405

90 東光　一/256

5101₁　輕

44 輕薄篇〔張華〕　一/610

　輕薄篇〔張正見〕　三/2475

77 輕舉篇　三/2331

5103₆　攄

13 攄武師　一/544

5104₁　攝

22 攝山棲霞寺山房夜坐簡徐祭酒周
　尚書并同遊羣彥詩　三/2584

30 攝官梁小廟詩　三/2586

5202₁　折

44 折花聯句　二/1713

46 折楊柳〔劉邈〕　三/1889

　折楊柳〔蕭綱〕　三/1911

　折楊柳〔蕭繹〕　三/2032

　折楊柳〔張正見〕　三/2478

折楊柳〔徐陵〕 三/2525

折楊柳〔岑之敬〕 三/2549

折楊柳〔江總〕 三/2568

折楊柳〔王瑳〕 三/2610

折楊柳二首 三/2505

折楊柳歌辭 三/2158

折楊柳行 一/268

折楊柳行〔曹丕〕(遊仙詩、長歌
行) 一/393 一/398

折楊柳行〔陸機〕 一/659

折楊柳行〔謝靈運〕 二/1150

折楊柳行 見臨終詩、挽船士兄
弟辭別詩

折楊柳枝歌 三/2159

5202₇ 攜

20 攜手曲〔沈約〕 二/1622

攜手曲〔吳均〕 二/1724

5207₂ 搖

30 搖扇聯句 二/1713

5209₄ 採

10 採石上菖蒲詩 二/1566

44 採荷調 見採蓮諷

採菱歌七首 二/1270

採菱曲〔王融〕 二/1386

採菱曲〔陶功曹〕 二/1476

採菱曲〔蕭衍〕 二/1523

採菱曲〔江淹〕 二/1556

採菱曲〔陸罩〕 二/1777

採菱曲〔徐勉〕 二/1811

採菱曲〔蕭綱〕 三/1920

採菱曲〔費昶〕 三/2082

採菱曲二首 三/2072

採薇歌 一/6

採芝操(紫芝歌) 一/91

採蓮童曲 二/1060

採蓮諷(採荷調) 三/1889

採蓮曲〔蕭衍〕 二/1522

採蓮曲〔吳均〕 二/1724

採蓮曲〔劉孝威〕 三/1868

採蓮曲〔蕭綱〕 三/1925

採蓮曲〔蕭繹〕 三/2035

採蓮曲〔朱超〕 三/2092

採蓮曲〔沈君攸〕 三/2109

採蓮曲〔盧思道〕 三/2631

採蓮曲〔殷英童〕 三/2730

採蓮曲二首 三/1914

採藥詩 二/874

採藥遊名山詩 三/2546

採菊詩 二/920

採菊篇 三/1923

77 採桑〔蕭綱〕 三/1901

採桑〔沈君攸〕 三/2109

採桑〔張正見〕 三/2472 三/
2483

採桑〔陳叔寶〕 三/2501

採桑〔傅縡〕 三/2535

採桑〔賀徹〕 三/2553

採桑 見採桑度、陌上桑

採桑度（採桑） 二/1061

5211₆ 蠟

88 蠟節詩 三/2271

5260₂ 暫

25 暫使下都夜發新林至京邑贈西府
同僚詩 二/1426

5290₀ 刺

07 刺讒詩 三/2208

77 刺巴郡郡守詩 一/326

5304₇ 拔

44 拔蒲 三/2616

5320₀ 戊

50 戊申歲六月中遇火詩 二/995

成

00 成帝時童謠 一/126

成帝時歌謠 一/126

成帝末童謠 二/1023

10 成王冠辭 一/48

35 成連 三/2650

46 成相雜辭 一/52

47 成都王穎盛時里語 一/805

成都王穎盛時義募將士謠語
一/805

80 成人歌 一/9

成公綏引諺 一/797

成公智瓊贈弦超 一/511

咸

00 咸康二年童謠 二/1023

76 咸陽宮人爲咸陽王禧歌 三/2229

感

00 感離詩（離思） 一/730

11 感琵琶弦詩 三/2286

27 感冬篇 二/858

36 感遇詩 三/2223

42 感婚詩 一/620

44 感舊詩 一/756

50 感春冰遙和謝中書詩二首 二/
1567

5340₀ 戒

17 戒子孫詩 一/114

5400₀ 拊

80 拊缶歌 見歌詩

5403₈ 挾

11 挾琴歌〔沈滿願〕 三/2133

挾琴歌〔魏收〕 三/2269

挾瑟歌 三/2750

5404₁ 擣

00 擣衣詩〔謝惠連〕 二/1194

擣衣詩〔顏竣〕 二/1242

擣衣詩〔蕭衍〕 二/1534

擣衣詩〔柳惲〕 二/1676

擣衣詩〔溫子昇〕 三/2221

5416₁ 蠟

20 蠟辭 一/47

60 蠟日 二/1003

78 蠟除詩 二/890

5503₀ 扶

77 扶風歌〔劉琨〕 二/849 二/850

扶風歌〔鮑照〕 二／1267

5504₇ 搆

27 搆象臺 二／1587

5513₃ 蟪

54 蟪蛄歌 一／8

5518₁ 蜨

54 蜨蝶行 一／281

蜨蝶行〔李鏡遠〕 三／2117

5523₂ 農

60 農里詩 二／894

5560₀ 曲

12 曲水聯句詩 三／1980

22 曲巖祖珽爲斛律光造謠二首

　　三／2293

34 曲池歌 二／1070

曲池之水 二／1418

5560₆ 曹

10 曹丕引里語 一／517　一／518

44 曹植引諺 一／518

56 曹操引諺 一／517

曹操引里諺 一／517

77 曹邱生引楚人諺 一／128

曹冏引語 一／520

5580₆ 費

77 費鳳別碑詩 一／175

5590₀ 耕

60 耕田歌（種田歌） 一／92

5602₇ 揚

32 揚州法曹梅花盛開 見詠早梅詩

5608₁ 捉

57 捉搦歌 三／2158

5701₆ 挽

17 挽歌〔傅玄〕 一／565

挽歌〔顏延之〕 二／1230

挽歌〔祖珽〕 三／2274

挽歌詩三首 一／653

挽歌辭 一／655

5702₀ 拘

22 拘幽操 一／302

5704₇ 投

40 投壺辭 一／51

5706₂ 招

00 招商歌 一／182

04 招詩 一／65

72 招隱詩〔陸機〕 一／689

招隱詩〔張載〕 一／740

招隱詩〔閭丘沖〕 一／750

招隱詩〔王康琚〕 二／953

招隱詩二首〔張華〕 一／622

招隱詩二首〔陸機〕 一／691

招隱詩二首〔左思〕 一／734

2708₁ 擬

00 擬庭中有奇樹詩 一／689

03 擬詠懷詩二十七首 三／2367

10 擬雨詩 二／1611

擬西北有高樓詩 一／688

17 擬孟冬寒氣至詩 二／1215

21 擬行行重行行詩〔陸機〕 一／685

擬行行重行行詩〔劉鑠〕　二／1214

擬行路難十八首　二／1274

23 擬嵇中散詠松詩　二／912

26 擬自君之出矣〔許瑤之〕　二／1474

擬魏太子鄴中集詩八首　二／1181

28 擬徐幹　見自君之出矣

30 擬室思　見自君之出矣

擬客從遠方來　見代古詩

擬客從遠方來詩〔鮑令暉〕　二／1313

31 擬涉江采芙蓉詩　一／686

34 擬沈隱侯夜夜曲　三／1916

37 擬迢迢牽牛星詩　一／686

40 擬古　二／1552

擬古　見言志詩

擬古應教　三／1872

擬古詩〔張華〕　一／621

擬古詩〔袁宏〕　二／921

擬古詩〔王叔之〕　二／1129

擬古詩〔劉義恭〕　二／1248

擬古詩〔鮑照〕　二／1313

擬古詩〔蕭長懋〕　二／1381

擬古詩〔蕭統〕　二／1800　二／1802

擬古詩〔何思澄〕　二／1807

擬古詩〔劉孝綽〕　三／1844

擬古詩〔蕭綱〕　三／1978

擬古詩二首　二／1404

擬古詩九首　二／1003

擬古詩八首　二／1295

擬古三首聯句　二／1710

擬古五雜組詩　二／1552

擬古四色詩　二／1553

擬古四首　二／1723

44 擬落日窗中坐詩　三／1954

擬蘭若生春陽詩　一／687

擬楚篇　一／566

46 擬相逢狹路間　二／1217

50 擬青青河邊草　二／1218

擬青青河邊草詩　二／1215

擬青青河畔草〔蕭衍〕　二／1515

擬青青河畔草〔沈約〕　二／1618

擬青青河畔草　見飲馬長城窟行

擬青青河畔草詩〔陸機〕　一／687

擬青青河畔草詩〔鮑令暉〕　二／1313

擬青青河邊草轉韻體爲人作其人識節工歌詩　二／1693

擬青青陵上柏詩〔陸機〕　一／688

擬青青陵上柏詩〔鮑照〕　二／1298

擬東城一何高詩　一／688

51 擬輕薄篇　二／1679

57 擬挽歌辭三首　二／1012

擬招隱士　二／1678

60 擬四愁詩四首〔傅玄〕　一／573

擬四愁詩四首〔張載〕 一/742

擬吳均體應教詩 二/1778

67 擬明月皎夜光詩 一/689

擬明月何皎皎詩〔陸機〕 一/687

擬明月何皎皎詩〔劉鑠〕 二/1214

擬明月照高樓 二/1515

71 擬阮公夜中不能寐詩 二/1299

擬馬防詩 一/576

74 擬陸士衡詩 二/1249

77 擬關龍逢行歌 二/931

80 擬今日良宴會詩 一/686

撰

12 撰孔子正言竟述懷詩 二/1530

5725₇ 静

73 静臥棲霞寺房望徐祭酒詩 三/2584

5750₂ 擊

40 擊壤歌 一/1

5790₃ 繫

71 繫馬詩 三/1960

5806₄ 捨

27 捨舟登陸示慧日道場玉清玄壇德衆詩 三/2669

5844₀ 數

04 數詩 二/903

27 數名詩〔鮑照〕 二/1300

數名詩〔范雲〕 二/1547

數名詩〔虞羲〕 二/1608

5894₀ 敕

44 敕勒歌 三/2289

5902₀ 抄

26 抄衆書應司徒教詩 二/1404

6010₀ 日

20 日重光行 一/667

22 日出行 三/2328

日出東南隅行〔陸機〕（羅敷艷歌、艷歌行） 一/652

日出東南隅行〔謝靈運〕 二/1148

日出東南隅行〔沈約〕 二/1613

日出東南隅行〔張率〕 二/1781

日出東南隅行〔蕭子顯〕 二/1816

日出東南隅行〔王褒〕 三/2335

日出東南隅行〔徐伯陽〕 三/2470

日出東南隅行〔陳叔寶〕 三/2501

日出東南隅行〔殷謀〕 三/2608

日出東南隅行〔盧思道〕 三/2628

日出入 一/150

27 日夕望江山贈魚司馬詩 二/1683

日夕出富陽浦口和郎公詩 二/1703

44 日落望江贈荀丞詩 二/1286

60 日昇歌 一/566

67 日晚彈琴詩　三/2281

旦

12 旦發漁浦潭詩　二/1602

　旦發青林詩　二/1408

22 旦出興業寺講詩　三/1936

6010₄　里

01 里語　一/323

星

27 星名　三/2651

　星名詩　二/1403

　星名從軍詩　三/2490

墨

17 墨子引逸詩　一/69

　墨子引古語　一/77

　墨子引周詩　一/69

6010₇　置

31 置酒高殿上〔張正見〕　三/2473

　置酒高殿上〔江總〕　三/2571

　置酒高堂上　二/1134

6012₇　蜀

17 蜀郡童謠　一/218

　蜀郡民爲廉范歌　一/210

38 蜀道難〔劉孝威〕　三/1874

　蜀道難〔陰鏗〕　三/2451

　蜀道難二首　三/1919

50 蜀中爲于仲文語　三/2412

　蜀中爲費貽歌　一/209

60 蜀國弦　三/2630

　蜀國絃歌篇十韻　三/1902

　蜀四賢詠　二/1294

77 蜀民爲許遜謠　一/783

　蜀民爲何隨語　一/801

80 蜀人謠二首　一/783

6015₃　國

01 國語引諺　一/76

　國語引人言　一/77

6021₀　四

00 四言雜詩　一/576

　四言詩〔曹植〕　一/461

　四言詩〔何晏〕　一/467

　四言詩〔嵇康〕（酒會詩七首）
　　一/484

　四言詩〔牽秀〕　一/727

　四言十八首贈兄秀才入軍　見四
　言贈兄秀才入軍詩

　四言贈兄秀才入軍詩（四言十八
　首贈兄秀才入軍）　一/482

11 四非歌　二/1093

27 四色詠　二/1405

　四色詩四首　二/1553

29 四愁詩　一/180

43 四城門詩　二/1659

64 四時詩　二/1223

　四時行生回詩　二/1811

　四時白紵歌二首〔楊廣〕　三/
　2664

　四時白紵歌二首〔虞世基〕　三/
　2710

四時白紵歌五首　二/1626
四時祠祀歌　二/1074
77 四月二十三日夜紫微夫人作
　　二/1106
四月歌　二/1067
四月十四日紫微夫人作二首
　　二/1106
四月十四日夕右英夫人吟歌此曲
　　二/1113
四月八日讚佛詩　二/1077
四民月令引農語　見崔寔引農語
80 四氣詩　二/1200
　　　　見
21 見征客始還遇獵詩　三/2361
見征人分別詩　二/1704
31 見江邊竹詩　二/1608
38 見遊春人詩　三/2386
40 見志詩二首(述志詩)　一/204
41 見姬人詩　三/2029
50 見貴者初迎盛姬聊爲之詠詩
　　二/1769
57 見挽船士兄弟辭別詩(折楊柳
　　行)　一/404
80 見人織聊爲之詠　三/1890
　　　60211 罷
48 罷故章縣詩　三/2454
77 罷丹陽郡往與吏民別詩　三/1968
　　　60227 吊
10 吊賈誼詩　二/873

　　　60232 園
00 園庭詩　三/2376
44 園葵詩二首　一/690
園樹有巢鵲戲以詠之　三/2648
47 園橘詩〔范雲〕　二/1552
園橘詩〔沈約〕　二/1657
50 園中秋散詩　二/1302
園中雜詠橘樹詩　三/2653
　　　　晨
21 晨征聽曉鴻　二/1667
27 晨雞高樹鳴　三/2471
77 晨風行〔王徽〕　三/2113
晨風行〔沈滿願〕　三/2134
　　　60330 思
00 思高恢　見思友詩
思文　一/703
06 思親詩　一/490
思親詩　見爲潘文則作思親詩
思親爲潘文則作　見爲潘文則作
　思親詩
思親操　一/309
思親四言詩　見爲潘文則作思親
　詩
11 思悲翁　一/156
思悲公篇　二/1205
17 思子詩　一/637
27 思歸引　一/321
思歸引〔石崇〕　一/643
思歸引〔劉孝威〕　三/1868

思歸歎　一/644

33 思治詩　一/326

40 思友詩(思高恢)　一/167

思友人詩　一/755

44 思慕詩　一/412

50 思車子侯歌　見思奉車子侯歌

思奉車子侯歌(思車子侯歌)
　一/96

60 思吳江歌(秋風歌)　一/738

80 思公子〔王融〕　二/1392

思公子〔費昶〕　三/2082

思公子〔邢邵〕　三/2263

6033₁　黑

00 黑帝　二/1501

黑帝高明樂　三/2308

黑帝雲門舞　三/2422

黑帝歌〔謝超宗〕　二/1497

黑帝歌　三/2437

黑帝歌羽音　三/2758

6034₃　團

30 團扇歌〔蕭衍〕　二/1518

團扇歌二首〔謝芳姿〕　二/923

團扇歌二首〔沈約〕　二/1627

團扇郎〔桃葉〕　二/904

團扇郎〔王金珠〕　三/2128

團扇郎六首　二/1052

6040₀　田

40 田南樹園激流植楥詩　二/1172

87 田飲引　三/1860

早

12 早發龍巢詩　三/2049

早發定山詩　二/1636

早發揚州還望鄉邑詩　三/2642

21 早行逢故人車中爲贈詩　二/1659

22 早出巡行矚望山海詩　三/2012

30 早渡淮詩　三/2668

47 早朝車中聽望詩　二/1694

48 早梅詩　三/2551

50 早春詩　三/2326

6040₄　晏

17 晏子引諺言　一/79

晏子引語　一/79

6043₀　因

48 因故人歸作詩　三/2738

64 因時運　一/829

吳

02 吳謠　見時人爲周瑜謠

10 吳王郎中時從梁陳作詩　一/685

17 吳郡民爲鄧攸歌　一/779

吳歌三首　二/1270

吳歌曲　一/538

44 吳楚歌　一/562

47 吳猛贈廬山神徐君詩　三/2321

吳聲獨曲二首　二/1475

吳趨行〔陸機〕　一/664

吳趨行　二/1070

吳趨行〔蕭繹〕　三/2035

50 吳中童謠　二/1024

吳中禮石佛詩　二/1566

77 吳興黃浦亭庾中郎別詩　二/1287

6044₀ 昇

22 昇仙篇　三/1916

6052₇ 羈

20 羈謠　三/2606

6060₀ 呂

72 呂氏春秋引逸詩　一/70

呂氏春秋引鄙諺　一/81

6090₆ 景

01 景龍飛　一/828

24 景德凱容舞　三/2620

26 景皇帝登歌　一/814

景皇篇　一/842

60 景星（寶鼎歌）　一/152

6091₄ 羅

58 羅敷行〔蕭子範〕　三/1896

羅敷行〔高允〕　三/2201

羅敷行〔顧野王〕　三/2467

羅敷艷歌　見日出東南隅行

6103₂ 啄

40 啄木　見詩

啄木詩〔左芬〕　一/730

啄木詩〔袁淑〕　二/1213

6104₀ 吁

68 吁嗟篇（瑟瑟歌）　一/423

6180₈ 題

11 題琴朴奉柳吳興詩　二/1604

12 題延陵縣孫抱鼓詩　二/1543

24 題結綫袋子詩　三/2407

30 題宋纖石壁詩　二/951

44 題甘蕉葉示人詩　三/2132

50 題書後寄行人詩　二/1314

72 題所居齋柱詩　二/1672

題所居壁　二/1814

6240₀ 別

00 別席中兵詩　三/2093

別庾七入蜀詩　三/2387

04 別詩〔張融〕　二/1410

別詩〔范雲〕　二/1546　二/1553

別詩二首〔應瑒〕　一/383

別詩二首〔蕭繹〕　三/2059

10 別王謙詩　二/1744

別王丞僧孺詩〔王融〕　二/1396

別王丞僧孺詩〔謝朓〕　二/1427

別王都官詩　三/2340

別夏侯故章詩　二/1750

11 別張洗馬樞詩　三/2387

17 別歌　二/859

別歌　見歌

20 別毛永嘉詩　三/2531

30 別永新侯　三/2594

別宋常侍詩　三/2659

31 別江水曹　見與江水曹至干濱戲詩

34 別沈助教詩　二/1688

40 別才法師於湘還郢北詩　三/2599

別南海賓化侯詩　三/2581

別韋諒賦得江湖汎別舟詩　三/
2490

別袁昌州詩二首　三/2589

42 別荆州吏民　三/2040

別荆州吏民詩二首　三/2056

44 別范安成詩　二/1648

別蕭諮議詩〔王延〕　二/1377

別蕭諮議詩〔宗夬〕　二/1554

別蕭諮議詩〔任昉〕　二/1599

別蕭諮議前夜以醉乖例今晝由酲
敬應教詩　二/1804

47 別鶴〔吳均〕　二/1727

別鶴〔蕭綱〕（烏栖曲）　三/1920

別鶴操　一/304

68 別贈詩　三/2640

72 別劉孝先詩　三/2093

74 別陸子雲詩　三/2337

77 別周記室詩　三/2702

別周尚書弘正詩　三/2387

80 別義陽郡二首　三/2067

6292₂ 影

88 影答形　二/990

6299₃ 縣

27 縣名詩　三/2041

42 縣瓠方丈竹堂饗侍臣聯句詩
三/2200

6303₂ 咏

10 咏雪聯句　二/913

6355₀ 戰

43 戰城南　一/157

戰城南〔吳均〕（胡無人行）　二/
1719　二/1720

戰城南〔張正見〕　三/2476

戰城南篇　二/1206

60 戰國策引諺　一/82

戰國策引語　一/83

戰國策引逸詩　一/71

戰國策引鄙語　一/82

99 戰滎陽　一/527

6363₄ 獸

27 獸名詩　三/2043

6384₀ 賦

00 賦席　一/535

02 賦新題得寒樹晚蟬疏詩　三/2497

賦新題得蘭生野徑詩　三/2496

03 賦詠五陰識枝詩　三/1962

賦詠百論捨罪福詩　三/1840

賦詠聯句　二/1712

賦詠得琴詩　三/2592

賦詠得神仙詩　三/2456

賦詠棗詩　三/1949

22 賦樂府得大垂手　三/1919

賦樂器名得箜篌詩　三/1964

26 賦得方塘含白水詩　三/2726

賦得高柳鳴蟬詩　三/2729

賦得庭中有奇樹詩　三/2555

賦得夜猿啼詩　三/2553

賦得雜言詠栗詩　三/2466

賦得詠風詩　三/2561

賦得謁帝承明廬詩　三/2591

賦得一日成三賦應令詩　三/2586

賦得三五明月滿詩　三/2592

賦得雪映夜舟詩　三/2492

賦得巫山高詩　三/2069

賦得霧詩　三/2079

賦得露詩　三/2120

賦得石詩　三/2714

賦得班去趙姬升詩　三/2607

賦得登山馬詩　三/2058

賦得珠簾詩　三/2636

賦得翠石應令詩〔蕭雉〕　二/1805

賦得翠石應令詩〔蕭推〕　三/1857

賦得司馬相如詩　三/2544

賦得垂柳映斜谿詩　三/2495

賦得往往孤山映詩　三/2552

賦得香出衣詩　三/1884

賦得集池鴈詩　三/2408

賦得處處春雲生詩　三/2559

賦得岸花臨水發詩　三/2495

賦得巖穴無結構詩　三/2729

賦得鸞臺詩　三/2407

賦得山詩　三/1998

賦得山卦名詩　三/2494

賦得山中翠竹詩　三/2495

賦得戲燕俱宿詩　三/2715

賦得嵇叔夜詩　三/1988

賦得佳期竟不歸詩　三/2498

賦得待詔金馬門詩　三/2557

賦得白雲抱幽石詩　三/2610

賦得白雲臨酒詩　三/2492

賦得白羽扇詩　三/1974

賦得魚躍水花生詩　三/2497

賦得名都一何綺詩　三/2536

賦得微雨東來應教詩　三/2704

賦得秋蟬喝柳應衡陽王教詩
　　三/2497

賦得空閨怨詩　三/2590

賦得涉江采芙蓉詩〔蕭繹〕　三/
2046

賦得涉江采芙蓉詩〔孔德紹〕
　　三/2722

賦得涉江採芙蓉詩　三/2545

賦得池萍詩　三/2003

賦得遺所思詩　三/1841

賦得邊馬有歸心詩　三/2448

賦得汎汎水中鳧詩　三/2591

賦得爲我彈鳴琴詩　三/2554

賦得夾池脩竹詩　三/2554

賦得有所思　三/1982

賦得堦前嫩竹　三/2499

賦得婀娜當軒織詩　三/2553

賦得荊軻詩〔周弘直〕　三/2466

賦得荊軻詩〔陽縉〕　三/2558

賦得橋詩　三/1958

賦得始歸鴈詩　三/1844

賦得蕩子行未歸詩　三/2095

賦得蒲生我池中詩　三/2052

賦得落落窮巷士詩　三/2491

賦得荷詩　三/2408

賦得芳樹詩　三/2555

賦得蘭澤多芳草詩　三/2046

賦得蓮下游魚詩　三/2561

賦得蘇武詩　三/2546

賦得韓信詩　三/2490

賦得華亭鶴詩　三/2722

賦得薔薇詩　三/1966

賦得黃鵠一遠別詩　三/2562

賦得橫吹曲長安道　三/1982

賦得棲梧桐威鳳　見賦得威鳳棲
梧詩

賦得獨鶴凌雲去詩　三/2548

賦得觀濤詩　三/2068

賦得梅林輕雨應教詩　三/2496

賦得春荻詩　三/2057

賦得攜手上河梁應詔詩　三/2591

賦得威鳳棲梧詩（賦得棲梧桐威
鳳）　三/2496

賦得蝶依草應令詩　三/2068

賦得轉歌扇詩　三/2001

賦得曲澗詩　三/1881

賦得蟬詩　三/2023

賦得招隱　三/2603

賦得日中市朝滿詩　三/2491

賦得題新雲詩　三/2492

賦得鳴棟應令詩　三/1882

賦得照棋燭詩刻五分成　三/1840

賦得隴坻鴈初飛詩　三/1950

賦得鴈送別周員外戍嶺表詩
　三/2702

賦得馬詩　三/2547

賦得馬援詩　三/2728

賦得長笛吐清氣詩〔周弘讓〕
　三/2465

賦得長笛吐清氣詩〔賀徹〕　三/
2554

賦得風生翠竹裏應教詩　三/
2495

賦得臨水詩　三/2111

賦得臨階危石詩　三/2694

賦得入堦雨詩　三/1965

賦得鏡詩　三/2726

賦得舞鶴詩　三/1960

賦得竹詩　三/2047

賦得簾塵詩　三/1892

賦得笛詩　三/2674

賦得當壚　三/1915

43 賦犬　一/535

47 賦弩　一/536

48 賦松上輕蘿詩　三/2547

50 賦書帙詩　二/1800

60 賦昆明池一物得織女石詩　三/
2713

80 賦貧民田詩　二/1434

6385₀ 賊

20 賊爲楊津語　三/2239

63860　貽

21 貽何秀才詩　二/1545

40 貽韋居士詩　三/2323

　貽袁常侍詩　二/1562

47 貽柳惲詩　二/1539

64011　曉

12 曉發詩　二/1704

27 曉色　見曉思詩

60 曉思詩〔蕭紀〕(曉色)　三/1899

　曉思詩〔蕭綱〕　三/1963

64041　時

10 時雨謳　一/444

28 時俗四言詩　二/928

37 時運詩　二/968

　時運多難　一/828

77 時興詩　二/884

80 時人評八僧語　二/1335

　時人語　一/533　一/541

　時人謠　一/228

　時人稱邢顒語(邢子昂歌)　一/522

　時人爲龐世謠　二/1032

　時人爲龐氏語　一/237

　時人爲應曜語　一/135

　時人爲廉范語　一/232

　時人爲庫狄士文語　三/2748

　時人爲唐邕白建言　三/2298

　時人爲謝鯤語　一/802

時人爲謝安郗超王坦之語　二/1034

時人爲郭況語　一/230　一/231

時人爲郭典語　一/240

時人爲許慎語　一/252

時人爲二陸三張語　一/801

時人爲三茅君謠(茅山父老歌)　一/229

時人爲王廙語　二/1035

時人爲王謝子弟語　三/2147

時人爲王延之王僧虔語　二/1334

時人爲王珉王珣語　二/1035

時人爲王君公語　一/250

時人爲王戢語　三/2236

時人爲王遵業王延明語　三/2237

時人爲王志王彬語　三/2148

時人爲王莽語　一/140

時人爲元頤元欽語　三/2236

時人爲王氏語　一/806

時人爲王符語　一/248

時人爲王瑩語　三/2148

時人爲丁覘語　三/2149

時人爲丁鴻語　一/251

時人爲丁昕語　二/1332

時人爲石苞語　一/799

時人爲貢舉語　一/242　一/246

時人爲甄豐語　一/139

時人爲張飛玉追馬歌　一/531

時人爲張融陸杲語　三/2147

時人爲張沖謡　一/793

時人爲張氏諺　一/142

時人爲張氏語　三/2146　三/2613

時人爲張氏兄弟語　一/524

時人爲張周劉三姓語　二/1485

時人爲裴諏柳虯語　三/2412

時人爲裴秀語　一/802

時人爲裴皇甫二姓兄弟語　三/2298

時人爲孔氏兄弟語　一/246

時人爲鄧攸語　一/806

時人爲習主簿語　二/1033

時人爲上高里歌　三/2230

時人爲何子朗語　三/2147

時人爲何妥蕭育語　三/2747

時人爲何晏鄧颺丁謐曹爽謗語　一/523

時人爲衛玠王澄語　一/801

時人爲任安語　一/253

時人爲崔儦李若語　三/2747

時人爲崔洪語　一/799

時人爲崔楷語　三/2238

時人爲樂廣衛玠語　一/801

時人爲卑羅語　二/1038

時人爲釋貞觀語　三/2614

時人爲釋道經慧静語　二/1335

時人爲釋道安語　二/1037

時人爲殷禮語　一/542

時人爲鮑正語　三/2148

時人爲繆文雅語　一/254

時人爲作奏語　一/239

時人爲安豐中山濟南三王語　三/2235

時人爲宋遊道陸操語　三/2299

時人爲江統語　一/805

時人爲馮祖趙三氏子語　三/2298

時人爲馮蓀邢喬李順語　一/804

時人爲梁氏兄弟語　二/1036

時人爲沈麟士語　二/1486

時人爲法上諺　三/2300

時人爲祖瑩袁翻語　三/2235

時人爲李豐等謗語　一/523

時人爲李崇元融語　三/2235

時人爲李始語　二/1035

時人爲檀道濟歌　二/1328

時人爲桓康語　二/1484

時人爲桓典語　一/241

時人爲戴遵語　一/142

時人爲蕭晃語　二/1485

時人爲蔣詡諺　一/140

時人爲荀伯玉語　二/1484

時人爲杜預號　一/800

時人爲權翼苻雅語　一/807

時人爲賀氏兄弟語　三/2613

時人爲楊阿若號　一/524

時人爲楊氏四子語　一/239

時人爲郗超王坦之語　二/1034

時人爲胡母顥語　二/1334
時人爲趙王倫諺　一/805
時人爲折氏諺　一/245
時人爲曹洪駿馬諺　一/522
時人爲揚雄桓譚語　一/141
時人爲呂布語　一/248
時人爲阮脩歌　一/780
時人爲劉劭劉駿語　二/1331
時人爲劉繪語　二/1485
時人爲劉昉鄭譯語　三/2746
時人爲劉巴語　一/533
時人爲劉頌語　一/802
時人爲陳元康語　三/2297
時人爲陳羣陳泰語　一/523
時人爲陳囂語　一/253
時人爲陽休之語　三/2300
時人爲周瑜謠（吳謠）　一/538
時人爲周澤語　一/241
時人爲歐陽建語　一/800
時人爲陰鳳語　三/2300
時人爲羊祜語　一/800
時人爲義深語　三/2300

6503₀　映
12 映水曲　三/2133

6509₀　昧
60 昧旦出新亭渚語　二/1812

6621₇　咒
20 咒辭　一/553

6624₈　嚴

74 嚴陵瀨詩　二/1601

6643₀　哭
27 哭魯廣達詩　三/2595
60 哭吳興柳惲詩　二/1701
75 哭陳昭詩　三/2557

6682₇　賜
04 賜謝覽王暕語　二/1537
　　賜諸葛穎　三/2668
11 賜張率詩　二/1537
25 賜牛弘詩　三/2667
50 賜史祥詩　三/2667
83 賜餞東堂詔令賦詩　一/579

6701₆　晚
12 晚登三山還望京邑詩　二/1430
　　晚飛烏詩　三/2715
22 晚出新亭詩　三/2456
　　晚出西射堂詩　二/1160
29 晚秋詩　三/2394
30 晚宴文思殿詩　三/2519
36 晚泊五洲詩　三/2456
44 晚芝曲　二/1366
50 晚春詩〔蕭統〕　二/1799
　　晚春詩〔蕭綱〕　三/1946
　　晚春詩〔楊廣〕　三/2671
60 晚日後堂詩　三/1955
　　晚景出行詩　三/1952
　　晚景納涼詩　三/1946
　　晚景遊後園詩　三/2053
　　晚景遊泛懷友　二/1591

90 晚粧詩　三/2225

6702₀ 明

00 明主曲　三/2187

　明帝太寧初童謠　一/792

　明帝景初中童謠　一/516

　明帝時宮人謠　一/516

　明慶寺詩　三/2582

　明慶寺石壁詩　三/2343

10 明王曲　二/1385

　明下童曲　二/1060

17 明君詞〔蕭紀〕（昭君辭）　三/1900

　明君詞〔蕭綱〕　三/1913

　明君詞〔王褒〕　三/2333

　明君詞〔張正見〕（王明君）　三/2482

　明君詞〔陳昭〕　三/2541

　明君詞　見昭君辭應詔、昭君怨

　明君辭　二/1509　二/1510

　明君大雅　二/1369

　明君曲　三/2187

　明君篇　一/844

24 明德凱容樂　二/1508

　明德頌　二/1370

30 明之君　三/2187

　明之君六首　三/2186

77 明月子　三/2551

　明月篇　一/559

90 明堂詩　一/168

　明堂饗神歌　一/812

嘲

00 嘲府僚詩　二/1200

23 嘲伏挺詩　三/1854

25 嘲牛弘　三/2735

38 嘲道安詩　二/922

40 嘲友人詩　二/856

44 嘲熱客詩　一/578

60 嘲蜀使張奉　一/534

　嘲吳羣臣　一/531

72 嘲劉郎詩　二/1692

6702₇ 鳴

47 鳴鶴　一/711

71 鳴鴈行　三/2652

6704₇ 暇

17 暇豫歌　一/15

6706₂ 昭

10 昭夏　三/2415　三/2416　三/2418　三/2419　三/2423　三/2426　三/2755　三/2757　三/2761　三/2762

　昭夏樂　二/1359　二/1361　二/1490　二/1491　二/1492　二/1493　二/1495　二/1498　二/1504　二/2304　三/2306　三/2309　三/2311　三/2312

17 昭君詞　三/2658

　昭君辭〔庾徽之〕　二/1245

　昭君辭〔沈約〕　二/1614

昭君辭〔薛道衡〕　三/2680

昭君辭　見明君詞

昭君辭應詔（明君詞）　三/2348

昭君怨〔何遜〕　二/1680

昭君怨〔劉氏〕　三/2129

昭君怨〔陳叔寶〕（明君詞）　三/
2503

24 昭德凱容樂　二/1360　二/1493

34 昭遠樂　二/1492

67 昭明爲太子時謠　三/2140

6712₂ 野

21 野步詩　三/2404

27 野夕答孫郎擢詩　二/1702

60 野田黃雀行〔曹叡〕　一/418

野田黃雀行〔曹植〕　一/424
一/425

野田黃雀行〔蕭慤〕　三/2280

80 野人歌　一/11

6716₄ 路

36 路溫舒引俗語　一/132

6722₇ 鸝

87 鸝鵒謠　一/37

6733₆ 照

12 照水聯句　二/1713

30 照流看落釵　三/1964

45 照帙秋螢詩　三/2558

6801₁ 嗟

26 嗟伯夷　一/101

6805₇ 晦

60 晦日汎舟應詔詩〔盧元明〕　三/
2215

晦日汎舟應詔詩〔魏收〕　三/
2270

6886₆ 贈

00 贈高允詩　三/2198

贈庾翼詩　二/885

贈庾易詩　二/1470

贈文叔良　一/358　一/359

04 贈謝府君覽詩　三/2194

贈謝安詩　二/900

贈諸遊舊詩　二/1685

06 贈親友　三/2216

07 贈郭桐廬出谿口見候余既未至郭
仍進村維舟久之郭生方至詩
二/1597

贈郭泰機詩　一/609

贈記室羊徽其屬疾在外詩　二/
1217

08 贈族叔衛軍儉詩　二/1394

贈族人秣陵兄弟詩　二/1685

10 贈王主簿詩二首　二/1447

贈王弘遠詩　一/752

贈王彪之詩　二/878

贈王粲詩　一/451

贈王僧辯詩　三/2092

贈王僧孺詩　二/1595

贈王儉詩　二/1380

贈王太常僧達詩　二/1232

贈王左丞詩　二/1702

贈王桂陽詩　二/1742

贈王桂陽別詩三首　二/1734

贈王肅詩　三/2227

贈五官中郎將詩　一/375

贈五官中郎將詩四首　一/369

贈丁翼詩　一/452

贈丁儀詩　一/451

贈丁儀王粲詩　一/452

贈石季倫詩〔稽紹〕　一/725

贈石季倫詩〔棗腆〕　一/772

贈石崇　一/772

贈石崇詩〔曹嘉〕　一/626

贈石崇詩〔曹攄〕　一/751

　　一/756

贈石荆州詩　一/756

11 贈北使詩　三/2563

贈麗人詩　三/1970

贈張纘詩　三/1933

贈張徐州謖詩　二/1544

贈張戈陽詩　一/736

贈張始均詩　三/2226

贈張華詩　一/648

12 贈到溉到洽詩　三/2055

贈孫顯世詩　一/716

13 贈武昌太守夏少明詩　一/670

15 贈建平太守李叔龍詩　一/607

17 贈司空椽安仁詩　一/762

贈司隷傅咸詩　一/738

21 贈何記室聯句不成詩　二/1716

贈何劭王濟詩　一/607

贈何郎詩　二/1604

贈何點詩　二/1410

贈何録事諲之詩　二/1606

贈虞顯度詩　一/740

22 贈崔伏二郎詩　一/606

贈崔温詩　二/883

贈任黃門詩二首　二/1731

贈任昉詩〔陸倕〕　二/1776

贈任昉詩〔到洽〕　二/1786

贈山濤詩　一/728

23 贈傅休奕詩　一/577

贈傅都曹別詩　二/1288

贈傅昭詩　二/1471

贈傅長猷傅時爲太尉主簿入爲都

　官郎詩　二/940

贈傅氏詩　二/862

贈俊公道人詩　二/1546

贈嵇康詩二首（詩五首郭遐叔

　贈、贈嵇康五首）　一/476

贈嵇康詩三首（五言詩三首郭遐

　周贈）　一/475

贈嵇康五首　見贈嵇康詩二首

24 贈俠侶　見劉生

贈侍御史王元貺詩　一/767

25 贈朱從事詩　二/1733

26 贈白馬王彪詩　一/452

贈皇甫謐詩　一/586

27 贈鮑侍郎詩 二/1245

贈鮑春陵別詩 二/1743

贈鄱陽府君張仲膺詩 一/704

贈紀士詩 一/691

28 贈從兄車騎詩 一/681

贈從弟詩三首 一/371

贈從弟弘元詩 二/1154

贈從弟弘元時爲中軍功曹住京詩

二/1155

贈徐徵君詩 二/1598

贈徐郎詩 三/2084

贈徐孝嗣詩 二/1379

贈徐幹詩〔劉楨〕 一/370 一/
371

贈徐幹詩〔曹植〕 一/450

30 贈安成詩 二/1155

贈竇蔡二記室入蜀詩 三/2731

31 贈江長史別詩 二/1686

贈河陽詩 一/767

贈馮文羆詩 一/679

贈馮文羆遷斥丘令詩 一/672

贈顧彦先 一/704

贈顧彦先詩 一/691

贈顧交趾公真詩 一/681

贈顧墨曹詩 二/1312

贈顧驃騎詩二首 一/702

贈顧倉曹詩 二/1763

贈顧令文爲宜春令詩 一/670

贈顧尚書詩 一/707

32 贈潘綜吴逴舉孝廉詩 二/1187

贈潘岳詩 一/678

贈潘尼 見詩

贈潘尼詩 一/677

34 贈洗馬袁朗別詩 三/2580

贈沈左衛詩 二/1548

贈沈録事江水曹二大使詩 二/
1628

贈褚武良詩 一/605

贈褚武良以尚書出爲安東詩
一/758

36 贈温嶠詩〔郭璞〕 二/864

贈温嶠詩〔梅陶〕 二/872

贈温嶠詩〔孫綽〕 二/897

37 贈汲郡太守詩 一/701

贈汲郡太守李茂彦詩 一/770

贈逸民詩（逸民、逸民吟） 二/
1526

38 贈海法師遊甄山詩 三/1885

39 贈沙門竺法頵三首 二/892

40 贈太尉司馬虞顯機詩 一/608

贈士孫文始 一/358

贈内詩 二/1772

贈李行之 三/2633

贈李叔龍以尚書郎遷建平太守詩
一/758

贈李寶詩 三/2199

贈李若詩 三/2633

贈李駱 三/2597

贈韋記室黯別詩　二/1689

贈韋敻詩　三/2464

贈袁湛謝混詩　二/1145

44 贈范曄詩　二/1204

贈韓德真詩　一/750

贈荀彥將詩　一/773

贈薛內史詩　三/2676

贈薛播州詩　三/2676

贈蔡子篤詩　一/357

贈杜方叔詩　一/773

贈杜容成詩　二/1733

贈摯仲洽詩　一/757

贈摯仲治詩　一/621

46 贈賀左丞蕭舍人詩　三/2580

贈楊德祖　一/359

47 贈婦詩（留郡贈婦詩）　一/186

贈柳祕書詩　二/1741

贈柳真陽詩　二/1731

48 贈故人馬子喬詩六首　二/1285

贈梅公明詩　一/384

50 贈中尉李彪詩　三/2197

贈夫詩　三/2130

贈棗子琰詩　一/744

贈棗據詩　一/582

贈棗腆詩　一/645

52 贈搖郎詩　二/1734

60 贈四王冠詩　一/581

贈吳處玄詩（答贈詩）　一/409

贈吳均詩　三/1886

贈吳均詩二首　二/1677

贈吳均詩三首　二/1674

62 贈別新林詩（江潭怨）　二/1735

贈別詩　三/2402

贈別司馬幼之南聘詩　三/2633

67 贈明少遐詩　三/2216

71 贈隴西太守張仲治詩　一/768

贈馬子結兄弟詩　三/2282

贈長安令劉正伯詩　一/768

贈長沙公詩　二/972

72 贈劉琨詩　二/880

贈劉佐詩　一/770

贈劉儀同西聘詩　三/2634

贈劉南郡季連詩　二/1629

贈斥丘令馮文羆詩　一/691

74 贈陸士龍詩　一/723

贈陸機出爲吳王郎中令詩　一/763

75 贈陳寶應　三/2622

77 贈周處士詩〔庾肩吾〕　三/1994

贈周處士詩〔王褒〕　三/2336

贈周處士詩〔庾信〕　三/2400

贈周散騎興嗣詩二首　二/1739

贈周興嗣詩四首　二/1740

贈冊丘荊州詩　一/420

贈冊丘儉詩　一/419

贈歐陽建詩〔石崇〕　一/645

贈歐陽建詩〔曹攄〕　一/752

78 贈陰梁州詩　三/2070

80 贈弟季式詩　三/2258

　　贈弟士龍　見與弟清河雲詩

　　贈弟士龍詩　一/680

　　贈羊長史詩　二/979

85 贈鍊丹法和殷長史詩　二/1564

87 贈鄭曼季詩四首　一/710

88 贈竺度詩　二/1089

90 贈尚書郎顧彥先詩二首　一/680

95 贈情人詩〔王湜〕　三/2123

　　贈情人詩〔李月素〕　三/2737

99 贈滎陽太守吳子仲詩　一/768

7024₁ 辟

00 辟雍詩　一/168

71 辟歷引　一/306

7026₁ 陪

21 陪衡陽王遊耆闍寺詩　三/2487

28 陪徐僕射晚宴詩　三/1830

46 陪駕幸終南山詩　三/2324

　　陪駕幸終南山和宇文内史詩
　　三/2354

7121₁ 阮

12 阮瑀　二/1184

21 阮步兵　二/1235

　　阮步兵籍詠懷　二/1573

43 阮始平　二/1235

歷

22 歷山草堂應教　二/1325

40 歷九秋篇（董逃行歷九秋篇十二
首）　一/561

76 歷陽百姓歌　二/1017

隴

10 隴西行（步出夏門行）　一/267
　　一/268

　　隴西行〔陸機〕　一/652

　　隴西行〔謝靈運〕　二/1148

　　隴西行〔謝惠連〕　二/1188　二/
　　1189

　　隴西行〔庾肩吾〕　三/1983

　　隴西行　見步出夏門行

　　隴西行三首　三/1905

11 隴頭　三/2505

　　隴頭水〔劉孝威〕　三/1866

　　隴頭水〔蕭子暉〕　三/1887

　　隴頭水〔蕭繹〕　三/2032

　　隴頭水〔車轂〕　三/2114

　　隴頭水〔顧野王〕　三/2468

　　隴頭水〔徐陵〕　三/2524

　　隴頭水〔謝燮〕　三/2550

　　隴頭水二首〔張正見〕　三/2478

　　隴頭水二首〔陳叔寶〕　三/2505

　　隴頭水二首〔江總〕　三/2568

　　隴頭歌　二/1020

　　隴頭歌辭　三/2157

　　隴頭流水歌　三/2156

　　隴頭送征客詩　三/2463

21 隴上童謠　二/1026

　　隴上爲陳安歌　一/781

7121₄ 雁

77 雁門太守行　一/271

　　雁門太守行〔褚翔〕　三/1858

　　雁門太守行三首　三/1906

7122₀　阿

17 阿子歌　三/2127

　　阿子歌三首　二/1051

　　阿那瓌　三/2245

7122₇　隔

70 隔壁聽妓詩　三/2609

80 隔谷歌　三/2157

厲

50 厲吏人講學詩　二/1599

7124₇　反

57 反招隱詩　二/953

80 反命河朔始入武州詩　三/2388

7126₀　陌

21 陌上桑（豔歌羅敷行）　一/259

　　一/261　三/2150　三/2750

　　陌上桑〔曹操〕　一/348

　　陌上桑〔曹丕〕　一/395

　　陌上桑〔曹植〕　一/442

　　陌上桑〔吳均〕　二/1723

　　陌上桑〔王筠〕　三/2010

　　陌上桑〔王臺卿〕（採桑）　三/

　　2087

　　陌上桑四首　三/2087

7129₆　原

40 原壤歌　一/8

7131₁　驪

77 驪駒詩　一/66

7131₆　驅

50 驅車篇　一/435

71 驅馬篇　三/2097

7132₇　馬

00 馬廖引長安語（城中謠）　一/
　　134

26 馬皇后引俗語　一/243

67 馬明生臨去箸詩三首　三/2781

7171₇　臣

38 臣道曲　三/2184

7173₂　長

00 長夜謠　一/595

10 長至詩　一/771

　　長干曲　二/1069

12 長水童謠　一/44

　　長孫平引鄙諺　三/2746

17 長歌引　二/1387

　　長歌行　一/262

　　長歌行〔曹叡〕　一/415

　　長歌行〔曹植〕　一/441

　　長歌行〔傅玄〕　一/555

　　長歌行〔陸機〕　一/655

　　長歌行〔謝靈運〕　二/1148

　　長歌行〔沈約〕　二/1614

　　長歌行〔蕭繹〕　三/2031

　　長歌行　見折楊柳行

22 長樂佳七首　二/1055

26 長白山歌　三/2741

30 長安謠 一/125

長安百姓爲王氏五侯歌 一/123

長安聽百舌詩 三/2564

長安秋 三/2711

長安爲王吉語 一/137

長安爲張竦語 一/139

長安爲尹賞歌 一/123

長安爲崔弘度屈突蓋語 三/2745

長安爲蕭朱王貢語 一/137

長安爲苻堅語 二/1036

長安爲韓嫣語 一/136

長安爲谷永樓護號 一/139

長安還至方山愴然自傷詩 三/
2445

長安道〔蕭綱〕 三/1912

長安道〔蕭繹〕 三/2033

長安道〔王褒〕 三/2332

長安道〔顧野王〕 三/2468

長安道〔陳叔寶〕 三/2507

長安道〔徐陵〕 三/2526

長安道〔陳暄〕 三/2542

長安道〔蕭賁〕 三/2556

長安道〔阮卓〕 三/2561

長安道〔江總〕 三/2569

長安道〔何妥〕 三/2657

長安有狹邪行〔陸機〕 一/658

長安有狹邪行〔謝惠連〕 二/
1190

長安有狹邪行〔蕭衍〕 二/1514

長安有狹邪行〔徐防〕 三/2068

長安有狹邪行〔王固〕 三/2091

長安有狹邪行〔王褒〕 三/2330

長安有狹斜行 一/266

長安有狹斜行〔沈約〕 二/1616

長安有狹斜行〔蕭綱〕 三/1904

長安有狹斜行〔庾肩吾〕 三/
1981

長安有狹斜行〔張正見〕 三/
2481

長安有狹斜行 見相逢行

長安中謠 一/323

長安路詩 三/2048

長安民謠 二/1028

長安少年行〔沈炯〕 三/2443

39 長沙人石虎謠 一/125

46 長相思〔吳邁遠〕 二/1319

長相思〔蕭統〕 二/1792

長相思〔陸瓊〕 三/2538

長相思〔蕭淳〕 三/2606

長相思〔王瑳〕 三/2611

長相思二首〔張率〕 二/1784

長相思二首〔陳叔寶〕 三/2512

長相思二首〔徐陵〕 三/2528

長相思二首〔江總〕 三/2575

48 長松標 三/2615

50 長史變歌三首 二/1053

62 長別離 二/1319

77 長門怨〔柳惲〕 二/1673

長門怨〔費昶〕 三/2082

84 長鋏歌 見彈鋏歌

88 長笛弄 二/1255

7210₀ 劉

00 劉文學楨感懷 二/1571

16 劉聖公賓客醉歌 一/124

22 劉僕射東山集詩 二/1560

劉僕射東山集學騷 二/1590

23 劉參軍 二/1235

25 劉生〔蕭繹〕 三/2034

劉生〔張正見〕 三/2480

劉生〔陳叔寶〕 三/2508

劉生〔徐陵〕 三/2527

劉生〔江總〕(贈俠侶) 三/2570

劉生〔江暉〕 三/2605

劉生〔柳莊〕 三/2645

劉生〔弘執恭〕 三/2727

27 劉向引諺 一/133

40 劉太尉琨傷亂 二/1575

41 劉楨 二/1183

43 劉博士江丞朱從事同顧不值作詩
云爾 二/1698

48 劉敬叔引詩 二/1328

49 劉妙容宛轉歌二首 二/1128

50 劉晝引諺 三/2145

劉晝引古諺 三/2145

53 劉輔引里語 一/133

90 劉炫引諺論政敝 三/2748

7210₁ 丘

74 丘陵歌(丘公陵歌) 一/26

80 丘公陵歌 見丘陵歌

7223₇ 隱

40 隱士詩 見詩

7226₁ 后

26 后皇 一/153

7260₄ 昏

00 昏主恣淫愍 三/2181

7370₀ 臥

00 臥疾詩 三/1945

臥疾窮愁詩 三/2377

臥疾怨別劉長史詩 二/1563

臥疾閩越述淨名意詩 三/2701

臥疾敘意詩 二/1477

7420₀ 尉

24 尉繚子引諺 一/81

7421₄ 陸

10 陸平原機覊宦 二/1574

40 陸士衡引俗語 一/798

42 陸機引齊人諺 一/795

陸機引遼東鄉語 一/795

陸機引里語 一/795 一/796

50 陸東海譙山集詩 二/1561

7422₇ 隋

10 隋王鼓吹曲十首 二/1413

43 隋越王京洛行 見楊叛兒曲

50 隋末江東童謠 三/2745

60 隋圖經引俗諺 三/2749

勵

40 勵志詩 一/614

7424₇ 陵

22 陵峯採藥觸興爲詩 二/1088

77 陵欣歌 二/1373

7529₆ 陳

13 陳武引里語 一/807

14 陳琳 二/1182

陳琳引諺 一/518

30 陳宣帝時謠 三/2613

37 陳初童謠 三/2612

60 陳思王曹植贈友 二/1571

71 陳阿登彈琴歌 二/1126

80 陳人爲齊雲觀歌 三/2612

7570₇ 肆

10 肆夏 三/2303 三/2316
　　三/2317 三/2766

肆夏樂 二/1506 三/2308
　　三/2311

肆夏樂歌 二/1362

7622₇ 陽

10 陽平人爲束晳歌 一/778

17 陽翟新聲 二/1392

24 陽岐守風詩 二/1293

50 陽春詩 三/2690

陽春發和氣 三/2086

陽春歌〔吳邁遠〕 二/1318

陽春歌〔檀秀才〕 二/1476

陽春歌〔吳均〕 二/1726

陽春歌〔顧野王〕 三/2468

陽春曲〔沈約〕 二/1625

陽春曲 三/2751

7633₀ 驄

71 驄馬〔車轂〕 三/2115

驄馬〔王由禮〕 三/2728

驄馬驅〔劉孝威〕 三/1866 三/
　　1872

驄馬驅〔蕭繹〕 三/2033

驄馬驅〔徐陵〕 三/2523

驄馬驅〔江總〕 三/2570

7710₄ 閨

00 閨妾寄征人 三/1900

27 閨怨詩〔吳均〕 二/1746

閨怨詩〔陸罩〕 二/1777

閨怨詩〔劉孝儀〕 三/1894

閨怨詩〔蕭繹〕 三/2051

閨怨詩〔庾信〕 三/2404

閨怨詩〔吳思玄〕 三/2607

閨怨詩二首 二/1709

閨怨篇 三/2596

47 閨婦答鄰人詩 二/1474

60 閨思詩〔范雲〕 二/1550

閨思詩〔羅愛愛〕 三/2737

95 閨情詩〔曹植〕 一/449

閨情詩〔王筠〕 三/2021

閏

77 閏月三日夜右英作示許長史
　　二/1113

閏月歌 二/1068

7712₁ 鬭

20 鬭雞詩〔劉楨〕 一/372

　鬭雞詩〔應瑒〕 一/384

　鬭雞詩〔曹植〕（鬭雞篇） 一/
　450

　鬭雞詩〔庾信〕 三/2399

　鬭雞詩〔徐陵〕 三/2533

　鬭雞篇〔劉孝威〕 三/1869

　鬭雞篇〔蕭綱〕 三/1908

　鬭雞篇 見鬭雞詩

　鬭雞東郊道詩 三/2550

7712₇ 鬎

22 鬎樂 二/1066

7714₈ 鬮

76 鬮駬引語 一/247 三/2241

7721₀ 阻

10 阻雪連句遙贈和 二/1455

風

10 風雨詩 一/328

77 風巴郡太守詩 一/325

80 風人辭 三/2060

鳳

26 鳳媚歌 三/2665

40 鳳臺曲 二/1524

77 鳳凰歌 二/1017

88 鳳笙曲〔蕭衍〕 二/1523

7721₄ 屋

27 屋名詩 三/2042

7721₆ 覺

00 覺意詩賜江革 二/1538

7722₀ 月

00 月夜詠陳南康新有所納詩 二/
　1765

　月夜觀星詩 三/2670

　月夜閨中詩 三/2104

10 月下登樓連句 二/1312

　月下秋宴詩 三/2270

20 月重輪行〔曹丕〕 一/398

　月重輪行〔曹叡〕 一/415

　月重輪行〔陸機〕 一/668

　月重輪行〔戴暠〕 三/2099

50 月中飛螢詩 二/1779

88 月節折楊柳歌十三首 二/1066

90 月半夜泊鵲尾詩 三/1842

同

00 同庾信答林法師詩 三/2593

　同庾肩吾四詠詩二首 三/1964

　同庾中庶肩吾周處士弘讓遊明慶
　寺詩 三/2448

01 同顏大夫初晴詩 三/2380

03 同詠座上所見一物 見雜詠三首

　同詠樂器 二/1453

　同詠坐上玩器 二/1453

　同詠坐上所見一物 二/1454

04 同謝諮議詠銅爵臺 二/1418

　同謝朏花雪詩 二/1600

07 同郭侍郎採桑詩 三/2116

10 同王主簿有所思 二/1420

同平南弟元日思歸詩　三/2514

13 同武陵王看妓詩　三/1840

21 同盧記室從軍詩　三/2361

同盧記室登樓望遠歸詩　二/1705

25 同生曲　二/1060

31 同江僕射遊攝山棲霞寺詩　三/2513

同江詹事登宮城南樓詩　三/2528

32 同州還詩　三/2359

34 同沈右率諸公賦鼓吹曲二首〔王融〕　二/1388

同沈右率諸公賦鼓吹曲二首〔劉繪〕　二/1468

同沈右率諸公賦鼓吹曲名二首　二/1417

44 同蕭治中十詠二首　三/2090

同蕭左丞詠摘梅花詩　三/1999

同蕭長史看妓　三/1899

47 同聲歌　一/178

同柳吳興何山集送劉餘杭詩　二/1736

同柳吳興烏亭集送柳舍人詩　二/1736

50 同泰僧正講詩　二/1796

60 同羇夜集詩　二/1428

63 同賦雜曲名　二/1418

72 同劉諮議詠春雪詩　三/1956

74 同陸廷尉驚早蟬詩　三/2111

同隋王經劉先生墓下作　見登山

望雷居士精舍同沈右衛過劉先生墓下作詩

77 同門生爲李謐語　三/2236

80 同會河陽公新造山池聊得寓目詩　三/2375

88 同管記陸琛七夕五韻詩　三/2517

同管記陸瑜七夕四韻詩　三/2517

陶

28 陶徵君潛田居　二/1577

門

40 門有萬里客　一/426

門有車馬客　二/1680

門有車馬客行〔陸機〕　一/660

門有車馬客行〔張華〕　一/610

門有車馬客行〔張正見〕　三/2473

門有車馬客行〔何妥〕　三/2657

周

04 周詩　一/593

17 周承未還重贈詩　二/1742

30 周宣王時童謠　一/36

周官詩　一/604

35 周禮注引逸詩　一/72

37 周初童謠　三/2411

44 周地圖記引語　三/2413

50 周秦民歌　一/13

60 周易詩　一/604

90 周小史詩　一/737

脚

10 脚下履　二/1653

7722₇　閒

77 閒居對雨詩　三/2454
88 閒坐　二/1456

7723₂　展

48 展敬上鳳林寺詩　三/2685

7724₀　陬

56 陬操　一/300

7724₁　屏

77 屏風詩　三/2277

7724₇　殿

80 殿前登歌　二/1363

履

10 履霜操　一/303

7725₄　降

35 降神歌　一/810

7726₄　屠

47 屠柳城　一/528

7727₀　尸

27 尸鄉亭詩　一/692

7740₀　又

40 又大人先生歌　一/511
68 又贈何記室詩　二/1716
88 又答張君祖詩　二/1076
　　又答程曉詩　一/570
　　又答江革詩　二/1714

7740₁　聞

27 聞侯方兒來寇詩　三/2191

7740₇　學

04 學謝體詩　三/2077
26 學魏文帝詩　二/1581
40 學古詩（北風雪）　二/1298
　　學古詩三首　二/1693
　　學古贈丘永嘉征還詩　二/1692
50 學中早起聽講詩　三/2461
71 學阮步兵體詩　二/1317
72 學劉公幹體詩五首　二/1299
77 學陶彭澤體詩　二/1300

7744₀　丹

10 丹霞蔽日行〔曹丕〕　一/391
　　丹霞蔽日行〔曹植〕　一/421
24 丹徒宮集詩　二/1248
76 丹陽孟珠歌　見孟珠

7744₁　開

10 開霽詩　三/1956
44 開封府君歌　二/1356
80 開善寺詩　三/2456
　　開善寺法會詩　二/1796

7744₇　段

10 段干木歌　一/18

7760₂　留

17 留郡贈婦詩　見贈婦詩
40 留真人東山還詩　二/1634
68 留贈山中隱士詩　三/2465

7760₄　閣

38 閣道謠　一/638

7760₆　閶

60 閭里爲消腸酒歌 二/1022
閭里爲樓護歌 一/124
　　　　　　閶
77 閶闔篇 二/1515
　　　　77760₇ 問
00 問疾封中録詩 三/2410
　　　　77771₇ 巳
60 巳日詩 一/765
　　　　　　巴
17 巴郡人爲吳資歌 一/215 一/
216
50 巴東三峽歌二首 二/1021 二/
1022
巴東行人爲庚子興語 三/2148
60 巴蜀爲譙登文石張羅語 一/803
80 巴人歌陳紀山 一/214
　　　　77772₀ 卿
10 卿雲歌 一/3
　　　　77774₇ 民
20 民爲二殽語 一/237
民爲五門語 一/238
民爲淮南厲王歌 一/120
77 民間爲謝靈運謠 二/1329
民間爲奚顯度謠 二/1330
　　　　77772₂ 關
11 關背德 一/545
22 關山月〔蕭繹〕（傷別離） 三/
2032
關山月〔王褒〕 三/2332

關山月〔張正見〕 三/2478
關山月〔陸瓊〕 三/2537
關山月〔阮卓〕 三/2560
關山月〔江總〕 三/2568
關山月〔賀力牧〕 三/2602
關山月二首〔徐陵〕 三/2525
關山月二首〔陳叔寶〕 三/2506
關山篇 三/2329
50 關中詩 一/627
關中爲魯丕語 一/251
關中爲游殷諺 一/249
關東爲甯成號 一/136
　　　　77777₇ 閻
17 閻君謠 一/227
　　　　77780₁ 與
00 與廬陵王紹別詩 二/1221
與庾冰詩 二/898
04 與謝尚書莊三連句 二/1312
與諸兄弟方山別詩 二/922
10 與王使君詩 二/863
與王胡之詩 二/905
12 與孔曲阿別詩 二/1197
與孫奇詩 一/537
17 與司馬治書同聞鄰婦夜織詩
二/1765
21 與伍侍郎別詩 二/1288
與虞記室諸人詠扇詩 二/1705
22 與崔録事別兼敍攜手詩 二/1688
27 與殷晉安別詩 二/981

31 與江水曹至干濱戲詩（別江水
　　曹）　二/1450
34 與沈助教同宿浛口夜別詩　二/
　　1688
38 與道俗□人出萊城東南九里登雲
　　峯山論經書詩　三/2207
40 與士龍於承明亭作　見於承明作
　　與弟士龍詩
44 與蘇九德別詩　二/1689
　　與荀中書別詩　二/1289
　　與薛瑩詩　一/537
47 與胡師耽同繫胡州出被刑獄中詩
　　三/2734
　　與胡興安夜別詩　二/1703
　　與柳惲相贈答詩六首　二/1730
50 與妻李夫人聯句（定情聯句）
　　一/587
71 與阮德如詩（五言詩一首與阮德
　　如）　一/487
72 與劉伯宗絕交詩　一/181
80 與弟清河雲詩（贈弟士龍）　一/
　　674
83 與錢玄智汎舟詩　三/2488
90 與尚書同僚詩　一/605
　　　　　　　　興
10 興平中吳中童謠　一/226
30 興寧四年丙寅四月二十七日夜降
　　楊羲家作　二/1118
　　　　　　　　輿

44 輿地志引諺　三/2614
80 輿人誦（輿人歌）　一/40　一/41
　　輿人歌　見輿人誦
　　　　77806　賢
80 賢首山　三/2179
　　　　77904　桑
48 桑乾鄉里爲房景伯語　三/2237
　　　　78216　覽
40 覽古詩〔盧諶〕　二/884
　　覽古詩〔吳均〕　二/1747
　　覽古贈王中書融　見古意贈王中
　　書詩
　　　　78231　陰
71 陰長生遺世四言詩　三/2782
　　　　78294　除
47 除婦服詩　一/598
80 除弟服詩　二/1237
　　　　78334　愍
00 愍帝初童謠　一/790
22 愍亂詩　三/1930
　　　　78766　臨
00 臨高臺　一/161
　　臨高臺〔曹丕〕　一/395
　　臨高臺〔王融〕　二/1389
　　臨高臺〔謝朓〕　二/1418
　　臨高臺〔蕭衍〕　二/1514
　　臨高臺〔沈約〕　二/1620
　　臨高臺〔蕭綱〕　三/1910
　　臨高臺〔蕭愨〕　三/2275

臨高臺〔張正見〕 三/2477

臨高臺〔陳叔寶〕 三/2505

臨高臺篇 二/1209

12 臨水人爲張樓謠 一/794

16 臨碣石 二/1623

21 臨行與故遊夜別 見從鎮江州與遊故別詩

臨行公車詩 二/1695

22 臨川亭詩 二/1201

臨川王服竟還田里詩 二/1301

臨後園詩 三/1966

27 臨終詩〔孔融〕(折楊柳行) 一/197

臨終詩〔歐陽建〕 一/647

臨終詩〔苻朗〕 二/932

臨終詩〔謝靈運〕 二/1186

臨終詩〔范曄〕 二/1203

臨終詩〔吳邁遠〕 二/1321

臨終詩〔顧歡〕 二/1381

臨終詩〔元子攸〕 三/2210

臨終詩〔釋智愷〕(遘疾) 三/2625

臨終詩〔釋智命〕 三/2776

臨終詩二首 三/2776

30 臨淮吏人爲宋暉歌 一/207

31 臨江王節士歌 二/1466

32 臨溪送別詩 二/1449

36 臨渭源詩 三/2668

38 臨滄波詩 三/2091

40 臨去吟 二/1101

62 臨別聯句 二/1712

8000₀ 八

00 八廚 一/224

八音詩 三/2446

03 八詠詩 二/1663

17 八及 一/223

23 八俊 一/222

31 八顧 一/223

77 八月歌 二/1068

八月侍華林曜靈殿八關齋詩 二/1253

八月十六日夕清靈真人授詩 二/1121

八關齋夜賦四城門更作四首 三/2005

八關齋詩 二/1639

八關齋詩三首 二/1079

80 八公操(淮南操) 一/98

人

20 人爲高慎語 一/234

人爲許晏諺 一/254

人爲徐聞縣諺 一/244

60 人日思歸詩 三/2686

入

01 入龍丘巖精舍詩 三/2582

05 入竦溪詩 二/1180

10 入元襄王第詩 三/1898

入西塞示南府同僚詩 二/1684

11 入琵琶峽望積布磯呈玄暉詩
　　二/1468

13 入武關詩　三/2462

22 入山詩　三/2644

30 入塞〔王襃〕　三/2332

　　入塞〔何妥〕　三/2657

38 入激浦詩　三/1968

　　入道士館詩　三/2388

42 入彭蠡湖口詩　二/1178

　　入彭城館詩　三/2359

44 入茅山尋桓清遠迺題壁詩　三/
　　2029

　　入蘭臺贈王治書僧孺詩　二/
　　1740

　　入若邪溪詩　三/1853

　　入華子岡是麻源第三谷詩　二/
　　1178

47 入朝守門開詩　三/2336

　　入朝曲　二/1414

　　入郴江詩　三/2684

50 入東經諸暨縣下浙江作詩　二/
　　1690

　　入東道路詩　二/1174

51 入攝山棲霞寺詩　三/2583

74 入隋侍宴應詔詩　三/2520

77 入關　二/1720

　　入關詩　三/2715

　　入關故人別詩　三/2342

92 入剡詩　二/934

8010₁　企

68 企喻歌　三/2152

8010₇　益

32 益州民爲尹就諺　一/235

47 益都鄉里爲柳宗語　一/242

　　益都爲任文公語　一/242

　　益都民爲王忱謠　一/218

8010₉　金

00 金章太空章　三/2437

10 金靈運　一/831

20 金雌詩　二/1095

22 金樂歌〔蕭綱〕　三/1909

　　金樂歌〔房篹〕　三/2114

40 金雄詩　二/1095

45 金樓子引古語　一/84

　　金樓子引殷紂時語　一/84

74 金陵曲　二/1526

77 金閨思二首　三/1969

　　金丹曲　二/1525

　　金谷詩　一/757

80 金谷聚　二/1420

　　金谷集作詩　一/632

　　金谷會詩　一/632

8011₆　鏡

04 鏡詩　三/2398

08 鏡論語　二/1588

27 鏡象　三/1938

40 鏡臺　二/1452

8012₇　翁

00 翁離（擁離） 一/157

8018₂ 羡

10 羡夏篇 二/858

8020₇ 今

60 今日樂相樂 三/2571

8022₀ 介

10 介雅 三/2171 三/2174

8022₁ 俞

77 俞兒舞歌四首 一/525

前

22 前緩聲歌 一/282

前緩聲歌〔陸機〕 一/664

前緩聲歌〔孔甯子〕 二/1138

前緩聲歌〔謝惠連〕（後緩聲歌）
二/1191

前緩聲歌〔沈約〕 二/1619

32 前溪歌 三/2128

前溪歌七首 二/1051

40 前有一樽酒行〔傅玄〕 一/559

前有一樽酒行〔張正見〕 三/
2483

前有一樽酒行〔陳叔寶〕 三/
2510

80 前舞歌 二/1367

前舞階步歌 二/1508

8025₁ 舞

03 舞就行詩 三/1896

17 舞歌 三/2169

47 舞媚娘 三/2351

舞媚娘三首 三/2509

8030₇ 令

04 令詩 一/403

8033₁ 無

24 無射詩 一/65

86 無錫舅相送銜涕別詩 二/1567

無錫縣歷山集詩 二/1561

恙

41 恙嫗詩 三/2651

8033₂ 念

25 念佛三昧詩四首 二/939

8033₃ 慈

44 慈姥磯詩（慈姥磯聯句） 二/
1704

慈姥磯聯句 見慈姥磯詩

8041₄ 雉

17 雉子班 一/160

雉子班〔吳均〕 二/1720

雉子斑〔張正見〕 三/2477

雉子斑〔陳叔寶〕 三/2504

雉子斑〔江總〕 三/2567

雉子斑〔毛處約〕 三/2603

雉子遊原澤篇 二/1208

47 雉朝飛操〔獨沐子〕 一/304

雉朝飛操〔吳均〕 二/1721

雉朝飛操〔蕭綱〕 三/1914

8043₀ 美

40 美女詩 二/861

美女篇〔曹植〕 一/431

美女篇〔傅玄〕 一/565

美女篇〔蕭綱〕 三/1908

美女篇〔盧思道〕 三/2629

美女篇二首 三/2268

66 美嚴王思詩 一/184

80 美人晨粧詩 三/1953

8044₁ 并

32 并州羊腸坂詩 三/2590

8050₁ 羊

10 羊元引諺 一/240

8055₃ 義

77 義熙中童謠 二/1032

8060₁ 合

47 合歡詩五首 二/860

首

10 首夏泛天池詩 二/1528

普

37 普通中童謠 三/2141

8060₄ 舍

22 舍利佛 三/2752

8060₅ 善

43 善哉行 一/266

善哉行〔曹操〕 一/352 一/353

善哉行〔曹丕〕（銅雀園詩） 一/393

善哉行〔曹叡〕 一/413 一/414

善哉行〔曹植〕 一/439

善哉行〔謝靈運〕 二/1147

善哉行二首（苦哉行） 一/390

8060₆ 曾

17 曾子歸耕 見歸耕操

會

10 會三教詩 二/1531

會王侍中座上詩 一/599

23 會稽童謠 一/216 一/217

會稽民爲徐弘歌 一/777

60 會圃臨春風 二/1664

68 會吟行 二/1151

8060₈ 谷

77 谷風 一/710

8062₇ 命

17 命子詩 二/970

27 命將出征歌 一/835

77 命學士講書詩 二/1169

8071₇ 乞

80 乞食詩 二/992

8073₂ 公

04 公讌詩〔王粲〕（公宴會詩） 一/360

公讌詩〔劉楨〕 一/369

公讌詩〔阮瑀〕 一/380

公讌詩〔應瑒〕 一/382

公讌詩〔曹植〕 一/449

30 公宴會詩 見公讌詩

39 公沙六龍 一/238

80 公無渡河〔劉孝威〕 三/1866

公無渡河〔張正見〕 三/2480

83 公館讌酬南使徐陵詩 三/2262

食

77 食舉歌 二/1364 三/2767

食舉樂十曲 三/2318

食舉樂東西廂歌 一/818

食舉東西廂歌 一/816

食舉東西廂樂詩 一/821

8080₆ 貧

40 貧士詩〔曹毗〕 二/891

貧士詩〔蕭璟〕 二/1326

8091₇ 氣

22 氣出倡 一/345

8111₇ 鉅

00 鉅鹿公主歌辭 三/2153

8138₆ 領

36 領邊繡 二/1652

8141₈ 短

17 短歌行〔曹操〕 一/348 一/349

短歌行〔曹丕〕 一/389

短歌行〔曹叡〕 一/413

短歌行〔傅玄〕 一/553

短歌行〔陸機〕 一/651

短歌行〔張率〕 二/1780

短歌行〔辛德源〕 三/2648

短歌行二首 三/2411

72 短兵篇 一/839

88 短簫詩 三/1861

8174₇ 飯

25 飯牛歌 一/317

8178₆ 頌

08 頌論功歌詩靈芝歌 見論功歌詩

8211₄ 鍾

22 鍾山解講詩 二/1797

8242₇ 矯

40 矯志詩 一/448

8280₀ 劍

74 劍騎詩 二/1754

8315₃ 錢

40 錢塘蘇小小歌 見蘇小小歌

8375₃ 餞

00 餞廬陵内史玉脩應令詩 三/1933

餞庾仲容詩 二/1801

04 餞謝文學離夜詩〔王融〕 二/1401

餞謝文學離夜詩〔虞炎〕 二/1459

餞謝文學離夜詩〔劉繪〕 二/1468

餞謝文學離夜詩〔范雲〕 二/1545

餞謝文學離夜詩〔沈約〕 二/1648

餞謝文學詩 二/1804

11 餞張孝總應令 見應令詩

餞張惠紹應令詩 三/1829

40 餞友之綏安詩 三/2469

62 餞別詩 三/1952

餞別自解詩 三/2565

78 餞臨海太守劉孝儀蜀郡太守劉孝
勝詩 三/1933

8410₀ 針

30 針穴名詩 三/2043

8411₁ 鏡

17 鏡歌 一/155

8612₇ 錦

10 錦石擣流黃二首 三/2663

錫

22 錫山古謠 一/229

8712₀ 釣

88 釣竿〔傅玄〕 一/835

釣竿〔沈約〕 二/1623

釣竿〔戴暠〕 三/2097

釣竿行 一/392

釣竿篇〔劉孝綽〕 三/1823

釣竿篇〔劉孝威〕 三/1865

釣竿篇〔張正見〕 三/2471

釣竿篇〔李巨仁〕 三/2725

釣

10 釣天曲 二/1414

銅

20 銅爵妓 二/1555

90 銅雀悲 二/1420

銅雀臺〔荀仲舉〕 三/2267

銅雀臺〔張正見〕（銅雀妓） 三/
2480

銅雀妓〔何遜〕 二/1679

銅雀妓〔劉孝綽〕 三/1824

銅雀妓 見銅雀臺

銅雀園詩 見善哉行

8742₀ 朔

71 朔馬謠 二/1029

77 朔風詩 一/447

8742₇ 鄭

00 鄭玄引俗語 一/248

26 鄭白渠歌 一/121

8772₀ 餉

22 餉任新安班竹杖因贈詩 三/1855

8778₂ 飲

31 飲酒詩二十首 二/997

飲酒樂 見還臺樂

飲福酒歌 三/2765

71 飲馬長城窟〔沈約〕 二/1617

飲馬長城窟〔王褒〕 三/2330

飲馬長城窟〔尚法師〕 三/2435

飲馬長城窟行〔蔡邕〕 一/192

飲馬長城窟行〔曹操〕 一/355

飲馬長城窟行〔陳琳〕 一/367

飲馬長城窟行〔曹丕〕 一/398

飲馬長城窟行〔陸機〕 一/659

飲馬長城窟行〔蕭統〕（擬青青河
畔草） 二/1792

飲馬長城窟行〔張正見〕 三/
2481

飲馬長城窟行〔陳叔寶〕 三/
2508

飲馬長城窟行〔楊廣〕 三/2661

飲馬長城窟行 見青青河邊草篇

8781₀ 俎

80 俎入歌 三/2764

8810₁ 筌

80 筌篌謠 一/287

筌篌謠〔劉孝威〕 三/1871

筌篌詩 二/890

筌篌引 一/255

8822₀ 竹

30 竹扇詩 二/894

8822₇ 第

10 第一賦韻東城門病 三/2005

第一欲界飛空之音 三/2441

第二色界魔王之章 三/2442

第二賦韻東城門病 三/2006

第三賦韻東城門病 三/2007

第三無色界魔王歌 三/2442

第五兄揖到太傅竟陵王屬奉詩
二/1461

60 第四賦韻東城門病 三/2008

簫

50 簫史曲〔鮑照〕 二/1269

簫史曲〔張融〕 二/1410

簫史曲〔江總〕 三/2571

8850₇ 箏

17 箏歌 二/878

8860₁ 答

00 答龐參軍詩 二/973 二/976

答高博士詩 二/1701

答庾僧淵詩 二/893

答康樂秋霽詩(答靈運) 二/1132

答唐娘七夕所穿鍼詩 三/2131

答譙王詩 三/2696

01 答顏延年詩 二/1240

04 答謝諮議詩 二/1156

答謝安詩 二/886

答謝惠連詩 二/1176

08 答許詢詩〔王羲之〕 二/896

答許詢詩〔孫綽〕 二/899

10 答二郭詩三首(五言詩三首答二
郭) 一/486

答王司空餉酒詩 三/2393

答王儉詩 二/1411

答王世子詩 二/1425

答王團扇歌三首 二/904

答王門子詩 二/863

答王筠早朝守建陽門開詩 三/
2594

答靈運 見答康樂秋霽詩

答元式詩 見答對元式詩

答元金紫餉朱李詩 三/2020

答石崇詩 一/771

答石崇贈詩 一/646

答賈謐詩 一/673

答賈九州愁詩 二/862

11 答張齊興詩 二/1426

答張貞成皋詩 二/1790

答張左西詩　三/1835

答張士然詩〔陸機〕　一/681

答張士然詩〔陸雲〕　一/717

12 答到建安餉杖詩　二/1599

答弘農故吏民詩　一/598

答孫緬歌　二/1327

答孫楚詩　一/601

答孫顯世詩　一/713

答孫興公詩　二/952

17 答習鑿齒嘲　二/1085

21 答何記室詩　三/1835

答何劭詩　一/598

答何劭詩三首　一/618

答何秀才詩〔范雲〕　二/1545

答何秀才詩〔何寘南〕　二/1714

答何徵君詩　二/1597

答何郎詩〔沈繇〕　二/1715

答何郎詩〔孫擢〕　二/1715

答盧諶詩　二/850

22 答任昉詩　三/1855

答任殿中宗記室王中書別詩
　二/1528

答後主　三/2522

答樂弘詩　一/606

23 答卜元嗣詩　一/193

答外詩二首　三/2131

答伏武仲詩　一/758

答傅郎詩　二/887

答傅咸詩〔郭泰機〕　一/609

答傅咸詩〔潘尼〕　一/764

答嵇康詩二首　一/477

答嵇康詩四首（答弟叔夜）　一/
550

答秘書丞張率詩　二/1786

24 答休上人菊詩　二/1287

26 答魏子悌詩　二/884

答程曉詩　一/569

27 答句曲陶先生詩　二/1545

28 答徐侍中爲人贈婦詩　二/1603

30 答客詩〔桓麟〕　一/183

答客詩〔鮑照〕　二/1286

答宗欽詩　三/2202

31 答江革聯句不成　二/1714

答江學士協詩　三/2731

答顧秀才詩　一/705

32 答潘岳詩　一/638

答潘尼詩〔傅咸〕　一/606

答潘尼詩〔陸機〕　一/677

34 答對元式詩（答元式詩）　一/
193

37 答軍司馬詩　一/551

40 答大將軍祭酒顧令文詩　一/706

44 答蕭新浦詩　二/1732

答蕭琛詩　二/1538

答華永先詩　一/588

答苔華詩　二/1088

答杜育詩〔摯虞〕　一/759

答杜育詩〔棗嵩〕　一/774

答杜摯詩　一/474

答林法師詩　三/2461

46 答賀蜡詩　一/550

答賀屬詩　三/2701

答楊士安詩　一/768

答楊世子詩　三/2640

47 答婦詩　一/187

答柳惲詩　二/1731

49 答趙景猷詩　一/753　一/754

50 答中書詩　二/1154

答秦嘉詩　一/188

答棗腆詩　一/645

答東阿王詩　一/465

55 答曹嘉詩　一/644

答費禕　一/536

60 答兄平原詩　一/708　一/717

答吳王上將顧處微詩　一/706

答吳均詩三首　二/1754

68 答贈詩　見贈吳處玄詩

71 答阮得猷詩　一/588

72 答劉琨詩　二/883

答劉楨詩（答劉公幹詩）　一/376

答劉孝綽詩　二/1598

答劉居士詩　二/1595

答劉公幹詩　見答劉楨詩

答丘泉之詩　二/940

答丘長史詩　二/1683

74 答陸士龍詩四首　一/719

答陸士衡詩〔夏靖〕　一/694

答陸士衡詩〔潘尼〕　一/764

答陸機詩　一/694　一/695

80 答弟叔夜　見答嵇康詩四首

8877₇ 管

17 管子引逸詩　一/68

管子引古言　一/73

8880₁ 箕

17 箕子操（箕子吟）　一/319

箕子吟　見箕子操

22 箕山操　一/307

8890₃ 繁

44 繁華應令詩　二/809

8890₄ 築

44 築者歌　見澤門之晳謳

9000₀ 小

20 小垂手〔吳均〕　二/1725

小垂手〔蕭綱〕　三/1919

22 小山詩　三/2695

40 小有真人王君常吟詠　二/1116

78 小臨海　三/1868

9001₄ 惟

00 惟庸蜀　一/830

16 惟聖皇篇　一/839

34 惟漢行〔曹植〕　一/422

惟漢行〔傅玄〕　一/554

40 惟大梁　三/2183

50 惟泰元　一/149

9001₇ 忼

91 忼慨歌（楚商歌）　一/20

9003₂ 懷

00 懷帝永嘉初童謠 一/788

27 懷歸謠 二/945

34 懷遠人 二/1303

44 懷舊詩 三/2048

懷舊詩九首 二/1653

48 懷故人詩 二/1429

60 懷園引 二/1253

9003₆ 憶

21 憶虞弟詩 三/1836

55 憶費昶詩 二/1742

95 憶情人詩 三/2738

9010₄ 堂

21 堂上行 一/417

9020₀ 少

80 少年新婚爲之詠詩 二/1639

少年子 二/1392

9021₁ 光

13 光武引諺 一/231

光武述時人語 一/230

30 光宅寺詩 三/2132

44 光華殿侍宴賦競病韻詩 二/1594

9021₄ 雀

22 雀乳空井中 三/1870

99 雀勞利歌辭 三/2156

9050₀ 半

30 半渡溪 三/1870

67 半路溪〔蕭綱〕 三/1916

半路溪〔蕭繹〕 三/2034

9060₂ 省

50 省中爲祖珽裴讓之語 三/2296

省中爲賀琛語 三/2149

9060₆ 當

24 當牆欲高行 一/438

34 當對酒 二/1543

40 當來日大難 一/437

50 當事君行 一/438

當車已駕行 一/438

當春四韻同□左丞詩 二/1567

60 當置酒 三/1913

87 當欲游南山行 一/430

9080₉ 炎

95 炎精缺 一/543

9101₄ 慨

23 慨然成詠詩 三/2390

9101₆ 恒

55 恒農童謠 一/218

9104₆ 悼

00 悼離贈妹詩二首 一/731

悼亡詩〔沈約〕 二/1647

悼亡詩〔薛德音〕 三/2717

悼亡詩三首 一/635

30 悼室人詩十首 二/1584

47 悼歡詩 三/2778

9281₈ 燈

燈 二/1452

燈 見詩

00 燈夜和殷長史詩 二/1563

9401₂ 忱

53 忱威　三／2180

9406₁ 惜

67 惜晚春應劉秘書詩　二／1564

9408₁ 慎

17 慎子引諺　一／79

9502₇ 情

04 情詩〔徐幹〕　一／376

　　情詩〔曹植〕　一／459

　　情詩　見怨詩

　　情詩五首　一／618

80 情人碧玉歌二首　二／902

9592₇ 精

12 精列　一／346

28 精微篇　一／429

9681₄ 煌

96 煌煌京洛行〔曹丕〕　一／391

　　煌煌京洛行〔戴暠〕　三／2098

　　煌煌京洛行〔張正見〕　三／2482

　　煌煌京洛行　見京洛篇、代陳思

　　王京洛篇

9682₇ 煬

00 煬帝幸江南時聞民歌　三／2742

　　煬帝夢二豎子歌　三／2742

　　煬帝時童謠　三／2744

　　煬帝時并州童謠　三／2744

燭

　　燭　二／1453

9703₄ 懊

25 懊儂歌　一／646

　　懊儂歌十四首　二／1056

　　懊儂曲歌　二／1407

9722₇ 鄰

60 鄰里相送至方山詩　二／1159

9801₆ 悅

55 悅曲池　二／1589

65 悅晴詩　一／726

9884₀ 燉

96 燉煌樂　三／2221

　　燉煌樂二首　三／2698

9923₂ 滎

76 滎陽令歌　一／514

9942₇ 勞

17 勞歌　三／2328

　　勞歌二首　二／1130

36 勞還師歌　一／836

9960₆ 營

37 營涅槃懺還塗作詩　三／2585

9990₄ 榮

40 榮木詩　二／969

筆畫與四角號碼對照表

一 畫		千	2040_0	内	4022_7	巴	7771_7
一	1000_0	乞	8071_7	日	6010_0	水	1223_0
乙	1771_0	夕	2720_0	仁	2121_0	毌	7774_0
二 畫		之	3030_7	化	2421_0	**五 畫**	
二	1010_0	尸	7727_0	仇	2421_7	艾	4440_0
十	4000_0	己	1771_1	今	8020_7	平	1040_9
丁	1020_0	巳	7771_7	介	8022_0	丙	1022_7
七	4071_0	女	4040_0	公	8073_2	正	1010_1
八	8000_0	小	9000_0	毛	2071_4	玉	1010_3
人	8000_0	子	1740_7	牛	2500_0	示	1090_1
入	8000_0	**四 畫**		升	2440_0	古	4060_0
九	4001_7	支	4040_7	反	7124_7	去	4073_1
又	7740_0	元	1021_1	丹	7744_0	未	5090_0
三 畫		天	1043_0	月	7722_0	世	4471_7
三	1010_1	不	1090_0	卞	0023_0	甘	4477_0
干	1040_0	木	4090_0	六	0080_0	石	1060_0
于	1040_0	王	1010_4	文	0040_0	右	4060_0
士	4010_0	五	1010_7	方	0022_7	左	4001_1
下	1023_0	太	4003_0	以	2810_0	戊	5320_0
大	4003_0	犬	4303_0	引	1220_0	可	1062_0
上	2110_0	止	2110_0	孔	1241_0	北	1111_0
山	2277_0	少	9020_0	幻	2772_0	出	2277_2
巾	4022_7	中	5000_0	尹	1750_7	旦	6010_0

田	6040_0	地	4411_2	休	2429_0	安	3040_4
由	5060_0	芝	4430_7	伍	2121_7	字	3040_7
由	5000_6	芑	4471_7	伏	2323_4	并	8044_1
四	6021_0	吉	4060_1	伐	2325_0	羊	8050_1
史	5000_6	老	4471_1	仲	2520_6	祁	3722_7
冉	5044_7	考	4420_7	任	2221_4	那	1752_7
代	2324_0	西	1060_0	仰	2722_0	阮	7121_1
仙	2227_0	吏	5000_6	伉	2021_7	如	4640_0
犯	4721_2	共	4480_1	自	2600_0	羽	1712_0
令	8030_7	列	1220_0	向	2722_0	七　畫	
外	2320_0	有	4022_7	行	2122_1	弄	1044_1
冬	2730_3	在	4021_4	后	7226_1	戒	5340_0
生	2510_0	成	5320_0	舟	2744_0	形	1242_2
丘	7210_1	百	1060_0	角	2722_0	攻	1814_0
白	2600_0	死	1021_2	邪	8722_7	杜	4491_0
包	2771_2	臣	7171_7	合	8060_1	杞	4791_7
氾	3711_2	至	1010_4	企	8010_1	却	4772_0
立	0010_8	光	9021_1	名	2760_0	邯	4772_7
玄	0073_2	吁	6104_0	匈	2772_0	豆	1010_8
主	0010_4	帆	4721_0	交	0040_8	克	4021_6
永	3023_2	吕	6060_0	州	3200_0	志	4033_1
半	9050_0	吊	6022_7	次	3718_2	芙	4453_0
弘	1223_0	早	6040_0	江	3111_0	芳	4422_7
幼	2472_2	同	7722_0	汲	3714_7	走	4080_1
矛	1722_2	因	6043_0	池	3411_2	赤	4033_1
民	7774_7	曲	5560_0	汜	3711_0	孝	4440_7
司	1762_0	曳	5000_6	汝	3414_0	杏	4060_9
六　畫		竹	8822_0	守	3034_2	李	4040_7
邢	1742_7	朱	2590_0	宇	3040_1	巫	1010_8

兩	1022₇	言	0060₁	枚	4894₀	咏	6303₂
車	5000₆	辛	0040₁	松	4893₂	明	6702₀
束	5090₆	忼	9001₇	卦	4310₀	忠	5033₀
更	1050₆	忱	9401₂	直	4010₇	昌	6060₀
夾	4003₈	沐	3419₀	苦	4460₄	昇	6044₀
扶	5503₀	汨	3610₀	茂	4425₃	咒	6621₇
抄	5902₀	泛	3213₇	英	4453₀	迪	3530₆
折	5202₁	汴	3013₀	苑	4421₂	固	6060₄
投	5704₀	沈	3411₂	范	4411₂	廻	1640₀
步	2120₁	宋	3090₄	苻	4424₀	牧	2854₀
岐	2474₇	宏	3043₂	苟	4462₇	和	2690₀
別	6240₀	牢	3050₂	茅	4422₂	委	2040₄
吳	6043₀	祀	3721₇	昔	4460₁	季	2040₇
岑	2220₇	初	3722₀	幸	4040₁	忝	2033₃
見	6021₀	君	1760₇	述	3330₉	竺	8810₁
里	6010₄	阿	7122₀	雨	1022₇	佳	2421₄
告	2460₁	阻	7721₀	東	5090₆	侍	2424₁
估	2426₀	壯	2421₀	奇	4062₁	使	2520₆
何	2122₀	妝	2424₀	來	4090₈	侤	2721₂
佐	2421₁	邵	1762₇	拔	5304₇	帛	2622₇
作	2821₁	努	4742₇	拊	5400₀	岳	7277₂
伯	2620₀	**八　畫**		拘	5702₀	阜	2740₇
佛	2522₇	玩	1111₁	招	5706₂	征	2121₁
延	1240₁	青	5022₇	卧	7370₀	往	2021₄
含	8060₇	表	5073₂	到	1210₀	命	8062₇
谷	8060₈	奉	5050₃	叔	2794₀	舍	8060₄
希	4022₇	武	1314₀	卓	2140₆	念	8033₂
角	2722₇	林	4499₀	長	7173₂	金	8010₉
迎	3730₂	枝	4494₇	尚	9022₇	采	2090₄

狐	4223₀	妬	4146₀	咸	5320₀	郗	4722₇
昏	7260₄	姓	4541₀	威	5320₀	俞	8022₁
忽	2733₂	始	4346₀	貞	2180₆	食	8073₂
周	7722₀	弩	4720₇	省	9060₂	爰	2044₇
放	0824₀	門	7722₀	昧	6509₀	胤	2201₀
於	0823₃	建	1540₀	映	6503₀	怨	2733₁
刻	0220₀	降	7725₄	昭	6706₂	風	7721₀
郊	0742₇	孤	1243₀	星	6010₄	施	0821₂
京	0090₆	孟	1710₇	思	6033₀	哀	0073₂
夜	0024₇	函	1710₄	迴	3630₀	亭	0020₁
姜	0040₄	承	1723₂	牲	2551₀	兗	0021₆
庚	0023₇	**九　畫**		拜	2155₀	帝	0022₇
炎	9080₉	奏	5043₀	秋	2998₀	彥	0022₂
法	3413₁	春	5060₃	香	2060₉	度	0024₇
河	3112₀	城	4315₀	看	2060₄	庭	0024₁
沮	3711₀	枯	4496₀	重	2010₄	恒	9101₆
泗	3610₀	相	4690₀	俠	2423₈	洪	3418₁
沸	3512₇	柏	4690₀	修	2722₂	洞	3712₀
治	3316₀	柳	4792₀	保	2629₄	洗	3411₁
宗	3090₁	胡	4762₀	信	2026₁	洛	3716₄
定	3080₁	荆	4240₀	侯	2723₄	津	3510₇
宜	3010₇	配	1761₇	俊	2324₇	前	8022₁
宛	3021₂	刺	5290₀	段	7744₇	首	8060₁
空	3010₁	南	4022₇	皇	2610₄	宣	3010₆
祈	3222₁	草	4440₆	追	3730₇	室	3010₄
房	3022₇	莒	4460₆	鬼	2621₃	宮	3060₆
陌	7126₀	茱	4490₄	待	2424₁	客	3060₄
狀	2429₀	荀	4462₇	後	2224₇	美	8043₀
姑	4446₀	赴	4380₀	俎	8781₀	送	3830₃

被	3324_7	都	4762_7	俳	2121_1	朔	8742_0
祖	3721_0	郗	4762_7	脩	2722_7	益	8010_7
神	3520_6	真	4080_1	倡	2626_0	恙	8033_1
祝	3621_1	貢	1080_6	倫	2822_7	家	3023_2
祠	3722_0	袁	4073_2	師	2172_7	宴	3040_4
軍	3750_6	華	4450_4	射	2420_0	被	3424_7
郡	1762_7	莫	4443_0	息	2633_0	書	5060_1
屋	7721_4	荷	4422_1	烏	2732_7	展	7723_2
屏	7724_1	莊	4421_4	徐	2829_4	陬	7724_0
除	7829_4	恭	4433_8	殷	2724_7	陸	7421_4
姚	4241_3	連	3530_0	針	8410_0	陵	7424_7
癸	1243_0	起	4780_1	翁	8012_7	陳	7529_6
飛	1241_3	尅	4421_0	途	3830_9	陶	7722_0
韋	4050_6	挽	5701_6	卿	7772_0	陰	7823_1
紀	2791_7	破	1464_7	留	7760_2	陪	7026_1
幽	2277_0	夏	1024_7	效	0844_0	姬	4141_6
十　畫		原	7129_6	郭	0742_7	務	1722_7
班	1111_4	挾	5403_8	高	0022_7	桑	1790_4
耕	5590_0	捉	5608_1	席	0022_7	通	3730_2
敊	5824_0	晉	1060_1	唐	0026_7	孫	1249_3
秦	5090_4	虔	2124_0	病	0012_7	納	2492_7
泰	5013_2	馬	7132_7	疾	0013_4	邕	2271_7
桂	4491_4	時	6404_1	悦	9801_6	烝	1733_1
桓	4191_6	晏	6040_4	凌	3414_7	十一畫	
栖	4196_0	恩	6033_0	凍	3519_6	理	1611_4
桐	4792_0	哭	6643_0	酒	3116_0	責	5080_6
桃	4291_3	牷	2851_4	涉	3112_1	春	5077_7
校	4094_8	氣	8091_7	浴	3816_8	敕	5894_0
酌	1762_0	借	2426_1	浮	3214_7	梅	4895_7

聊	1712_0	國	6015_3	庶	0023_7	婦	4742_7
執	4441_7	過	3730_2	康	0023_2	習	1760_2
乾	4841_7	將	2724_0	鹿	0021_1	鄉	2772_7
著	4460_4	移	2792_7	庚	0023_7	細	2690_0
萊	4490_8	稅	2391_1	麻	0029_4	紹	2796_2
菊	4492_7	第	8822_7	情	9502_7	巢	2290_4
萍	4414_9	停	2022_1	惜	9406_1	**十二畫**	
曹	5560_6	偉	2425_6	悼	9104_6	瑯	1712_7
麥	4020_7	鳥	2732_7	惟	9001_4	琴	1120_7
瓠	4223_0	從	2828_1	清	3512_7	博	4304_2
戚	5320_0	船	2746_1	淇	3418_1	項	1118_6
雪	1017_7	釣	8712_0	淮	3011_4	棲	4594_4
捨	5806_4	彩	2292_2	淫	3211_4	散	4824_0
採	5209_4	貧	8080_6	涼	3019_6	期	4782_0
接	5004_4	猗	4422_1	淳	3014_7	朝	4742_0
處	2124_1	猛	4721_7	淥	3713_2	報	4744_7
堅	7710_4	腳	7722_0	寅	3080_6	彭	4212_2
雀	9021_4	斜	2420_0	寄	3062_1	黃	4480_6
堂	9010_4	魚	2733_6	宿	3026_1	萬	4442_7
常	9022_7	祭	2790_1	梁	3390_4	葛	4447_7
啄	6103_2	逸	3730_1	視	3621_0	萼	4420_7
帳	4123_2	許	0864_0	扈	3021_7	董	4410_4
晦	6805_7	訪	0062_7	張	1123_2	落	4416_4
晚	6701_6	商	0022_7	尉	7420_0	敬	4864_0
野	6712_2	率	0040_3	屠	7726_4	喜	4060_5
崔	2221_4	牽	0050_3	問	7760_7	惠	5033_3
崇	2290_1	章	0040_6	隋	7422_7	棗	5090_2
晨	6023_2	竟	0021_6	陽	7622_7	越	4380_5
曼	6040_7	望	0710_4	婕	4548_1	雁	7121_4

雲	1073₁	鈞	8712₀	羨	8018₂	甄	1111₇
揚	5602₇	爲	2202₇	寒	3030₃	幹	4844₁
悲	1133₁	飯	8174₇	富	3060₆	酬	1260₀
紫	2190₃	飲	8778₂	寅	3042₇	聘	1512₇
嗟	6801₁	象	2723₂	甯	3022₇	蒼	4460₇
郎	6782₇	訶	0162₀	道	3830₆	蒜	4499₁
貽	6386₀	詠	0363₂	補	3322₇	蓮	4430₄
景	6090₆	詔	0766₂	尋	1734₆	夢	4420₇
黑	6033₁	詒	0366₀	費	5580₆	蒿	4422₇
遇	3630₂	就	0391₄	畫	5010₆	蒲	4412₇
凱	2711₀	敦	0844₀	閏	7710₄	楚	4480₁
稀	2397₂	童	0001₄	開	7744₁	賈	1080₆
程	2691₄	遊	3830₄	閒	7722₇	感	5320₀
短	8141₈	慨	9101₄	隔	7122₇	零	1030₇
答	8860₁	勞	9942₇	賀	4680₆	聖	1610₄
筝	8850₇	馮	3112₇	登	1210₈	遠	3430₃
無	8033₁	湛	3411₁	發	1224₇	搆	5504₇
智	8660₀	湖	3712₀	幾	2225₃	搖	5207₂
傅	2324₂	湘	3610₀	結	2496₁	肆	7570₇
傚	2824₀	湯	3612₇	絕	2791₇	歲	2125₃
順	2108₈	溫	3611₇	**十三畫**		虞	2123₄
衆	2723₂	溢	3811₇	瑟	1133₁	當	9060₆
集	2090₄	渡	3014₇	瑞	1212₇	暇	6704₇
焦	2033₁	游	3814₇	遨	3830₄	路	6416₄
御	2722₀	渾	3715₆	遘	3530₅	嗣	6722₀
復	2824₇	翔	8752₀	塘	4016₇	賊	6385₀
循	2226₄	曾	8060₆	楊	4692₇	蜀	6012₇
欽	8718₂	普	8060₁	槐	4691₃	置	6010₇
鉅	8111₇	善	8060₅	鼓	4414₇	農	5523₂

照	6733_6	殿	7724_7	銅	8712_0	適	3030_2
園	6023_2	愨	7833_4	領	8138_6	寡	3022_7
雉	8041_4	綏	2294_4	鄭	8742_7	寧	3020_1
稚	2091_4	經	2191_1	鳳	7721_0	漳	3014_6
傷	2822_7	群	1865_1	蜻	5518_1	僧	2826_6
頌	8178_6	塞	3010_4	蠟	5416_1	綠	2793_2
會	8060_6	慈	8033_3	團	6034_3	鄲	2762_7
愛	2024_7	慎	9408_1	輔	5302_7	貍	2621_4
遙	3230_7	義	8055_3	輕	5101_1	貌	2621_0
解	2725_2	預	1128_6	摘	5002_7	綺	2492_1
雍	0071_4	鳩	4702_7	隨	7423_2	僪	2426_5
棄	0090_4	亂	2221_0	嘏	4764_7	臧	2325_0
詣	0166_1	愁	2933_8	趙	4980_2	緇	2296_3
新	0292_1	與	7780_1	靜	5725_7	種	2291_4
詩	0464_1	**十四畫**		鳴	6702_7	歌	1768_2
詰	0466_1	聞	7740_1	蔡	4490_1	翠	1740_8
靖	0512_7	閨	7710_4	暮	4460_3	熊	2133_1
滌	3719_4	間	7760_6	蔚	4424_0	鄧	1712_7
禊	3723_4	閣	7760_4	蔣	4424_7	碣	1662_7
褚	3426_0	蒙	4423_2	獄	4323_4	碧	1660_1
禋	3121_4	慕	4433_3	壽	4433_3	酸	1364_7
滄	3816_7	屬	7122_7	嘉	4064_1	裴	1173_2
塗	3810_4	榮	9990_4	臺	4010_4	碩	1168_6
媱	4247_2	縈	9923_2	漁	3713_6	爾	1022_7
煬	9682_7	精	9592_7	漆	3413_2	需	1022_7
煌	9681_4	箕	8880_1	漢	3413_4	說	0861_6
鄒	2742_7	管	8877_7	滿	3412_7	誠	0365_0
肅	5022_7	筌	8810_1	對	3410_0	塵	0021_4
辟	7024_1	餉	8772_0	賓	3080_6	鄰	9722_7

舞	80251	徵	28240	**十六畫**		燕	44331
齊	00223	黎	27132	魯	27603	獲	44247
廣	00286	盤	27107	勵	74227	薦	44227
十五畫		潘	32169	閭	77606	蕭	44227
遷	31301	德	24231	閻	77777	薤	44211
潤	37120	璇	18181	營	99606	薄	44142
劍	82800	甂	11611	燉	98840	還	36303
滕	79232	駕	46327	燈	92818	禪	36256
歐	77782	彈	16256	憶	90036	澤	36141
履	77247	選	37308	築	88904	憲	30336
劉	72100	練	25996	錦	86127	駕	27327
賜	66827	緩	22947	錫	86127	鮑	27312
賦	63840	樂	22904	餞	83753	穆	26922
影	62922	諸	04660	賢	77806	憩	26330
罷	60211	論	08627	豫	17232	積	25986
墨	60104	調	07620	興	77801	衛	21227
數	58440	談	09689	學	77407	衡	21221
撰	57081	廢	00247	隱	72237	盧	21217
慧	55337	廣	00286	歷	71211	冀	11801
暫	52602	摩	00252	曉	64011	霖	10994
增	48166	鄴	37927	戰	63550	霍	10214
嘲	67020	憂	10247	縣	62993	諷	07610
蕙	44333	醉	10646	曇	60731	謁	06627
蕩	44127	霄	10227	擁	50014	諫	05696
賣	40806	遺	15308	橘	47927	誠	03650
摯	44502	嬌	42427	獨	46227	諺	00622
樊	44430	嶠	22727	橫	44986	龍	01211
窮	30227	潁	21286	樹	44900	塵	00214
儀	28253	懊	97034	薛	44741	甀	27117

十七畫			牆	2426₁	瓊	1714₇	譙	0063₁
燭	9682₇		霜	1096₃	蟲	1014₁	廬	0021₇
繁	8890₃		講	0564₇	謹	0461₄	嚴	6624₈
矯	8242₇		謝	0460₀	顏	0128₆	**二十畫**	
鍾	8211₄		謠	0267₂	雜	0091₄	蘭	4422₇
興	7780₁		襄	0073₂	隴	7121₁	鐃	8411₁
擊	5750₂		麋	0029₄	離	0041₄	覺	7721₆
擬	5708₁		應	0023₁	**十九畫**		孀	4146₃
擣	5404₁		齋	0022₃	關	7777₂	灌	3411₄
摘	5003₂		孺	1142₇	懷	9003₂	寶	3080₆
戴	4385₀		臨	7876₆	簫	8822₇	饗	2773₂
鞠	4752₀		韓	4445₆	鏡	8011₆	蝦	2734₇
聲	4740₁		賽	3080₆	鵬	7722₇	釋	2694₁
檉	4691₄		**十八畫**		闖	7714₈	獻	2323₄
隸	4593₂		黟	7712₇	贈	6886₆	魔	0021₃
藉	4496₁		題	6180₈	翩	6772₀	**二十一畫**	
舊	4477₇		蟪	5513₃	獸	6363₄	聰	7633₀
檀	4091₆		擄	5103₆	羅	6091₄	驅	7131₆
鴻	3712₇		權	4791₄	繫	5790₃	蠟	5211₆
禮	3521₈		藥	4490₄	攀	4450₂	攜	5202₇
濟	3012₃		藩	4416₉	蘇	4439₄	攝	5104₁
繆	2792₂		邊	3630₂	勸	4422₇	歡	4728₂
總	2693₀		禱	3424₁	櫟	4299₄	鶴	4722₇
縱	2898₁		歸	2712₇	壞	4013₂	鼙	4440₆
魏	2641₃		織	2395₀	贊	2480₆	顧	3128₆
穗	2593₃		斷	2272₁	繫	2233₆	襄	3023₂
戲	2325₀		豐	2210₈	辭	2024₁	續	2498₆
優	2124₇		雞	2041₄	麗	1121₁	酆	1722₇
聯	1217₂		雙	2040₇	譚	0164₆	贖	1568₆

霹	1024₁	讀	0468₆	靈	1010₈	二十八畫	
覽	7821₆	二十三畫		麟	0925₉	豔	2411₇
二十二畫		變	2224₇	讖	0365₀	二十九畫	
羈	6052₇	顯	6138₆	二十五畫		驪	7131₁
驚	4832₇	二十四畫		關	7712₁	鸛	6722₇
孿	2260₉	蠱	1113₆	二十六畫		三十畫	
變	2240₄	觀	4621₀	讚	0468₆	鸞	2232₇
聽	1413₁						